隋文帝传

韩 昇 著

人民出版社

隋文帝图像

(唐阎立本作《古帝王图卷》,原件绢本设色,
藏于美国波士顿美术馆)

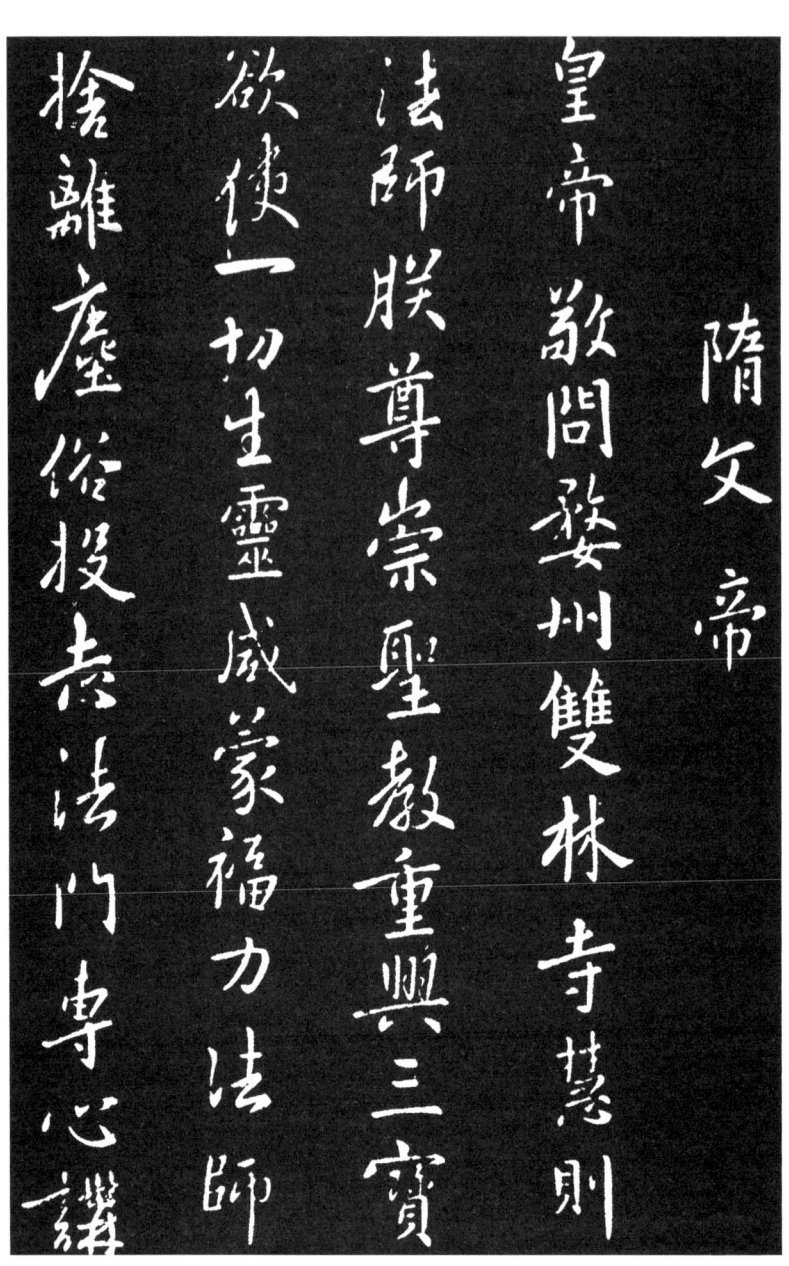

隋文帝书《慧则法师帖》

（宋《淳化阁帖》）

目 录

第一章 艰难时世 …………………………………………（1）
    第一节 "五胡乱华" ………………………………（1）
    第二节 断裂的社会 ………………………………（7）
    第三节 道德沦落与离心意识 ……………………（15）

第二章 家世疑云 …………………………………………（29）
    第一节 "那罗延"的诞生 …………………………（29）
    第二节 弘农杨氏 …………………………………（35）
    第三节 武川英豪 …………………………………（38）

第三章 多事之秋 …………………………………………（50）
    第一节 初入仕途 …………………………………（50）
    第二节 "两姑之间难为妇" …………………………（53）
    第三节 崭露头角 …………………………………（66）
    第四节 危险的国丈 ………………………………（73）

第四章 政变建隋 …………………………………………（80）
    第一节 变起萧墙 …………………………………（80）
    第二节 控制京师 …………………………………（86）
    第三节 平定三方 …………………………………（97）
    第四节 禅让 ………………………………………（111）

第五章 除旧布新 …………………………………………（122）
    第一节 启运开皇 …………………………………（122）
    第二节 确立三省六部制 …………………………（126）

第三节　制定律令礼制 …………………………………（134）
   第四节　构建大兴新都 …………………………………（149）
   第五节　厘定地方行政制度………………………………（155）

第六章　御侮安邦 ……………………………………………（170）
   第一节　塞上风云 ………………………………………（170）
   第二节　冲破包围 ………………………………………（176）
   第三节　战略转折 ………………………………………（184）
   第四节　构建中的世界性帝国 …………………………（196）

第七章　开皇之治 ……………………………………………（215）
   第一节　勤劳思政 ………………………………………（215）
   第二节　孝治天下 ………………………………………（223）
   第三节　继续均田 ………………………………………（231）
   第四节　整治乡村 ………………………………………（239）
   第五节　强化财经制度 …………………………………（249）
   第六节　增进国力 ………………………………………（259）

第八章　君臣之间 ……………………………………………（270）
   第一节　用人政策 ………………………………………（270）
   第二节　组建新的领导核心 ……………………………（285）
   第三节　穿越潜流暗礁 …………………………………（294）
   第四节　扬清激浊 ………………………………………（305）
   第五节　监察防范 ………………………………………（314）

第九章　统一大业 ……………………………………………（327）
   第一节　平陈谋略 ………………………………………（327）
   第二节　直下金陵 ………………………………………（338）
   第三节　再平江南 ………………………………………（353）
   第四节　迈向世界 ………………………………………（365）

第十章　偃武修文 ……………………………………………（375）
   第一节　寓兵于民 ………………………………………（375）

第二节　崇文兴教 …………………………………………（378）
　　第三节　铨选改制 …………………………………………（389）
　　第四节　功成修乐 …………………………………………（396）
第十一章　太平志逸 ……………………………………………（410）
　　第一节　仁寿宫 ……………………………………………（410）
　　第二节　醉心宗教 …………………………………………（419）
　　第三节　文化统制 …………………………………………（435）
　　第四节　政情异动 …………………………………………（440）
第十二章　家族纷争 ……………………………………………（459）
　　第一节　独孤皇后 …………………………………………（459）
　　第二节　废黜二王 …………………………………………（466）
　　第三节　改立太子 …………………………………………（474）
第十三章　苍凉晚景 ……………………………………………（494）
　　第一节　企盼"仁寿" ………………………………………（494）
　　第二节　大鹏折翼 …………………………………………（504）
　　第三节　凄楚病逝 …………………………………………（512）

隋文帝年表 ………………………………………………………（522）
引用地名一览表 …………………………………………………（537）
主要引用论著目录 ………………………………………………（551）

余言 ………………………………………………………………（563）

附　表

表一　隋室系图 …………………………………………………（37）
表二　杨坚杀戮北周宗室一览表 ………………………………（117）

表三	隋文帝时代州郡废立表	(160)
表四	隋朝县废立表	(164)
表五	隋《开皇令》所规定京官职田表	(234)
表六	魏晋隋唐水利设施建设统计表	(264)
表七	文帝时代三省长官表	(273)
	(1)尚书省左、右仆射表	(273)
	(2)门下省纳言表	(274)
	(3)内史省监、令表	(274)
表八	文帝时代六部长官表	(277)
	(1)吏部尚书表	(277)
	(2)礼部尚书表	(277)
	(3)兵部尚书表	(278)
	(4)刑部尚书表	(278)
	(5)民部尚书表	(279)
	(6)工部尚书表	(279)
表九	文帝时代禁军卫府大将军表	(280)
表十	平陈后南方复起基本情况表	(357)
表十一	隋唐两代学官品级对照表	(436)

第一章　艰难时世

第一节　"五胡乱华"

西晋永嘉五年(311),以匈奴为首的北方游牧民族统治者的铁蹄滚滚南下,踏破万里河山。四月,石勒的骑兵在苦县(今河南省鹿邑东)宁平城追及送西晋太傅司马越之丧的晋军主力,纵兵合击,在撕裂人心的喊杀声中,西晋主力溃于一旦,十余万将士,无一幸免。六月,刘曜攻破洛阳,俘虏晋怀帝,杀戮公卿,挖掘陵墓,尽掠府库,焚烧宫庙,熊熊大火吞没洛阳,吞没几百年的中原文明积累,这就是历史上有名的"永嘉之乱"。经此一役,西晋王朝已经名存实亡。

五年之后,也就是西晋建兴四年(316),遭受匈奴刘曜长期围困的长安城,孤立无援,粮尽食绝,城内户不满百,太仓仅剩面饼数十枚,愍帝走投无路,只好乘着羊车,抬着棺材,肉袒衔璧,出城投降,西晋王朝灭亡。

翌年十一月,匈奴皇帝刘聪出城打猎,让愍帝全副武装,持戟前导。平阳(今山西省临汾市)百姓沿途围观,指指点点;中原父老,歔欷流涕。十二月,刘聪大宴群臣,令愍帝青衣行酒,执盏洗爵;连刘聪上厕所时,也让愍帝拎着马桶盖,随侍左右。西晋降臣见此光景,不禁悲从中来,尚书郎辛宾抱着愍帝失声痛哭,当场就被拉出去斩首。凌辱折腾够了,年仅十八岁的愍帝还是被打发上黄泉之路，演出了西晋王朝最凄惨、最耻辱的一幕①。

招致这场悲剧的罪魁祸首，是腐朽无耻的西晋统治者。他们为了争权夺利，满足私欲，不惜发动内战，把锦绣山河沦为一片血海，生灵涂炭，哀鸿遍野。更可耻的，是他们竟然置国家民族的命运于不顾，公然勾引胡族为羽党，为其冲锋陷阵，残杀同胞。

首先勾结少数族统治者的是"八王之乱"后期的成都王司马颖和东海王司马越。

司马颖以匈奴左贤王为冠军将军，监五部军事，使其将兵在邺城（今河南安阳），结为羽翼；而司马越则招引鲜卑和乌桓入讨司马颖，蹂躏中原。至于边疆大员更是积极勾结胡族，例如都督幽州诸军事的王浚把两个女儿分别嫁给鲜卑段务勿尘和宇文部素怒延，以胡族作为其进退割据的军事资本。就这样，毫无道义可言的"八王之乱"演变为各民族之间的相互仇杀，统治阶级的内讧发展成为民族对抗。

西晋社会内部本来就潜在着深刻的民族问题。受中国文明的影响，周边少数族社会在农业化的进程中，不断内徙。西晋王朝既无力阻挡这一趋势，也不能妥善抚绥。官僚豪族甚至趁机掠卖人口，大发横财。例如，后赵创建者石勒就曾被东瀛公司马腾所掠卖。因此，在社会的底层，阶级压迫又表现为原始的、自发的民族矛盾。然而，这种低层次的民族矛盾上升为主宰全局的政治斗争，却是西晋统治者挑动起来的②。

当民族矛盾掩盖了阶级斗争之后，所有的政治斗争无不以民族斗争为旗号，劳动者平时受压迫的苦难和胸中的积愤也在民族

---

① 时间记载依《资治通鉴》卷九十，"晋元帝建武元年（317）"条，中华书局点校本。
② 参阅田余庆：《东晋门阀政治》中《关于"不与刘、石通使"问题》，北京大学出版社1989年版。

仇杀中得到宣泄。杀红了眼,杀昏了头,仇恨蒙蔽了双目,分不清是非敌友,只晓得种族异同。最典型的事例如后赵冉闵于都城驱杀胡人。

> (冉闵)令城内曰:"与官同心者住,不同心者各任所之。"敕城门不复相禁。于是赵人百里内悉入城,胡羯去者填门。闵知胡之不为己用也,班令内外赵人,斩一胡首送凤阳门者,文官进位三等,武职悉拜牙门。一日之中,斩首数万。闵躬率赵人诛诸胡羯,无贵贱男女少长皆斩之,死者二十余万,尸诸城外,悉为野犬豺狼所食。屯据四方者,所在承闵书诛之,于时高鼻多须至有滥死者半①。

这种失去理性、不分青红皂白的大屠杀,在当时屡见不鲜。真正受尽苦难的是被挑动起来相互仇杀的各族人民。短短的一、二十年间,中国的人口从二千三百万锐减至一千余万②,整个中原沦为废墟。东晋孙绰曾满怀悲凉地控诉道:

> 自丧乱已来六十余年,苍生殄灭,百不遗一,河洛丘废,函夏萧条,井堙木刊,阡陌夷灭,生理茫茫,永无依归③。

在这场祸乱中真正受益的是少数族统治者。他们藉"八王之乱"的机会崛起,将西晋统治者发动的内战转变为推翻西晋王朝的战争。少数族原受奴役,文化水平不高,军事力量也不是那么强大。因此,他们必须依靠战争掠夺来激励士气,增强军队的战斗力。而且,在进入中原之后,还必须极力煽动民族仇恨的情绪,以此作为凝聚力,把国家政权建立在民族压迫的基础之上。后赵末年,石虎(字季龙)的残暴统治天怒人怨,为了转嫁政治危机,他再

---

① 《晋书》卷一百七,《石季龙载记下》,中华书局点校本。
② 赵文林、谢淑君:《中国人口史》第四、五章,人民出版社1988年版。
③ 《晋书》卷五十六,《孙楚附孙绰传》。

次祭起种族仇恨的幽灵。

> 沙门吴进言于季龙曰:"胡运将衰,晋当复兴,宜苦役晋人以厌其气。"季龙于是使尚书张群发近郡男女十六万,车十万乘,运土筑华林苑及长墙于邺北,广长数十里。……暴风大雨,死者数万人①。

自西晋主力被击溃之后,中原地区已无法形成统一的、有组织的军事抵抗,以农耕为业的汉人挡不住少数族骑兵的暴风骤雨。永嘉乱后,汉人受尽欺凌虐待,而"汉"字也多为骂语,如汉狗、痴汉、恶汉、汉子、一钱汉、卑劣汉、无赖汉等等②,流毒甚远,乃至南宋陆游《老学庵笔记》卷三亦言:"今人谓贱丈夫曰'汉子',盖始于五胡乱华时。北齐魏恺自散骑常侍迁青州长史,固辞之。宣帝大怒,曰:'何物汉子,与官不受?'此其证也。"贱视汉人,成为魏晋南北朝时代显著的特点。

随着少数族政权的巩固,汉民族也伴随着恢复生产、重建社会的进程而复苏伸张。继续歧视汉人已成为社会发展的严重障碍,并将危及少数族政权自身的安定。有远见的政治家切身感受到吸收汉族文化、重整社会秩序的必要性与重要性。于是,北魏孝文帝断然采取全面汉化的政策,以求在民族和文化的融合中实现政权的脱胎换骨,变军事国家为政治国家,以适应农业化社会的需要。

然而,百余年民族压迫所形成的根深蒂固的民族成见,却在这脆弱激进的改革中激化。虽然汉化已是关系到国家政权存在与发展、势不可挡的历史潮流,但在缺乏文化传统的胡族权贵眼里,看到的只是昔日为人贱视的汉人纷纷登上政坛,一系列强化中央政

---

① 《晋书》卷一百七,《石季龙载记下》。
② 桑原骘藏著、黄约瑟译:《历史上所见的南北中国》,收于黄约瑟译《日本学者研究中国史论著选译》第一卷,中华书局1992年版。

权的措施危害到他们的既得利益。于是,民族矛盾的沉渣泛起,并以"六镇暴动"的形式猛烈迸发出来。边镇鲜卑将士再次用铁铸的利剑、鲜血写就的语言,作最后的挣扎,力图把中原社会再度拖入民族对抗的深渊。乘时继起的高欢集团就是以六镇鲜卑为骨干,利用民族矛盾而兆基霸业的。

> (高)欢每号令军士,常令丞相属代郡张华原宣旨,其语鲜卑则曰:"汉民是汝奴,夫为汝耕,妇为汝织,输汝粟帛,令汝温饱,汝何为陵之?"其语华人则曰:"鲜卑是汝作客,得汝一斛粟、一匹绢,为汝击贼,令汝安宁,汝何为疾之?"①

此所谓"胡汉分治"的实质,是鲜卑族对汉族的奴役欺凌,视汉人犹如草菅,明显是对北魏孝文帝改革的反动。

> 时鲜卑共轻华人,唯惮高敖曹。……(刘)贵与敖曹坐,外白治河役夫多溺死,贵曰:"一钱汉,随之死!"敖曹怒,拔刀斫贵;贵走出还营,敖曹鸣鼓会兵,欲攻之,侯景、万俟洛共解谕,久之乃止②。

在少数族统治者的统治之下,社会以崇武为时尚,贵戚子弟"竞习弓马,被服多为军容"③,是非准则屈从于武勇实力,伦理道德在政治权力的蹂躏下呻吟,日益凋落的汉族文化为专擅杀伐的塞北胡风所笼罩。鲜卑语不但成为华北的通行语言,而且还成为判定个人政治忠诚的标志。北齐的孙搴学浅行薄,却因为能说鲜卑语而大受齐高祖高欢重用,宣旨传令,颇掌机要。权臣祖珽有才无行,平日与一帮纨绔子弟渔猎声色。齐高祖宴请臣僚,他旧习难改,顺手就把席上金器藏入帽中,当场被捉住。后来又诈盗官粟三

---

① 《资治通鉴》卷一百五十七"梁武帝大同三年(537)九月"条。
② 《资治通鉴》卷一百五十七"梁武帝大同三年(537)九月"条。
③ 《隋书》卷五十,《李礼成传》,中华书局点校本。

千石,银铛入狱,可是因为他精通鲜卑语而获释,依然故我。

语言是文化的载体,鲜卑语的流行,直接推动塞外文化习俗向中原地区的浸淫弥漫。戎乐胡舞、羌笛琵琶、握槊走马,盛行于世,尤得权贵耽爱。曹妙达、安未弱、安马驹、史丑多、沈过儿、王长通之流,因能歌善舞而封王开府;和士开一手琵琶绝技,竟登相位。西域深目高鼻的胡人小儿,虽文墨不通,亦以音乐至大官,甚至连波斯狗也得封仪同郡君,享受俸禄。皇宫之内,白天走马驱驰,夜来胡音哀曲,阉官胡儿,齐声唱和。曲终歌罢,涕泣痛哭,此起彼伏。

接受胡俗,刻意模仿学习,就表明对居统治地位的主流文化的认同与归依,成为进身仕途的敲门砖。北齐有位士大夫不无得意地向人密授当官诀窍:

> 我有一儿,年已十七,颇晓书疏,教其鲜卑语及弹琵琶,稍欲通解,以此伏事公卿,无不宠爱,亦要事也①。

民族歧视的政治高压,使得胡俗不断渗透于汉人社会。祖珽与京城少年歌舞为娱,樗蒲为戏。更有其者,一些汉人学会南腔北调的胡语,因游戏见宠,便忘记了自己的出身。昌黎(今辽宁义县)人韩凤在北齐当权,便以残害汉族士人为能事,制造冤案,于朝中厉声痛骂:"狗汉大不可耐,唯须杀却!"②毫无愧色。相反,学习儒家汉学就会被视作异己,招致不测。北齐废帝高殷,勤奋好学,温文尔雅,其父文宣帝便觉得他颇似汉人,屡欲废之。有一次,文宣帝登金凤台,强令他手刃囚徒,他不忍下手,竟遭文宣帝鞭挞,直吓得当场神经错乱。

胡化的结果导致了社会的粗鄙化和政治的野蛮化。当政权巩

---

① 王利器集解:《颜氏家训集解》卷第一,《教子第二》,上海古籍出版社1980年版。
② 《北齐书》卷五十,《恩幸·韩凤传》,中华书局点校本。

固、生产发展之后,国家以军事为主导的外向扩张就日益转变为以提高君权为导向的内部体制建设,重新建立正常的政治与社会秩序,对社会生活的各个方面实施强有力的管理统制。这时,草原马背上发展出来的管理模式不能适用于农业社会,部落酋长联盟式的寡头民主制不能适应于提高君权的需要。于是,恢复以忠孝尊卑为核心的等级礼制再度成为紧迫的课题。"六镇暴动"虽然暂时迟滞了这一进程,但却无法完全阻挡它。所以,汉化并不是一个种族优劣、文化高下的问题,而是一个极其深刻的政治与社会问题。经过长期少数族统治和胡化浸染的中原社会,汉化不可能也不会是简单的复古倒退,回复汉晋文化制度,它必然包含着扬弃旧文化与吸收新文化要素两个方面。其所要达到的目标不仅是要解决民族与文化的融合问题,而且是要形成新的文化认同与民族心理,重新整合分裂的社会,成为最深刻与稳定的文化内核,达到深层的强有力的统一。这种内在统一远比军事占领和领土统一更加艰巨复杂。历次汉化运动的失败,从表面上看是极具感情色彩的民族冲突,但究其实质却是鲜卑族社会进步而带来新旧政治体制转换过程中内在矛盾的激化。那么,对于积极推进汉化运动以求重新统一中国的政治家,他们面临的是怎样一个社会呢?

第二节　断裂的社会

西晋政权崩溃之后,中国北方出现的政治权力真空,诱使边疆各族蜂拥而入,抢夺瓜分这片富庶沃土。最初是匈奴,而后,羯、鲜卑、氐和羌族接踵而至,纷纷建立起各式各样的政权。这些互不统属的少数族统治者,犹如一群追逐水草的野马,恣意纵横奔突。原有的羁绊被冲决了,掳掠战利品(财物、人口和土地)成为最主要的目标。在弱肉强食的法则之下,他们谁也无法取得公认的正统地位。神圣的权威被打碎之后,实力代表了一切,胜利就是真理。这样,战争作为衡量是非的最高语言,不停地轰鸣。西晋灭亡后的弹指一挥间,十六个少数族政权递兴旋灭。

阵阵的狂飙,如雨的铁蹄,中原传统社会组织随着一个个城邑的陷落而分崩离析。惊涛骇浪之中,失去任何保护的汉人几乎是出自求生的本能,纷纷逃离成为战场的乡里,辗转流徙于各地。他们在西晋残余将官或乡里豪强的统率下,结成一个个独立的组织,各自为战,力求自保。"永嘉之乱,百姓流亡,所在屯聚"①,自卫性质的坞壁聚垒遍布于中国各地。

早期的坞壁是为避乱而组建的,所以大都设立于远离城邑的山林川泽地带。例如,洛水流经的檀山,"其山四绝孤峙,山上有坞聚,俗谓之檀山坞";一合坞,"城在川北原上,高二十丈,南、北、东三箱,天险峭绝,惟筑西面即为固。"此外,如云中坞、合水坞②等坞名所示,坞壁一般建在易守难攻之地。这样,在国家地方行政组织之外,游离出大量不受管辖的村落组织③。

国家政令不行,则坞壁势必要自行制定一套内部规则,将四方汇聚的流民统一起来,整齐号令,使之成为团结一致、且战且耕的坚强组织。《晋书》卷八十八《孝友·庾衮传》记载:

---

① 《晋书》卷一百,《苏峻传》。
② 以上见《水经注》卷十五,《洛水·伊水·瀍水·涧水》。
③ 从动乱时代的坞壁屯聚发展出和平时代的自然村落,是魏晋隋唐时代社会基层组织最引人注目的变化。宫川尚志的《六朝时代的村》(收于夏日新、韩昇、黄正建等译:《日本学者研究中国史论著选译》第四卷,中华书局 1992 年版)、宫崎市定的《中国古代史论》(日本平凡社 1988 年版)、堀敏一的《论魏晋南北朝时代的村》(收于《中国的都市与农村》,汲古书院 1992 年版),均有深入的探讨。拙著《日本古代的大陆移民研究》(台湾文津出版社 1995 年版)第三章也对坞壁的组织结构及其在东亚国家的影响进行分析,请参阅。

〔庾衮〕乃誓之曰:"无恃险,无怙乱,无暴邻,无抽屋,无樵采人所植,无谋非德,无犯非义,戮力一心,同恤危难。"众咸从之。于是峻险厄,杜蹊径,修壁坞,树藩障,考功庸,计丈尺,均劳逸,通有无,缮完器备,量力任能,物应其宜,使邑推其长,里推其贤,而身率之。分数既明,号令不二,上下有礼,少长有仪,将顺其美,匡救其恶。

星罗棋布于战乱地带的坞壁脱离于国家政权之外,自定法规,各行其是,犹如一盘散沙。"五胡十六国"动乱所造成的最深刻影响,并不在于皇室的更替,而在于这场浩劫把一个自上而下秩序井然的国家社会撞成碎片,瓦解成一个个相互独立的集团,而胡族以部落为基础的社会形态更加强了这一趋势。这一点,是我们认识魏晋南北朝时代最重要的出发点。诚然,大一统局面的崩溃,冲决了思想的禁锢,带来了个性的解放和艺术创造精神的昂扬,然而,这一切乃是由政治的黑暗和士大夫内心的痛苦所铸就的。

林林总总的坞壁,差别甚大。敦煌石室本《晋纪》记载:"永嘉大乱,中夏残荒,堡壁大帅,数不盈册,多者不过四、五千家,少者千家、五百家"[①],从几百户到数千家,坞壁的规模,相去甚远。然而,透过这些表面的差异,我们不难发现其基本形态却是共通的,这就是宗族构成了坞壁集团的核心,而其推举产生的坞主或行主一般都是乡里豪帅[②]。当然,他们中间不乏旧政权的中下级官吏,但

---

① 见罗振玉编:《鸣沙石室佚书》,宸翰楼影本,1913年版。
② 坞壁首领有各种不同的称呼,多由坞壁内部推举产生,例如:1.坞主,《晋书》卷六十三,《李矩传》记载:"属刘元海攻平阳,百姓奔走,矩素为乡人所爱,乃推为坞主,东屯荥阳,后移新郑。"2.行主,《晋书》卷六十二,《祖逖传》记载:"及京师大乱,逖率亲党数百家避地淮泗,以所乘车马载同行老疾,躬自徒步,药物衣粮与众共之,又多权略,是以少长咸宗之,推逖为行主。"

是,他们的权力并不来源于官场经历,而在于其通过宗族对乡党及流民的控制。也就是说,西晋政权的崩溃和大家世族罹难遍逃,给了下层豪强充分的表演机会,使他们能够乘时而起,啸聚一方。

战乱时代崛起的坞壁及其豪帅,构成了南北朝时代动乱的温床和门阀政治的基础。这些坞主豪帅,兴起于特定的历史条件之下,虽然与以往的时代有着千丝万缕的联系,甚至冒充老牌世族,但实际上可以得到确证者为数不多。因此,他们并不是前代世家大族的简单延续,不能毫无甄别地混为一谈。

上层为争夺政权的殊死搏斗,造成社会的失控。在基层,形形色色的坞壁也在为自身利益和生存空间而殚精竭虑,实力政治的法则,使得他们或者相互吞并,或者结成联盟。风暴过去,尘埃落定,在相互依存又相互牵制的格局下,有实力的坞壁广泛得以保存,强宗大族号令乡村、割据一隅的局面也随之固定了下来。他们中间,更产生了一些以"统主"为代表的地区性集团,例如,河东地区的张平,"跨有新兴、雁门、西河、太原、上党、上郡之地,垒壁三百余,胡晋十余万户,遂拜置征、镇,为鼎跱之势"①;"关中堡壁三千余所,推平远将军冯翊赵敖为统主,相率结盟"②。

如果说天下大乱和社会黑暗,使得个人生命和正当权利失去保障而不得不依赖私人武装的庇护,是坞壁兴起的外在要因,那么,当政局相对安定,国家职能日益发挥作用,而坞壁的主要功能也由武装自卫转变为日常生产活动之后,坞壁或强宗大族垄断乡曲的局面能够长期保持下来,则只能从坞壁内部寻求其内在原因。《晋书·苏峻传》记载:

---

① 《晋书》卷一百十,《慕容俊载记》。
② 《晋书》卷一百十四,《符坚载记下》。

> 永嘉之乱,百姓流亡,所在屯聚。(苏)峻纠合得数千家,结垒于本县。于时豪杰所在屯聚,而峻最强。遣长史徐玮宣檄诸屯,示以王化,又收枯骨而葬之,远近感其恩义,推峻为主。

苏峻得到诸屯的拥戴,除了其实力最强的因素外,更在于其推行"王化",使"远近感其恩义"两点。

所谓行"王化",实质就是以儒家宗法原则统辖坞壁。《宋书·王懿传》说:"北土重同姓,谓之骨肉,有远来相投者,莫不竭力营赡,若不至者,以为不义,不为乡里所容。"北方原来就重同姓宗法关系,在坞壁内部更是如此。前述庾衮事例里,庾衮率其同族及庶姓保聚禹山,以其心腹为坞壁内的邑长、里贤,将坞众编为部曲,使整个坞壁笼罩于宗法关系之下,并律之以"无谋非德,无犯非义,戮力一心,同恤危难"的大义,组成坚强的团体。这是儒家"修身齐家治国平天下"思想的具体运用。所以,在社会分裂为坞壁林立的情况下,随处可见的是宗族社会和人身依附关系的大幅度加强。

与宗法关系相辅相成的,是通过贯彻儒家共同体理想而重组乡里社会,郗鉴在乡里"以恤宗族及乡曲孤老,赖而全济者甚多"①;祖逖率众南迁时,"以所乘车马载同行老疾,躬自徒步,药物衣粮与众共之,又多权略,是以少长咸宗之"②;庾衮在坞壁内"均劳逸,通有无",使"上下有礼,少长有仪,将顺其美,匡救其恶。"魏晋南北朝时代新起的强宗大族与以往腐朽的世族的重要区别,就在于他们深深地扎根于乡村,与乡党民众生活在一起,通过实行一些扶弱济困、有无相通的"恩义"措施,激发乡党民众感恩戴德的

---

① 《晋书》卷六十七,《郗鉴传》。
② 《晋书》卷六十二,《祖逖传》。

情感,造成同舟共济、生死与共的乡土观念,从而获得其诚心的归属,奠定了垄断乡村的坚强的权力基础。特别是在个人权利和社会公正得不到保障的时代,政府的苛政甚于豪强的剥削,驱使农民大量流入豪门,更加强了乡村豪族的地位。例如,萧梁的张孝秀"去职归山,居于东林寺。有田数十顷,部曲数百人,率以力田,尽供山众,远近归慕,赴之如市"①,形成豪族与政府争夺劳动人手与控制乡村的局面。

以宗族乡党为背景的强宗大族,其向背直接关系到社会乃至政权的安定。后赵石勒倾注全力去攻打各地坞壁,即可略示一斑。然而,只要分裂动乱的局面没有消除,国家政权的公共职能不能充分发挥,则单凭武力镇压无济于铲除遍地生根的坞壁。而且,外部势力也不易控制坞壁。西晋末年,魏该让其部将马瞻袭杀杜尹,夺其一泉坞。魏该打算南徙,却因坞众不从而不得不单骑出走。马瞻投降匈奴刘曜后,坞众又密请魏该回来,共诛马瞻②。这一事例清楚表明,外来势力即使通过武力据有坞壁,也难以得到坞众的归顺,在决定坞壁进退去从的大事上,坞情民意起着主导作用。认识到这一点,国家政权就不能不与强宗大族妥协,通过他们来控制乡村。北魏入主中原初期实行的"宗主督护"制度,就是在此背景下产生的。《通典·乡党》说:

> 后魏初不立三长,唯立宗主督护,所以人多隐冒,五十、三十家方为一户,谓之荫附。荫附者皆无官役,豪强征敛,倍于公赋矣。

"宗主"就是垄断乡村的豪族,他们不少实由坞主演变而来。

---

① 《梁书》卷五十一,《处士·张孝秀传》,中华书局点校本。
② 《晋书》卷六十三,《魏浚传附族子该传》。

《北史·李灵传》记载:"(李)悦祖弟显甫,豪侠知名,集诸李数千家于殷州西山,开李鱼川方五六十里居之,显甫为其宗主。"不仅中央政府要任用大批强宗大族以巩固政权,而且,地方官员也不得不致力于网罗豪强来实施统治。陆馛任相州刺史时:

> 州中有德宿老名望重者,以友礼待之,询之政事,责以方略。如此者十人,号曰"十善"。又简取诸县强门百余人,以为假子,诱接殷勤,赐以衣服,令各归家,为耳目于外。于是发奸摘伏,事无不验。百姓以为神明,无敢劫盗者①。

国家政权固然因强宗大族的合作而稳定下来,但分裂的因素也因此潜藏于政权内部,造成国家权力的不完整。至于那些桀骜不驯为害一方的豪强,更是国家政权的心腹大患,一有风吹草动,他们便会再掀波澜。这种局面,南北王朝概莫能外。《关东风俗传》说:

> 文宣之代,政令严猛,羊、毕诸豪,颇被徙逐。至若瀛、冀诸刘,清河张、宋,并州王氏,濮阳侯族,诸如此辈,一宗近将万室,烟火连接,比屋而居。献武初在冀郡,大族猬起应之。侯景之反,河南侯氏几为大患,有同刘元海、石勒之众也。凡种类不同,心意亦异,若遇间隙,先为乱阶②。

显然,强宗大族对乡村的垄断,已成为国家统一的赘疣。

东汉末年,以"党锢之祸"为分水岭,身份性官僚世族迅速走向衰落。西晋复兴,虽说是门阀世族在对寒门庶族的斗争中暂时获得胜利,但是,这时期世族所暴露出的极端腐朽贪婪的面目,并没有带来重振世族政治的结果,充其量不过是短暂的回光返照苟

---

① 《魏书》卷四十,《陆馛传》,中华书局点校本。
② 《通典》卷三,《乡党》引宋孝王撰《关东风俗传》,中华书局点校本1988年版。

延残喘而已。贾皇后因杀杨太后,把西晋统治者所标榜的儒家孝道名教践踏得鲜血淋漓,"八王之乱"的骨肉相残,更把忠孝伦理和门阀世族彻底葬送。

西晋之前的曹魏政权曾试图改变门阀政治的局面,用"唯才是举"向世族发起强劲冲击,但曹操好施权术,为政苛细,任人选官上片面强调实用主义标准,甚至不惜起用"不仁不孝而有治国用兵之术"者①。赤裸裸的法家政治,无助于树立新的社会风尚和挽救颓败的伦理道德,却助长了唯权是视的思潮,曹魏政权为其选用的寒族所出卖,被旧世族所推翻,亦属自食其果。

世族和寒族统治者都无法挽救东汉以来社会崩溃的趋势,而贪婪、腐朽和唯力是视、沉瀣一气,反倒加剧了社会的黑暗不公。乡里豪帅更使社会四分五裂到无以复加的地步,造成中国历史上空前绝后的大分裂时代。

社会基层骤然兴起的乡里豪帅,且不论他们原来属于流民或地主武装,曾经起过抵抗民族压迫和保护乡村的作用,在国家重新统一和社会经济逐步恢复的进程中,他们已经完成了历史的使命,逐渐演变成为破坏统一的基本因素。而且,当强宗大族垄断乡里的局面长期固定下来之后,抵抗外来入侵已被日常的经济关系所代替,宗族共同体温情脉脉的面纱再也掩盖不了剥削压迫的事实。于是,国家政权着手对地方豪强展开政治和经济的斗争,北魏孝文帝变宗主督护制为三长制,其深刻意义就在于此。

社会阶层不能通过行政或暴力手段加以消灭。北魏孝文帝变宗主为三长,使三长隶属于郡县,纳入国家体制,逐步削弱了他们的独立性和政治势力。另一方面,则通过推行均田制,轻徭薄赋,

---

① 《三国志》卷一,《武帝纪》建安二十二年六月条裴注引《魏书》,中华书局点校本。

体现出国家制度的优越性,用经济手段把豪族的依附人口变为国家的编户齐民。这一系列改革的目的都在于消除分裂隐患,增进国家在政治上和经济上的统一。必须指出,这一进程是在国家与地方豪强既斗争又妥协的基础上进行的,大量的豪强进入国家政权之中,则国家的门阀政治色彩必然浓厚。只有通过多种渠道,进一步把地方豪强从其所把持的乡村游离出来,转移到各个城市里去,国家权力才能强有力地贯彻到乡村基层,实现一元化政治统治的目标。显而易见,隋唐帝国正处于从魏晋南北朝门阀政治到宋代官僚政治的转型建制时代,问题深刻而复杂,任重而道远。

从五胡十六国时代坞壁兴起的过程中可以看到,强宗大族控制乡村的重要支柱,还在于贯彻一系列体现共同体的理念原则。这实际上包含着对社会黑暗的批判和对新的理想社会的追求,蕴含着构建未来社会的养料。因此,政治清明,一定程度实现社会的公正和对人身权利的保障,把一些原属于乡村社会的理念升华融入国家统治的意识形态,才能使新政权获得稳固的基础。换言之,在推进政治与经济统一的时候,还必须达成更加深层的文化统一。隋朝结束中国长期分裂的局面后,势必要对过去进行认真的总结,并开启一代风气。艰巨的任务要求隋朝统治者必须具备兼收并蓄的胸襟、深厚的文化素养和政治上的远见卓识,在对现实有深刻了解的基础上,把握社会发展的进程。然而,与破碎山河几无二致的是,长期分裂造成的道德沦丧和个人对社会的离异,使得文化重建的基础是那样的脆弱。

第三节　道德沦落与离心意识

东汉后期,董仲舒以统一帝国为前提构建的"君权神授"、"天人感应"的理论体系已经日暮途穷。此后,腐败的政治,频繁的灾变,加深了这场信仰的危机,而黄巾起义更予以致命一击,使其崩溃瓦解。曹操为代表的寒门势力企图用权术名法来重新构建新的统治秩序,其努力主要是出于现实政治的需要,具有浓厚的功利主义色彩,尚不足以成为新的时代精神,所以在门阀世族的反击下,归于失败。西晋王朝的政治支柱是世家大族,与此相适应,司马氏抬出"孝"字,企图循着儒家学说的老路,导孝为忠,收拾人心,用门阀来巩固政权。不难看出,东汉以来的思想变迁,主要不是由于理论自身运动所造成,而是由社会政治危机而引发的。

西晋强调孝道,宣帝、景帝、文帝和武帝,丧亲皆服哀三年;司马昭执政,一日同时任命王祥、何曾和荀顗三大孝子为三公,以此表率天下。王祥是二十四孝之一,据说其继母病时想吃活鱼,他便脱衣开怀,趴在河床上,解冰捕鱼。何曾一年到头只见妻子两三面,每次见面,必正衣冠,南面木然端坐,其妻北面再拜上酒,寒暄数语即离去①。这类国家大肆渲染表彰的模样,不仅矫揉造作,惺惺作态,而且扼杀人性,难见真情。更为重要的,是西晋提倡的统治伦理与时代精神背道而驰。自东汉王朝崩溃以来,以人的觉醒为先导的思想解放运动日益深入,而西晋片面强调的孝道,非但没能反映时代精神,而且,其支离破碎的说教,还远远不如董仲舒的理论体系。

落伍的统治理念与腐朽的门阀政治交织在一起,更显现出虚伪的一面。西晋重臣贾充,出身于市井寒门,其父受曹操重用,藉此登上政治舞台。晋移魏祚,贾充投靠司马懿,率部刺杀魏帝曹

---

① 王祥与何曾事迹,均见《晋书》卷三十三。

髦①,既为司马氏夺权扫除最后障碍,又为司马氏保全了儒家名节。他的两个女儿,丑陋淫荡。长女贾南风,身材短小,皮肤青黑,性格残忍,奇妒好淫。然而,就是上述孝子荀𫖮力荐她温柔美貌,使她成为惠帝皇后。悍妇痴夫,晋室祸乱,由此发端。贾皇后野心勃勃,虐待成狂,发作起来,要亲手剖杀孕妇,看着腹中孩儿随刀落地,方解心头之恨。洛阳有位抓盗贼的俊俏小吏,藏有华丽珍贵的衣服,上司怀疑他作贼,捉来审问,才知道是被贾皇后派人勾入宫中,作成好事而得到的奖赏②。惠帝登基,贾皇后图谋夺权,指使楚王玮和东安王繇诛杀杨太后的父亲杨骏,废太后为庶人,又处太后母亲庞氏极刑。临刑前,杨太后抱着母亲嚎啕痛苦,磕头剪发,上书贾后,称妾乞怜,请求保全母亲一命,但贾皇后置之不理。杨太后曾有恩于贾皇后,她万万没想到贾皇后只是为了夺权,就如此狠心地残害她的家族,所以庞氏被杀后,她也就绝食自杀③。就是这个残害魏晋两朝皇室的贾家,把儒家孝道肆意踩躏践踏。面对这一事实,西晋皇室世族竟没有一个人出来卫道护教。相反,宗室诸王却借机发动内战,骨肉相残,谋篡帝位,把道貌岸然的门阀世族极端虚伪、贪婪、自私、残忍的真实面目暴露无遗,丧尽人心,宣告了其统治伦理的彻底破产。

  大动乱、大破坏造成了精神的大崩溃。西晋之后,随着东晋、宋、齐、梁、陈的王朝更迭,政权也逐步由大家世族向次等士族乃至寒族转移。新起的统治阶层本无多少文化素养,主要依仗手中的军事实力改朝换代,因此,唯权力论和金钱崇拜也弥漫于世。

---

① 《晋书》卷四十,《贾充传》。
② 《晋书》卷三十一,《后妃上·惠贾皇后》。
③ 《晋书》卷三十一,《后妃上·武悼杨皇后》。

宋武帝刘裕本为一介武夫,靠着北府兵的班底和镇压孙恩、卢循造反的军功,成功地建立了宋朝。到了晚年,他总算生了个宝贝儿子刘义符,后继有人,乐不可支。刘义符孔武有力,弓马娴熟,又精通音乐,不愧为武家后代。刘裕刚死,尚未出殡,他就欢天喜地登上宝座,倡俳伶人,吹打弹唱,欢歌盛宴。十八岁的小伙子,浑身精力无从发泄,便在宫中造山开池,亲作纤夫,还摆摊设店,作起小生意来。闹得实在不成体统,朝中大臣只好暗中请皇太后下诏,将他废了。士兵冲进皇宫四下搜寻,好不容易才从池边龙舟里拎出筋疲力尽呼呼大睡的少年皇帝[①]。

第四代的孝武帝还算精明强干,但同样难免铜臭气息,特别是在晚年,嗜酒贪财,每与封疆大吏或朝中高官相见,必令其纳财进宝,或强与赌博,直到他们囊空如洗方才罢休[②]。在此熏染下,皇室子孙的行迹自然可想而知。他的长子前废帝,自幼顽劣,常遭训诫,十六岁登基,总算有了出头之日,坐在皇位上,抚摸着昔日受罚时留下的伤痕,不由得怒火中烧,便派人前去挖掘父陵。太史官赶忙劝他,发掘帝陵会不利于己,他才罢手,但心头之恨实难消却,便亲自跑到父亲墓上,屎尿交加,还派人给乃父作像,画了个酒糟鼻,挂在太庙,顺便把孝武帝宠妃的坟墓给挖了。回到宫中,百无聊赖,猛然想起姑母新蔡公主,虽已下嫁妻舅何迈,但风韵犹存,便召入宫中,携云握雨,流连数夕,恩爱难舍,遂纳于后宫,改姓谢氏,以为贵嫔,另备棺材一副,随手杀一婢女作为替身,抬到何迈家销账。皇太后病危,派宫人召他,他推辞不往,说道:"病人房间多鬼,作祟可怕,哪里去得。"直气得太后向宫人索刀,要剖开肚子来看看

---

① 《宋书》卷四,《少帝本纪》,中华书局点校本。
② 《资治通鉴》卷一百二十九"宋孝武帝大明八年(464)五月"条。

为何生下这般儿子。

宫中作福,朝中作威。前废帝将权臣戴法兴问罪赐死,弄得那班小觑他的大臣悚然不安,密谋另立其叔公刘义恭为帝。不料风声走漏,前废帝亲自率领羽林军突入义恭府第,杀死义恭,断肢体,裂肠胃,挑取眼睛,用蜜浸渍,作成"鬼目粽",并杀其四子及柳元景、颜师伯、刘德愿数位大臣。朝中大臣既去,前废帝好不得意,唯惧诸叔在外为患,遂将他们召回京城,囚于殿内,百般凌辱。湘东王彧、建安王休仁和山阳王休祐身体肥壮,前废帝便派人做竹笼,将他们装在里面,分别称作"猪王"、"杀王"和"贼王",还挖了个大坑,灌注泥浆,把湘东王彧剥得一丝不挂,置于坑内,另以木槽盛饭,搅入杂菜,让他像猪一样用口舔食,以供观赏笑谑。又把王妃公主聚集一堂,令左右幸臣赤身裸体,轮流奸淫。南平王铄妃江氏不从,前废帝就把她的三个儿子一一杀死,再打江妃百鞭。

前废帝宣淫肆虐,朝中人人自危,吏部尚书袁𫖮请求外任以避祸,前废帝让他当雍州刺史,他接到任状如逢大赦,狼狈上路,马不停蹄奔到寻阳,才惊魂稍定,庆幸获免。弄到这般地步,朝臣们只能拼个鱼死网破,诸王近习和禁卫军官暗地里联合起来,发动宫廷政变。而前废帝却在举行裸体大会,令后宫婢妾与左右嬖幸追逐宣淫,有不从命者,即行斩首。又怕被斩的宫女化作厉鬼,梦中索命,便亲自率众在华林堂射鬼,恰好遇到突入宫中的军士,前废帝箭射不中,反成了刀下鬼[①]。

宋第七代后废帝,相传其父明帝荒淫过度,无法产子,便让陈

[①] 参见《宋书》卷七,《前废帝本纪》;《资治通鉴》卷一百三十;《南史》卷二,《前废帝本纪》,中华书局点校本。

贵妃与嬖臣李道儿通,生下他来,故他常自称"李将军"。陈贵妃家业屠宰,无甚教养,后废帝自幼好玩厌学,爬竿登墙,自鸣勇武。十岁登基,纠集一班无赖嬖幸,或夕去晨返,或朝出暮归,以杀人为戏,民间大恐,昼闭门户,道无行人。几年下来,市井杂艺,倒也学到许多,且有几分小聪明,鄙俗琐事,过目不忘,锻炼金银,裁衣做帽,更是精绝。就是生性残忍,一日不杀,便怏然不乐。这天盛暑,后废帝直闯领军府,见镇军将军萧道成袒腹酣睡,脐大如鹄,不由大乐,令萧道成裸立室中,自取雹箭射去,正中脐眼,左右大呼神箭。萧道成死里逃生,惊魂出窍,乃串通宫中卫士,于七夕夜半,打发少年皇帝上银河与织女相会①。

穷奢极欲,凶暴肆虐,是南北王朝统治阶层共同存在的现象。石勒建立后赵,其侄石虎十分残暴。石勒立子石宏为大单于,统领胡部。石虎不得立,恨得咬牙切齿,立誓要灭石勒一族。果然,石勒死后,石虎篡位,将石勒诸子残杀无遗。石虎诸子,较其父有过之而无不及。太子石邃,凶狠荒淫,自掌朝政以后,更无忌惮,夜出于大臣家,淫其妻妾,犹不尽兴,乃取美貌尼姑,先奸后杀,置美人头于盘中,尸身与牛羊合煮,令左右佞臣选其美而品其肉。偶因政事受责,便与左右密谋杀父。石虎知道后,先发制人,将石邃妻儿及其党羽尽加诛杀,更立石宣为太子。石宣与弟弟石韬争权,派人暗杀石韬,又伏兵灵堂,拟乘石虎临丧时杀父自立。石虎早有防备,捕捉石宣,用铁环穿其下巴,积薪如山,让石韬旧部将石宣拔发剜舌,剖腹斫眼,截手断足,如其残害胞弟一般,再放到柴堆上烧死。石宣的小儿子,年仅数岁,石虎不忍杀此爱孙,但大臣不同意,硬是把他从石虎怀中扯出杀死,这哪里是在执行公法,简直就像狼

---

① 参见《宋书》卷九,《后废帝本纪》;《资治通鉴》卷一百三十四。

群在吞噬猎物！孩子凄厉的哀号，揭露控诉着惨绝人寰的残忍、贪婪、卑鄙和黑暗，愿能唤醒所有的人从血腥残杀中冷静下来，从发自心灵的反思中，深刻认识造成这一幕幕悲剧的根源①。

整个南北朝时代，为争权夺利而进行的血腥残杀，达到无以复加的地步。除了个别例外，每一次王朝更替，都伴随着对前代皇室的满门血洗；甚至在同一王朝内的皇位继承，也罕见不经过大规模杀戮者。父子兄弟、叔侄亲族之间的骨肉相残，手段之残忍，令人发指。登上皇位者，将同姓骨肉视作威胁，必欲除之而后快，宋始平王刘子鸾受诛时，发誓生生世世不再生于皇家，何其悲凉②！

对人性的蔑视，首先表现为对人类伦理道德的践踏。北齐文宣帝高洋，是一位既精明又荒淫的皇帝，登基后一日，猛然想起其兄高澄当政时，曾经调戏其妻，不由大怒，径直闯入嫂嫂文襄皇后宫中，恣意强暴，犹不解恨，乃将高氏妇女，不论亲疏，尽集一处，自己赤身裸体，率左右强与乱交，以此取乐。娄太后闻其子狂暴，用手杖略施薄惩，高洋不思悔改，跳将起来，指着母亲的面恨恨叫嚷："要把这老女嫁与胡人！"娄太后气得痛不欲生，高洋也觉得过分，赶忙趴在地上，忏悔求饶。娄太后气还未消，不予理睬，高洋又恼将起来，一把掀翻娄太后的坐榻，直把太后摔在地上打滚。过些天，高洋到李皇后家，岳母崔氏迎将出来，冷不防高洋一箭射去，正中崔氏，骂道："我酒醉时连太后都不认，你这老婢聒噪什么！"挥鞭乱抽，把崔氏打得鼻青脸肿，这才扬长而去。复奔五弟家来，见后母尔朱氏虽徐娘半老，风姿犹存，忍不住欲火中烧，便欲行非礼，

---

① 《晋书》卷一百六、卷一百七，《石季龙载记》。
② 《宋书》卷八十，《始平孝敬王子鸾传》载："子鸾临死，谓左右曰：'愿身不复生王家。'"

尔朱氏坚拒不从,扫了高洋兴头。高洋恼羞成怒,当场就把尔朱氏劈死①。

高洋杀后娘、揍岳母,奸嫂宿娼,诸弟也如法效仿。九弟高湛亦是酒色中人,登基不久,就迫不及待地赶到昭信宫,要与高洋的皇后李氏秽乱。李氏起初不从,高湛怒道:"如不相许,我当杀你儿子!"李氏大惊失色,一任高湛逞欲。日子久了,李氏怀孕,儿子太原王高绍德入宫,李氏心中有愧,不肯相见。儿子对母亲的事早有风闻,见此光景,不由懊恼起来,说道:"儿岂不知娘的事,娘肚子大了,故不见儿。"李氏在内里听见,羞愧万状,后来生下一女,抛弃不养。事情被高湛知道,怒不可遏,竟将高绍德捉到李氏面前,咆哮道:"你敢杀我女儿,我怎不敢杀你儿子!"于是举刀乱砍,登时就把高绍德给杀了。李氏见状,哭得死去活来,高湛越发狂怒,剥去李氏衣服,取鞭痛抽,打得血肉模糊,用绢囊裹起,扔进宫渠。还算李氏命大,竟然没死,出家为尼去了②。

魏晋南北朝时代,荒淫暴君,多不胜数。统治者既以马上得天下,便以为亦须以马上治天下,其家庭教育,自然以弓马悍勇为崇。后赵石勒的太子石弘,自幼孝顺,谦虚好学。石勒看了很不以为然,觉得他不像将门子弟,便派人教他兵书击剑③。北齐文宣帝的长子高殷,聪颖儒雅,与其狂暴的父亲恰成鲜明对照,文宣帝自然看不顺眼,强迫他亲手斩杀囚徒,想借此让他凶狠起来。如此家教,再加上亲眼目睹父兄贵戚的诸般暴行,自然培养出一代浑身戾气的子弟,自幼骄横鄙俗,无法无天,在灌满有权就有一切的脑袋

---

① 参见《北齐书》卷四,《文宣帝纪》;卷九,《文襄元后传》;《资治通鉴》卷一百六十六。
② 《北齐书》卷九,《文宣李后传》。
③ 《晋书》卷一百五,《石勒载记下》。

下,闪烁着一双喷射物欲、色欲和权力欲火焰的眼睛,把四周的一切都看成猎物,把人的世界变成动物的世界。

他们对所有的人,哪怕是亲子之间,也缺乏最起码的信任和友爱,没有亲人,没有朋友,只有铭心刻骨的自私、自大、猜忌、仇恨和不堪忍耐的孤独。君臣父子,犹如相互对峙的野兽,虎视眈眈,稍不留神,就会在顷刻之间被吞噬。南齐武帝临终,把皇太孙萧昭业召至床前,仔细叮嘱道:"你即位后,最初的五年间,政事都让宰相去处置,切莫插手;五年之后,一切自专,莫委他人"①,教他羽毛丰满之后,再排斥朝中大臣。昭业倒也听话,在宫中尽情玩耍,重金斗鸡,转眼之间,就把武帝辛苦攒下的数亿国库花个精光。结果在位不到一年,羽毛还没长出来就被废了。齐明帝以政变入继皇统,故临死前谆谆开导太子萧宝卷要先发制人②。果然,萧宝卷不负父望,一上台就大开杀戒,最后自己也落了个身首异处。上述乱七八糟的遗训,无不说明在唯权力论的社会,政治斗争已经丧失理性,没有规则,无聊透顶。可是,就是这些逞凶斗狠的当权者,用血腥恐怖制造出人间地狱,因因相报,自己也在其中饱受煎熬。前述后赵石虎两度险遭儿子暗算,悲愤难禁,哀叹道:"我要用石灰三斛清洗肚肠,因为肚肠污秽,才生下如此孽子,二十来岁,就要谋杀父亲。"所以,他立十岁幼子为继承人,筹算等儿子长到二十岁时,自己大概早就死了,可以避祸消灾。真是至死都没有悟出个中道理。

道德是存在于人类社会中特定的价值和选择,道德价值是人类最基本的价值观。践踏伦理道德的人首先被践踏,所以,上述统

---

① 《资治通鉴》卷一百三十八"齐武帝永明十一年(493)七月"条。
② 《资治通鉴》卷一百四十二"齐东昏侯永元元年(499)八月"条。

治者的行为固然可恨、可鄙,但他们同时也不幸而可怜,他们在自己制造的炼狱中,感到的是空虚不安和无以宣泄的焦躁。北齐文宣帝高洋,成天酗酒,冬天里披头散发,裸体奔跑,爬到二十七丈高、二百余尺长的台梁上,高空行走,载歌载舞,观者无不胆战心惊,连路上的妇女都说他"疯疯癫癫,那像个天子。"烦闷难耐,高洋便将倡妇薛氏纳入后宫,随即想起堂叔公清河王高岳与薛氏似有私情,醋意大发,责以奸污民女,派人将高岳毒死,再将薛氏肢解,然后盛装出葬,自己披发随行,一路恸哭,哀号"佳人难再得!"

这些乖张行径,实出自内心的虚弱。石勒建立后赵,常怀忧惧,闷闷不乐。大臣问其缘故,石勒才透露心声,原来东晋犹在,司马氏血脉尚存,所以深恐民心不服,认为后赵未应天命,不是正统王朝[1]。石勒的忧惧,可谓是五胡十六国时代窃国者的共同心理,而这种担忧又具有那么深刻的现实意义。不被认作正统,那么,有实力者皆可称王立国,王道沦为霸道,强敌环列周围,逆臣变生肘腋,一念于此,怎不胆战心惊,心智失常。北齐文宣帝高洋曾向前朝宗室彭城公元韶询问东汉光武帝中兴的原因,元韶答道:"因为没有除尽刘氏。"一句话点醒高洋,遂下令将元韶等魏室元氏七百二十余人斩尽杀绝[2]。这种无时不在的恐惧,简直到了风声鹤唳、草木皆兵的地步。北齐初年,有术士预言:"亡高氏者黑衣。"高欢因此不见缁衣和尚;而高洋则向人询问什么东西最黑?左右告之以漆,高洋附会为"七",因此残杀七弟高涣[3]。前朝宗室和本朝骨肉最受怀疑,而文臣武将也不可靠。有一次,高洋西巡,百官出城送行,高洋突然命令铁骑将他们团团围住,自己痛饮烂醉,直到日

---

[1] 《晋书》卷一百五,《石勒载记下》。
[2] 《资治通鉴》卷一百六十七"陈武帝永定三年(559)五月"条。
[3] 《北齐书》卷十,《上党刚肃王涣传》。

落西山,左右向他报告,群臣惊恐万状,高洋这才满意,放他们一条生路[①]。用这种方法考验百官的忠诚,用恐怖手段来树威,只能适得其反,既暴露自己色厉内荏的真面目,又使得人人自危,促成其乱。

弥漫于统治阶层的唯权力思想和道德沦落,加剧了社会的黑暗,反过来又加速了社会价值体系的崩溃。缺乏理想,看不到前途,整个文化基础动摇失序,人与人的关系随着现实利益而漂浮变幻,世道浇漓,人情险薄。在这个时代成长起来的人,不能不带着这个时代的烙印,在相互倾轧的明争暗斗中,带着精神上的创伤,孤独的彷徨和对人的猜疑。即使是那些在历史上大有作为的人物,也无法完全从这种时代的阴影中摆脱出来,难免带有刻忌、残忍和难以理喻的乖张焦躁。这些恶习已不能完全从个性方面加以解释,个人的悲剧还由于社会的不幸所造成,性格上的缺陷更深层的根源乃在于精神伦理的崩溃。

在政治黑暗和道德沦落的恶性循环中,怀抱救世济民热望的知识分子一次次成为权力斗争的血腥祭品,使他们一再品尝理想幻灭的苦果。外向式的正常发展道路被阻断之后,对社会正义的追求不得不转变为对生命和个性的内向探索,从对社会的反思而引起的个人自觉中,寻找新生活的精神支柱。从"清议"到"玄谈",正是他们步履蹒跚走出的一段崎岖心路。

"党锢之祸"对清流士人的镇压,动摇了士大夫阶层对儒家学说的信仰,迫使他们不得不从儒家学说之外,去找寻新的社会理论。于是,以老庄学说为内核的"玄学"勃然兴起,王弼、何晏是其早期的代表。《晋书》卷四十三《王衍传》说道:

[①] 《资治通鉴》卷一百六十六"梁敬帝太平元年(556)八月"条。

> 魏正始中,何晏、王弼等祖述老庄,立论以为:"天地万物皆以'无'为本。'无'也者,开物成务,无往不存者也。阴阳恃以化生,万物恃以成形,贤者恃以成德,不肖恃以免身。故'无'之为用,无爵而贵矣。"

何晏以为名教本于自然,当然他们所说的"自然",并不是指自然界,而是指主宰天地万物、人间社会生成运行的基本规律,即《列子注》引何晏《无名论》所说的"自然者,道也。道本无名。"经过这样一番改造,董仲舒为把天地人事凝聚在一起,主张统治者积极介入世间万事而建立的儒家"大一统"理论动摇了,代之而起的是"以无为本"的玄学思想。这种思想把人从神的拘束下解放出来,吹响了个性解放的号角。而其反传统的特点,亦是针对东汉末年以曹操为代表的"法治"政治主张,曲折地反映出限制政治权力的要求。

然而,当司马懿父子再次向晋代名士举起屠刀时,儒家名教就进一步崩溃了,士大夫阶层对政治社会彻底失望,对儒家学说的信仰也丧失殆尽。嵇康"非汤武而薄周孔"[1];綮别公开宣称:"六籍虽存,固圣人之糠秕"[2]。他们认为"名教不合自然",因此要"越名教而任自然"[3],继剥去统治者的神权外衣之后,又进一步否定了王权信仰的理论基础,在高扬起对抗传统的旗帜下,迈向脱离社会的个性发展之途,甚至喊出了"人性以从欲为欢"的口号[4]。他们孤独地伫立于前途茫然的渡津,以放荡纵欲的乖张行为来宣泄

---

[1] 嵇康:《与山巨源绝交书》。
[2] 余嘉锡笺疏:《世说新语笺疏》上卷下,《文学第四》注引《綮别传》,上海古籍出版社1993年版。
[3] 嵇康:《释私论》。参阅马良怀:《崩溃与重建中的困惑》,中国社会科学出版社1993年版。
[4] 嵇康:《难自然好学论》。

内心的痛苦。

政治高压和统治精神的破产,也导致个性被强烈地扭曲。与社会背离的个人,独行于荒郊野岭,回首人间尘世,政治的阴暗面在追求完善人格的镜片下审视,益显其丑。既然不能力挽狂澜,又无所适从,他们只好在现世的角落里或来世的梦想中构建理想的净土,用美化远古的田园风光为尺度,衡量欲流泛滥的当世,无政府主义思潮便从胸中汹涌而出。阮籍痛斥王权为万恶之源,说道:

> 君立而虐兴,臣设而贼生,坐制礼法,束缚下民。欺愚诳拙,藏智自神。强者睽视而凌暴,弱者憔悴而事人。假廉以成贪,内险而外仁①。

鲍敬言在《无君论》中,进一步分析了政治暴力和压迫制度产生的根源,指出:

> 夫强者凌弱,则弱者服之矣;智者诈愚,则愚者事之矣;服之故君臣之道起焉;事之故力寡之民制焉。然则隶属役御,由乎争强弱而校愚智。

他认为,君权的存在,造成了"夫谷帛积则民有饥寒之俭,百官备则坐靡供奉之费,宿卫有徒食之众,百姓养游手之人。民乏衣食,自给已剧,况加赋敛,重以苦役,下不堪命,且冻且饥。"因此,他热切希望能仿古改制,建立一个安详平和的乌托邦:

> 曩故之世,无君无臣,穿井而饮,耕田而食,日出而作,日入而息。泛然不系,恢尔自得。不竞不营,无荣无辱。山无蹊径,泽无舟梁。川谷不通,则不相并兼;士众不聚,则不相攻伐。

鲍敬言的《无君论》,表达了知识分子和下层民众对腐败政府

---

① 阮籍:《大人先生传》,《阮籍集校注》,中华书局1987年版。

的批判和对美好生活的憧憬。显而易见,是不受制约的政治权力乖离了社会生活的基本准则并凌驾于一切,才激起了个人与社会的疏远和对抗,唯权力论不但不能增进社会的凝聚力,而只会加深政治的黑暗,造成人心的涣散。另一方面,无政府主义的鼓吹者虽然看到政治的弊端,却缺乏向前看的勇气,他们退缩于"古者无君,胜于今世"的幻想之中,其无政府主义思想,是老庄复古和虚无论的必然归宿。向后看是没有出路的,因此,无政府主义思想并不能对社会进步产生积极的作用,反倒加剧了社会的分崩离析,在迷茫中沉沦。

魏晋南北朝的长期分裂,在中国历史上空前绝后,其影响之深刻,波及面之广泛,几乎遍及社会的方方面面,这就使得中国的重新统一举步维艰,不仅要解决尖锐复杂的民族矛盾,还要拔除遍地孳生的坞壁豪强等分裂割据的根子,更要重新构建维系社会的精神价值体系。中国有句古老的政治格言,叫作"治乱世用重典"。然而,这句格言并不经常是正确的,当你步履薄冰的时候,急功近利的"重典"会让你顷刻之间葬身于无底深渊。重建统一,必须在刷新政治和发展社会生产的过程中,因势利导,逐步推进。迈上这条布满荆棘和陷阱的道路,需要意志和耐心,充满机会和挑战。

在中国的大西北,一群来自塞上的军人,以其浑朴而粗犷的气质,团结向上的朝气,毅然决然地登上了政治舞台。

第二章 家世疑云

第一节 "那罗延"的诞生

西魏大统七年六月癸丑,也就是公元541年7月21日,农历六月十三。这一天傍晚,落日余晖,满天红霞,把同州(今陕西省大荔县)般若寺映照得金碧辉煌①。缓缓流淌的洛水,犹如一面明镜,倒映着层层迭进的寺宇堂塔,粼粼闪耀②。从寺院深处,传来清脆响亮的婴儿啼声,给般若寺平添许多祥瑞喜气。

---

① 《隋书》卷一《高祖本纪》记载:"皇妣吕氏,以大统七年六月癸丑夜,生高祖于冯翊般若寺,紫气充庭";而《集古今佛道论衡》卷乙、《广弘明集》卷一三、《辩正论》卷三、《续高僧传》卷二六《道密传》等唐代佛教文献均记载隋文帝出生于"同州般若寺"。日本山崎宏:《支那中世佛教的展开》(清水书店1942年版)第六章《隋高祖文帝的佛教治国政策》认为:"当时,冯翊和同州都在今陕西省大荔县附近,似乎冯翊和同州并存。其实,正确地说,隋文帝诞生时,其地名为"华州"。据《魏书·地形志》和《周书·文帝纪》记载,北魏太和十一年(487)立华州,至西魏废帝三年(554),改为同州。而冯翊郡在西魏时为武乡郡,开皇初废,大业初改名为冯翊郡,见于《隋书》卷二十九《地理志上》。因此,《隋书》和佛教典籍均以后来的地名记载,实为一地。请参阅王仲荦:《北周地理志》(上),"同州"条,中华书局1980年版。

② 唐西明寺僧道宣撰:《续高僧传》卷十四《隋同州大兴国寺释道宗传》记载:"同州大兴国寺,寺即文祖之生地也。房宇堂塔,前后增荣,背城临水,重轮叠映,寺立四碑,峙列方面。"另据唐僧法琳撰:《辩正论》卷三记载,隋文帝"生于同州般若尼寺神尼之房",则般若寺为尼寺。此寺在周武帝灭佛时,也被彻底毁坏,"往遭建德,内外荒凉,寸椽尺椽,扫地皆尽。"开皇四年,隋文帝为其父母祈求冥福而于般若寺旧基上重建大兴国寺,"乃开拓规摹,备加轮焕,七重周亘,百栱相持,龛室高竦,栏宇连衰,金盘捧云表之露,宝铎摇天上之风。"道宣和法琳的记载,提供了隋文帝出生于佛寺的旁证,并非出自杜撰附会。他们两人所见到的固然是开皇四年重建后的寺宇,但从其记载也不难看出,原寺无疑是西魏初期的重要佛寺。

这家主人是西魏赫赫有名的云州(今甘肃省庆阳县西南①)刺史、大都督杨忠。妻子吕苦桃②,从她的名字也不难看出,并非出自什么大户人家。这年,杨忠三十五岁,戎马倥偬,一晃已届中年。自大统四年(538)与东魏大战洛阳后,总算能过上短短几年相对安定的家庭生活,盼望有个儿子继承香火家业的心情,尤为焦灼。夫人有喜,带给他无限的喜悦和希望,使得婴儿的诞生,显得如此郑重,不能有丝毫的差池。可是,一双号令千军万马的大手,实难承托起幼弱的新生命,夫妻俩再三合计,决定求助于毗邻的般若寺,一来祈求平安吉祥,而且,当时战事频仍,杨忠说不定哪天就得开赴前线,婴儿也好有个寄托。二来将头胎儿女献于佛前,报答神明的保佑,并祈福于未来。

新生婴儿是个健壮的男孩,方脸高额,五官端正,看上去就是个将门虎子。一家人欢天喜地,斟酌着给儿子起了个"坚"字单名,希望他长大后能像父亲一样威武坚毅,卓尔不群。洋洋喜气,灿烂霞光,映照在杨坚红喷喷的小脸蛋上,越发显得光彩照人。放眼窗外,深庭幽径,笼罩在紫金暮霭之中,令人陶醉,仿佛眼前的一切,竟是神迹!

这一定是神迹!一家人兴奋不已,奔走相告,让远近的人们,共享这份喜悦,流传下美丽的传说。后来,隋朝的文人墨客采撷当时的传闻,撰就珠玑篇章。

内史令李德林欣然落笔:"皇帝载诞之始,赤光蒲室,流于户

---

① 王仲荦:《北周地理志》(下),《东西魏北齐北周侨置六州考略》。
② 据《周书》卷二《杨忠传》记载,大统四年(538)河桥战后,杨忠任云州刺史,兼大都督。杨忠妻见《隋书》卷七十九《外戚·高祖外家吕氏》记载:"高祖外家吕氏,其族盖微,平齐之后,求访不知所在。至开皇初,济南郡上言,有男子吕永吉,自称有姑字苦桃,为杨忠妻,堪验知是舅子。……"

外,上属苍旻。其后三日,紫气充庭,四邻望之,如郁楼观,人物在内,色皆成紫。"①

著作郎王劭撰《隋祖起居注》,称:"于时赤光照室,流溢户外,紫气充庭,状如楼阁,色染人衣,内外惊异。"②

一代文豪薛道衡赞颂道:"粤若高祖文皇帝,诞圣降灵则赤光照室,韬神晦迹则紫气腾天。龙颜日角之奇,玉理珠衡之异,著在图箓,彰乎仪表。"③

……

这些传说,在隋代广为流传,言之凿凿,不容置疑。以至唐人在编修《隋书》时,也采纳其说,似乎杨坚是膺天命而降生人世,注定要位登九五,统一中国,从而给他披上一件金光灿灿的神衣。而这件神衣,在杨坚后来的政治生涯中,起了难以估量的作用。

在古代,大凡君王伟人出世,都有一番神灵瑞象的铺陈。但是,像杨坚这种以佛教灵迹为底蕴的渲染,却是绝无仅有。

相传,杨坚出生那天,有一位俗姓刘、法名智仙(或作智先、智迁)的尼姑,从河东(山西一带)风尘仆仆赶来,夤夜造访。当时,异常闷热,吕氏打扇驱暑,却将杨坚扇得寒战不已,几致气绝。就在这紧急时刻,智仙赶到,杨坚转危为安。于是,智仙对杨忠夫妇说道:"此儿所从来甚异,不可于俗间处之。"虚惊一场的杨忠便将

---

① 李德林:《天命论》,全文见《文苑英华》卷七五一,中华书局1966年版。《隋书》卷四十二《李德林传》所载《天命论》,有所删节。
② 《集古今佛道论衡》卷乙所引著作郎王劭《隋祖起居注》。"王邵"即"王劭";《隋祖起居注》或即是《隋书》卷三十三《经籍二》所载作者不详的《隋开皇起居注》六十卷,至宋代欧阳修、宋祁修《新唐书》时,仅存开皇元年注记,即《艺文二》所载"隋开皇元年起居注》六卷"。参阅姚振宗:《隋书经籍志考证》,收于《二十五史补编》第四册,中华书局1955年版。
③ 薛道衡《高祖文皇帝颂》,载《隋书》卷五十七《薛道衡传》。

杨坚托付给智仙抚养，还将自家宅院改作佛寺。过了一段时日，吕氏按捺不住对儿子的思念，悄悄来到智仙房中，将杨坚轻轻抱起，仔细端详。就在这时，杨坚突然头上长角，遍体生鳞，化作一条小龙。吕氏见状大惊，把怀里的婴儿坠落于地。智仙从外间进来，连忙将杨坚抱起，埋怨道："何因妄触我儿，遂令晚得天下。"从此以后，杨家人不敢轻易过问儿子的日常生活。

就这样，杨坚随智仙在佛寺里一天天长大，度过燃灯颂佛的童年。十三岁那年，杨坚已是伟岸少年，"为人龙颜，额上有五柱入顶，目光外射，有文在手曰：'王'。长上短下，沈深严重"[1]，俨然一副人君仪表。智仙十分喜爱他，给他取了个与其名字相对应的小名，叫"那罗延"，送他出寺回家，转入太学学习[2]。

上述传说，反复出现在唐人编纂的各种佛教典籍里面，研究者多斥之为荒诞不经的"小说家装演之谈"[3]。传说中包含许多附会成分，固不待言。但是，我们并不能因此而加以全盘否定。实际上，南北朝佛教十分兴盛，颇受文人武将的尊崇。杨忠一家为其信徒，毫不奇怪。而且，杨坚出生于佛寺，也是事实。上述传说，显然是根据隋朝文人，特别是王劭的《隋祖起居注》敷衍而成。但其中附会的成分，也十分明显。

《佛祖历代通载》卷第十记载："释尼智迁者，河东蒲坂刘氏女也。少出家，有戒行，长通禅观，时言吉凶成败事，莫不奇验。居般若寺，会文帝生于寺。"据此可知，智仙并不是从河东特意赶来抚育杨坚的神尼，而是常住般若尼寺的尼姑，偶然遇上杨坚诞生的喜

---

[1] 《隋书》卷一，《高祖纪上》。
[2] 以上根据《隋书》卷一《高祖纪上》；《集古今佛道论衡》卷乙所引王邵《隋祖起居注》。
[3] 岑仲勉：《隋书求是》第一页所引牛运震：《读史纠谬》，商务印书馆1958年版。

事。这样,整个事情的经过就显得合理多了。

杨忠割宅为寺,在当时亦属司空见惯之事。北魏后期,王公贵族滥设寺院,乃至"今之僧寺,无处不有。或比满城邑之中,或连溢屠沽之肆,或三五少僧,共为一寺。"①不安于寺庙的僧尼,游涉村落,走家串户;而朝中显贵,也经常召唤僧尼,算命问卜,举办佛事斋会,甚至尊以为师,充当军政顾问,称作"家僧"、"门师"②。智仙长期居住在杨家,充任养育杨坚之责,显然就是杨家的家僧。后来,周武帝灭佛时,智仙隐匿于杨家,终获保全,可知杨家与佛教关系至深,由此也可了解当时佛教社会影响力之一斑。

对于养育自己长大的智仙,杨坚终生难忘,思念情深。登基之后,命史官王劭为她立传③;晚年还为她铸造等身像,并令画师将她画于自己身旁,颁发四方④。

智仙给杨坚起的小名"那罗延",是梵文 Nārāyana 的音译,指的是印度教中的大神祇毗瑟纽,在佛典里,则是指金刚力士、坚固力士等,是力大无穷的神祇⑤。南北朝时代,普遍流行以佛教神祇为名字,例如,南朝有王僧达、王僧祐、王僧绰、王僧虔等;北朝有元

---

① 《魏书》卷一百一十四《释老志》所载任城王澄奏文。
② 参阅山崎宏:《支那中世佛教的展开》第五章《支那佛教鼎盛时期的家僧、门师》。
③ 《续高僧传》卷二六《道密传》载:"乃命史官王劭,为尼作传。"
④ 山西省蒲州贺德仁奉教撰《大隋河东郡首山栖岩道场舍利塔之碑》记载:"乃召匠人,铸等身像,并图仙尼于帝侧,是用绍兴三宝,颁诸四方,欲令率土之上,皆瞻日角,普天之下,咸识龙颜。"
⑤ 吴汝钧:《佛教大辞典》,商务印书馆国际有限公司1992年版。《隋书》未载杨坚的小名,但《册府元龟》卷三《帝王部・名讳》明确记载:"隋高祖讳坚,小名那罗延";《隋书》卷六十九《王劭传》记载,开皇初,同州得石龟,文曰:"天子延千年,大吉。"王劭解释龟文中的"延"字说:"义与上名符合。"由此益证杨坚小名为"那罗延"无疑。

夜叉、元罗刹、高菩萨、尔朱叉罗、尔朱文殊等①。杨坚对自己的小名,颇为自豪。开皇九年(589),河南省安阳市宝山灵泉寺开凿的大住圣窟,门外东侧浮雕一座高大精美的护法神王,左手持剑,右手紧握三股长柄钢叉,脚踏卧牛状怪兽,威风凛凛,上方题铭"那罗延神王"。灵泉寺是在杨坚的支持下,由最高僧官灵裕国统主持扩建的,号称"河朔第一古刹"②。

在佛寺里长大的杨坚,深受佛教的熏陶,而智仙也不断向他灌输佛教,当他开始懂事时,智仙就反复告诉他,他不是凡人,而是护法金刚转世,注定要成为伟人,成就一番宏伟事业,精心培养他领袖般的远大抱负和深沉的性格。七岁时,智仙郑重地告诉他:"儿当大贵从东国来,佛法当灭由儿兴之",殷殷期望他能担负起济世弘法的重任。这一切都深深印烙在杨坚幼小的心灵里,永难磨灭。后来,杨坚在回首这段童年往事时,说道:"我兴由佛法,而好食麻豆,前身似从道人中来,由小时在寺,至今乐闻钟声。"③启蒙的教育,在杨坚一生中所具有的意义,或许他自己也未曾完全意识到。

但是,他坚信自己是"那罗延神王",是上天派遣他来到人世间的。唐人张鷟在《朝野佥载》卷二记载了如下一则传说,也许有助于我们了解杨坚的性格和抱负。

相传,北齐文宣帝年间(550～559年),并州(山西省太原市)有一位稠禅师,自幼落发为沙弥。当时,寺中有许多小沙弥,闲暇

---

① 参阅王鸣盛:《十七史商榷》卷六十"以僧为名"条,中国书店1987年版;赵翼著,王树民校证:《廿二史劄记校证》卷十五"元魏时人多以神将为名"条,中华书局1984年版。
② 河南省古代建筑保护研究所:《河南安阳灵泉寺石窟及小南海石窟》,载《文物》1988年第4期。
③ 《集古今佛道论衡》卷乙所引王邵:《隋祖起居注》。

时常在一起嬉戏打闹。稠禅师体弱力小,常被欺负。于是,他躲进佛殿,抱着金刚的大脚,祈愿金刚赐力于他。一片诚意,感动了金刚,当第六天曦光微露的时候,金刚终于显灵,让他饱食筋肉,顿时浑身充满神力。稠禅师大喜,天一亮便兴致勃勃地来到沙弥中。伙伴们见他躲藏数日才露面,便又要与他斗殴。稠禅师正想显示本领,当下飞檐走壁,举重搏击,直让沙弥们看得惊恐不已,俯首认错。消息传了出去,四方僧众慕名而至,常有数千人随侍左右。齐文宣帝听说稠禅师聚众于林虑山,便亲自带领骁骑数万,前来讨伐。稠禅师率众出山迎候,于文宣帝面前作法,让数千根造寺梁柱在空中翻腾搏击,声若雷霆,吓得文宣帝叩头认输。三十年后,隋文帝路过并州,见此寺院,"心中涣然记忆,有似旧修行处,顶礼恭敬,无所不为。处分并州大兴营葺,其寺遂成。时人谓帝大力长者云。"

这则故事固然荒诞不经,但它告诉我们,杨坚为金刚转世的传说,在当时流传甚广。传说的背后,显然存在着刻意的编造,目的在于宣扬隋文帝具有天命。联系上述河南安阳宝山灵泉寺的那罗延神像,不难看出,这些人为造作明显带有隋朝官方的政治意图。

那罗延神王诞生于弘农杨氏家族,神话与现实政治相结合,便具有更加深刻的意义。

第二节　弘农杨氏

杨坚一家,自称出自弘农杨氏。

弘农杨氏是一支历史悠远的名门望族,其发祥的传说,可以追溯到很远很远。据说,杨氏出自西周宣王的儿子尚父,被封为杨侯,子孙以国为姓。后来,杨氏为晋所灭,子孙逃到华山仙谷,遂于华阴(今陕西省华阴市)定居下来①。这些传说,事迹遥远,无法得到证明。

比较可信的记载,大概可以追溯到楚汉战争时代。在乌江边追及项羽并将他分尸的五员汉将中,有一位叫杨喜,他因功被封为赤泉侯,成为弘农杨氏的先祖。到东汉中,杨家出了位名满天下的大儒,亦即世称"关西孔子"的杨震,他官至太尉,因弹劾邪佞而遭贬黜,愤然自尽,一时朝野震动,被海内儒士尊为表率。从此以后,天下杨氏,多附会杨震为宗祖。

魏晋时代,弘农杨氏盛极而衰。杨修为曹操所杀,子孙逃往南方,至东晋末杨佺期被桓玄所灭,一族殆绝。在北方,杨氏因为有两位女儿先后被西晋武帝立为皇后而荣宠冠世,可惜好景不长,晋惠帝贾皇后为夺取权柄,废杨皇太后,"诛(杨)骏亲党,皆夷三族,死者数千人"②,经过这场大规模残杀,弘农本地的杨氏宗族亦告中绝。

此后,又不断有杨姓氏族崛起于弘农③,但他们的真实系谱已难确证,故此不去细究。

杨坚一族也自称出自弘农杨氏。据《新唐书·宰相世系一下》记载,杨震的孙子杨馥,其十世孙为杨孕,杨孕的六世孙为杨渠,其子杨铉,为前燕北平郡守。也就是说,从东汉灵帝时(168～188年)起至前燕(337年起)约一百七十年间,传十七代,平均一代仅十年,令人难以置信④。《隋书·文帝纪》称其远祖为"汉太尉震八代孙铉",在时间

---

① 关于杨氏的祖先,有各种各样的传说,其主要者见《新唐书》卷七十一下《宰相世系一下》;《元和姓纂》卷五,中华书局1994年版。日本竹田龙儿:《关于门阀弘农杨氏之一考察》(《史学》第三十一卷第一～四号),比较完整地研究了弘农杨氏的世系源流,颇有启发。

② 《晋书》卷四十,《杨骏传》。

③ 如《魏书·杨播传》记载:杨播"自云恒农华阴人"等等。

④ 沈炳震:《唐书宰相世系表订讹》(收于《二十五史补编》第六册)早就指出这一讹谬。

上较为可信。但是,从杨铉上溯到杨馥,其间五代,仍无从查考。

杨坚家族的名字,与其远祖多有重复。例如,杨坚的父亲杨忠,与杨震的曾祖同名;杨坚的儿子杨广和杨俊,分别与杨震的九世孙和七世孙同名。如果真正出自同族嫡传,则不应该屡犯祖先名讳。其实,这种情况在北朝新起的弘农杨氏族中,也有所见。例如,自称出自杨震末子杨奉嫡传的杨敷,就与其十三世祖同名。因此,我们很难把杨坚一族看作是弘农杨氏的嫡系后裔。

周隋之际,杨素家族更可能是弘农杨氏的代表。杨玄感起兵时,弘农杨氏纷纷起来响应。由此可见,这场斗争并不是宗族内部的分裂,它表明杨坚家族与弘农杨氏没有多少渊源关系。杨素家族奉杨震末子为祖,而杨坚家族则称出自杨震长子一系,显然是要高过杨素家族,益显其尊。但这种人为的意图,却让人越发不敢轻信。

为了探明杨坚家族的来龙去脉,有必要将其世系表示出来(见表一《隋室系图》)。

表一 隋室系图

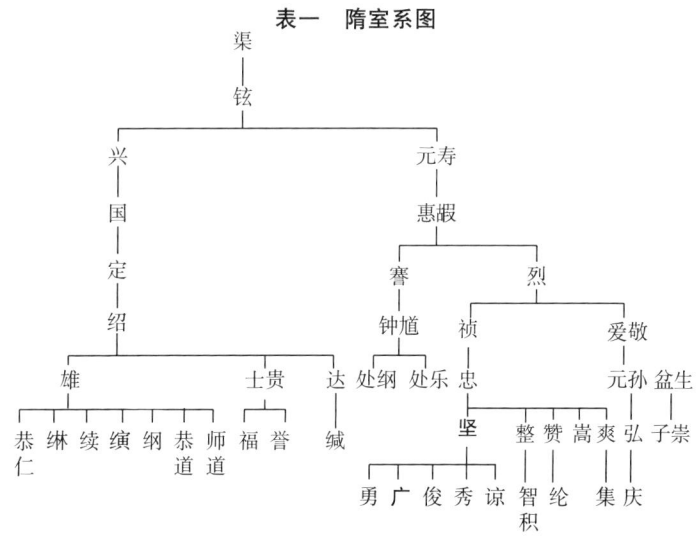

根据《周书·杨忠传》记载,杨坚家族实际上始于任前燕北平郡(今河北遵化县东)太守的杨铉。至其儿子元寿时,转归北魏。可能是由于其北方家世的缘故,杨元寿被光荣地任命为武川镇(今内蒙古武川县)司马,戍守边疆,家族也就在这里定居下来。此后经历三代到杨祯时,六镇兵起,杨祯随着滚滚南下的人流,逃到中山(今河北定州市)避难,并在此地招募义徒,镇压鲜于脩礼,一战下来,兵败身亡。而其子杨忠则随河北流民,漂泊于山东青州(今山东省青州市)①。

从这段经历来看,我们没有任何证据可以证明杨坚一族与弘农杨氏有血缘关系,其发迹的主要契机,倒是杨元寿任武川镇司马。大概到了杨忠在西魏政权下建功立业,随宇文泰居住于同州,并曾主掌同州后,才见其与弘农有地缘关系,或许因此而称弘农杨氏,以自崇门第。这种情况,在宇文泰集团里并不少见。那么,武川镇对于杨氏乃至中国中古史,究竟具有什么意义呢?

第三节　武川英豪

内蒙古呼和浩特市西北25公里外大青山北麓的土城梁村,耸立着几座古城,这就是北魏武川镇遗址。这座古老的城镇,由南城

---

① 《陈寅恪魏晋南北朝史讲演录》(万绳楠整理,黄山书社1987年版)第十七篇中,推测杨忠于其父战死后,追随邢杲起事,流落山东。杨忠客游泰山时,十八岁。据《周书·杨忠传》所载卒年(天和三年,即公元568年,62岁)推算,其年当为正光五年(524);而且,《杨忠传》还记载他被俘至江左,在梁五年,后随元颢入洛。元颢入洛阳在公元529年,则杨忠被俘时亦在公元524年。鲜于修礼起事于公元526年,此时杨忠已与其父分离,既未与其父一起镇压鲜于修礼,更不可能追随此后起事的邢杲。总之,杨忠父子流落于河北、山东这段事迹,记载不详,恐难作任何推测,兹存疑待考。

和北城组成。南城东西广130米,南北长100米左右。50米开外的北城,东西广约300米,南北长约400米[①]。远处,阴山迤逦,白雪皑皑。每到春暖花开的季节,山上的雪水奔流而下,注入白道中溪水,从古城西边匆匆流过,向南扑入黄河的怀抱。古城四面,天苍苍,野茫茫,风吹草低见牛羊,一派塞外风光。

自北魏孝文帝把首都从平城(今山西大同市)迁徙到洛阳,远离拓跋族的根据地之后,对塞外的控制就不免力不从心。而在北方草原上,柔然和突厥先后强盛起来,严重威胁着北疆的安全。在这种形势下,沿边军镇的重要性就愈加凸显出来。

往年,北魏政府从鲜卑人中,盛选亲贤,配以高门子弟,驻扎在这里。这些拓跋精锐,曾是人们憧憬的英雄。但是,打从都城南迁之后,上层贵族耽于京城的享乐生活,日益疏远甚至遗忘了这些戍边的勇士,只是在补充兵员的时候,偶尔想起他们。然而,习惯于南边富庶生活的贵族子弟,谁也不愿意到荒凉的边疆,政府只好东拼西凑,征发汉人子弟,甚至罪犯、饥民、高车族骑兵和商人等杂七杂八的人员到这里来[②]。如此一来,边镇军人的地位一落千丈,失去了往日的荣耀,被人贱视,一辈子当兵,最多混个队长、军主当当。而其留在京城的亲属,却春风得意,飞黄腾达,一提起戍边的亲人,甚至羞于开口,耻与为伍。满怀怨恨的军士便开始逃亡,流落他乡。面对这种情况,政府不但不想办法从根本上加以解决,而是厉行"边兵之格",派兵缉拿,加强监管,镇兵简直成为国家囚

---

① 张郁:《内蒙古大青山后东汉北魏古城遗址调查记》,载《考古通讯》1958—3;宿白:《盛乐、平城一带的拓跋鲜卑——北魏遗迹——鲜卑遗迹辑录之二》,载《文物》1977—11。
② 关于北镇兵士的组成,参阅日本滨口重国:《论正光四五年之交的后魏兵制》,收于其著《秦汉隋唐史的研究》上卷,东京大学出版会1966年版。

徒。他们白天提心吊胆于不时出没的敌人,朝不保夕;晚上站岗放哨,朔风冷月,四野狼嚎。

严酷的自然和社会环境,磨炼了边镇将士坚韧不拔的性格,粗犷而勇武,特别是一群兄弟相称的中下级将官,他们围绕着熊熊篝火,喝酒猜拳,大声喧哗,抒发胸中的怨恨。相同的境遇,共同的愿望,在年轻人心中引起的共鸣,萌发出对未来的理想。

边镇的聚居形态,促使他们普遍地相互通婚,火线上结下的生死情谊加上密切的婚姻关系,把他们紧紧地团结在一起,结成患难与共的血缘加地缘性质的集团①。集团内部没有多少繁文缛节,比起纵向的从属关系,他们更加看重横向的兄弟义气。

不同民族的人员从四面八方汇集在这里,共同的外敌使他们无暇计较种族的差异,同舟共济才有生路。无形之中,民族的鸿沟在逐渐地被掩埋。塞外的生活,养成他们豪迈而朴素的气质,教育的不足,反而不会造成文化上的对立和歧视,使得他们更加容易结合起来,由此组成相对均质的崭新的边镇移民社会,成为他们共同拥有的第二故乡,哪怕走到天涯海角,都萦绕于心中,眷念不已。

清代学者赵翼曾敏锐地指出:"周、隋、唐三代之祖皆出于武川。……区区一弹丸之地,出三代帝王,周幅员尚小,隋、唐则大一统者,共三百余年,岂非王气所聚,硕大繁滋也哉。"②如果真有所谓"王气所聚"的话,我想,那应该就是上述武川镇移民社会的特质。

然而,到了北魏末年,北方六镇发生了巨大动摇。受中央贵族歧视的镇民,在边镇又受到镇将残酷的剥削压迫,遂于正光五年

---

① 日本谷川道雄:《武川镇军阀的形成》(载《名古屋大学东洋史研究报告》8,1982年),对武川镇军人及其乡里社会作了出色的研究,请参阅。
② 赵翼:《廿二史劄记》卷十五"周隋唐皆出自武川"条。

(524)三月,在破六韩拔陵的带领下,在沃野镇举行声势浩大的起义。不久,破六韩拔陵的部将卫可孤攻克武川镇。镇上军民四下逃散,杨坚的祖父杨祯也随着流民逃入关内,流落到中山。而武川镇的多数军官,几经辗转,先后会集于晋阳(今山西省太原市西南)的尔朱荣的麾下。

永安三年(530),尔朱荣镇压了河北的葛荣之后,以其侄尔朱天光为使持节都督雍岐二州诸军事、雍州刺史,率左大都督贺拔岳、右大都督侯莫陈悦进入关中,镇压万俟丑奴起义。这支西征队伍有两点深值注意。

第一,军队的主要领导人是武川籍的贺拔岳。贺拔岳的父亲贺拔度拔、次兄贺拔胜均任武川军主,为武川军将的领袖。因此,他大量起用武川军人,如任用宇文泰为别将等,构成其军团的核心①。当时,谁也没有料到这次远征,却使得武川军人成为一支独

---

① 谷川道雄上引论文对贺拔岳军团的人事作了分析,兹引录于下:
关西大行台
　左　　丞　宇文泰(后为苏亮)　　　右　　丞　薛孝通
　从事中郎　周惠达　　　　　　　　吏部郎中　辛庆之
　郎　　中　王子直　吕思礼
都督府
　长　　史　雷绍(后为赵善)　　　　司　　马　宇文泰
　从事中郎　冯景　　　　　　　　　记室参军　张轨
军队统帅
　左厢大都督　李虎　　　　　　　　右都督　　寇洛
　大　都　督　赵贵　刘亮　　　　　都　督　　侯莫陈崇　若干惠　怡峰　赫连达
　　　　　　　　　　　　　　　　　　　　　　辛威　梁椿
　子　都　督　达奚武　韩果　　　　帐内都督　李和
　别　　　将　王勇　　　　　　　　帐　内　　耿豪
　"心　　膂"　梁台　　　　　　　　不　明　　侯植　厍狄昌　梁御　王德
　　名单下划单线为武川镇出身者,划双线为武川镇出身且后来拥立宇文泰者,划虚线为拥护宇文泰者。据《资治通鉴》卷一百五十六记载,宇文泰接任时,梁御已是大都督,或在贺拔岳时已任此职。

立的政治军事力量崛起于中国的西北,奠定了北周政权的基本班底。

第二,出征的队伍人数极少。出发时,"唯配军士千人,诏发京城已西路次民马以给之"①,入关后,尔朱荣才又加派二千兵卒。这样一支势单力薄兵微将寡的部队,根本不可能平定关陇。然而,正因为处于劣势,所以他们特别注意拉拢关陇地方豪族的支持,以此扩充力量②,形成北镇军人与关陇豪族紧密结合的传统,从而比较妥善地解决了长期困扰北方少数民族政权的民族融合问题,奠定了未来统一政权的基本国策。

就在尔朱天光和贺拔岳胜利平定关陇地区的时候,京城里发生了重大变故。北魏孝庄帝不满尔朱荣专权,设计于宫内诛之。尔朱天光等尔朱氏诸将闻讯,纷纷反扑京城,废立魏帝。尔朱天光一走,关陇地区主要便在贺拔岳和侯莫陈悦的控制之下。而在中原,原尔朱荣部将高欢拥兵崛起,并于中兴二年(532)大破尔朱天光,控制了北魏中枢。关中的贺拔岳和侯莫陈悦也率部攻克长安,俘虏尔朱天光的弟弟尔朱显寿,从而出现了东西不同军事集团并立的局面。

高欢拥立的北魏孝武帝不甘受人摆布,遂以贺拔岳为都督雍、华等二十州诸军事、雍州刺史,密付血书,令他暗图高欢,还任命贺拔胜为南道大行台尚书仆射,出镇荆州(今河南省鲁山县东),以张其势。而高欢也在积极争取对关陇地区的控制,派人游说侯莫陈悦,指使他杀害贺拔岳。贺拔岳与高欢早有矛盾。当年(528年),尔朱荣杀北魏胡太后及朝中百官时,高欢曾劝说尔朱荣称

---

① 《魏书》卷七十五,《尔朱天光传》。
② 参阅张伟国:《关陇武将与周隋政权》,中山大学出版社1993年版。

帝,而贺拔岳坚决反对,并劝尔朱荣杀高欢以谢天下。永熙三年(534),贺拔岳到侯莫陈悦营中,商议讨伐灵州(今宁夏灵武县西南)刺史曹泥,被侯莫陈悦所杀。

贺拔岳死后,军中大乱,诸将谋立新帅,赵贵力主迎立宇文泰,并得到寇洛、侯莫陈崇、梁御、若干惠等人的支持;李虎主张迎回荆州的贺拔胜;另一些人则主张报请朝廷处置。当时的形势万分紧急,高欢派遣的大将侯景,北魏朝廷派出的宗室元毗,已经上路,各方都想接收贺拔岳军团。贺拔岳部将之间的争论总算有了结果,迎立宇文泰的意见占上风,时在夏州(今陕西省靖边县东北白城子)的宇文泰轻骑驰回,控制了局面。

从宇文泰继任的过程可以看出,参加决策者大多出自武川镇,是贺拔岳军团的核心。这样一支以家世地缘为纽带组成的集团,绝非他人能够轻易控制得了的,其领袖人物势必也要出自集团内部。侯莫陈悦杀贺拔岳后,随即回师而不敢并吞其军,就是有鉴于此,恐非胆怯无谋。以后,隋唐两代君主都出身于武川镇,与此亦大有关系。迎立宇文泰,表明武川军将之间较为平等的关系,他们希望年近三十的宇文泰继任,而不推举贺拔胜,这不仅仅是因为贺拔胜远在荆州,更重要的是贺拔胜是贺拔岳的哥哥,军功辈分远在他们之上,若其继任,则不能与诸将保持比较平等的关系。当然,贺拔胜没有生活在他们中间,缺乏深厚的感情,也是一个因素。宇文泰接任后,不肯奉诏入京,而是首先征讨侯莫陈悦。这除了巩固后方的战略考虑外,更重要的是以为贺拔岳复仇为号召,笼络军心,树立威望。由此可以略示武川军人集团内部浓厚的义气感情色彩之一斑。实际上,六镇之乱后的北魏政局,在相当程度上就是为若干北镇军人出身的宗派集团所左右,如果没有进行一番脱胎换骨的改造,则分裂的局面还将继续下去,根本还谈不上建立统一的中央集权体制。

宇文泰控制关陇,标志着以武川军人为核心的军事集团独立登上了政治舞台。和关东地区强大的高欢集团相比,宇文泰的力量远不足与之抗衡,强弱之势,洞若观火。

高欢同样出自北镇,其班底主要为怀朔镇将士。六镇乱后,镇民大部分流入河北、山东等地,而高欢崛起于尔朱氏羽翼之下,继承了其主要遗产,获得鲜卑主力的归附,从而建立起强大的军事力量。然而,正因为有此为凭藉,故其所建立的政权致力于满足鲜卑军人的利益,保持鲜卑人的优势地位,通过民族压迫和军事高压来保持军队的战斗力,民族矛盾十分尖锐,而且还迅速导致了政治的腐败。

和高欢相比,宇文泰手头上的鲜卑军事资本不多,其力量的深厚根源,乃在于关陇本地的汉人地方豪族。而且,在与高欢对抗中,山西、河南一带豪族的向背,至关重要。尔朱天光和贺拔岳入关时,得到弘农杨氏的大力支持,侍中杨侃出镇潼关,引三辅大族韦孝宽为司马,"以女妻之"①。在杨氏的积极协助下,贺拔岳得到关中和河东大姓的鼎力支持。而后,宇文泰在与高欢的数次大战中,虽惨败而高欢不敢穷追,并不是因为高欢畏惧宇文泰是豪杰②,而是由于河东一带的豪族支持宇文泰,致使高欢不敢孤军深入。从洛阳到潼关一带,如龙门西岸的杨氏壁③、张白壁(今河南

---

① 《周书》卷三十一,《韦孝宽传》。
② 《资治通鉴》卷一百五十七"梁武帝大同三年(537)十月"条胡三省注称:"沙苑之战,宇文泰不敢乘胜追高欢,邙山之战,欢不敢乘胜追泰,盖二人者智力相敌,足以相持而不足以相毙也。"
③ 《资治通鉴》卷一百五十六"梁武帝中大通六年(534)十月"条记载:"东魏行台薛脩义等渡河据杨氏壁(胡注:据《薛端传》,杨氏壁在龙门西岸,当在华阴、夏阳之间,盖华阴诸杨遇乱筑壁以自守,因以为名。),魏司空参军河东薛端纠帅村民击却东魏,复取杨氏,丞相泰遣南汾州刺史苏景恕镇之。"

省宜阳县西北)等①,是当年抗击高欢的重镇,使得关中得以稍安。这样,关中政权的特色就十分清楚,它是以武川军将为核心,依靠关中和河东地区豪族势力而建立的,其促进民族融合的政策,使自己逐步转劣势为优势,形成紧密团结、同仇敌忾的气象,并招引着分散于各地的原武川军将的归附。

就在宇文泰为建立关中政权而呕心沥血的时候,杨忠还在四处漂泊,坎坷潦倒。十八岁那年,他流落到山东,登泰山,望神州,前途渺茫,满目苍凉。在泰山脚下,他和一位名叫吕苦桃的女子草草成亲②,正想过上几天平安的日子,不料南朝梁军队乘北魏大乱之机,出兵北伐,他被虏往江南,在梁朝过了五年。

大通二年(528)十月,梁朝以投降的北魏北海王元颢为魏王,发兵送其归国,杨忠被任命为直阁将军,随军北上。翌年,元颢攻入洛阳,当上皇帝,不由得满心欢喜,纵酒高歌,大吹大擂。就在这时,尔朱荣的前锋独孤信已兵临城下,一场恶战,元颢被乱兵所杀,杨忠改换门庭,成为尔朱度律帐下统军。不久,尔朱荣被孝庄帝诛杀,尔朱兆自并州反攻,杨忠随之进入洛阳。其时,尔朱氏已是强弩之末,旋为高欢所灭。而高欢所立的孝武帝,不满高欢专政,任命武川旧将贺拔胜出镇荆州,以为羽翼,武川出身的军将多追随贺

---

① 《资治通鉴》卷一百五十八"梁武帝大同四年(538)十二月"条记载:"洛阳以南寻亦西附。丞相泰即留(外兵郎中天水权)景宣守张白坞,(胡注:坞在宜阳西北。《水经注》:"河内轵县有张白骑坞,在溴水北原上,据二溪之会,北带深隍,三面阻险,唯西面板筑而已。)节度东南诸军应关西者。"

② 《陈寅恪魏晋南北朝史讲演录》第十七篇中,据此以为杨忠乃出自山东杨氏,而非出自武川。如上文所示,所谓出自武川镇,是指武川军将共同承认的第二故乡,而不是指其原籍;而且,杨忠祖上数代定居于武川,是不争的事实。杨忠客居山东,并不能抹煞这一事实,而此短暂的居留,也不足以证明其为山东杨氏,更何况六镇流民大多流徙于河北、山东一带。

拔胜,杨忠也转归独孤信,成为其麾下一员猛将。

贺拔岳被杀,独孤信奉贺拔胜之命,携杨忠入关绥抚贺拔岳余众。这时,宇文泰已经继立,而独孤信、杨忠和宇文泰自幼打闹厮混,情同手足,如今阔别重逢,更是互诉衷肠,倾心交结。宇文泰便让独孤信到洛阳,向朝廷汇报关中的情形。到了洛阳,风云激变,孝武帝与高欢摊牌,仓促西迁,独孤信和杨忠又护卫着孝武帝回到关中。

在南边,局势却变得十分险恶。贺拔胜优柔失机,部将劝他全力入关,和宇文泰会师。但他自矜前辈,不甘屈居人下,逡巡不前,计无所出。高欢当机立断,派大将侯景提雄兵直趋荆州,风行电击,打得贺拔胜落荒而逃,渡江降梁。

失去荆州,宇文泰就只能穷蹙关中一隅,难与高欢逐鹿中原,这是难以忍受的,所以,他派遣独孤信率数百军卒,打回荆州。杨忠率领先头部队,陷阵破围,斩将搴旗,一口气夺回荆州。半年之后,高欢派遣大将高敖曹和侯景来夺荆州,独孤信立足未稳,寡不敌众,不得不弃城南奔。这样,时隔六年,杨忠又再度流落梁朝。

正面战场上,宇文泰正酝酿着与高欢大战。千军易得,一将难求,宇文泰听从部下的劝说,派赵刚专程到梁朝,请贺拔胜、独孤信和杨忠回关中。而梁武帝正想借重北方降将之力,故挽留不遣。贺拔岳只好买通梁武帝近臣朱异关说,迁延了三年,才获准北归。第二年(536)秋,独孤信和杨忠也获得批准,回到关中[①]。

[①] 《资治通鉴》卷一百五十七记载,贺拔胜于大同二年(536)北归,独孤信和杨忠则迟至翌年才回到关中。《周书》卷十六《独孤信传》也记载其于大统三年(537)秋回到长安,时间记载明确。但《周书》卷十九《杨忠传》记载,杨忠随宇文泰"擒窦泰"。擒窦泰在大统三年正月,参战者为先期归来的贺拔胜。其时,杨忠尚未回到关中,不应参预此役。故《杨忠传》误载,当从《资治通鉴》。

杨忠高大美髯,深沉大度,曾随宇文泰出猎,有猛兽驰出,杨忠赤手空拳,左挟其腰,右拔其舌,亲手杀之,见者无不惊叹。达奚武以武勇著称,有一次和杨忠一道出征,遇到北齐大军,达奚武惧不敢战,率军后撤,以杨忠殿后。部队退到洛南,齐军追至洛北。两军隔水相望。杨忠令将士解鞍而卧,自己立马河上,齐军见而惧怕,竟不敢进逼。达奚武叹服道:"达奚武自是天下健儿,今日服矣!"宇文泰深爱杨忠英勇,将他留在身边。

贺拔胜、独孤信和杨忠等自南朝归来,武川镇出身的各路将军终于会首关中,凝聚为坚强的军事集团,开始了与高欢争夺天下的生死大搏斗。

杨忠回到关中,鞍马未下,便随宇文泰出征,先后参加了著名的沙苑之战、河桥之役,屡立功勋。此后,东西之间战事间歇,杨忠随宇文泰等军队统帅回居靠近潼关的华州,防备高欢。在这里,他喜气洋洋地迎来了长子杨坚的诞生,尝到家庭的欢乐,更增添了保家卫国的豪情壮志。这段温馨的日子没有持续多久,杨坚还在襁褓之中,父亲又风尘仆仆赶往前线,破黑水稽胡,解玉壁之围,东进洛阳,会战邙山,南入梁境,略定汉沔,不断把捷报寄回家中。

到了西魏大统十六年(550),东西之间的战事已基本稳定,宇文泰腾出手来,整顿军队,构建统一的军事指挥体制。在其创立的府兵制顶端,有<u>宇文泰</u>、李虎、元欣、李弼、<u>独孤信</u>、赵贵、于谨、<u>侯莫陈崇</u>八大柱国,其下有元赞、元育、元廓、<u>宇文导</u>、<u>侯莫陈顺</u>、达奚武、李远、豆卢宁、宇文贵、<u>贺兰祥</u>、<u>杨忠</u>、王雄十二大将军[①]。这份精心安排的名单,既保留了武川军将的基本色彩,又包括了原贺拔岳、贺拔胜、侯莫陈悦和魏孝武帝各大派系的代表,每位柱国大将

---

① 名字下划线者为武川镇出身的军将。

军的背后,都有一个军事集团支撑,显然是各派之间妥协与平衡的结果。这二十家构成了关中政权的核心,组成新的门阀政治格局,"当时荣盛,莫与为比"[1]。此后,由于柱国大将军权位隆重,甚少出征,因此,军事行动的重任就主要落在十二大将军肩上,后者的重要性日益提高。杨忠跻身于十二大将军之列,成为关中政权的梁柱,使得杨坚日后能够直接进入权力中枢。

杨坚出生后,就在佛教的环境中成长,一年难得见上父亲几面,童年的岁月里,并没有享受到多少双亲的温暖,玩耍时的欢乐、生活中的困难以及对外间世界的遐想,经常只能对着庄严的佛像,在心里对自己诉说。暮鼓晨钟,燃灯诵经,寺院的刻板生活,使他过早地失去了童稚和天真,养成深沉稳重、孤傲刚毅的性格,举止有度,少年老成。清冷的佛寺,使他缺少儿时玩伴,只有后来成为其姐夫的窦荣定,是他最好的伙伴。杨坚日后回忆童年往事时,曾经说道:"朕少恶轻薄,性相近者,唯窦荣定而已。"[2]言辞里不免让人隐隐感觉到一种孤单、冰冷,多少缺乏幽默诙谐的气度和人情味。

作为军事贵族家庭的子弟,他从小就受到良好的军事训练,熏陶于北周质朴尚武的风气之中。当时,宇文泰为首的军事将领大都居住在华州,东西两大政权之间,频频爆发战争,活生生的英雄故事,深深地感染着杨坚幼小的心灵。除了佛教的世界,他最熟悉也最向往的世界,无疑就是驰骋杀敌的战场。父亲每次从前线传来胜利捷报,都让他兴奋不已,感到无比的骄傲,争强好胜的孩儿心理在家世勋贵的光环照耀下,更激起他的万丈雄心,渴望早日成

---

[1]《周书》卷十六,《侯莫陈崇传》。
[2]《隋书》卷三十九,《窦荣定传》。

长,叱咤风云,展现才华,一种统帅群英的领袖感油然而生。

可是,佛寺的高墙把他紧紧地禁锢其中,胸中的豪情只有在夜间梦里得到满足,对未来的憧憬也只能默默地化作心中的筹算,由此养成沉默寡言和善于独立思考的习惯。生活的环境和对外间世界的向往在内心冲撞,形成他极为复杂而矛盾的性格。就这样,这位过于早熟的少年,终于在十三岁时,走出佛门,转入太学,迈向他日思夜盼却又不太熟悉的世界。

第三章 多事之秋

第一节 初入仕途

西魏恭帝元年(554),杨坚十四岁,转入太学学习已经有一段时间了。

太学是一所专门培养贵族子弟的学校。魏孝武帝匆促西迁,礼乐散逸,典籍不备;宇文泰集团起自行伍,军将骁勇少文;贵胄子弟从小习武,以弓马自矜。宇文泰深知,没有文化的队伍是难以担负起争夺天下的重任的,所以,他努力提倡学习,甚至在自己的行台设置学堂,让部下府佐白天办完公事后,晚上到学堂学习。当然,这种军政机构附设的学堂,充其量不过是进行诸如扫盲和学习一般公文写作之类的实用教育,同正规学校完全不能等量齐观。弥漫于统治阶层的尚武轻文的风气,给以后形成的国家政权留下严重的先天不足的病根,这是后话。就当时的社会风气和学校的师资设备来看,西魏太学的教育水平,可想而知。

在这群质朴而孔武的子弟中,能文善武,就容易得到大家的尊重。例如,李礼成"虽善骑射,而从容儒服,不失素望。"[①]至于像杨坚这种自幼深受佛寺教育的学生,更是一种特异的人物,其威仪风姿,让那些胡人军将公子和汉人世族子弟肃然起敬,"虽至亲

---

① 《隋书》卷五十,《李礼成传》。

昵不敢狎也"①。在太学学习的都是贵宦子弟,杨坚所获得的尊重,在他们这一代人登上政治舞台时,就成为极其宝贵的政治资本。

就在这一年,杨坚被京兆尹薛善看中,辟他为功曹。这一任命固然是象征性的,但对于杨坚来说,却是他走上仕途的开端。

翌年,杨坚因为父亲平定江陵(今湖北省荆沙市)的军功,被授予散骑常侍、车骑大将军、仪同三司的勋官,封成纪县公。第二年,又升为骠骑大将军,加开府衔。在宇文泰制定的勋位中,杨坚的勋位已是最高的九命一级。显然,作为宇文泰集团的核心家族,其子弟都从高位起家,这就确保了各个家族既得利益的世袭继承,维持了其显赫的政治地位和整个集团的稳固。所以,杨坚虽然还没有正式踏上仕途,但其似锦的前程,已经得到充分的保障。

大约就在这个时候,杨坚又迎来了对他一生具有决定性影响的喜事。他父亲的老上司,上柱国、大司马独孤信相中杨坚一表非凡,满心欢喜,便把十四岁的女儿独孤伽罗嫁给了他②。

---

① 《隋书》卷一,《高祖上》。
② 《隋书》卷三十六《后妃》记载:文献独孤皇后病逝于仁寿二年(602),"时年五十"。依此推算,则她出生于西魏废帝二年(553);根据她十四岁与杨坚结婚的记载,则已是北周武帝天和元年(566),此时,她的父亲独孤信早已被宇文护逼死多年,不可能为她主婚。而且,根据《周书》卷九《宣帝杨皇后》记载,杨坚的长女杨丽华在大业五年(609)去世,时年四十九岁,则应出生于北周武帝保定元年(561),早于以上推算的独孤皇后结婚时间。由此可证,《隋书》关于独孤皇后年龄的记载是错误的。《北史》卷十四《后妃下》记载,独孤皇后去世时五十九岁,显然是正确的,兹以为据。

　　另外,根据《北史》独孤皇后卒年推算,她出生于西魏大统十年(544),按照其十四岁结婚的记载推算,则应在北周孝闵帝元年(557)。但是,上年底宇文泰去世,而这年二月,其父独孤信就被罢黜,不久自杀。因此,独孤氏与杨坚结婚,应在上年(556),即宇文泰和独孤信都健在的时候。

这件喜事,虽然带有贵族通婚的浓厚政治色彩,但是,独孤氏决非一般的女子,她个性坚强,颇有政治见识,在以后几十年的风雨岁月里,她始终是杨坚最亲密的战友和精神上的支柱。独孤氏的名字伽罗,出自梵文"tagara",意译作香炉木。不难看出,她同样出自信仰佛教的家庭。共同的政治志向和宗教信仰,把两人的心紧紧地连在一块,情同鱼水。得此贤妻,杨坚如虎添翼。而见到这位踌躇满志的少年郎,一代枭雄宇文泰也不禁暗地喝彩,赞叹道:"此儿风骨,非世间人!"①

557年,北周取代西魏而立。西魏灭亡,早已是时间问题,这一点,没有人不清楚。可是,这番废立,却也经历了激烈的斗争。阻力并不是来自西魏皇室的反抗,而是爆发于宇文氏集团内部。宇文泰死后,其侄宇文护以迅速果断的行动,扶持宇文泰的嫡子宇文觉(孝闵帝)登上王位。同年,因为新的权力斗争,宇文护废弑孝闵帝,改立宇文泰的长子宇文毓,即明帝,而朝廷权力则完全掌握在宇文护手里。

明帝即位后,杨坚被任命为右小宫伯,进封为大兴郡公,正式踏上了仕途。

宫伯掌管皇宫宿卫,小宫伯为其副职。贵胄子弟多由侍卫起家,其主要原因就是因为宿卫官在皇帝身边,贴近权力中枢,能够迅速得到提升。另外,从北周官制上说,宫伯隶属于天官大冢宰。当时,担任大冢宰的是宇文护。由此看来,杨坚担任此职,是宇文护为拉拢杨氏而作的安排。可是,这一职务正好夹在皇帝和权臣之间,地位十分微妙,是飞黄腾达,还是身败名裂,就取决于在政治斗争中的立场态度。每逢朝会,宫伯官金刀金甲,立于两班卫士前

---

① 《北史》卷十一、《隋本纪上》记载。

头,威风凛凛,然而,个中冷暖滋味,只有自个心里明白。杨坚在这个职位上如临深渊地度过了好几个寒暑,几度险遭不测,亲身体验到政治斗争的冷酷。可是,这个特殊的位置,却也让他洞察朝廷复杂的人事关系,在宫里宫外,交结一帮密友,练就了深藏不露、处变不惊的政治本领。

第二节 "两姑之间难为妇"

杨坚一踏入仕途,就经受了政治斗争惊涛骇浪的洗礼。

556年10月,关中政权的实际领袖宇文泰在北巡途中发病,急召其侄儿、中山公宇文护赶到泾州(今甘肃省泾川县北泾河北岸),交代后事道:"吾形容若此,必是不济。诸子幼小,寇贼未宁,天下之事,属之于汝,宜勉力以成吾志。"①不日,宇文泰就在赶回长安的路上,于云阳(今陕西省泾阳县西北)逝世。云阳就在长安边上,用不了半天就可以到达。但是,宇文护仍然采取严格的保密措施,一直将灵柩护送到长安后,才公开发丧。由此可见,当时的形势相当严峻。

那么,宇文护究竟紧张什么呢。其实,从宇文泰的遗言已可略见端倪了。宇文泰说自己"诸子幼小",可是,当时其嗣子宇文觉十五岁,长子宇文毓二十三岁,都不能说是"幼小"。既然如此,为什么宇文泰还要将权力嘱托给宇文护呢?

如前所述,关中政权是由贺拔氏兄弟等几个武装集团合流而成的,其主要成员,原是同辈,兄弟相称,宇文泰因为胆略才智过人,为诸将所推崇而成为实际的领袖。因此,他们之间虽说是上下

---

① 《周书》卷十一,《晋荡公护传》。

级关系,实际上宇文泰更像是"老大"。宇文泰对此十分清楚,所以,自西魏政权成立以来,他在内政方面所作的就是逐步提高相府权力,明确上下级关系,慢慢收服各路将领,培植宇文氏亲属势力。同时,他也尽量照顾各将领的利益,用毫无实权的西魏皇帝来平衡派系关系。宇文泰不急于代魏自立,其根本原因就在于此,同时也表现出自己对驾驭群雄的自信。可以说,时间的推移有利于宇文泰。

可是,天不作美,就在宇文泰日占上风的时候,突然病逝,其手下的将领,个个都是出生入死久经沙场的好汉,他们崇敬的是本事和军功,决非一般人所能驾驭。宇文泰的儿子素无功勋,显然镇不住这些英雄好汉。宇文泰所谓"诸子幼小",指的并非生理年龄,而是政治上的成熟度。

其实,对于继承人问题,宇文泰早有安排。在自己的儿子尚未长大成熟之前,宇文泰着重培养其侄儿宇文导,早早就把他提拔为十二大将军之一,每逢自己出征,就让他留守关中,"深为吏民所附,朝廷亦以此重之"①。可惜,宇文导死得太早。于是,宇文泰就把目光投向宇文导的弟弟宇文护。宇文护生于北魏延昌二年(513)②,曾经参加过西魏建立初年的历次战役,宇文泰称赞他"此儿志度类我",是宇文家族第二代中的佼佼者。宇文泰去世时,他四十四岁,正当盛年,宇文泰只能把终生为之奋斗的大业交付与他,希望他能实现改朝换代统一天下的目标。

宇文护临危受命,他面对的形势十分严峻。从军功资历来说,

---

① 《周书》卷十,《邵惠公颢传附宇文导传》。
② 《周书》卷十一《晋荡公护传》记载了其母给他的信,说道:"昔在武川镇生汝兄弟,大者属鼠,次者属兔,汝身属蛇。"可知宇文护生于北魏延昌二年癸巳岁(513)。

他还不足以和第一代元勋相提并论,而且,宇文泰没有称帝,其职位并没有一定要由宇文氏继承的道理。所以,宇文泰一死,"群公各图执政,莫肯服从"①,"怀等夷之志,天下有去就之心"②,关中政权面临最严重的政治危机。

有资格向宇文氏家族挑战的,是那些和宇文泰"等夷(同辈)"的元勋。当时,最初的八柱国尚存五家:于谨一直是宇文泰的心腹助手。李弼原为敌对的侯莫陈悦集团将领,正因为有这层关系,所以他归附宇文泰后,更是小心谨慎,忠心耿耿。而且,他们两人已同宇文泰结为儿女亲家。侯莫陈崇为贺拔岳部将,忠诚于宇文氏。那么,剩下来的赵贵和独孤信显然就是谋求执政职位的竞争对手。

当年,贺拔岳被害时,是赵贵力排异议,确立宇文泰的领导地位,对宇文泰有拥戴之恩。独孤信是贺拔胜集团的主要将领,他"风度弘雅,有奇谋大略",在荆州、洛阳,特别是其长期镇守的陇右,甚得民望,"声振邻国"③,以至东魏传檄说他拥兵秦中与宇文泰对抗。敌国之说或为捕风捉影,但他的确不属于宇文泰嫡系,相互之间关系颇微妙。独孤信的三个女儿,分别嫁给北周明帝宇文毓、隋文帝杨坚和唐高祖的父亲李昞,从一个侧面反映出独孤氏在宇文泰集团中的重要地位。但这自然也引起宇文泰的戒心。就在去年,宇文泰决定立嗣,长子宇文毓是独孤信的女婿,而嫡子宇文觉刚刚成年,宇文泰想立嫡子,却又担心独孤信不服,便向诸将征求意见。众将不愿得罪任何一方,便都沉默不语,立嗣之议差一点搁浅。最后,还是李远挺

---

① 《资治通鉴》卷一百六十六"梁敬帝太平元年(556)十月"。
② 《周书》卷十一,《晋荡公护传论》。
③ 《周书》卷十六,《独孤信传》。

身而出,请斩独孤信以立嫡子,这才勉强确定了继承人。宇文泰不立长子,恐怕有担心独孤信将来以外戚干政将无人能制的因素。宇文泰之死,使得集团内部潜存的矛盾表面化,如何处理这一矛盾,对于关中政权来说,既是严重危机,也是一大转机。

宇文护显然不足以镇住赵贵和独孤信,但他机智地请来威望隆重的于谨为他冲锋陷阵。于谨怀着"以死争之"的决心,在讨论继承人的会议上,回忆宇文泰对大家的恩德,声色俱厉地要求大家拥护宇文护主持大政,并带头向宇文护效忠,"群公迫于谨,亦再拜,因是众议始定"①。

宇文护自忖,只要宇文氏不称帝、不确立与群雄的君臣关系,自己就没有把握驾驭他们。因此,他趁着宇文泰尸骨未寒,立即逼迫西魏恭帝禅让,于第二年正月,拥立宇文觉即天王位,正式建立北周。夺取了君权,宇文护也就让赵贵担任大冢宰,满足他想当"执政"的愿望,但同时将至关重要的大司马一职从独孤信手中收归己任,争得军权,并和于谨、李弼及侯莫陈崇参议朝政,把赵贵和独孤信架空并挤出权力中心。

赵贵和独孤信自以为和宇文泰平辈,居功自负,愤愤不平晚辈宇文护专权。赵贵一时冲动,甚至想铲除宇文护,但被独孤信所制止。然而,不久,他们的密谋竟被远在盐州(今陕西省定边县)任刺史的宇文盛告发。于是,宇文护先发制人,在赵贵入朝时,将他捕杀,同时还罢免了独孤信,旋即逼他自杀。这一事件大有疑问,赵贵和独孤信如果真的谋反,那么,人在外地的宇文氏族人宇文盛兄弟从何得知?今天,我们已经无法得知当时的真相了,但是,从

---

① 《周书》卷十五,《于谨传》。

不合理的蛛丝马迹，仍可看出这是宇文护为提高中央集权而进行的有预谋的铲除异己的行动。

然而，一波未平，一波又起。赵贵、独孤信一案刚刚了结，马上又爆发了李植等人支持孝闵帝谋诛宇文护案。李植的父亲是十二大将军之一的李远，自称陇西李氏，实际上是陇西鲜卑拓跋族酋长①。李贤、李远和李穆三兄弟，为宇文泰崛起于关中，立了大功。宇文泰曾经把两个儿子，即后来的周武帝和齐王宪，寄养于李贤家，可见关系之深。李植早在宇文泰时代就已经参掌朝政，宇文护专权，他和几位宫卫头领，与孝闵帝密谋捉拿宇文护，归政于孝闵帝。然而，计划不幸败露，孝闵帝被弑，李植及其成年的弟弟都被诛杀，甚至祸及其父李远，而李贤和李穆两家亦受牵连，除名为民。

继立的明帝，就是独孤信的女婿宇文毓，他早已成年，又聪明好学，明显不利于宇文护长期专权，所以，登基才两年，就被毒死。临死前，明帝没有把王位传给年幼的儿子，而是传给弟弟宇文邕，即武帝，希望他能完成两位长兄未竟之志，制服权臣，树立皇室的绝对权威。

北周初年一系列政变所造成的影响非常深远。第一，赵贵、独孤信事件，标志着在中央集权化过程中，北周元勋集团分裂了。第二，李植事件表明，在第二代中，新的领导权威尚未树立起来。第三，孝闵帝和明帝被弑则是中央集权由谁来完成的斗

---

① 《周书》卷二十五《李贤传》记载："其先陇西成纪人也。"但是，其墓志记载："十世祖俟地归，聪明仁智，有则哲之监，知魏圣帝齐圣广渊，奄有天下，乃率诸国定扶戴之议。凿石开路，南越阴山。竭手爪之功，成股肱之任。建国擒拔，因以为氏。"(《宁夏固原北周李贤夫妇墓发掘简报》，载《文物》1985—11)"擒拔"即"拓跋"，可知李氏实为鲜卑拓跋族。

争,即皇权与相权之争,其结果是宇文氏家族的分裂,削弱了自身的力量。

这三种矛盾,都反映出北周政权正坚定地迈向统一的中央集权国家的道路,在这一进程中,出现第一、二种类型的矛盾并不奇怪,它或许是中央集权所需付出的代价,可以通过国家制度的完善和妥善的政治措施来逐步消解。可是,不管怎么说,每一次重大的政治斗争,都需要相当一段时间来巩固其成果和消化其负面影响。然而,北周国家的发展却缺少了这一消化的过程。宇文护受命于危难之际,终能拥立宇文泰诸子,变魏为周,功勋殊伟。但他热衷权势,甚至走马灯似地一再废立君主,破坏了正常的政治秩序,在强化中央集权的过程中,自己反倒成为中央集权的最大障碍。而且,他缺乏文化修养,一味实行政治高压,激化了矛盾,涣散了人心,给北周政权造成很大的对立面,最后自己身败名裂。

武帝时代揭开北周最辉煌的一页,中央集权体制得到巩固,北方获得统一,各种政治矛盾逐步被纳入正常的国家体制内加以消化。遗憾的是,这段黄金时间匆匆而逝,还没来得及发挥影响,转眼之间又进入缺乏理性的宣帝时代。如果说宇文护时代的政治斗争还具有中央集权的意义,那么,宣帝所进行的则是变态、猜忌和无聊的政治迫害,造成统治集团的彻底分裂,新旧矛盾汇聚在一起,新的政治领袖和新的政治时代已经呼之欲出了。

在这一系列残酷的政治斗争中,刚刚出道的杨坚经受了严峻的考验。北周初年首先遭到清洗的独孤信不但是杨忠的老上司,而且还是杨坚的岳父。这样两层关系,不能不使得杨家格外引起宇文护的警惕。

赵贵和独孤信敢于向宇文护挑战,根本原因就在于宇文泰集团内部以实力为基础的相对平等的关系。府兵制建立初期,兵士分属于各军将而不直属于君主①。因此,元勋军将得以同中央闹独立性。可是,经过宇文泰一番整顿和大力培植亲族势力之后,到了大统末年,实际统兵者已由柱国逐渐转移到大将军,因此,赵贵和独孤信他们只能凭着资历勋功和影响力同宇文护抗争,自然轻易就被击败。但是,大将军杨忠却是实力人物,宇文护既不信任他,却也不敢小看他,因此,对杨家既拉拢又提防。杨坚就是在这种背景下当上宿卫将领的,其处境可想而知。

杨坚担任小宫伯,应该是宇文护所作的安排。刚刚发生过孝闵帝企图夺回政权的教训,宇文护更需要在宫内安插亲信,以监视宫中的活动。如果能把元勋子弟杨坚拉拢过来,可谓是一箭双雕。对于宇文护的主动接近,杨坚有点不知所从,他赶忙回家和父亲商量。杨忠在战场上是一员虎将,在政治上也很有远见,他清醒地看到,宇文护固然大权在握,但他目无君主,和元老们形同水火,其与皇室的斗争,前途也不容乐观,支持他,将来会被斥为逆臣,反对他,则立招横祸,最好的办法就是与之若即若离,超脱于宇文家族明争暗斗的漩涡之外。因此,杨忠冷静地对儿子说道:"两姑之间难为妇,汝其勿往!"②也就是说,夹在两个婆婆之间是很难作媳妇的。杨坚对父亲的劝告心领神会,拒绝了宇文护的招诱。

杨家的态度,表面上是不偏不倚,实际上是不与宇文护同流合

---

① 参阅陈寅恪:《隋唐制度渊源略论稿》六《兵制》,上海古籍出版社1982年版。
② 《资治通鉴》卷一百七十"陈临海王光大二年(568)七月"条。

污,这自然引起宇文护的不满。但是,杨氏父子对当时发生的事件保持沉默,似乎对政治毫无兴趣,宇文护也摸不清其底细,无可奈何。他只能在暗中密切观察,寻找破绽。杨坚是第二代中的佼佼者,有关他的出生及相貌的传说,似乎已在上层社会流传开了。当时,统治者相当迷信,时常发生因为名字相貌等犯讳而滥杀无辜的事例。因此,杨坚的相貌不能不引起注意,明帝特地派遣善于看相的术士赵昭,前去给杨坚看相。赵昭能够摇唇鼓舌于错综复杂的派系之间,自然八面玲珑。他先是回去禀报说:"(杨坚的相貌)不过做柱国耳。"替杨坚遮掩了过去。然后又偷偷告诉杨坚道:"公当为天下君,必大诛杀而后定。善记鄙言。"[1]从当时朝廷的形势来看,政权已经逐渐向第二代转移,作为其头领,宇文护自然特别留意第二代子弟中是否有危险的或异己人物存在,所以,术士赵昭或是宇文护派遣的。

不久,朝廷的气氛更加紧张。年轻气盛的明帝亲政,改变以往的天王称号为皇帝,建立年号,逐步收回大权,触犯了宇文护。于是,宇文护派人毒死明帝,改立武帝宇文邕。翌年,改年号为保定元年(561),"以大冢宰、晋国公护为都督中外诸军事,令五府总于天官"[2]宇文护。实现了总揽朝政的野心。

当初,宇文泰建立府兵制度,立左右十二军,由十二大将军统率,其所统军人,均改从将军姓,企图模仿鲜卑部落兵制,以虚构的血缘关系来提高战士的归属感和战斗力。然而,这支军队虽说统属宇文泰指挥,实际上具有相当的独立性。宇文护执政,成功地收回兵权,军队的所有调发,都必须有宇文护签署的命令才能实行。

---

[1] 《隋书》卷一,《高祖上》。
[2] 《周书》卷五,《武帝上》。

至此,北周实现了向中央集权体制的转换。只是权力没有集中到皇帝手中,而是在宇文护的控制之下。如此一来,中央集权体制还是没能最终完成。因此,不管武帝如何韬光晦迹,他必将是宇文护的对手。这一点,宇文护心里清楚,所以,他扩大用人层面,在大力提拔新人和培植亲信的同时,进一步加强了对元勋集团的监视和压抑。

保定三年(563)春正月,武帝出巡原州(今宁夏固原县),突然夜里回到长安。百官都觉得很奇怪,私下打听原因。随武帝巡行的侯莫陈崇对其亲信解释道:"吾昔闻卜筮者言,晋公今年不利。车驾今忽夜还,不过是晋公死耳。"[①]预言宇文护将死,不啻是爆炸新闻,顿时就在京城里流传开来。有人告发其事,武帝便将公卿召集起来,当众责问侯莫陈崇。当晚,宇文护就派兵包围侯莫陈崇府第,逼他自杀。侯莫陈崇在前述赵贵和独孤信事件中,显然是支持拥立宇文氏的,所以在事件之后成为四位参议朝政的大臣之一。但是,他所忠诚的无疑是皇室,而不是宇文护,因此,在皇帝与权臣的斗争中,他明显站在皇帝一边。侯莫陈崇的一死,北周初年的五大柱国已经被宇文护清洗了三家,创业元勋所剩无几,可见当时斗争之惨烈。

武帝即位后,杨坚的职务从右小宫伯改任左小宫伯,几乎没有变化。从明帝即位(557年)起到武帝保定五年(565)左右,他整整担任了八年的宿卫官。光阴荏苒,保定元年(561),随着长女杨丽华的出世,他已经不再是当年那位春风得意的少年郎了。那些得到当权者青睐的伙伴,已经建功立业,节节攀升,而他仍被冰冻在起家的职位上,不仅得不到提升,而且还要时时提防宇文护的

[①] 《周书》卷十六,《侯莫陈崇传》。

迫害。

　　这些年,杨家的日子过得不顺,虽然还没有沦落为阶下囚,但也受到了许多不公正的待遇。就在宇文护整肃元老的时候,杨忠有意埋头于具体工作,对朝政漠不关心,以免给宇文护抓到口实。保定三年(563),也就是侯莫陈崇自杀的时候,杨忠自告奋勇,率领步骑一万,迂回塞北,会合突厥,突破北齐雁门防线,连克二十余城,直逼晋阳。次年正月,与北齐主力会战于城下,因突厥退出战斗,不利而还。显而易见,仅以万人之师要攻打北齐,是不现实的。杨忠积极请战,或与回避朝廷斗争有关。这次出兵虽然没有取得预期的成果,但是,在周齐关系上却是一大转折。以前,每到冰封季节,周兵就要凿开河上冰床,阻止齐军进攻。现在,攻守之势逆转,变成齐兵凿冰以防周军。因此,这次战役具有重要的意义。武帝对杨忠的功勋给予很高的评价,打算封他为太傅,但是,宇文护因为杨忠不依附于己而加以阻挠,结果,杨忠非但没有获得封赏,反被外放为泾州刺史。同年,宇文护亲提大军伐齐,却只让杨忠率偏师出塞北策应,有意冷落他。

　　宇文护的种种行为,深深地伤害了杨坚,他从心底里反感宇文氏,并对北周派系倾轧与唯权是视有了极其深刻的认识。政治理想在遭受挫折之后,已经被权力所扭曲,热血变成欲望,抱负成为野心。逼人深缄其口的专制体制不仅使人变态,而且还教人把变态的欲望掩饰在伪善的面具之下,当它有机会迸发出来的时候,便是那样的猛烈、致命和惊世骇俗。就在宇文护如日中天的时候,杨坚已经深埋下反叛的念头。

　　保定五年(565),被冷落了八年的杨坚好歹晋升为大将军,被派到随(或作隋)州(今湖北省随州市)担任刺史,总算有了出头的机会①。这年,北周为了加强对外攻势,调整了荆、襄一带的机构,把荆州、安州(今湖北省安陆市)和江陵总管隶属于襄州(今湖北省襄樊市)总管府,并以大司空卫国公宇文直出任襄州总管。据庾信《周柱国大将军拓跋俭神道碑》记载:"保定四年,治襄州,……控御五十州,风行数千里。"可知北周所辖今湖北、河南一带地区,均隶属于襄州总管府,则随州应该也在其中。杨坚到随州,首先到襄州拜谒上司宇文直。宇文直是宇文护的红人,官大气盛,并没有把不甚得志的杨坚放在眼里,只是出于礼貌,派其部下庞晃回访一通。

庞晃是宇文泰元从亲信,此时随宇文直出镇襄州。他一见到杨坚,就被其卓尔不群的气质所打动,相信杨坚将来一定会大有作为,于是倾心交结,成为密友。

---

① 杨坚担任随州刺史的具体时间,史无明文。《隋书·高祖上》仅载:"武帝即位,迁左小宫伯。出为隋州刺史,进位大将军。后征还,遇皇妣寝疾三年,昼夜不离左右,代称纯孝。"所以,一般都系之于武帝即位初年。然而,《隋书》卷五十《庞晃传》记载:"时高祖出为随州刺史,路经雍阳,卫王令晃诣高祖。"据此,则杨坚出任随州刺史必在宇文直出掌襄州之后。《北史》卷五十八《周室诸王》记载:"(卫剌王直)武成初,进封卫国公,历雍州牧、大司空、襄州总管。"查《周书·武帝上》,宇文直于保定元年(561)十一月任雍州牧;保定四年(564)九月为大司空;保定五年(565)正月,北周为加强对外攻势,"令荆州、安州、江陵等总管并隶襄州总管府,以柱国、大司空、卫国公直为襄州总管。"据此,荆、襄一带的机构调整在保定五年初,故此间人事任免亦应在此时期。而且,杨坚不久就被征还,侍奉其母达三年,而杨忠在三年后的天和三年(568)逝世,综合上述记载,则杨坚任随州刺史当在保定五年中一段不长的时间。

《隋书》卷六十九《王劭传》录其上表称:"昔周保定二年,岁在壬午,五月五日,青州黄河变清,十里镜澈,齐氏以己瑞,改元曰河清。是月,至尊以大兴公始作隋州刺史,历年二十,隋果大兴。"论者或据此将杨坚任隋州刺史系于保定二年。其实,王劭贯采荒诞不经的传说事迹,附会图谶,以献媚取宠。杨坚封大兴公早在五年前的明帝即位时,王劭有意将之与"黄河清"、"大兴公"和"隋州刺史"等系于保定二年,是为了牵强附会"壬午岁"、"五月五日"及"二十年"等历数,以证明隋属火德,乃膺天命而兴之说,显然不足为凭。

然而,杨坚好景不长,他在随州还没坐热那把刺史的交椅,又被调回中央,再次路过襄州。清冷失意之际,想不到庞晃还前来接他,不由地心头一暖,便把庞晃请到官邸,盛情款待。酒酣耳热,庞晃悄悄对杨坚说道:"公相貌非常,名在图箓。九五之日,幸愿不忘。"这番预言杨坚会当皇帝的话,简直是大逆不道,而杨坚竟坦然受之。时已微曙,有雄雉引颈报晓,杨坚让庞晃射雉为验,说道:"中则有贵。然富贵之日,持以为验。"庞晃弯弓持满,一箭射个正中,杨坚抚掌大笑道:"此是天意,公能感之而中也。"①庞晃的这一箭,射去了杨坚心中的忧思,坚定了他上膺天命的自信。欢笑之余,杨坚把身边的两个婢女送给庞晃,两人遂成盟友,密谋篡周。

回到京城,政治空气依然紧张,武帝虽然早已成年,但他鉴于两位哥哥惨死的教训,深藏不露,对宇文护尊崇有加,任其专权。而宇文护大权在握,党同伐异,杨坚更是备受排挤,回京之后,就被晾在一边。杨坚无奈,干脆以母亲生病为由,给自己找了个台阶下来,天天在家侍奉母疾,昼夜不离左右,既躲开宇文护的锋芒,又博得一片"纯孝"的称赞。但是,鹊起的赞誉,更引来宇文护的忌恨,好几次想对他下手加害,多亏大将军侯伏侯万寿为他说情,才得以幸免。

就在这时,天和三年(563),外任多年的杨忠终于病倒,回到京城后不久就去世了。杨坚固然按例承袭父爵随国公,成为一家之主,但是,失去父亲这座坚强的靠山,杨坚更加觉得前途茫然,甚至有点怀疑自己是否真有天命。于是,他频频秘访著名的术士来和,看相问卜。来和详细问了杨坚身边发生的事情,当他听到杨坚说自己只要一听到别人行走的声音就能辨别是谁的时候,顿时

---

① 《隋书》卷五十,《庞晃传》。

精神一振,故作神秘地说:"公眼如曙星,无所不照,当王有天下,愿忍诛杀。"硬是把杨坚悬起的心给镇定了下去。后来,来和在回忆当年的情景时说道:"臣早奉龙颜,自周代天和三年已来,数蒙陛下顾问,当时具言至尊膺图受命,光宅区宇。此乃天授,非由人事所及。"

可是,杨坚回家后,总觉得这天命老没应验,倒是咄咄逼人的宇文护像高悬的剑,让他寝食不安。于是,他又找了好几位道士,如张宾、焦子顺和董子华等,逐个看相。不料,这些赫赫有名的道士也都异口同声地说:"公当为天子,善自爱。"①杨坚这才略感安心。

就在杨坚担惊受怕成天求神问卜的时候,北周的政局暗暗地朝着不利于宇文护的方向发展。武帝大智若愚,小时候,父亲宇文泰见到他就惊异地说道:"成吾志者,必此儿也";长兄明帝遇害时,特意把皇位传给他,也是因为认定"能弘我周家,必此子也"②。这些年来,武帝听任宇文护专权而得以自我保全,他让宇文护尽量表演,因为宇文护处在权臣擅政的地位,必然人心不服,而其推行的高压政策,会给自己造成巨大的潜在的对立面,只要保住皇位,耐心等待,就一定能够铲除宇文护。

机会终于来了。天和七年(572)春,宇文护的党羽宇文直因为五年前与陈军交战失利而被免职,遂记恨宇文护,秘劝武帝诛宇文护。十分明显,对手的阵营已经出现分裂,这是予以致命一击的最佳时机,武帝当机立断,秘密将右宫伯中大夫宇文神举、内史下大夫王轨和右侍上士宇文孝伯等一班心腹召进宫中,密谋布置。

---

① 以上引文均见《隋书》卷七十八,《艺术·来和传》。
② 分别见《周书》,卷五《武帝上》;卷四《明帝》。

三月十八日，宇文护从同州大本营回到京城，照例谒见皇上。武帝平时并不以君臣礼而是以家人礼接见宇文护，以示尊崇。今天也不例外，他见到宇文护进来，显得非常高兴，一边带着宇文护到含仁殿去谒见皇太后，一边说道："太后春秋高，颇好饮酒，虽屡谏，未蒙垂纳。兄今入朝，愿更启请。"说着便从怀里掏出早已写好的上谏文《酒诰》，交给宇文护道："以此谏太后。"宇文护不知是计，慨然允诺。见过太后，宇文护果真拿出《酒诰》，读将起来。这时，站在一边的武帝悄悄绕到背后，用手中的玉珽猛击宇文护后脑。宇文护没有防备，跌倒在地，武帝命令宦官何泉用刀劈之，但宇文护平日威风惯了，何泉竟怕得下不了手。这时，埋伏在内的宇文直跳了出来，劈死宇文护①。

结束了宇文护专权，北周终于实现了朝政的统一。为了庆祝胜利，武帝把这一年改为建德元年，表示要推行德政的意志，杨坚也长长地舒了一口气。

第三节　崭露头角

武帝亲政之后，即刻罢中外府，把宇文护集中起来的权力从相府回收到皇帝手中。接着，又从三个方面完善中央集权体制：

首先，加强对军队的直接控制。建德元年（572）起，武帝多次召见诸军都督以上将官，亲加慰抚，并通过"讲武"、"试以军旅之法"和"教以战阵之法"②，严格进行整训。建德三年（574）十二月，武帝特别下诏："改诸军军士并为侍官。"③这一提高府兵地位

---

① 《周书》卷十一，《晋荡公护传》。
② 《周书》卷五，《武帝上》，建德二年十一月；三年正月、六月、十二月。
③ 《周书》卷五，《武帝上》。

的改变,重在表明军队为皇帝所有的属性。此后进行了大规模的扩军,"募百姓充之,除其县籍,是后夏人半为兵矣。"①宇文泰建府兵制是模仿鲜卑部落兵制将各大派系的兵力统一起来,而武帝则在此基础上,对军队进行国家化改造,而且,还通过大量征召汉人入伍,改变了府兵原来主要为鲜卑武装的特色,把大量坞壁村落等豪族武装吸纳为国家军队,既消化了地方闹独立性的军事基础,又使得鲜卑将领难以把持军队。可以说,武帝对府兵进行了具有里程碑意义的改造,从此,汉人武装作为国家支柱,对政局的演变日益发挥重要作用。

第二,加强皇权的政治领导作用。宇文护以天官大冢宰擅政,令其他五府总于天官。武帝时,大冢宰不兼他职,与五卿并列②,这样就把军政大权收归皇帝。为了加强皇帝的政治领导作用,武帝加强了内史和御正的作用及地位。胡三省说:

> 《周书·申徽传》曰:"御正,任专丝纶",盖中书舍人之职也。……考之《唐六典》,则曰:后周依《周官》,春官府置内史中大夫,掌王言,盖比中书监、令之任,后又增为上大夫。小史下大夫,比中书侍郎之任;小史上士,比中书舍人之任。然则为御正者,亦代言之职,在帝左右,又亲密于中书③。

以前,皇帝无权,内史和御正的作用并不显著,现在,皇帝亲掌政权,这两类官员作为重大决策的参加者和皇帝诏令的起草传递者,就具有很大的权威。而其职务特点需要具备较深的历史文化素养,因此,当此任者,就由六官初建时的元勋武将转为汉人儒士。这样,中央集权化过程就是实质性的汉化过程,就是汉人日益主导

---

① 《隋书》卷二十四,《食货志》。
② 参阅王仲荦:《北周六典》卷二《天官府第七》,中华书局1979年版,第34页。
③ 《资治通鉴》卷一百六十八"陈文帝天嘉二年(561)六月"条注。

政治的过程。

第三,加强思想的统一。武帝自登基以来,就注意教育文治。保定三年(563),他幸太学,尊崇于谨为三老;天和元年(566),亲自在正武殿向群臣讲解《礼记》;次年,立露门学;三年,"集百僚及沙门、道士等亲讲《礼记》",其以儒家思想统一意识形态的倾向已经清楚表现出来了。诛宇文护之后,武帝集中群臣、沙门、道士等讨论三教之先后秩序,规定以儒教为先,道教为次,佛教为后;到了建德三年(573),甚至"初断佛、道二教,经像悉毁,罢沙门、道士,并令还民。并禁诸淫祀,礼典所不载者,尽除之。"①我们知道,南北朝时代,佛教极为盛行,北周武将中也有许多人崇信佛教。现在,武帝要把他们统一到儒家思想上来,确立君臣等级秩序,用统一的意识形态来确保中央集权体制。于此同样表现出由外来思想向中原传统文化的回归。

因此,武帝的中央集权化措施,是在北周民族融合的基础上,具有根本意义的汉化运动,至此,数百年分裂混战的漫漫长夜已经露出了曙光。

杨坚在家里密切注视朝廷的动向。武帝的一系列人事安排,虽然突出了重用宇文氏以加强皇权的特点,但也十分注意吸收各方面的人才,改变宇文护任人唯亲的政策,尊重元老重臣,增进内部团结。在建德初年的调整中,杨坚虽然没有获得任命,但在建德二年(573)九月,武帝决定纳其女杨丽华为太子妃,杨坚顿时成了皇亲国戚,备受尊重。

然而,杨坚似乎没有意识到,正是武帝的一系列中央集权措施,无意之中才使得他迅速地逼近权力顶峰。他仍然埋怨周朝对

---

① 《周书》卷五,《武帝上》。

他待遇不公,渴望攫取实权,以作为向上攀登的资本。

建德四年(575),北周经过一番整顿,实力大增,呈现出一派朝气蓬勃的景象,开始了统一中国的宏伟事业。七月,武帝亲率大军出关,直指河阴(今河南省洛阳市东北)。在这次重大的战役中,杨坚终于获得他梦寐以求的统兵机会,被任命为偏师统帅,率舟师三万自渭水入黄河,策应主力。周师初战告捷,进逼洛阳,在这里却遭到齐军的顽强抵抗。九月,齐军大举增援洛阳,周军顿于坚城,而武帝又生病,难以再战,所以一听到齐军来援,马上全军撤退。杨坚担心水军逆流而返,会被齐军追及,就命令焚烧舟舰,自陆路撤回关内。

建德五年(576)十月,武帝再度亲征北齐。这次,杨坚被委以主力右路第三军总管的重任,会同诸军,一举攻克北齐发祥地晋州(今山西省临汾市)。这时,荒淫的齐后主亲自来援,周武帝根据事先制定的打援战略,留梁士彦带一万人坚守晋州,自己则率大军退入关中。齐后主带着心爱的冯淑妃来到阵前,指挥大军猛攻晋州。齐军挖地道,攻破城墙,冯淑妃却令军队等她梳妆完毕再进攻,好让她亲眼目睹大军入城的雄壮场面。可是,等她打扮好时,周军也已经把缺口给堵上了。就这样,反复争夺,晋州始终没有被攻下。这时,回到关中的周武帝见齐军已经疲惫,又率八万主力,再出晋州,与齐军主力决战。

决战那天,周武帝亲自来到阵前视察,逐个呼唤各军将领的名字,亲加慰勉,三军将士无不感动,踊跃出战。而齐军的情况则大不相同,齐后主携冯淑妃上阵观战,见到东路军稍却,便吓得落荒而逃,造成军心大乱,全线崩溃。

齐后主逃到晋阳,惊魂未定,又继续出逃,打算北投突厥,半道被部下叩马死谏,才转回邺都(今河北省临漳县西南邺镇),招兵买马,准备再战。部下劝他亲临部队慰劳,并替他拟好慰问辞。齐后主到阵前,竟然忘记致辞,只觉得眼前这些将士十分滑稽,不由得哈哈大笑,左右随从也跟着笑将起来,把好端端的军心士气全给笑得烟消云散。到了年底,周军攻克北齐重镇晋阳。消息传来,齐后主六神无主,翌年正月,他赶忙禅位给八岁的皇太子,自称太上皇帝,随后即携幼帝出奔济州(今山东省茌平县西南)。到这里,他又让幼帝把皇位禅让任城王高湝,继续出逃,企图从青州逃往南陈,不料,周军闪电般追踪而至,齐后主和幼主都成了俘虏。

受齐幼主禅位的任城王高湝有勇有谋,甚得军心,在冀州招聚兵马,旦夕之间,就募得四万余人,倒也不容小觑。所以,周武帝赶忙派出齐王宪和杨坚率领的主力部队,前往镇压。齐王宪和杨坚乘北齐亡国之势,不给敌人喘息的机会,迅速包围冀州。任城王高湝的部下见大势已去,临阵投降,只有任城王高湝力战不屈,最后兵败被虏。

灭齐之战,杨坚总算获得领兵打仗的机会,并在战争中表现出军事才能,崭露头角。为了表彰他的功勋,建德六年(577)二月①,武帝任命他为定州(今河北省定州市)总管,进位柱国,把安抚河北的重任交给了他。

定州是河北的军事要地,杨坚获此重任,喜出望外,他盘算着如何在这里经营自己的势力。恰好他的政治盟友庞晃也被派到毗邻的常山郡(今河北省正定县南)当太守,两人过从甚密,共谋大计。

就在杨坚踌躇满志的时候,对他颇为不利的事情也正在悄悄地发生。

---

① 《周书》卷六,《武帝下》。

武帝从宇文护手中夺回政权,依靠的是他的贴身侍从。因此,他掌权之后,一直在尽力提高中央集权,加强皇族的权力与地位,表面上固然尊重元老,但实际上对他们颇有戒心。换言之,北周的中央集权体制是宇文护建立起来的,武帝只是从宇文护手中夺得政权,他并不是一个强势皇帝,弱势地位促使他格外警惕出现新的权臣。杨坚为元勋后代,且在第二代子弟中颇具影响,因此,很快就引起武帝身边重臣的警觉。早在建德四年(575)五月,也就是杨坚成为太子岳父的第二年,齐王宪就向武帝进言:"普六茹坚相貌非常,臣每见之,不觉自失。恐非人下,请早除之。"①听了这话,武帝不能不起疑心,他秘密将术士来和召到宫中,询问杨坚的相貌。来和与杨坚早有交往,而且,如此重要的问题,出言不慎,后果难测,所以,他非常机灵地回答道:"隋公止是守节人,可镇一方。若为将领,阵无不破。"一出宫,来和马上把以上问答告诉杨坚,杨坚感激不已,发誓决不会忘记来和的恩德,此事前已述过。而武帝听了来和的话后,多少有些安心,回头告诉齐王宪,说杨坚最多只能当个将军,不必多疑。然而,事情并没有那么简单就过去,特别是和继承人的问题纠缠在一起,就愈加复杂。

武帝所立太子宇文赟是个不务正业、刚愎自用的纨绔子弟,武帝生前,唯恐他将来不堪承托国家大任,所以对他严加管教,甚至痛加捶打,派人在东宫记录太子的言行,逐月奏闻。太子害怕,在人前也装得道貌岸然。可是,武帝的心腹大臣对太子的品性一清二楚,他们知道太子肯定无法继承大业,所以屡屡向武帝进谏。武帝对儿子的德性当然心里明白,但他苦于诸子年幼,略大一点的次

---

① 《隋书》卷一、《高祖上》。普六茹是胡姓,杨忠随宇文泰屡建战功,被赐此姓。获赐胡姓者为宇文泰集团的骨干,甚有荣誉,故北周君臣之间常以胡姓相称。

子更加不才,无可奈何,所能做的就是加强太子身边的辅臣,希望他们能尽心竭力,即使是烂泥也要硬糊上墙。这样,大臣们自然格外留意太子身边的人,很自然就注意到太子的岳父杨坚,如此隐隐生威的实力人物,将来谁能驾驭得了他？出于对社稷的深刻忧虑,建德五年(576),内史王轨不顾个人利害得失,向武帝直言:"皇太子非社稷主,普六茹坚貌有反相。"武帝再次询问来和,来和既然已经为杨坚说话,当然不会再改口,便回答说:"是节臣,更无异相。"武帝也抓不到杨坚有什么把柄,只好对王轨说道:"必天命有在,将若之何？"①当然,武帝心中,必然对杨坚深加警惕。

　　正是在这种情况下,当战争的尘埃落定,武帝很快就对杨坚执掌河北军政大权感到不安,同年十二月二十九日,下令将上任不久的杨坚调往南方,改任南兖州(今安徽省亳州市)总管②。当时,北周尚未考虑对南朝用兵,故南兖州的重要性大大不如定州,所以,杨坚接到调令,自然知道是什么意思,老大不痛快。这时,庞晃借送行之名,前来与杨坚密谈,这位有勇无谋的武夫当时就想起兵作乱,他杀气腾腾地说道:"燕、代精兵之处,今若动众,天下不足图也。"可是,已近不惑之年的杨坚更能沉得住气,他知道武帝的声望如日中天,自己决非对手,所以他紧紧握着庞晃的手,森然说道:"时未可也。"然后就悻悻上路,把怒火埋在胸中,待时而动③。

---

① 以上引文参见《隋书》卷一《高祖上》,卷七十八《艺术·来和传》。
② 《周书》卷六,《武帝下》。《隋书》卷一《高祖上》和卷五十《庞晃传》都记载为"亳州总管"。南兖州改称亳州,是周宣帝时事,故《隋书》是以后来的地名叙事。
③ 《隋书》卷五十,《庞晃传》。

第四节　危险的国丈

杨坚满心不高兴地来到南兖州上任时,已经是新的一年了。

一开年就是好兆头,陈朝想借齐亡之机,夺回徐、兖二州,结果在彭城一战,全军覆没,老帅吴明彻被俘,北周的南线稳定了下来。武帝统一中原,格外高兴,下令改元宣政,准备大治天下,一展宏图。

五月,武帝下诏北伐,亲总大军,分五道出塞,准备消灭盘踞在东北地区的北齐余孽高绍义、高宝宁之流,打败不时入侵的突厥。然而,大军才刚刚踏上征途,武帝就一病不起,赍志而殁。

风云突变,霎时间天昏地暗,一切都倒转了过来。六月一日,武帝才咽气,即位的宣帝就抚摸着被父亲教训的杖痕,冲进殡宫,大骂其父死得太迟,当晚就在父亲的后宫撒野逞欲,同时将当年教他做坏事而遭武帝贬斥的郑译等人拔擢要津,委以朝政。

宣帝一上台,就倒行逆施开来,首先以莫须有的罪名杀北周首辅齐王宪及上大将军王兴、上开府仪同大将军独孤熊、开府仪同大将军豆卢绍。第二年,又诛王轨、宇文孝伯、宇文神举和尉迟运等。至此,武帝朝的重臣纷纷落马,被诛杀殆尽,其空缺由宣帝的亲狎侍从出任。这些人,多为文学出身的世家子弟,并无军功资历,他们平日以亵狎无赖得宠,在北周政坛上见风使舵,投机取巧,忌恨那些看不起他们的元老重臣。因此,他们积极唆使刚满二十岁的宣帝逞凶斗狠,排斥前朝旧臣,把大权统统集中到宫中,便于他们从中窃弄。日后,杨坚在回忆宣帝滥杀忠良时,庆幸道:"宇文孝伯寔有周之良臣,若使此人在朝,我辈无措手处也。"[①]

---

① 《周书》卷四十,《宇文孝伯传》。

宣帝登基,太子妃杨氏顺理成章地当上了皇后,杨坚也因此获得高升,进位上柱国,出任大司马,掌管军政。在地方任职一年多回来,京城已是今非昔比,杨坚深怀顾忌的大臣或死或散,剩下来的并无多少政治才干。

翌年正月二十五日,宣帝戴通天冠,穿绛纱袍,一身汉装,让百官都换上汉魏时代的衣冠,在露门向他朝拜,改年号为大成元年(579)。这一举动表明宣帝志得意满,准备通过推进汉化来进一步加强皇帝集权。

果然,这年实行的一系列政治举措,证实了人们的推测。首先,宣帝在原有官制之上,设置四辅官,充实并提升内史、御正等皇帝直属机构,既加强对朝官的控制,又使得大权进一步集中到皇帝手中;其次,起洛阳宫,移相州(今河北省临漳县西南邺镇)六府于洛阳,加强控制,形成东西两京的格局;再次,恢复佛教和道教,自己和佛像及天尊像并南面而坐,藉宗教来提高皇权,缓解统治集团内部对禁教的不满。

在宣帝的人事变动中,杨坚自然大得其益,从个人的军功资历来说,他都不显赫,可是就因为他是国丈,所以也就当上了大后丞,跻身于最高的四辅官之列,而且,在四辅官中,越王盛为宗室,尉迟迥和李穆都是耆老之人,只有杨坚才三十九岁,又具有家世和外戚的背景,显然是一颗冉冉升起的政治明星。过了半年,杨坚再次被提升为大前疑,高居四辅之首,而且,宣帝出巡时,经常让他留守京城,足以证明其地位之显要,备受瞩目。宣帝的政治清洗,自毁栋梁,现在,杨坚似乎可以不必担心背后那些警惕的眼睛,从容进行政治布局。

然而,杨坚和武帝朝的大臣都看错了宣帝的为人性格。王轨曾经以为,宣帝性格太弱,不堪重负,其实大大不然。在南北朝众多荒淫暴君之中,宣帝可算是真正本性凶悍的。唐太宗和魏征曾经对北齐后主和北周宣帝作过十分有趣的讨论,比较其优劣,魏征认为:"二主亡国虽同,其行则别。齐主懦弱,政出多门,国无纲纪,遂至灭亡。天元性凶而强,威福在己,亡国之事,皆在其身。以此论之,齐主为劣。"①也就是说,齐后主其实是色厉内荏,而周宣帝才是货真价实的暴君。

宣帝爱好声色犬马,他既要独裁,又讨厌处理日常政务,所以,登基不满一年,就将皇位禅让给七岁的幼子(静帝),改元大象,自称天元皇帝,当起太上皇来,把应付古板朝臣的辛苦差事交给幼主去打发,自己专心致志于"变革"仪典和渔色玩耍。

他自大成狂,自比上帝,最恨别人有称"高""大"者,凡姓高的,尽改为"姜",高祖改称"长祖",官名犯此忌者,也一并改名,还下令天下车辆,以浑成木为轮,禁止妇女涂脂抹粉等等。经过这番儿戏般的"改革",妄图实现普天之下唯我独尊的梦想。

"改革"大功告成,宣帝好不得意,便把鱼龙百戏,陈设于殿前,日夜嬉戏。他还是太子的时候,就因为按捺不住青春冲动,与籍没入宫且大他十余岁的婢女朱氏胡来,生下静帝,现在母以子贵,宣帝封她为天元帝后,但内心实在嫌弃她,于是四下搜括美女,先后又立了两位皇后。大象二年(580)春,宗室命妇按惯例入宫朝拜,宴会上,宣帝发现侄媳妇尉迟氏好生漂亮,不禁心动,连忙频频劝酒,当晚就将她留在宫中,苟合乱伦,逼得尉迟氏夫家起兵造反,尽被抄斩,只有尉迟氏被迎入宫中,立为皇后。一时五位皇后并立,把后宫制度给搅得一塌糊涂。然后,他又让人制造五辆专车,载着五位皇后,自己率左右徒步随行,左顾右盼,花团锦簇,春

---

① 《贞观政要》卷八《辩兴亡第三十四》,上海古籍出版社1978年版。

光旒旎。

杨皇后温柔敦厚,自知管束不了夫君,也就听之任之,不管丈夫弄回几位皇后,她都一体友爱,有时见夫君日夜宣淫,精力不济,变得疯疯癫癫,喜怒无常,不免心疼,关心几句。不料,宣帝乘机发作,咆哮如雷,杨皇后面不改容,辞色不挠。宣帝虐待成性,最喜欢人家向他磕头求饶,见到杨皇后竟然如此镇定,毫无惧色,不由得气急败坏,当即赐死,令其自裁。

宣帝的那群皇后,只有杨皇后身份最为高贵,既无须献媚取宠,也不惧怕宣帝,宣帝对此早就十分恼火。在他看来,杨皇后胆敢不屈,无非是仗着父亲杨坚为后盾。前些时候,杨坚已经表现出不同的政治主张,例如,宣帝要实行《刑经圣制》,杨坚却认为新法过于苛刻,极力劝谏,犯了大忌。

自有了宇文护的教训,北周皇帝都十分警惕再次出现权臣,宣帝做得最彻底,他一方面把武帝朝掌握实权的大臣尽加清除,同时命令宗室亲王各就封国赴任,以免留下隐患;另一方面则重用资历浅薄者,把权力全都集中到自己手里。即便如此,他还不放心,经常派人秘密察访,将朝臣的言行举止一一记录奏报,略不顺眼,辄加其罪,甚至对大臣鞭笞捶挞,每行体罚,起码就是一百二十下,号称"天杖",几乎无人能够幸免,直打得"内外恐惧,人不自安,皆求苟免,莫有固志,重足累息,以逮于终"[①],所以,当宣帝清除完先朝旧臣之后,自然就盯上了颇具实力的岳父大人。现在,他找到了借口,要通过教训杨皇后来收拾杨坚。

要处死皇后的消息,由宫中飞报到杨家,这种事杨坚不好出面,便由夫人独孤氏飞也似赶入宫中,见着女婿,磕头如捣蒜泥,血

---

① 《周书》卷七,《宣帝纪》。

流满面,死命求饶,这才稍解宣帝的一腔怒气,免去皇后一死。

可是,这次没逮着杨坚,让他轻巧溜了过去,宣帝终不甘心,从直觉上,他感到杨坚与自己格格不入,深不可测,因此,打定主意要除去这个心头之患。有一天,宣帝又和杨皇后生气,发怒道:"必族灭尔家!"随即派人去召杨坚入宫,并吩咐左右,只要杨坚神色有异,立刻就将他砍了。杨坚来到宫中,举止合礼,神情自若,宣帝无由下手,只好再觅机会①。

杨坚与其宝贝女婿,关系十分微妙。过去,杨坚长期受宇文护等当朝者猜忌,抑郁不得志,一直熬到三十八岁,才因为宣帝外戚的缘故而飞黄腾达,可谓大器晚成。然而,他认为自己只是得到早该获得的东西,所以并不感谢宣帝。相反,他从心底里看不起这位胆大胡为的女婿,只是宣帝滥杀忠良,搞得满朝文武惶惶不可终日,使武帝好不容易重新拢起的人心再度涣散,大家都在另谋出路,不啻给了自己绝好的机会,在这点上,杨坚还真得感谢他。宣帝荒淫无度,恐怕寿命不长,杨坚算准了这点,对宣帝身后的形势作了极其冷静的分析,他对心腹宇文庆说道:

> 天元实无积德,视其相貌,寿亦不长。加以法令繁苛,耽恣声色,以吾观之,殆将不久。又复诸侯微弱,各令就国,曾无深根固本之计,羽翮既剪,何能及远哉!尉迥贵戚,早著声望,国家有衅,必为乱阶。然智量庸浅,子弟轻佻,贪而少惠,终致亡灭。司马消难反覆之虏,亦非池内之物,变成俄顷,但轻薄无谋,未能为害,不过自窜江南耳。庸、蜀崄隘,易生艰阻,王谦愚蠢,素无筹略,担恐为人所误,不足为虞②。

---

① 《资治通鉴》卷一百七十四"陈宣帝太建十二年(580)五月"条。
② 《隋书》卷五十,《宇文庆传》。

这段话,如果不是洞悉朝廷权力人事关系并蓄谋篡权的人,是绝对说不出来的,而日后事态的发展,也和杨坚的分析吻合,可见杨坚已经认定自己的机会来到了。他曾与郭荣月下谈心,从容说道:"吾仰观玄象,俯察人事,周历已尽,我其代之。"①而且,杨坚也确实以此为目标,积极展开活动,并在暗中招纳了不少党羽。

然而,眼下最大的障碍,在于宣帝虽然没有政治远见,不懂得积德树恩,却善于不择手段地铲除异己,只要谁的权势坐大,则必欲除之而后快。杨坚较早就意识到在宣帝眼皮底下发展自己的势力并非易事,还不如出镇地方,更可进退自如。所以,自入京担任大司马时起,就多次请求外任,另谋发展。当时,其党羽李谔坚决反对,并给他分析了掌握中枢权力的至关重要性,杨坚恍然大悟,认识到堡垒必须从内部攻破,遂决意留在中央②。这一决断固然是极其正确的,可现在的问题是宣帝已经盯上了他,使他不但不能再像以前那样从容不迫地积蓄力量,而且已经到了马上就有血光之灾的危急关头。这位浑身戾气的女婿,实在叫他又鄙视又心惊肉跳,翁婿之间,已经成为你死我活的冤家对头。

大难临头,杨坚赶忙入宫,悄悄把宣帝面前的头号红人郑译拉到无人之处,拜托他千万帮忙,给找个外任职位,好保全性命。郑译一来是杨坚的老同学,二来他也看出宣帝不能持久,要为自己找条后路,所以,十分爽朗地应承了下来。

郑译来到宣帝面前,宣帝正在筹画对南朝用兵。自称天元皇帝固然十分风光,但是,天下尚未统一,宣帝仍感到意犹未尽,特别是和武帝的平齐功业相比,更有相形见绌之感,大大损伤他的虚荣

---

① 《隋书》卷五十,《郭荣传》。
② 《隋书》卷六十六《李谔传》记载:"上谓群臣曰:'朕昔为大司马,每求外职,李谔陈十二策,苦劝不许,朕遂决意在内。今此事业,谔之力也。'"

心。郑译见机,从旁献策道:"若定江东,自非懿戚重臣无以镇抚。可令隋公行,且为寿阳总管以督军事。"宣帝正看杨坚不顺眼,但一时又想不出好办法发落他,所以听到郑译的话,顿时觉得此计一箭双雕,实在太妙了,便立刻准奏,任命杨坚为扬州(今安徽省寿县)总管,偕郑译发兵南征①。

五月初四,杨坚接到任命,如逢大赦,一面奏请调其党羽庞晃同行②,一面整理行装,准备离开这生死之地。说实在的,这次外任,固然躲得了眼前之灾,但前途却十分渺茫。这些年在京城里的惨淡经营,随着自己的出走或将付诸东流;以地方反抗中央是很难成功的;能不能逃脱宣帝的政治迫害还不得而知,更遑论将来能否重回京城执掌大权?而且,一旦中央出事,自己鞭长莫及,鹿死谁手?忧喜参半,心思重重,此番外任,恐怕不是龙归深渊,而是虎落平川。

杨坚自叹命蹇时乖,但他实在不愿意就这样认输出走。这时,他在宫内朝中布置下的心腹或许带给了他什么消息,所以,杨坚突然改变了态度,自称有足疾,暂缓启程。他决定以闭门养病为由,韬光晦迹,在京城里拖一段时间,最后看看有没有转机,而这一切现在都只能托付给命运了。

---

① 《隋书》卷三十八,《郑译传》。
② 《隋书》卷五十,《庞晃传》。

第四章 政变建隋

第一节 变起萧墙

就在杨坚徘徊观望的时候,命运之神真的向他招手了。

大象二年(580)五月九日夜里,宣帝心血来潮,备法驾巡幸天兴宫。

这种事情以往有过多次,就在去年底,宣帝也曾突然想起要到洛阳,当即启程,令四位皇后并驾齐驱,自己骑驿马奔驰,见到哪位皇后落后,即加谴责,一日驱驰三百里,人马劳顿,颠仆者不绝于道。所以,这次夜出避暑,并没人把它当回事。

可是,隔天,宣帝就起不了身,病势沉重,左右迅速护送他回宫,同时下诏让杨坚入宫侍疾。御医想尽办法,多方救治,但宣帝的病情不但丝毫未见起色,而且连声音都嘶哑了,说不出话来,眼看凶多吉少。到了二十二日,宣帝大概也感觉到自己快不行了,传令赵、陈、越、代、滕五王火速入朝,准备嘱以后事。

二十四日这天,宣帝再也等不及五王到来了,他令御正中大夫颜之仪和小御正刘昉俱入卧内,起草遗诏。刘昉一看,宣帝已经不济,而静帝幼小,不能亲理朝政,大权必然旁落,便在心里打起小算盘来。俗话说,一朝天子一朝臣。宣帝过世,他们这班先帝宠臣必将失势,如果能趁机作手脚,让自家同伙掌权,必然对自己感恩不尽,永保荣华富贵。于是,刘昉出来与其同伙内史上大夫郑译、御饰大夫柳裘、内史大夫韦谟及御正下士皇甫绩密谋。刘昉和郑译主张由杨坚入主朝政,理由很清楚,杨坚早有野心,上下内外都已部署了党羽,和他们早就串通一气,而且,从道理上说,杨坚是皇后的父亲,名重天下,最为合适。此议敲定,他们马上派人去把杨坚请来。

杨坚正不知道宣帝身边究竟发生了什么事,心里很不踏实,这时见到里面有人来请,尽管满腹狐疑,也只好硬着头皮跟了进去,在宫中永巷东门碰巧见到术士来和,他如同遇着救星,连忙问道:"我无灾障不?"自古权贵多迷信,来和经常出入宫中算命施法,或许了解到什么情况,所以,他报功似地抢着向杨坚祝贺道:"公骨法气色相应,天命已有付属。"把杨坚一颗悬着的心给说定了①。

进到里面,郑译和刘昉把情况对他明说了。杨坚内心大喜,表面上却故作谦让。刘昉见时机紧迫,没时间与他装模作样,便干脆利落地对杨坚说道:"公若为,当速为之;如不为,昉自为也。"②柳裘也在一旁劝道:"时不可再,机不可失,今事已然,宜早定大计。天与不取,反受其咎,如更迁延,恐贻后悔。"③话说到这田地,杨坚也不好继续作态,便答应了下来,托称受诏,坐镇内里。

外间发生的事情,宣帝再不可能知道了,他已经被自己提拔重

---

① 《隋书》卷七十八,《艺术·来和传》。
② 《隋书》卷三十八,《刘昉传》。
③ 《隋书》卷三十八,《柳裘传》。

用的心腹所出卖,在重重阴谋中撒手归天,年仅二十二岁①。

郑译和刘昉密不发丧,立刻矫诏令杨坚入宫辅政,都督内外诸军事。同受宣帝遗命的颜之仪一看,就知道遗书有诈,拒不签署,厉声叱责:

> 主上升遐,嗣子冲幼,阿衡之任,宜在宗英。方今贤戚之内,赵王最长,以亲以德,合膺重寄。公等备受朝恩,当思尽忠报国,奈何一旦欲以神器假人!之仪有死而已,不能诬罔先帝。

刘昉见状,知道颜之仪志不可屈,当下强代他签发了诏书②。忠于皇室的颜之仪认为,只有宗室亲王入主朝政才是正理,所以一见情况不妙,急忙和宦官商量,飞召大将军宇文仲入内辅政。郑译得此消息,立即告诉杨坚,并带着杨惠(即杨雄,杨坚堂侄)、刘昉、

---

① 以上据《资治通鉴》卷一百七十四"陈宣帝太建十二年(580)五月"条;《周书》卷七,《宣帝》;《隋书》卷三十八,各传。从宣帝去世到杨坚入掌朝政这段经过的时间记载,《周书·宣帝》与《隋书·高祖上》完全不同,《资治通鉴》采用《隋书》,而我则采用《周书》的记载。据《隋书》记载,宣帝死于五月十日,二十二日发丧,二十五日静帝亲政。也就是说,宣帝从九日夜游天兴宫到去世仅隔一天。《通鉴考异》说明采用《隋书》的理由是,杨坚能够矫诏当国,是因为变起仓猝,若按《周书》记载,则从宣帝发病至死,"凡十五日,事安得不泄!"十分明显,《资治通鉴》并没有别的史料根据,只是出自个人判断。根据《隋书·刘昉传》,宣帝发病后失音,显然是由于上呼吸道引起的疾病,当不至于即死;而且,根据北周从明帝到宣帝的皇位继承情况看,新帝都是在先帝去世第二天即位,其间没有间隔,静帝于二十五日入居天台,正说明宣帝死于二十四日,若按《隋书》则间隔三天;最关键的是,围绕杨坚主政,宫廷内部有过激烈的斗争,杨坚未能完全控制局势,就不可能封锁宣帝死讯达十二日之久。其实,所谓变起仓猝,当是指宣帝于二十二日意识到病势无望,急召五王入侍,诏令才发出两天,病势就急转直下,等不到五王赶来就去世,而朝中没有宗室强有力人物,所以给了杨坚可乘之机。此段经过,《周书》之《宣帝纪》与《静帝纪》,逐日详细记载,清晰可考,而《隋书·高祖上》则时间含混错误,不能为据。

② 《周书》卷四十,《颜之仪传》。

皇甫绩和柳裘赶来,在御坐前逮捕了宇文仲,控制住宫内局势①。

杨坚等人能够迅速控制宫内,杨皇后的支持十分重要。宣帝虽然立了五位皇后,但杨皇后终究是正宫,猝临国丧,她就成了后宫的主宰,以外戚辅政,在道理上说得过去,这就给了杨坚在政治斗争中十分重要的名分。《周书·宣帝杨皇后》记载:

> 初,宣帝不豫,诏后父入禁中侍疾。及大渐,刘昉、郑译等因矫诏以后父受遗辅政。后初虽不预谋,然以嗣主幼冲,恐权在他族,不利于己,闻昉、译已行此诏,心甚悦之。

光凭这段记载,则杨皇后俨然是个旁观者,只是间接被动地在名分和感情上支持了其父亲。但是,从当时关乎生死的政治形势以及杨家同宣帝及宗室的矛盾来看,杨皇后不可能对未占优势的父亲不伸出援手。日后,杨坚在追忆这段往事时说:"公主(即杨皇后)有大功于我。"可见杨皇后曾经积极介入这场宫内斗争,并在关键时刻起了举足轻重的作用。杨坚所谓的"大功",透露于《隋书·天文下》:

> 宣帝崩,杨后令其父隋公为大丞相,总军国事。

由此看来,刘昉、郑译与颜之仪相持不下时,由杨坚辅政的诏书或即由杨皇后最后拍板敲定。

控制宫中,完成了掌权的第一步,紧接着,就是控制朝廷。次日,静帝入居天台,大会百官,宣布以汉王赞为右大丞相;杨坚为假黄钺、左大丞相,节制百官。这一任命不无奇怪之处,杨坚既要主政,又要掩人耳目,所以抬出宣帝的弟弟汉王赞,置于自己之上②,

---

① 《隋书》卷三十八,《郑译传》。
② 周宣帝时代,以右为先,迄周亡未变,参阅周一良:《魏晋南北朝史札记》"官品排列次序"条,中华书局1985年版。

外示尊崇,却无实权,明眼人一看就知道玩的是什么把戏,所以"群情未一"。杨坚也料到会有不服者出现,所以早就密令担任宿卫的老部下卢贲领兵在外伺候。会后,杨坚前往东宫,百官不知所从,这时,卢贲站了出来,招呼道:"欲求富贵者,当相随来。"公卿百官三三两两,窃窃私议,有些人并不想跟随杨坚,掉头就要往外走,可眼前布满了严整以待的士兵,令人不寒而栗。就这样,公卿们在卫兵的"护送"下,以卢贲为先导,喝退企图阻拦的门卫,来到东宫向杨坚俯首效忠[①]。

杨坚当上丞相,第一件事就是对定策有功人员加官进爵,以满足其欲望。他首先任命郑译为丞相府长史,刘昉为司马,协助处理军政事务。这项任命,说明杨坚上台靠的是这两个人的阴谋,故当时人形象地戏称为"刘昉牵前,郑译推后"[②]。当然,杨坚曾经为夺取政权作了大量的工作,但是,最后能够如此轻易地达到目的,不能不说是机遇巧合,颇为侥幸。

宣帝暴死,无疑是其最大的机遇;而宣帝猜忌成性,把宗室亲王都打发到封国,造成中央空虚,使得杨坚成为滞留京城中唯一能撑持场面的皇亲国戚,有可乘之机,实是又一机遇。可是,透过这些偶然的巧合,我们也不能不承认杨坚确有过人之处。

帮助杨坚政变的全都是宣帝的近幸,这些人的出身品格,前章已有介绍,其所担任的官职,分别为小御正、御正下士、内史上大夫、内史大夫,以及御饰大夫,虽然属于两个系统,却为同一类人。胡三省说:

《周书·申徽传》曰:"御正,任专丝纶",盖中书舍人之职

[①] 《隋书》卷三十八,《卢贲传》。
[②] 《隋书》卷三十八,《刘昉传》。

也。……考之《唐六典》，则曰：后周依《周官》，春官府置内史中大夫，掌王言，盖比中书监、令之任，后又增为上大夫。……然则为御正者，亦代言之职，在帝左右，又亲密于中书。杜佑《通典》：御正属天官府①。

周置御饰大夫，掌御饰，其御服又置司服掌之②。

由此可知，这三种官职，名义上分别属于天官大冢宰和春官大宗伯两个系统，但实际上，他们都是皇帝的近侍，特别是御正和内史，相当于中书长官，掌管机要，参预决策，起到沟通内外、承上启下的作用。北周建立以后，皇帝身边办事机构一直在加强，到宣帝大象元年(579)二月，"内史、御正皆置上大夫"③，进一步提高这些机构的地位，最大限度地将权力集中到宫内。同时，宣帝任用旧世族出身的文士掌枢要，这些人素无勋望，不被朝中权贵所看重，他们只能依附于皇帝，根本不可能窃取政权。这样的布置，从里到外完全杜绝出现权臣的可能性，真可谓万全之策。

然而，任何事物，其长处往往也就是最薄弱的环节。杨坚的过人之处就在于他敏锐地看到这一点，因此，他不但没有摆出贵族的傲慢，反而屈尊交结甚至迎合这些为人轻视的皇帝近幸。他看透了这些人没有是非忠贞观念、有奶便是娘的贪婪嘴脸，从心底里鄙视他们，淋漓尽致地痛骂他们"皆反复子也。当周宣帝时，以无赖得幸，……任之则不逊，致之则怨，自难信也。"④但是，他同时也懂得肖小构乱的巨大能量，他所要利用的也正是这一点。因小人以

---

① 《资治通鉴》卷一百六十八"陈文帝天嘉二年(561)六月乙酉"条注。
② 《资治通鉴》卷一百七十四"陈宣帝太建十二年(580)五月甲午"条注。王仲荦《北周六典》，卷七《六官余录第十三》认为：御饰官"或天官之属"。
③ 《周书》卷七，《宣帝纪》。
④ 《隋书》卷三十八，《卢贲传》。

成事,使得杨坚在周末的政治斗争中比对手高出一筹,当机遇瞬间闪现,他便如猛虎扑食,迅速将偶然的机遇导向胜利。

杨坚篡周,可以说是北周创业集团第二代人物,利用周政权中央集权化过程中的领导失误、既得利益集团内部权力分配上的矛盾以及政治领袖个人的毛病等因素,依靠皇帝任人唯亲而重用的不纯分子,从权力中枢发动的宫廷政变。这一政变不但没有打断,反而加速了社会发展的进程。而在另一方面,由于胜利来得太容易,也使得新王朝不能不全盘继承旧王朝的成就与弊病,从而在巩固胜利成果时不能不格外付出沉重的代价。

第二节 控制京师

通过宫廷政变上台的杨坚,当务之急就是要牢牢地控制京师,挟天子以令诸侯,既为自己建立巩固的根据地,又为将来的改朝换代搭起过渡桥梁。

控制京师就必须完全掌握国家机器,迅速组建忠诚于自己的领导班子,清除异己分子,镇压反抗势力。首先,必须排除皇室势力,彻底控制朝政。如前所述,位居杨坚之上的右大丞相汉王赞,除了荒淫好色之外,对政治权术毫无所知,之所以被抬了出来,完全是为杨坚作遮掩。可是,这位年轻小伙子竟不知趣,每天也大模大样地到禁中,和杨坚同帐而坐,碍手碍脚,让杨坚既头痛也无可奈何。同是恶少出身的刘昉自有对付这种纨绔子弟的绝招,他找来几个妓女,浓妆艳抹,到相府招摇几下,便把汉王赞给勾得魂不守舍,这时,刘昉在一旁挑唆道:"大王,先帝之弟,时望所归。孺子幼冲,岂堪大事!今先帝初崩,群情尚扰,王且归第。待事宁之后,入为天子,此万全之计也。"①三两下子,就把汉王赞劝诱得高高兴兴,左拥右搂,带着一班妓女回家去等待消息,准备入宫当天子。

去掉碍事的汉王赞,又来了赵、陈、越、代、滕五位较有见识的亲王。这五王都是宇文泰的儿子,因而是宣帝的叔父,他们都曾在武帝时代建功立业,在遭受宣帝摧残后的周宗室里,已算是鹤立鸡群的人物了。可是,正因为这样,所以,宣帝心里忌惮他们,早早就把他们打发到地方封国去,直到弥留之际,眼看宗室实在没人能够辅佐幼帝,才不得不将他们召回②。五王的封国,除了滕国在河南新野外,都在原北齐境内,路途遥远,直到六月初四,他们才齐集于京城,这时,宣帝都死了十来天,杨坚也已上台,他们不但无计可施,而且一旦回到京城,简直就是羊入虎口,自身难保。

五王回到京城,见到大权旁落,切齿愤恨,他们和在京诸王联系,发誓要捍卫宇文氏政权,决不让杨坚篡夺。然而,他们低估了

---

① 《隋书》卷三十八,《刘昉传》。
② 《资治通鉴》卷一百七十四"陈宣帝太建十二年(580)五月"条记载:"坚恐诸王在外生变,以千金公主将适突厥为辞,征赵、陈、越、代、滕五王入朝。"《周书》卷十三《文闵明武宣诸子列传》和《隋书·高祖上》均无此记载,不知《通鉴》有何根据。《周书·赵僭王招传》记载:"(大象)二年,宣帝不豫,征招及陈、越、代、滕五王赴阙。比招等至而帝已崩",正说明征召五王入京者为宣帝无疑。《周书》卷五十《突厥传》记载:"大象元年,他钵复请和亲。帝册赵王招女为千金公主以嫁之,……二年,始遣使奉献,且逆公主。"《周书·宣帝》也记载,突厥入朝迎娶公主在二月;而且,五月宣帝驾崩,国丧期间决无下嫁公主之理,杨坚不可能出此掩耳盗铃的下策召五王入京,适足激成其变。但是,从五月二十二日宣帝召五王到六月初四五王入京,似乎时间太长。《隋书》卷五十四《崔彭传》记载:"及高祖为丞相,周陈王纯镇齐州,高祖恐纯为变,遣彭以两骑征纯入朝",崔彭计擒陈王入京。这段记载似乎有所夸张,难以尽信。五王未及时入京,杨坚恐其生变,遣使催促,或许有之,但其详情已不得而知。我以为五王并非被杨坚诓骗到京城的。

政治斗争的残酷性，似乎没有完全明白，自从进入京城那时起，他们就已经处于严密的监视之中。果然，六天后，也就是六月十日，杨坚以谋害执政罪，诛明帝的长子毕王贤一家①，给五王来个下马威。同时，杨坚任命年幼无知的秦王贽为大冢宰，取代其兄汉王赞，加强了自己的权势。

既要排除皇室势力，又不能过早暴露篡周的野心，杨坚煞费苦心地对宗室诸王软硬兼施，又捧又打。七月十六日，杨坚让静帝下诏，令五王入朝不趋，剑履上殿，以示尊崇。然而，五王曾与毕王贤秘密商谈国事而被人出卖，现在，杨坚只杀毕王而不再深入追查，甚至给他们殊荣，显然是要向天下显示自己宽宏大量，把一切罪过都扣在五王头上，将他们耍弄于掌中，再各个击破。果然，没过多久，杨坚突然造访赵王府，回去后，就以刺杀执政未遂罪，于二十八日诛杀赵王招和越王盛两家，五去其二。次日，加封两位皇弟为王，以掩人耳目。入冬以后，随着外间叛乱次第平定，局势逐渐稳定下来后，杨坚更无顾忌，先后于十月十日和十二月二十日，以同样的罪名再杀陈王纯和代王达、滕王逌三家，消灭了京城皇室有政治经验的成年亲王。

周末的"六王事件"，显然是杨坚为夺取政权而制造的一起冤案。诛杀五王发端于杨坚造访赵王府，从有关此事的不同记载里，可以看出罗织罪名的痕迹。根据《周书·赵僭王传》记载，是赵王招邀请杨坚至其第寝室饮酒的，《隋书·元胄传》亦同②。但是，当

---

① 诛毕王贤的时间根据《周书》卷八《静帝纪》，其经过则见于同书卷十三《文闵明武宣诸子列传》："贤性强济，有威略。虑隋文帝倾覆宗社，言颇泄漏，寻为所害，并其子弘义、恭道、树娘等，国除。"

② 《资治通鉴》关于此事的记载，基本依据《隋书》卷四十《元胄传》，参以《周书》卷十三《文闵明武宣诸子列传》，并无多少参考价值，此不论。

时三方乱起,杨坚日夜忙于处理军国要务,岂有闲暇饮酒作乐？看来,还是《隋书·高祖上》透露了实情:"五王阴谋滋甚,高祖赍酒肴以造赵王第,欲观所为。"杨坚于内忧外患、百忙之中主动到赵王府,乃是攘外必先安内之策,既然如此,则决无不作防备甚至对赵王毫不起疑的道理。而且,当时在场的是滕王逌,可是,案发后受诛的却是与此事无关的越王盛,其间诬枉,不言自明。至于在寝室里饮酒、拔佩刀切西瓜、元冑破门入卫及以身堵门掩护杨坚撤退等扣人心弦的场面,无非是对鸿门宴故事的摹写,于精彩之处,益见其伪。

在镇压北周宗室的同时,杨坚给一批元老加官进爵,利用其声望来镇服朝廷,给自己的领导地位增加正统的光彩。其中,争取到李穆和于翼两大家族的支持,是杨坚的巨大成功。

李穆是西魏十二大将军李远的弟弟。宇文护专政,李远及其子李植被诛,李穆也受到牵连,除名为民。这一事件,使他在感情上与周室疏远了。武帝时,李穆复出,曾随杨忠东伐①,与杨家结下深厚关系,以至杨坚称他为"父党"。后来,李穆官至太保,出任战略要地并州总管,位望隆重,其向背不仅直接关系到关中的安危,而且还将牵动群情物议。所以,杨坚上台后,马上派心腹柳裘前去争取他。当时,起兵反抗的尉迟迥也派遣使者前去游说,李穆家族内部出现了不同的意见,其子士荣就"以穆所居天下精兵处,阴劝穆反"②,而李穆本人一度"颇怀犹豫",柳裘到后,为之"盛陈利害,穆甚悦,遂归心于高祖(杨坚)"③。

杨坚对于柳裘能否说服李穆原本没有把握,他丝毫不敢大意,

---

① 《周书》卷三十,《李穆传》。
② 《隋书》卷三十七,《李穆传》。
③ 《隋书》卷三十八,《柳裘传》。

又派李穆第十个儿子李浑乘驿马赶往并州,想用父子亲情来打动这位元老。杨坚的用心,李穆自然清楚,其所犹豫的,是几十年的政治经验告诉他,眼前的问题决非支持杨坚辅政与否那么简单,远为深刻的是要不要支持杨坚必将进行的改朝换代。就在他对全盘局势反复掂量的时候,李浑到来,表现出杨坚对他的信任,给足了他面子,而且,他也料定周室诸王不足以成事,更何况有那么一段不堪回首的寒心往事。于是,李穆作出决断,立即派李浑带着熨斗赶回京城,转告杨坚:"愿执威柄以熨安天下也。"①同时,他说服持相反意见的儿子李士荣道:"周德既衰,愚智公悉。天时若此,吾岂能违天。"②并将尉迟迥的儿子、朔州(今山西省朔州市)刺史尉迟谊捉了起来,连同尉迟迥的使者及信函一并押送入京,还献上天子佩带的十三环金带,密表劝进。在北周元老中,李穆大概是最早表态支持杨坚篡周的。

　　李穆以族长的身份要求家族支持杨坚,使得有不同意见的子侄不得不从。例如,其侄李崇本来打算响应尉迟迥,后来知道李穆的态度后,叹息道:"合家富贵者数十人,值国有难,竟不能扶倾继绝,复何面目处天地间乎!"但是,他最终还是服从家族的意志,在平定尉迟迥的战争中立功受奖③。李穆给予杨坚的支持,远不止是"富贵者数十人"的家族力量,最重要的是他给天下树立了巨大的榜样,直接影响到官僚贵族的向背。当杨坚获悉李穆的态度后,异常高兴,立即让李浑前往至关重要的韦孝宽处,把这一消息告诉他,以坚定其信心,此即为明证。

　　于氏家族的情况和李氏不尽相同,其远祖为北魏开国元勋,是

---

① 《隋书》卷三十七,《李穆传附李浑传》。
② 《周书》卷三十,《李穆传》。
③ 《隋书》卷三十七,《李穆传附李崇传》。

北朝胡人世族。到北魏末年,于谨辅佐宇文泰奠基关中,为八柱国之一,后来又支持宇文护建立周朝,可谓北周第一功臣,子孙任职内外,部属遍于天下。可是,正因为如此,所以也受到当政者暗中猜忌,次子于翼为宇文护所排挤,三子于义因直言上谏差一点被宣帝问罪。杨坚上台,自然尽力拉拢于氏,给其长子于寔进位上柱国,任命为四辅官之一的大左辅。当时,非周室亲王而任三公四辅者,仅于寔和李穆而已。

对于杨坚的笼络,于氏家族亦竭诚报效。于翼为都督幽、定七州六镇诸军事、幽州(今北京)总管,雄踞河北,尉迟迥遣使招诱他,被他执送京城,使得杨坚对东方局势大大松了一口气,当即对他大加褒赏,封为任国公。于翼顺势派儿子入朝,上表劝进,深得杨坚欢心,所以,隋朝一建立,于翼就被尊为太尉。于家长孙于仲文,任东郡(今河南省滑县)太守,因为拒绝尉迟迥的引诱而两度遭到围攻,三子一女被害,自己单身逃回关中,杨坚为之泣下,委派他为河南道行军总管,随韦孝宽征伐尉迟迥,屡建奇功。由于于家两代为隋朝的建立贡献殊伟,所以自太尉于翼以下,上柱国五人,"大将军已上十余人,称为贵戚"[①],于仲文后来在回顾于家的功勋时说:

> 当群凶问鼎之际,黎元乏主之辰,臣第二叔翼先在幽州,总驭燕、赵,南临群寇,北捍旄头,内外安抚,得免罪戾。臣第五叔智建旟黑水,与王谦为邻,式遏蛮陬,镇绥蜀道。臣兄颎作牧淮南,坐制勍敌,乘机剿定,传首京师。王谦窃据二江,叛换三蜀。臣第三叔义受脤庙庭,龚行天罚。自外父叔兄弟,皆当文武重寄,或衔命危难之间,或侍卫钩陈之侧,合门诚款,冀有可明[②]。

---

① 《隋书》卷三十九,《于义传》。
② 《隋书》卷六十,《于仲文传》。

杨坚拉拢北周元老,以之同尉迟迥相对抗,"在朝将相,多为身计,竞效节于杨氏"①,使得尉迟迥失去以勤王为号召的旗帜,反倒成为周室的叛臣。此政治谋略的成功,获得李、于二氏的支持与劝进而并为天下表率,实是一大关键。

与此同时,杨坚实行了一系列收拢人心的措施。首先,革除宣帝时代的苛政。宣帝生性残忍暴戾,实行《刑经圣制》,百官稍有过失辄科以重罪杖罚,搞得内外离心,各求苟免。杨坚上台后,即"行宽大之典,删略旧律,作《刑书要制》。既成奏之,静帝下诏颁行。"②其次,"复行佛、道二教,旧沙门、道士精诚自守者,简令入道。"③我们知道,南北朝时代战争频仍,宗教大盛。周武帝在恢复汉家传统时,曾禁止佛、道二教,但在北周文武百官中,信仰佛教者大有人在,杨坚一家就是典型的例子。所以,禁教不得人心。有鉴于此,宣帝曾略为放宽对宗教的管制,同时以神佛自拟。杨坚对宗教的态度,早已为人熟知,其恢复佛、道二教的举措,大得各界赞赏,故其一生曾获得宗教界的巨大支持。再次,下令将宇文泰所改的鲜卑姓一律改回原来汉姓。如前所述,宇文泰实行鲜卑姓,意在统合各大派系,用模拟血缘关系组建强悍的鲜卑军队。府兵扩大后,汉人成为其骨干,则鲜卑部落兵制已不适用,更重要的是,随着中央集权的加强,士兵不再是将领的私属,鲜卑姓制更失去存在的意义,因此,废除落后的鲜卑姓制,符合当时国家与社会组织的现状,表明汉人地位的进一步提高,可以说是北周汉化政策瓜熟蒂落的结果。杨坚的这些措施,点燃了重建清明政治的希望,对于振奋人心,稳定政局,具有不可

---

① 《隋书》卷六十六,《柳庄传》。
② 《隋书》卷二十五,《刑法》。
③ 《周书》卷八,《静帝纪》。

低估的作用。

当然,要在中央站稳脚跟,尤为根本的问题还在于确立新的领导核心,迅速组建一支属于自己的官吏队伍。

杨坚把眼光投向和北周皇室没有深厚渊源关系又具有真才实学的后起之秀身上,他首先看中了李德林和高颎。

李德林原为北齐通直散骑常侍兼中书侍郎,久典机要,且与名士颜之推同判文林馆事,是名满天下的文人才子。周武帝平齐,在进入齐国首都的当天就专门派人至其宅召请他,说道:"平齐之利,唯在于尔。"随即带他回长安,"授内史上士,自此以后,诏诰格式,及用山东人物,一以委之",足见对他极为器重。

杨坚早就发现这位奇才,当宣帝病危时,他马上派其侄子邗国公杨惠(雄)前去试探李德林的态度道:"朝廷赐令总文武事,经国任重,非群才辅佐,无以克成大业。今欲与公共事,必不得辞。"周宣帝任用佞幸,李德林被冷落一旁,正自叹命蹇时乖、不受重用之际,杨坚主动求贤,实在让他感激涕零,油然升起士为知己者死的豪情,毅然决然地回答:"德林虽庸懦,微诚亦有所在。若曲相提奖,必望以死奉公。"从此殚精竭虑为杨坚出谋划策。

当时,杨坚外有强敌环伺,内无腹心可寄,一步不慎即致败亡。当初,郑译、刘昉等人发动政变,决非要将权力拱手让给杨坚,而是企图自擅朝政,所以,他们想推杨坚为冢宰,而以郑译为大司马,掌握军权,刘昉任小冢宰,为杨坚之副贰。在北周六官制度里,冢宰虽居六官之首,但若不总摄百官,特别是掌管兵马,则与其他五官并列,武帝诛宇文护后,冢宰名重权轻[①],郑译和刘昉的人事安排,乃是效武帝故智以架空杨坚。杨坚刚受郑译等人大恩,正不知如

---

① 参阅王仲荦:《北周六典》卷二《天官府第七》上册,第34页。

何是好,便以此事询问李德林。李德林长期在中枢机构任职,深知其中利害,马上告诉杨坚:"即宜作大丞相,假黄钺,都督内外诸军事。不尔,无以压众心。"李德林的建议,其核心思想就是要确立以我为主的原则,果断地选拔任用新人以取代旧官僚,控制要害部门。杨坚一点就醒,立刻采纳,任命郑译为丞相府长史、内史上大夫,刘昉为丞相府司马,将此二人置于自己控制之下,同时,以李德林为丞相府属,负责处理日常军机要务。① 这一人事安排,使得杨坚成功地避开了陷阱,在夺取政权的道路上,迈出至关重要的第一步。

高颎是杨坚挖掘出来的又一人才,他出自一般官僚家庭,父亲曾任东魏谏议大夫,大统六年(540)因为避谗而逃到西魏,投奔独孤信门下当属僚,与北周政权没有深厚的关系。北周建立时,独孤信不满宇文护专政而被迫自杀,家属流徙蜀中。树倒猢狲散,门人徒附纷纷离去,而高颎仍与杨坚夫人独孤氏交往,可谓患难见忠心,深受独孤氏的赏识。杨坚缘此知道高颎精明强干,智勇双全,很想用他,便派侄子杨雄拜访高颎,直截了当地把意思对他说了,高颎欣然应承,立誓道:"愿受驱驰。纵令公事不成,颎亦不辞灭族。"从而进入丞相府任司录,成为杨坚的心腹。这时,前线出现危机,投靠杨坚的贵臣们竟然没有一人愿意上前线,高颎见此光景,自告奋勇请缨出阵,大得杨坚信赖。在前线,高颎善于安绥,得众将效力,与韦孝宽一道迅速平定了尉迟迥,表现出杰出的领导才能②。在杨坚辅政之初,高颎和李德林一内一外,一文一武,成为杨坚的左右手。

---

① 以上李德林事迹见《隋书》卷四十二《李德林传》。
② 以上高颎事迹见《隋书》卷四十一《高颎传》。

高颎的贡献还在于积极发现并引荐人才。苏威出自关中武功（今陕西省武功县武功镇）大族，九世祖为北魏侍中，累世二千石。其父苏绰为宇文泰制订《六条诏书》，草创西魏各项制度，贡献巨大。苏威幼年丧父①，长大后，颇得宇文护赏识而将女儿下嫁于他，但他见宇文护专权，高层矛盾重重，唯恐将来祸及自己，便逃入山中避祸，当起隐士，因此得名。杨坚辅政，高颎极力推荐苏威，杨坚也听说过苏威的名字，便同意召见他，一宿长谈，就看中了苏威的才干，也看透了其虚伪懦弱的性格，这种人在强者的领导下可以成为杰出辅弼之臣，但不足以独挑大梁，很对杨坚的用人方针，所以就将他留在身边出谋划策，逐渐委以重任②。

虞庆则是高颎推荐的另一人才，他家居灵武（今宁夏灵武县西南），世代为北边豪杰，大象元年（579），他随越王盛和内史下大夫高颎出讨稽胡，凯旋时，高颎推荐其"文武干略"而让他留守边地③，后来，大概也是高颎把他推荐给杨坚的。隋初，杨雄与高颎、虞庆则、苏威并称"四贵"④。四人当中，高颎引荐的就有虞庆则和苏威二人，可见其对杨坚组建新班底，发挥了巨大的作用。

当然，杨坚蓄谋篡周已久，早就在朝官中积极活动，"或素尽

---

① 《隋书》卷四十一《苏威传》记载苏威"五岁丧父"，《北史》卷六十三《苏威传》亦同。但同传又称，唐太宗平王世充时（武德四年，621年），苏威入京，卒于家，时年八十二岁。据此推算，则苏威生于西魏大统五年（539），八岁丧父，年龄比杨坚还大两岁。所谓"五岁丧父"，大概是为了渲染其孝心而作的夸张。
② 《隋书》卷四十一，《苏威传》。杨坚曾评论苏威道："世人言苏威诈清，家累金玉，此妄言也。然其性很戾，不切世要，求名太甚，从己则悦，违之必怒，此其大病耳。"可见对苏威的为人了如指掌，所以颇能容之，两人的关系，诚如杨坚所说："苏威不值我，无以措其言；我不得苏威，何以行其道？杨素才辩无双，至若斟酌古今，助我宣化，非威之匹也。"
③ 《隋书》卷四十，《虞庆则传》。
④ 《隋书》卷四十三，《观德王雄传》。

平生之言,或早有腹心之托"①,所以,一旦上台就能迅速将其亲信党羽安插进各个要害部门,尤其是军事和枢要部门。他任用堂弟杨弘,"常置左右,委以心腹"②;以姐夫窦荣定"领左右宫伯,使镇守天台,总统露门内两箱仗卫,常宿禁中"③;以妹夫李礼成为上大将军、司武上大夫,"委以心膂"④;以家将李圆通为护卫,"授相国外兵曹,仍领左亲信"⑤;以弘农杨汪"知兵事"⑥;以旧部司武上士卢贲"恒典宿卫"⑦;以独孤信旧部独孤楷"督亲信兵"⑧;以北魏宗室⑨元胄兄弟"恒宿卧内,……每典军在禁中,又引弟威俱入侍卫",牢牢地控制了京师卫戍部队。又通过支持其上台的郑译、刘昉、柳裘和皇甫绩等人,严密控制宫中枢要部门⑩。

　　与此同时,杨坚迅速对京兆开刀。六月十日,以谋杀执政罪处斩毕王贤。前面说过,"六王事件"是一起冤案,而毕王贤首先殉难,根本原因就是因为他担任雍州(今陕西省西安市)牧,亦即首都行政长官,直接妨碍杨坚对京师的控制,因此,杨坚让其侄子杨雄出面告发毕王贤谋反,并以杨雄取而代之⑪,夺取了对京师的控制。

　　就这样,转眼之间,杨坚成功地清除了北周宗室势力,拉拢到

---

① 《隋书》卷五十,传论。
② 《隋书》卷四十三,《河间王弘传》。
③ 《隋书》卷三十九,《窦荣定传》。
④ 《隋书》卷五十,《李礼成传》。
⑤ 《隋书》卷六十四,《李圆通传》。
⑥ 《隋书》卷五十六,《杨汪传》。
⑦ 《隋书》卷三十八,《卢贲传》。
⑧ 《隋书》卷五十五,《独孤楷传》。
⑨ 《隋书》卷四十,《元胄传》。
⑩ 《隋书》卷三十八。
⑪ 《隋书》卷四十三,《观德王雄传》。

勋功贵族的支持，并通过三个系统的亲信，即以自己的亲属故旧控制京中部队和都城官府，以李德林、高颎和虞庆则等入主相府处理国家要务，以郑译和刘昉等人掌握中枢部门，完全控制了京师的大局，巩固了自己的辅政地位。

七月二十三日，由于尉迟迥、宇文胄等人起兵反抗，静帝下诏，以杨坚为都督内外诸军事，正式将全国军权交给了他。现在，杨坚已经坐稳关中，有了可靠的根据地，可以腾出手来，居高临下，全力对付地方上的叛乱了。

第三节　平定三方

南北朝时代，政变频繁，王朝像走马灯似地更迭。但是，如果我们稍为仔细考察一下改朝换代的篡位者，就很容易发现一个共同的特点，那就是他们一般都曾经由于内乱或者外患而在旧王朝内立下大功，手中掌握强大的武装力量，从而凭藉其声望和实力夺取政权。至于像杨坚这种既无特殊军功，手中又没有掌握军队，风云际会，因人成事的篡夺者，的确绝无仅有。所以，清代学者赵翼曾为北周打抱不平说："古来得天下之易，未有如隋文帝者，以妇翁之亲，值周宣帝早殂，结郑译等，矫诏入辅政，遂安坐而攘帝位。"①这其实也就是隋唐时人的普遍看法，唐太宗就斥责杨坚"欺孤儿寡妇以得天下"②。显然，杨坚上台曾激起了许多人的妒忌、不服、反感乃至反抗。

首先举起反旗的是相州总管尉迟迥。

---

① 《廿二史劄记校证》卷十五，"隋文帝杀宇文氏子孙"条。
② 《贞观政要》卷一，《政体第二》。

尉迟迥是宇文泰的外甥,因此大受重用,在西魏大统十五年(549)时已升任尚书左仆射,翌年拜大将军。废帝二年(553),他又趁梁朝内乱之机,率大军入川,攻克益州(今四川省成都市)。自古以来,关中地区强大的关键在于获得巴蜀为依托。尉迟迥的巨大胜利,既使得关中政权转弱为强,为最终统一中原奠定了基础,又给自己带来了巨大的权力和声望,任"大都督、益潼等十八州诸军事,益州刺史。……自剑阁以南,得承制封拜及黜陟",俨然是个西南王。宣帝时,尉迟迥任四辅之首的大前疑,后来又转任相州总管,出镇山东,不论从军功声望还是年龄资历,他都远在杨坚之上,更何况他勉强也算是宣帝外戚,所以对杨坚以国丈身份辅政愤愤不平。

如前章介绍的,尉迟迥有个孙女,天生丽质,嫁与杞国公亮的公子西阳公温为妇,有一次,在宗室妇女入宫觐见皇帝、皇后的酒会上,被宣帝看中,收为第五位皇后,夫家咽不下这口气,要起兵讨个公道,结果家破人亡。也不知道是不是当时少数民族对此类抢婚事件习以为常的缘故,总之,尉迟迥对此事不以为耻,恐怕内心里还暗暗高兴,毕竟孙女婿不再是一般的国公而是皇帝啊!

尉迟迥把自己和杨坚反复比较,越比越不服,而他所宠爱的后妻王氏也一个劲地从旁调唆,给这位老眼昏花的将军灌饱了气,没事都要蹦起,何况京里传来消息,杨坚担心尉迟迥作乱,已经在五月二十七日,让朝廷下令派韦孝宽前来接替他的相州总管职务;更不能忍受的,是杨坚派来传旨的使者破六韩裒竟然秘密传书给相州总管府长史晋昶,要他作内应。这简直把尉迟迥给气坏了,他马上处斩了破六韩裒和晋昶两人,于六月十日召集文武士庶,登城北楼,慷慨誓师道:

> 杨坚以凡庸之才,藉后父之势,挟幼主而令天下,威福自

己,赏罚无章,不臣之迹,暴于行路。吾居将相,与国舅甥,同休共戚,义由一体。先帝处吾于此,本欲寄以安危。今欲与卿等纠合义勇,匡国庇人,进可以享荣名,退可以终臣节。卿等以为何如?①

山东地区刚被北周征服不久,人心尚未完全归服,不少图谋变天的人混进北周队伍里,为尉迟迥所安抚任用,充斥于各个机构之中,他们看到尉迟迥振臂高呼,仿佛找到东山再起的机会,纷纷响应。尉迟迥统辖的相、卫(今河南省淇县)、黎(今河南省浚县东北)、洺(今河北省永年县东南)、贝(今河北省清河县西北)、赵(今河北省隆尧县东)、冀(今河北省冀州市)、沧(今河北省盐山县西南)、瀛等州自不待言,其侄儿青州总管尉迟勤管辖的青、齐(今山东省济南市)、胶(今山东省胶州市)、光(今山东省莱州市)、莒(今山东省沂水县)等州也起兵响应②。

进入七月,反叛的规模越来越大,荥州(今河南省荥阳市西北)刺史邵国公宇文胄、申州(河南省信阳市)刺史李惠、东楚州(今江苏省宿迁市东南)刺史费也利进、东潼州(今安徽省泗县)刺史曹孝达,各据本州,徐州总管司录席毗罗据兖州(今山东省兖州市)、前东平郡守毕义绪据兰陵(今山东省枣庄市东南峄城镇西)响应尉迟迥。一时间,北起河北冀州,南至安徽泗县,广袤千里的山东地区都举起了反旗。

而且,事态还在进一步恶化。封疆大臣中又有些人在观望动

---

① 尉迟迥事迹及引文均据《周书》卷二十一《尉迟迥传》,并参阅《北史》卷六十三《尉迟迥传》。
② 《周书·尉迟迥传》于相州总管府下载有毛州。《通鉴考异》说:"按迥灭后,隋高祖始置毛州",已纠正了《周书》之谬,今从之;另于青州总管府下缺齐州,此据《资治通鉴》卷一百七十四"陈宣帝太建十二年(580)七月"条补。

摇中走上与中央对抗的道路。七月二十五日,郧州(今湖北省安陆市)总管司马消难以其管辖之九州八镇叛周降陈;八月七日,益州总管王谦亦据其管辖的十八州起兵;同时,豫州(今河南省汝南县)、襄州和荆州"三总管内诸蛮,各率种落反,焚烧村驿,攻乱郡县。"①

司马消难原是北齐勋贵,父亲司马子如为北齐佐命功臣,曾任尚书令,他本人则为高欢女婿,官拜驸马都尉、光禄卿,出镇北豫州(今河南省荥阳市西北氾水镇)。司马消难风流才子,不免惹草拈花,喜新厌旧,且贪财好贿,故内与公主失和,外为御史弹劾,好不狼狈。齐文宣帝末年,猜忌日甚,司马消难也受到怀疑。于是,他抢先与北周勾结,举州降附。周宣帝纳其女为静帝皇后,司马消难也荣升大后丞,不久,以外戚出镇郧州②。

王谦的情况颇不相同,他是北周功臣王雄之子,为人恭谨,没有什么才能,只因为承袭父爵而身居重位,世受朝恩,对北周政权深有感情。杨坚辅政,王谦举棋不定,为了个人利益,他也曾派部下奉表入京,表示服从。另一方面,他又对自己不忠于周皇室的行为而羞愧自责,有着伦理道德上的负罪感。因此,当其使者自京城回来告诉他中央的形势后,他最终狠下决心,"以世受国恩,将图匡复,遂举兵"③。

尉迟迥、司马消难和王谦以匡复皇室为号召,三方俱起,表面上声势极为浩大。然而,他们之间各有打算,同床异梦。尉迟迥一起兵,就"北结高宝宁以通突厥,南连陈人,许割江、淮之地";司马消难更是毫无忠诚廉耻之心的反复小人,起兵后"使其子泳质于

---

① 《周书》卷八,《静帝纪》。
② 参见《周书》卷二十一,《司马消难传》;《北齐书》卷十八,《司马子如传》。
③ 《周书》卷二十一,《王谦传》。

陈以求援"①。这些行为表明,他们的目的无非是想趁着主少国疑之际,牟取私利,与杨坚篡权并无根本区别。然而,他们为了达到目的,不惜出卖本朝利益,勾引外敌,显然没有济时拯世的政治目标,只是一帮争权夺利之徒,与杨坚的励精图治完全不能同日而语。因此,他们根本不可能得到社会大众的真心支持。没有明确的政治目标,只为各自利害关系而沆瀣一气,这种乌合之众根本不可能团结一致。果然,起兵之后,三方各自为战,给了杨坚以各个击破的机会。

这种形势,旁观者洞若观火。当天下纷扰之时,后梁君臣曾经在一起分析局势,讨论是否趁机起兵,以摆脱北周的控制。当时,鸿胪卿柳庄说道:

> 昔袁绍、刘表、王浚、诸葛诞之徒,并一时之雄杰也。及据要害之地,拥啍阚之群,功业莫建,而祸不旋踵者,良由魏武、晋氏挟天子,保京都,仗大义以为名,故能取威定霸。今尉迥虽曰旧将,昏耄已甚,消难、王谦,常人之下者,非有匡合之才。况山东、庸、蜀从化日近,周室之恩未洽。在朝将相,多为身计,竞效节于杨氏。以臣料之,迥等终当覆灭,隋公必移周国。未若保境息民,以观其变②。

柳庄的分析,可谓道破形势要害。实际上,在反叛四起之中,一些具有战略意义的地区牢牢地控制在杨坚手中。例如:东北重镇幽州总管府,辖幽定七州六镇,总管于翼支持杨坚,阻断了尉迟迥与边境少数族的联系,直抓其背,使之大有后顾之忧③;号称"东

---

① 以上见《周书》卷二十一,各传。
② 《隋书》卷六十六,《柳庄传》。
③ 《周书》卷三十,《于翼传》。

南襟带"的徐州(今江苏省徐州市)总管源雄拒绝尉迟迥的招诱,出兵讨平毕义绪、席毗和曹孝达,击退南陈大军的进攻,粉碎了尉迟迥与南陈合势的企图①;亳州(今安徽省亳州市)总管贺若谊"西遏司马消难,东拒尉迥,申州刺史李慧(惠)反,谊讨之",分隔了尉迟迥和司马消难两大叛军②;利州(今四川省广元市)总管豆卢勣死守本州,为大军入蜀敞开门道③。这样,各地的反叛势力被分割开来,形不成气候,难以对中央政权构成致命威胁,给了杨坚宝贵的时间,得以调兵遣将,部署反击。

六月十日,朝廷下达了以徐州总管韦孝宽为行军元帅,讨伐尉迟迥的命令;六月二十六日,任命老将梁睿为益州总管,取代王谦,旋因王谦抗命而改任行军元帅讨之;七月十六日,命令杨素出讨宇文胄;二十五日,以王谊为行军元帅,讨伐司马消难。又以韦世康为绛州(今山西省闻喜县东北)刺史,确保关中安全。

在各路讨伐大军中,韦孝宽所统帅的是主力部队,集中了梁士彦、元谐、宇文忻、宇文述、崔弘度、杨素和李询等宿将精英,构成决定生死存亡的正面战场。

韦孝宽是北周最杰出的将领,文韬武略,料敌如神,早年为弘农杨侃所赏识,委以要职,妻之以女,以后又在独孤信手下屡建功勋,大概因此而与杨坚家族结下深厚关系。大统十二年(546),高欢倾巢出动,企图一举平定关中,大军在战略要地玉壁(今山西省稷山县西南),被守将韦孝宽所阻。高欢连营数十里,昼夜猛攻六十余日,死伤过半,不得已而退兵,高欢因此抱恨而死;后来,韦孝宽又给朝廷上了平齐三策,周武帝据此统一了中原,韦孝宽也名扬

---

① 《隋书》卷三十九,《源雄传》。
② 《隋书》卷三十九,《贺若谊传》。
③ 《隋书》卷三十九,《豆卢勣传》。

四海。所以,尉迟迥叛起,杨坚立刻就想到任用军功资历均与尉迟迥相埒的韦孝宽来,只有他才是尉迟迥的克星。在被任为行军元帅之前的五月底,韦孝宽接受朝廷的任命,动身前往相州,欲要接替尉迟迥的总管职务。当他走到朝歌(今河南省淇县)时,遇上尉迟迥派来迎接的大都督贺兰贵,韦孝宽留他交谈,观貌察色,怀疑尉迟迥有变,遂称病徐行,一面派人到相州,以求医为名,打探消息。一行人磨磨蹭蹭来到汤阴(今河南省汤阴县),前面就是相州了,尉迟迥派来的韦艺早已在此迎候。韦艺是韦孝宽的侄儿,但他站在尉迟迥一边,不肯将相州的内情告诉韦孝宽。韦孝宽大怒,下令将他推出去斩首,韦艺这才讲了实话。韦孝宽得到尉迟迥造反的证据,立即带上韦艺,调头西驰,一路破坏桥梁道路,带走亭驿的所有马匹,同时命令驿吏盛备佳肴,以招待追兵。果然,韦孝宽一走,尉迟迥的骑兵随后就到,但他们没有马匹可换,只能面对一桌桌酒菜,眼睁睁地让韦孝宽给溜走了[①]。

韦孝宽一口气奔回洛阳北边的河阳(今河南省孟县西北),所幸,洛阳尚在朝廷掌握之中。

洛阳原是北魏首都,周平齐后,宣帝于此设置东京六府,统领北齐旧境,并大集山东诸州兵丁,起洛阳宫,委任窦炽为营作大监,总领其事。窦炽先世为匈奴部落大人,"累世仕魏,皆至大官",他本人也因为护卫魏孝武帝入关而成为关中政权的创业元勋,其侄儿窦荣定是杨坚的姐夫,故与杨家关系颇深。尉迟迥起兵,窦炽正在洛阳,他当即入居金墉城,"简练关中军士得数百人,与洛州刺史、平凉公元亨同心固守,仍权行洛州镇事"[②]。而主掌东京六府

---

① 韦孝宽事迹见《周书》卷三十一,《韦孝宽传》,以下同。
② 《周书》卷三十,《窦炽传》。

的长孙平和赵芬也效忠于杨坚①,这样,在素有威望的窦炽主持下,洛阳暂时平安。

然而,形势并不乐观,丝毫不能麻痹大意。河阳的八百守军全是关东鲜卑,其家属都在相州尉迟迥掌握之下,因此,他们密谋起来策应尉迟迥。河阳若失,则洛阳难保,而韦孝宽手中无兵,连自家性命都攥在人家手掌里。情急之中,他想出一条计策,伪造东京官府文件,让守军分别到洛阳领赏,到了洛阳,再将他们扣押下来,平息了一场后果不堪设想的哗变,稳固地控制住洛阳,确保了平叛的前进基地。

到了六月,杨坚终于从关中给韦孝宽派来了大批部队,各路行军总管也陆续到任,群英荟萃,看似兵强马壮,然而,更深刻的危机却也渐渐地暴露出来。这些将领原来和杨坚不相上下,现在地位发生了根本变化,心中难免不服,更不知道杨坚将来准备如何对待他们,颇怀疑虑。而且,尉迟迥正以高官厚禄相诱,眼看着叛乱四起,还不知道鹿死谁手呢?所以,他们有意徘徊不前,等待观望。前线将领中,杨坚最信赖的就是李穆的侄儿李询,据他密报:"梁士彦、宇文忻、崔弘度并受尉迟迥镶金,军中惶惶,人情大异。"②韦孝宽对此似乎一时没有良策,加上年龄也大了,便称起病来,"时孝宽有疾,不能亲总戎事,每卧帐中,遣妇人传教命。"③以韦孝宽的过人才智,此举恐怕另有深意,大概是想静绥暗访,消除内部隐患。然而,从表面上看,似乎群龙无首,局势着实叫人如坐针毡,因此李询赶忙向杨坚建议派重臣前来监军。

---

① 《隋书》卷四十六,《赵芬传》;《长孙平传》。
② 《资治通鉴》卷一百七十四"陈宣帝太建十二年(580)七月"条。
③ 《隋书》卷三十九,《阴寿传》。

如前章所述,杨坚对于尉迟迥、司马消难和王谦作乱,早有预料,因而指挥若定。可是,对于眼下来自内部的危险却思想准备不足,加之初临大事,不免忧心忡忡,沉不住气,当下就和郑译、刘昉商议,准备撤换前线将领,并希望他们中能有一人到前线督军。郑译和刘昉在宫中翻云覆雨自是好手,但要到前线真枪实刀地拼杀,则决不是那块料,好在他们很有自知之明,推托得飞快。他们不肯去,实属万幸,而杨坚却没有体会到自己的失误,心里很不愉快。

李德林得知此事,赶忙单独入见杨坚,一针见血地指出:

> 公与诸将,并是国家贵臣,未相伏驭,今以挟令之威,使得之耳。安知后所遣者,能尽腹心,前所遣人,独致乖异?又取金之事,虚实难明,即令换易,彼将惧罪,恐其逃逸,便须禁锢。然则郧公以下,必有惊疑之意。且临敌代将,自古所难,乐毅所以辞燕,赵括以之败赵。如愚所见,但遣公一腹心,明于智略,为诸将旧来所信服者,速至军所,使观其情伪。纵有异志,必不敢动。

李德林的这番话,是对当时形势的真实写照:杨坚遽登高位,挟天子以令诸侯,众心未服,在这种情况下,听信传言,临阵换将,只会搞得人人自危,恐怕军队将因此崩溃。杨坚听得出了一身冷汗,庆幸自己还没鲁莽行事,感激道:"若公不发此言,几败大事。"同时,采纳李德林的建议,派高颎到前线监军[①]。

恰在此时,东郡太守于仲文被尉迟迥所破,妻子儿女均遭杀害,只身逃回长安。杨坚马上任命他为河南道行军总管,派往韦孝宽处。于仲文出自北周勋贵,和诸位将领地位相近,利益相通,有共同的语言,所以,他一来到,诸将纷纷向他探听京城消息,特别是

---

① 《隋书》卷四十二,《李德林传》。

杨坚的为人。宇文忻吐露心声道:"公新从京师来,观执政意何如也?尉迥诚不足平,正恐事宁之后,更有藏弓之虑。"显然,大家关心的是改朝换代后自己的地位利益。于仲文深知众将的向背取决于自己的表态,便尽力将杨坚赞美一通,大包大揽地安慰道:"丞相宽仁大度,明识有余,苟能竭诚,必心无贰。"说得宇文忻诚心悦服,于是,众心遂安①。

高颎和于仲文的到来,迅速稳定了军心,众将一心,向尉迟迥展开猛烈的攻势。韦孝宽率大军挺进武陟(今河南省武陟县南),与盘踞武德郡(今河南省沁阳市东南)的尉迟迥之子尉迟惇所率十万大军隔着沁水对阵,高颎令士兵搭桥,宇文忻率部渡河,尉迟惇本想趁韦孝宽军半渡之时出击,不料,韦孝宽反而利用其军队略作后撤的机会,鸣鼓齐进,一过河,高颎就将渡桥烧毁,士兵一往无前,大破尉迟惇,乘胜追奔,连破尉迟迥的伏兵于野马冈和草桥,直逼邺城。

八月十七日,尉迟迥看形势不妙,便集结十三万大军,率其二子尉迟惇和尉迟祐,于城南布阵。他自己老当益壮,亲自披挂上阵,率头戴绿巾身穿锦袄的"黄龙兵"结成一阵,麾下全是关中士兵,拼死力战。其弟尉迟勤率五万青州兵前来增援,赶到的三千骑兵率先投入战场。双方在相州城下展开了极其惨烈的大决战,邺城士民四下云集于高处,争相目睹这惊心动魄的壮烈场面。

尉迟迥不愧是一员虎将,威风不减当年,他一出阵,全军为之振奋。韦孝宽遇上拼命的军队,却也抵挡不住,全军在敌人的压迫下逐步后退。高颎、宇文忻和李询看到情况危急,已经顾不上什么道义了,匆忙整顿一下阵势,下令部队攻击围观的百姓。那些兴高

---

① 《隋书》卷六十,《于仲文传》。

采烈观战的群众万万没想到正在作战的军队会突然调头进攻他们,吓得魂飞魄散,四下逃窜,惊叫之声,震天动地,一下子就把尉迟迥的阵势给冲乱了。宇文忻见机,传令高呼"贼败矣!"全军为之一振,重新向敌人猛烈冲击,硬是把尉迟迥的大军打得落花流水。梁士彦首先从北门攻破邺城,一路追杀至西门,纳宇文忻部入城。尉迟迥退守小城楼,崔弘度尾追而至,尉迟迥回头欲射,一看是儿媳妇的哥哥崔弘度,想到大势已去,再挣扎也无济于事,不如作个顺水人情,便将弓箭掷地,痛骂杨坚后自杀。崔弘度大概也觉得不好意思捡现成便宜,回过头去,叫其弟崔弘升将尉迟迥的首级割下,回去报功领赏。

尉迟勤和尉迟惇、尉迟祐叔侄三人东奔青州,被大将军郭衍追获。山东各地叛军,相继被敉平[①]。

战后的清算是极其严酷的。《周书》之《韦孝宽传》只是轻描淡写地交代道:"兵士在小城中者,尽坑于游豫园";而《尉迟迥传》则说:"余众,月余皆斩之。"显然,被坑杀的不止是最后仍据小城顽抗的将士,而是所有的"余众"。唐僧道宣在《集神州三宝感通录卷上》中披露了这场大屠杀的经过:

> 拥俘虏将百万人,总集寺北游豫园中,明旦斩决。围墙有孔,出者纵之,至晓便断,犹有六十万人,并于漳河岸斩之,流尸水中,水为不流,血河一月,夜夜鬼哭,哀怨切人。以事闻帝,帝曰:"此段一诛,深有枉滥,贼止蔚迥,余并被驱。当时恻隐咸知此事,国初机候不获纵之。可于游豫园南葛履山上立大慈寺,坏三爵台以营之,六时礼佛,加一拜为园中枉死

---

① 战斗经过综参《资治通鉴》卷一百七十四;《周书》卷二十一《尉迟迥传》;《隋书》卷四十《梁士彦传》,《宇文忻传》,卷四十一《高颎传》,卷七十四《崔弘度传》,卷六十一《郭衍传》。

者。"寺成,僧住依敕礼唱,怨哭之声一期顿绝矣。

道宣追述往事,其中俘虏人数显然夸张失实,但对屠杀经过的记述,采自寺史,自有相当的根据。其地点记载,与《韦孝宽传》相符;而相州立寺一事,可于佛教文献中觅得。《广弘明集》卷二八收录了《隋高祖于相州战场立寺诏》:

> 门下,昔岁周道既衰,群凶鼎沸。邺城之地,寔为祸始,或驱逼良善,或同恶相济,四海之内,过半豺狼,兆庶之广,咸忧吞噬。朕出车练卒,荡涤妖丑,诚有倒戈,不无困战,将士奋发肆其威武,如火燎毛,始无遗烬。于时朕在廊庙,任当朝宰,德惭动物,民陷网罗,空切罪己之诚,唯增见辜之泣。然兵者凶器,战实危机,节义之徒,轻生忘死,干戈之下,又闻殂落。兴言震悼,日久逾深,永念群生蹈兵刃之苦,有怀至道兴度脱之业。物我同遇,观智俱愍,思建福田,神功祐助,庶望死事之臣,菩提增长,悖逆之侣,从暗入明,并究苦空,咸拔生死。鲸鲵之观,化为微妙之台,龙蛇之野,永作颇梨之镜,无边有性,尽入法门。可于相州战地,建伽蓝一所,立碑纪事,其营构制度、置僧多少、寺之名目,有司详议以闻。

根据隋朝翻经学士费长房成书于开皇十七年(597)的《历代三宝纪》卷十二记载,上述诏令颁布于开皇元年(581)八月,即平定尉迟迥一周年之际,看来当年那场血腥大屠杀所造成的恐怖,依然震悚人心,以至月黑风高之夜,似乎都可以听到游豫园冤魂野鬼凄厉的哭声,连杨坚本人也感到不安,才为之建寺超度。然而,为战死者建伽蓝,在中国前所未有,因此,费长房也有些迷惑不解,因而歌功颂德道:

> 夫有国有征,肇自上古,未见战场之所,起立僧坊,死事之臣,追为建福,决一人罪,十奏乃行,其非大士应生,金轮托降,

> 祐舍识于死伤之际,安庶类于扰攘之间,孰能若是。所以为善相继,天下普颁,犹恐黎民惩恶未改,将渐风化①。

杨坚是佛教的忠实信徒,所以,费长房也好,道宣也罢,佛门僧俗子弟都尽力为他唱赞歌。这从一个侧面证明,佛教文献的有关记载是可靠的。那么,根据上引道宣的记述,当年的这场屠杀,杨坚事先是知道的。其建伽蓝固然是为了镇抚人心和自我安慰,但当年采取这般惨无人道的手段,决不是思虑不周造成的失误,而是有意的行动。《周书·尉迟迥传》说,尉迟迥"委任亦多用齐人"。山东是北周征服不久的地方,民心尚未服从,一有风吹草动,就会揭竿而起,中央政权对此深怀警惕,以后的隋王朝也始终以此为戒。显然,杨坚是有意大开杀戒,企图用高压和恐怖政策,以儆效尤。同时,在攻克相州之后,立即"移相州于安阳,其邺城及邑居皆毁坏之。分相州阳平郡置毛州,昌黎郡置魏州"②;"乃焚烧邺城,徙其居人,南迁四十五里。以安阳城为相州理所,仍为邺县"③,干脆废除相州行政建制,从地表上抹掉邺城,彻底杜绝后患④。

平定尉迟迥的胜利是决定性的,其影响很快就显现出来。

八月二十七日,也就是在平定尉迟迥十天之后,王谊率领四总管军进逼郧州近郊,司马消难闻讯,连夜南逃,投降陈朝,荆、郧诸州反叛的巴蛮亦告平定;杨素攻克荥州,宇文胄出逃,被追及斩首。梁睿率二十万大军入蜀,连战皆克,进逼成都,十月二十六日,王谦率五万精兵背城结阵,梁睿纵兵进击,大破之,追斩王谦,传首京

---

① 费长房《历代三宝纪》卷十二。
② 《周书》卷八,《静帝纪》。
③ 《旧唐书》卷三十九,《地理二·河北道·邺》。
④ 邺城的考古发掘,与上述文献关于城南为主战场以及邺城被毁的记述相吻合,参阅《河北临漳县邺南城朱明门遗址的发掘》,载《考古》1996年第1期。

师,益州平。这样,三方反叛均被镇压下去。

三方反叛,看似轰轰烈烈,声势骇人,然而,他们都在短短的时间内分别被镇压,势力最大的尉迟迥,从起兵到失败只不过六十八天,说明反叛不得人心,既得不到官僚阶层的拥护,也得不到普通民众的支持。关陇世族共同建立的北周政权,其内部势力平衡,在宇文护时代已被打破而出现深刻的罅裂,尔后,又经历宣帝的暴政而离心离德,周室已经失去了往昔的号召力和凝聚力,黯然失色,再没有多少人愿意为之献身。刚统一不久的中原百姓,对北周政权并无特殊感情,他们只希望从此过上安稳的日子,怎会轻易就被几个垂暮的军将所蛊惑而为之卖命。所以,尉迟迥等人匡扶周室的号召,难以得到响应,何况人们怎能判定他们没有个人野心?正如平叛过程所示,除了对尉迟迥还有几次殊死之战外,其他各战场几乎都是在一边倒的情况下结束战争,可知平叛首先是一场政治战而不是军事战,胜负早已决定了。

这场反叛是对杨坚的严峻考验,他上台伊始,曾引元谐于左右,元谐对他说道:"公无党援,譬如水间一堵墙,大危矣。公其勉之。"①当时,许多人都为杨坚捏一把冷汗。然而,他胸有成竹,料敌先机,夺取朝政,控制京师,拉拢李、于、窦、韦、梁、宇文、杨、王等关陇河东大世族,牢牢掌握关中河东根据地。赢得全局胜利的关键,变"水间一堵墙"为中流砥柱,表现出政治领袖的战略远见和娴熟的斗争技巧;另一方面,在处理前线将领拥兵不前时,他也表现出主观、急躁和猜忌等性格弱点,其对尉迟迥部众的残杀,更表现出强制高压的政治作风。这一切,已在一定程度上显露出新王朝政治风格的端倪。

① 《隋书》卷四十,《元谐传》。

十一月二十五日,一代将星韦孝宽与世长辞,他以生命的最后一搏,完成了为新王朝鸣锣开道的历史使命,也许没有人意识到,他的去世暗示着一个时代的结束①,而崭新的王朝已经出现在地平线上。

第四节 禅　　让

平叛的胜利,极大增强了杨坚的领导地位,再没有人能够向他提出挑战。

造成这样的结果,杨坚当然要感谢尉迟迥。正是这一介武夫贸然摊牌,使得本来扑朔迷离的政治形势顿时明朗,文武官吏不得不作出非此即彼的抉择,泾渭分明,不容含糊,这正是杨坚求之不得的事情。而且,战争还为杨坚锤炼出一支忠诚的干部队伍,为建立新王朝积蓄下宝贵的人才资源。因此,尉迟迥起兵不但没能挽救周王朝的覆灭,反而使朝廷完全丧失对杨坚的制约,加速其篡权的步伐。

杨坚所镇压的,是打着匡扶周室旗号的武装力量,因此,不管他如何挟天子以令诸侯,都难以遮掩其真面目,而且,主客观的形势也都逼使他不能不迈出篡位这一步。主观方面前已述及,就客

---

① 宫崎市定在《隋炀帝》(日本人物往来社1965年版)一书中,对韦孝宽平定尉迟迥后没有乘胜回师长安,驱逐杨坚,夺取政权,感到迷惑不解。其实,韦孝宽只是一位杰出的军事将领,并不是一位政治领袖,只要不是极度混乱的世道,很少有纯粹军人能够夺取政权的情况。韦孝宽对此是有清醒认识的,况且尉迟迥等人就是现成的例子,所以,他没有那份野心。而且,其手下将领不统一,身边又安插了不少杨坚的亲信,容不得他轻举妄动。实际上,比起韦孝宽政变臆说更具意义的,是其去世标志着北周以地方乡帅武装为基础的世族统兵制正在让位于统一的国家军事制度。

观方面来说,朝廷百官作出支持他的抉择,无不是以其篡周为前提来权衡个人得失的,"时周代旧臣皆劝禅让"①,就是明证。这种形势,没有人看不清楚,杨坚初总百揆时,夫人独孤氏就派家将李圆通入禁中对他说:"骑兽之势,必不得下,勉之"②,暗示他篡周自立。

受到夫人的鼓励,杨坚更加坚定了决心。《隋书·庾季才传》记载:

> 及高祖为丞相,尝夜召季才而问曰:"吾以庸虚,受兹顾命,天时人事,卿以为如何?"季才曰:"天道精微,难可意察,切以人事卜之,符兆已定。季才纵言不可,公岂复得为箕、颍之事乎?"高祖默然久之,因举首曰:"吾今譬犹骑兽,诚不得下矣。"因赐杂采五十匹,绢二百段,曰:"愧公此意,宜善为思之。"

显而易见,此时杨坚已经破釜沉舟,不管成败如何都要拼死一搏了。他开始为篡周试探风向,制造声势。

由于此事关系到整个统治阶层权力和利益的重新分配,所以,杨坚首先必须得到统治集团核心成员的大力支持。如前所述,他先派人去争取李穆和于翼等北周最高门阀,这两个家族十分识趣,早早就上表劝进,给了杨坚巨大的鼓舞。

随即爆发的三方武装反抗,无情地迫使百官表明政治立场,不论他们出于怎样的考虑,都是见风使舵攀龙附骥,自然不会有什么人站在反叛一方,为分崩离析的北周政权舍生取义。因此,这场军事摊牌反倒省去了杨坚许多拉拢收买和甄别忠贞的功夫,其结果

---

① 《隋书》卷四十七,《柳机传》。
② 《北史》卷十四,《后妃下·隋文献皇后独孤氏传》。

更是让他大喜过望,北魏旧家世族,如原皇族元氏、长孙氏、源氏,以及弘农杨氏、博陵崔氏、荥阳郑氏、河东薛氏、柳氏;北周豪强高门,如陇西李氏(鲜卑)、安定梁氏、昌黎大棘宇文氏、昌黎徙河豆卢氏、武川宇文氏(原为破野头)、代北贺若氏、乐浪王氏、扶风窦氏、京兆韦氏、王氏、武功苏氏、河南东垣韩氏等,都站在杨坚一边。这些家族的代表人物,见于隋开皇十七年(597)四月钦定公布的开国功臣名单里,共十七人,他们是:

申明公李穆　郧襄公韦孝宽　广平王杨雄　蒋国公梁睿
楚国公豆卢勣　齐国公高颎　越国公杨素　鲁国公虞庆则
新宁公叱李长叉　宜阳公王世积　赵国公阴寿　陇西公李询
广业公□景　真昌公□振　沛国公郑译　项城公王韶
钜鹿公贺娄子干
(注:"□"表示姓氏不明)①

但是,这份名单显然是根据当时的政治形势以及隋文帝的个人好恶而制订的,很不完整,至少还应该加上于氏和窦氏家族代表、柳裘、皇甫绩、韦谟、李德林、贺若谊,以及在此前获罪受黜或被诛的刘昉、宇文忻、梁士彦、卢贲、王谊、元谐等十余人,合起来至少有三十名左右。

从上述名单可以清楚地看出,来自代北塞上的军事贵族与关陇河东的世家大族基本上都倒向杨坚一边,而这两者的结合曾经建立了北周王朝,因此,这种局面的出现,意味着北周政权的社会政治基础已经发生根本转移。对此,英国剑桥大学崔瑞德(Deniswitchett)教授曾敏锐地指出:"在当时不过是一次宫廷政变,是西北的一个贵族家庭接替另一个家族即位。……隋不仅使

---

① 《隋书》卷二,《高祖下》,令文中每个人仅称其名或字,此处统一加姓称名。

由西北各贵族大族组成的小集团的政治优势得以绵延勿替,它还通过在前一世纪已被北方诸王朝所采用并行之有效的制度继续组织它的帝国。"①这一论断正确地指出了北周隋唐时代特定的几个家族轮流执政从而保持政治的活力及其延续性的现象。但是,为什么政权会局限在北周创业集团内部更替呢?具有很大的政治实力和威望,并始终处于或接近于权力中枢地位,这些必备条件已经毫不留情地淘汰了大部分野心家,而且,经过长期的少数民族统治之后,新一代统治者不可能由没有民族融合的经历与胸怀的汉族世家来担任,同样,纯粹少数族人也不能被广大汉族所接受,因此,只有像杨坚这种起自社会基层、深受少数民族习俗熏陶、既混血又能够冒充中原世族的汉人才能为胡汉双方所接受,脱颖而出。这既是时代的要求,也反映出当时民族融合(特别是在少数族政权下汉族的地位与作用大幅度提高的条件下)以及社会经济文化恢复与发展这两个历史进程所达到的水平。

然而,崔瑞德把北周隋唐间的政权递嬗看成是没有变化的重复过程,说道:"后来唐朝的继承也不过是把皇位移向这一紧密结合的家族集团中的另一个家族而已。在七世纪和八世纪初期,隋室的杨氏、独孤氏以及北周宇文氏王室的成员依然遍及各地,势力极大。"且不论隋代的宇文氏并非被杨坚尽加杀戮的北周皇族,其见解亦属僵硬失察。

上述大族功臣里,包含了一个值得重视的变化,那就是出身于原北齐旧境的山东世族不但占有相当比例,而且在关键时刻起了举足轻重的作用。他们和关中、河东的汉人世族有共通之处,都想

---

① 〔英〕崔瑞德编《剑桥中国隋唐史 589~906 年》(*The Cambridge History of China*,*Volume 3*,*Sui and T'ang China*,589~906,Part 1,edited by Denis Twitchett.)第一章《导论》,中国社会科学出版社 1990 年中译版,第 4 页。

通过拥戴具有汉族血统的杨坚取代少数民族的宇文氏,取得汉族的领导地位。显然,杨坚比宇文氏具有更大的代表性,拥护他的社会阶层更加广泛。

获得如此众多的支持,杨坚已经不需要太多的顾虑,可以更加主动地进行改朝换代的准备。他以襄助军机为名,派遣名士薛道衡到梁睿军中,趁便劝道:"天下之望,已归于隋。"[①]让梁睿上表劝进,从而争取到西南军政首脑的支持。随着各个战场的节节胜利,杨坚声望日益隆盛,文武百官更是纷呈忠款,司武上士卢贲劝进道:"周历已尽,天人之望实归明公,愿早应天顺民也。天与不取,反受其咎"[②];少内史崔仲方"见众望有归,阴劝高祖应天受命"[③]。更有甚者,有些人还密劝杨坚大诛北周宗室,以绝后患,如石州(今山西省离石县)总管虞庆则就"劝高祖尽灭宇文氏"[④];武山郡公郭衍也"密劝高祖杀周室诸王,早行禅代"[⑤]。这些献计效忠的人无不大得杨坚的赞扬,因此飞黄腾达。显然,劝进已成为官吏政治态度的试金石和进身阶。

就在这一片劝进声中,杨坚大大加快了夺权的步伐。九月初九,司马消难之叛甫平,他就以叛臣之女为由,废静帝司马皇后为庶人,公开藐视皇帝;二十九日,他让静帝废除左右丞相之号,仅设大丞相一职,由自己担任;十月十日,他再加大冢宰职,总摄其他五官府,独揽大权,再现当年宇文护专政的局面;到了十二月十三日,杨坚进封为隋王,以十郡为国,距离南面称帝仅有一步之遥了。

---

① 《隋书》卷三十七,《梁睿传》。
② 《隋书》卷三十八,《卢贲传》。
③ 《隋书》卷六十,《崔仲方传》。
④ 《隋书》卷四十二,《李德林传》。
⑤ 《隋书》卷六十一,《郭衍传》。

翌年,各地的反抗都已平定,北方又恢复一派升平景象。一开年,朝廷就下诏,改元"大定",以示"四海宁一,八表无尘,元辅执钧,垂风扬化",同时让各地推举贤能,表明一切都已恢复正常,今后将"使天下英杰,尽升于朝"①。这一切,实际上都是在为杨坚歌功颂德。二月初九,杨坚改称相国,总百揆,剑履上殿,入朝不趋,赞拜不名,被九锡之礼,建天子旌旗,出警入跸,大家心里都明白,改朝换代只是选择黄道吉日的问题了。

果然,就在月中,术士庾季才进言:

> 今月戊戌平旦,青气如楼阙,见于国城之上,俄而变紫,逆风西行。《气经》云:"天不能无云而雨,皇王不能无气而立。"今王气已见,须即应之。二月日出卯入酉,居天之正位,谓之二八之门。日者,人君之象,人君正位,宜用二月。其月十三日甲子,甲为六甲之始,子为十二辰之初,甲数九,子数又九,九为天数。其日即是惊蛰,阳气壮发之时。昔周武王以二月甲子定天下,享年八百,汉高帝以二月甲午即帝位,享年四百,故知甲子、甲午为得天数。今二月甲子,宜应天受命②。

根据庾季才的推算,此前两大强盛王朝都在二月甲子(或甲午)登基而享国长久,所以,他也选择这一天。况且这年的二月甲子还是惊蛰,春雷响起,万蛰苏而六合尽开,这是一个多么吉祥的象征!杨坚欣然接受庾季才的建议。

改朝换代,除旧迎新,一切都有条不紊地进行着。杨坚的心腹李德林为周静帝起草了禅让诏书,杨坚按照旧例推让三次,……这些都已经是例行手续而已了。在喜洋洋的气氛中,很少人留意到

---

① 《周书》卷八,《静帝纪》。
② 《隋书》卷七十八,《艺术·庾季才传》。

其间发生的两段插曲。

虞庆则劝杨坚在登基前尽诛宇文氏。如此残忍的建议,高颎和杨雄都不敢苟同,但也不敢随便反对。南北朝时期,由于改朝换代或者新王即立而进行的宗室残杀,司空见惯。可是,北周开国时,并没有滥杀西魏宗室,开了一个好头。其中一个重要的原因,是宇文氏政权由几大派系组成,如果过分诛杀,就会造成内部人心浮动而影响政局的稳定。此后,北周内部多次的政治斗争,胜利者都小心翼翼地把斗争限制在一定的范围内。现在,杨坚重新大开杀戒,势必给人留下难以消除的阴影。因此,李德林据理力争,企图劝阻杨坚作出缺乏理性的决定。然而,这次的谏争却惹得杨坚勃然大怒,叱责道:"君读书人,不足平章此事。"结果,李德林非但没能劝阻这场惨剧,反被杨坚疏远,"自是品位不加,出于高(颎)、虞(庆则)之下"[①]。兹将杨坚所杀北周宗室整理如下(见表二《杨坚杀戮北周宗室一览表》)。

表二 杨坚杀戮北周宗室一览表

	儿 子	孙 子
周文帝	赵王招	员、贯、乾铣、乾铃、乾铿
	陈王纯	谦、让、议
	越王盛	忱、悰、恢、愻、忻
	代王达	执、转
	滕王逌	祐、裕、礼、禧
	(宋公震)	寔
	(谯王俭)	乾恽
	(冀公通)	绚

---

① 《隋书》卷四十二,《李德林传》。

续表

	儿　子	孙　子
孝闵帝	（康）	湜
明　帝	毕王贤	弘义、恭道、树娘
	酆王贞	德文
武　帝	汉王赞	道德、道智、道义
	秦王贽	靖智、靖仁
	曹王允、道王充、蔡王兑、荆王元	
宣　帝	静帝、邺王衍、郢王术	
宗　室	宇文胄、宇文洽、宇文椿、宇文众、宇文洛	道宗、本仁、邻武、子礼、献仲和、孰伦

另一段插曲,则是在杨坚登基前夕,他所器重的苏威突然不辞而别,循归乡里。高颎接到消息,痛惜人才,急忙请杨坚立即派人把苏威追回来。不料,杨坚丝毫不在意,反倒开导高颎道:"此不欲预吾事,且置之。"果然,不出杨坚所料,隋朝建立后,杨坚封苏威一个"太子少保"官,他马上就自己回来就职了①。

这样的事例,其实不止苏威而已。前述北周元老窦炽固然在洛阳为平定尉迟迥立了大功,明白无误地支持杨坚,但是,当百官纷纷劝进之时,他却"自以累代受恩,遂不肯署笺。时人高其节。隋文帝践极,拜太傅,加殊礼,赞拜不名。"②

---

① 《隋书》卷四十一,《苏威传》。
② 《周书》卷三十,《窦炽传》。

以上两件事情暗示着相当深刻的问题。令人不由地想起唐朝贞观年间,太宗君臣就治理国家的根本方针所进行的辩论。当时魏征主张德政,其他大臣则斥之为迂腐,但是,太宗采纳魏征的建言,力行不倦,终于达成备受称道的"贞观之治"。后来,唐太宗在回忆这段往事时,感慨道:"贞观初,人皆异论,云当今必不可行帝道、王道,惟魏征劝我。既从其言,不过数载,遂得华夏安宁,远戎宾服。"[1]这与隋朝开国前后的情况颇为相似。李德林谏争受斥,表明主张怀柔的温和派遭受压制,而主张政治高压的强硬派占据主导地位。由此可知,隋唐两代的开国气度与政治志向颇不相同。

杨坚坚持铲除异己,自有其道理。隋朝开国之际,杨坚重用的苏威跑回老家躲避,此事相当典型地反映出当时官场的心态:他们固然支持杨坚,但仍然觉得其夺取天下并不光彩,甚至有点不仁不义,就连苏威、窦炽都要惺惺作态,何况他人。出身儒学士族的柳机即又是一例:"周代旧臣皆劝禅让,(柳)机独义形于色,无所陈请"[2],这已经是比较中立的态度了。至如王世积,则"密谓(高)颎曰:'吾辈俱周之臣子,社稷沦灭,其若之何?'"[3]更表现出内心深处的敌意。杨坚深明此点,所以,他对于表面表示顺从的北周旧臣都先加笼络,同时,拿北周宗室开刀以震骇群下,令他们死了复辟北周之心,杜绝后患。诚然,滥杀前代宗室在南北朝动乱时代司空见惯,然而,北周组织构成的特殊性和杨坚上台的偶然性,都使得这场大屠杀给隋朝留下了深重的内伤。

首先。这场屠杀完全是新政权内在虚弱的表现,而其负面作用则是激起北周旧臣内心不服,从而对杨氏的正统地位不以为然。

---

[1] 《贞观政要》卷一,《政体第二》。
[2] 《隋书》卷四十七,《柳机传》。
[3] 《隋书》卷四十,《王世积传》。

实际上,到了北周末年,真正的北周忠臣寥寥无几,即使是那些起兵反抗杨坚者,也不见得就是要匡扶周室,所以,比起北周复辟的可能性,更重要的是如何使原来平起平坐的周臣归心。高压政治显然做不到这一点,却落下欺负孤儿寡母的骂名。

其次,如果说杨坚夺权当初,在一定的时间范围内实行高压政治尚有迅速树立政治权威,完成政权过渡的必要,那么,把这种立竿见影的高压手段视为政治上成功的范例而将之长期固定化,则无疑是被表象迷惑而落入陷阱。不幸的是,隋朝最高统治者始终没有醒悟到此,反而养成急功近利的恶习,甚至变本加厉,最终葬送自己。

第三,急功近利的高压统治,必然轻视甚至贱视文教事业,他们感觉不到文化熏陶那种潜移默化的伟大力量。中国屡经战乱割据而始终不会彻底分裂,根本原因就在于文化认同这一点。而杨坚的一句"君读书人,不足平章此事",无意中已经道破其思想深处对文化的轻视,尽管在他励精图治时,曾经对文教事业表现出相当的热情,但这毕竟不是其真正的想法,他只是尝试着把文教事业变成速效的统治工具,当这一目标无法达到时,其遭到弃之如敝屣的命运就丝毫也不奇怪了。

杨坚个性上的缺点确实令人惋惜,但是,我们不能忘记那个时代对个人性格行为的深刻影响,我们对其严厉批评,只为他是给时代历史进程打上个性印记的人物。

就这样,新政权带着内在缺陷诞生了。

二月中,周静帝"以众望有归"[①],下诏禅位于隋。太傅、杞国公宇文椿和大宗伯、金城公赵煚分别捧着册书和玺绂来到隋王府,

---

① 《隋书》卷一,《高祖上》。

在百官劝进声中,杨坚欣然接受。

二月十三日甲子,朝阳喷薄,霞光万道,京城喜气洋洋,人们奔走相告"庆云见",迎接新王朝的生日。清晨,杨坚身穿黄袍常服,威仪隆重地迈出相府,缓缓踏入皇宫,备礼即皇帝位于临光殿。同时,于南郊设坛,遣使柴燎告天;自己则祭祖告庙,宣布隋朝正式建立。

当日,杨坚任命了第一批大臣,相国司马、渤海公高颎任尚书左仆射兼纳言,相国司录、沁源县公虞庆则为内史监兼吏部尚书,相国内郎、咸安县男李德林为内史令,这三人分别负责尚书、门下和内史三省,成为新王朝的宰相。韦世康任礼部尚书,元晖任都官尚书,元岩任兵部尚书,长孙毗为工部尚书,杨希尚为度支尚书,这些人为尚书省六部长官。杨雄任左卫大将军,统领禁军。这份新政府要员名单,确实给人耳目一新的感觉,三名宰相全为汉人,六部尚书则关中世族与胡人贵族平分秋色,中央禁军和财政部门由杨氏宗亲掌管,体现出以皇帝为主导,汉族为主体,胡汉融合的政治特色,充分展示了新时代的风貌。

在中原大地上,自西晋末年匈奴刘渊建立第一个少数民族政权时起,经过几百年的动乱,重新出现以汉族为主体的多民族国家,说明经过民族斗争,中国迎来了民族融合的新时代。历史发展到这样的阶段,国家统一已经取代了分裂,成为新时代的主旋律,人心所向,势不可挡。在隋唐两代三百多年里,虽然一再有风云变幻,甚至政权更迭,但是,中国再没有出现像南北朝那样长期彻底的分裂动乱,显然,民族融合及其带来的多元文化创新,生机勃勃,成为维护统一的坚强纽带。而作为伟大时代的先驱,刚过不惑之年的杨坚,率领一代年富力强的政治新秀,满怀信心去开辟一个崭新的世界。

第五章　除旧布新

第一节　启运开皇

隋朝建立,万象更新,展望未来,杨坚雄心勃发,立志要超越以往任何一代帝王,成为万民企慕的救世圣主,因此,他别出心裁,给新王朝起了一个新奇的年号:开皇。

我们知道,杨坚出生于佛寺,自幼就以大力金刚那罗延自许,现在如愿登上皇位,更是积极宣扬天命论。根据《金光明经·正论品第十一》所载:"因集业故,生于人中,王领国土,故称人王。处在胎中,诸天守护,或先守护,然后入胎,虽在人中,生为人王,以天护故,复称天子。三十三天,各以己德,分与是人,故称天子"。附会其诞生传说,以所谓"赤若之岁,黄屋驭时,土制水行,兴废毁立,佛日火乘,木运启年,号以开皇,可谓法炬灭而更明,否时还泰者也"①,将"开皇"作为年号,证明自己乃"祇奉上玄,君临万国"②。

"开皇"恰好又是道教年号。《隋书·经籍四》记载:"每至天地初开,或在玉京之上,或在穷桑之野,授以秘道,谓之开劫度人。然其开劫,非一度矣,故有延康、赤明、龙汉、开皇,是其年号。其间相去经四十一亿万载。……五方天帝及诸仙官,转共承受,世人莫

---

① 费长房《历代三宝记》卷十二。
② 《隋书》卷一,《高祖上》,开皇二年(582)六月丙申诏。

之豫也"。隋朝王劭亦对此大加附会道："年号'开皇',与《灵宝经》之开皇年相合,故曰协灵皇"①。说得煞有介事。其实,劫数之说,在北朝就相当流行,《魏书·释老志》说："又称劫数,颇类佛经。其延康、龙汉、赤明、开皇之属,皆其名也。"但是,如果细心对照,不难发现《隋书》和《魏书》关于劫号的顺序并不一致,且都只有四种,似乎五大劫号尚未完全定型统一。究其根本原因,在于魏晋道教理论构建时期,其时间观念的"劫运"说主要系由灵宝派抄自佛经,甚至一劫四十一亿万年说,也是在佛教一劫四十三亿二千万年的基础上略加篡改而成的。至于"五方天帝",恐怕也来自佛教的"五佛"说,无怪乎《魏书》和《隋书》都认为道教劫数说类似于佛教。杨坚是佛教信徒,对此当然明白。因此,其所采用的年号,主要乃取佛教之劫说,采"圣皇启运,像法载兴"之意②。

后来继登皇位的隋炀帝曾经透露"高祖受命之符,因问鬼神之事。"③其实,古代帝王并没有真正的宗教信仰,只有功利主义的"鬼神"迷信。杨坚一辈子迷信谶纬符箓,上台时又曾经得到许多道士的帮助,因此,使用一个盗自佛教的道教年号,可谓八面玲珑,充分表现出利用各种宗教为政治服务的态度。

"开皇"既然是新纪元的象征,那么,用此年号即表现出杨坚要除旧布新、大治天下的宏伟抱负。他这么想,也这么做,故其所奠定的国家制度文化,在许多方面对此后的中国社会产生深远影响,颇有开山之功。

上台伊始,杨坚就召见崔仲方和高颎,讨论确定正朔与服色事宜。崔仲方采用通行的五行相生理论,说道："晋为金行,后魏为

---

① 《隋书》卷六十九,《王劭传》。
② 开皇八年,内史薛道衡为释昙延所作吊文,载《佛祖统纪》卷第三十九。
③ 《隋书》卷五十八,《许善心传》。

水,周为木,皇家以火承木,得天之统。又圣躬诞诞之初,有赤光之瑞,车服旗牲,并宜用赤。"①此建议深合杨坚心意,所以,开皇元年(581)六月便正式下诏规定:

> 初受天命,赤雀降祥,五德相生,赤为火色,其郊及社庙,依服冕之仪,而朝会之服,旗帜牺牲,尽令尚赤,戎服以黄②。

根据传统的五行学说,周为木行,在东方,木生火,故隋为火行,在南方,属夏季,色尚赤,而中央为土,色尚黄。隋朝兼采二者,"旗帜牺牲,尽令尚赤"。而君臣常服则用黄色,史称"隋代帝王贵臣,多服黄纹绫袍、乌纱帽、九环带、乌皮六合靴。百官常服,同于走庶,皆着黄袍及衫,出入殿省"③。皇帝的朝服也和百官无异,"唯带加十三环,以为差异,盖取于便事。"④卢贲又奏请改变北周的旗帜,并亲拟嘉名,创制青龙、驺虞、朱雀、玄武、千秋、万岁之旗⑤;而李德林则以为北周承袭北魏的车舆都不合古制,尽请废除,杨坚准其所奏,只保留北魏太和年间仪曹令李韶所制五辂,并为北齐所遵用者⑥。经过这番改作,新王朝总算粗具礼制。七月七日这一天,杨坚身着新制的黄袍,在大殿接受百官的朝贺,君臣服饰一新,透过洋洋喜气,大家都能感受到改制背后所闪烁的清新恢宏气象。

改变舆服制度,决不只是给新王朝选择一个崭新的标志。杨坚出身于北周,而他所改革的却是北周制度。当时,太子庶子、摄

---

① 《隋书》卷六十,《崔仲方传》。
② 《隋书》卷一,《高祖上》。
③ (唐)刘肃撰,许德楠、李鼎霞点校:《大唐新语》卷之十,《厘革第二十二》,中华书局1984年版。
④ 《隋书》卷十二,《礼仪七》。
⑤ 《隋书》卷三十八,《卢贲传》。
⑥ 《隋书》卷十,《礼仪五》。

太常少卿裴政曾上奏道：

> "窃见后周制冕,加为十二,既与前礼数乃不同,而色应五行,又非典故。……且后魏已来,制度咸缺。天兴之岁,草创缮修,所造车服,多参胡制。故魏收论之,称为违古,是也。周氏因袭,将为故事,大象承统,咸取用之,舆辇衣冠,甚多迁怪。今皇隋革命,宪章前代,其魏、周辇辂不合制者,已敕有司尽令除废,然衣冠礼器,尚且兼行。……既越典章,须革其谬。……今请冠及冕,色并用玄,唯应著帻者,任依汉、晋。"

制曰："可。"于是定令,采用东齐之法①。

北魏起自漠北,入据中原而立国,其制度建设着眼于巩固少数民族政权,必然"多参胡制",其后虽经魏孝文帝大力推行汉化改革,但仍然保留大量的鲜卑旧俗。六镇兵起,鲜卑文化大回潮,特别是地处关陇一隅的宇文氏政权,力蹙势穷,尤须借鲜卑遗俗以笼络人心,别树一帜,故一时之间,陈规陋习泛滥于世,"舆辇衣冠,甚多迁怪"。隋代周兴,首先要破除的就是这些沉滓泛起的胡俗,恢复传统的汉族制度。当杨坚君臣退下北周不伦不类的仿古衣冠,换上传统汉服出现时,人们奔走相告,仿佛云开日出,重见中华文明的耀眼光芒,那种兴奋、激动、喜悦的心情,在一片欢呼声中,随着滚滚热泪,冲决长期压抑在心头的屈辱而迸发出来。他们清楚地意识到,跋涉过漫长幽暗的隧道,光明终于克服了黑暗,文明又回到人间,数百年的民族压迫过去了,历史确确实实进入了崭新的时代。通过这简短的朝会仪式,隋朝赢得了广泛的支持。

更重要的是,在改变舆服的背后,人们强烈地感受到新王朝迥异于前代的立国原则,这就是隋文帝杨坚所确立的"易周氏官仪,

---

① 《隋书》卷十二,《礼仪七》。

依汉、魏之旧"的基本政策①,亦即裴政所奏请的"任依汉、晋"的方针。十分明显,恢复少数民族政权以前的中国制度文化,是隋朝君臣的共识,意在洗净狭隘的民族政权色彩,以争得举世公认的正统地位,重新构建以汉族为主体的强大统一的国家。

当然,"依汉、魏之旧"并不是泥古不化的复辟倒退。经过数百年的社会分裂与变迁,汉魏制度既难完全恢复,也不尽适应现实政治。实际上,自北魏太和十七年(493)南齐秘书丞王肃北奔为孝文帝制定礼仪国典,将南朝前期所继承发展的汉、晋文物制度移植于北朝时,它已经和中原保存的传统文化融合而适应于北朝的社会政治。此后,又经过硕学大儒的改定,结晶为北齐的制度。因此,杨坚虽然高举恢复汉制的旗帜,远溯汉、魏,其实则近取北齐为样板,以为创建新制的出发点。这样,我们就不难明白其煞费苦心的种种革新改制,落于实处的却是"于是定令,采用东齐之法"。显然,恢复汉制的口号实质上既非一味复古,也不是狭隘排外的汉族主义。杨坚巧妙地平衡了政治理想与现实政治的关系,表现出精明务实的领袖风格。

第二节 确立三省六部制

开皇元年(581)二月,在开国典礼上,隋文帝宣布了新政府的组成名单,其引人注目之处,在于政府首脑分别为尚书省、门下省、内史省和尚书省所属六部的长官,这意味着北周实行的六官制度被彻底废除了。

杨坚出自北周,却为何要彻底改革北周的制度呢?

---

① 《隋书》卷一,《高祖上》开皇元年二月条。

其实,这场改革是势在必行的。

当年,宇文泰率少数六镇军将崛起于关中,军事实力难与雄踞山东的高欢相比,文化上更难与自居正统的南朝抗衡,而且,其内部上有谋求伸张皇权的魏帝,下有与其相埒的各路军将。精明过人的宇文泰深知,要和山东、江南鼎足而三,除了整军务农外,尤须在文化上别树一帜,以为维系内部团结并与外敌抗衡的精神支柱。因此,他让谋臣苏绰、卢辩和裴政等人祭起复古旗号,利用关中地区历史文化背景,远溯姬周以压过山东和江南政权。同时,摹仿《周礼》建立六官制度,中央设大冢宰(天官)、大司徒(地官)、大宗伯(春官)、大司马(夏官)、大司寇(秋官)和大司空(冬官)六位长官,分掌各类政务,由大冢宰总领,即所谓"五府总于天官"①,从而给宇文泰把持西魏朝政提供理论和制度的保证,达到一箭双雕的目的。

然而,姬周制度是建立在分封诸国的基础上,这与宇文泰谋求中央集权的意图大相径庭,因此,他严格限定六官制度仅适用于部分中央机构,凡不利于宇文氏集权者,则根据需要杂行胡汉旧制,即《周书·卢辩传》所谓:"于时虽行《周礼》,其内外众职,又兼用秦汉等官。"显而易见,六官制度乃断章取义为现实政治服务的产物,所以,著名隋唐史学家陈寅恪嘲笑北周官制为"虚饰周官旧文以适鲜卑野俗,非驴非马,藉用欺笼一时之人心。"②

这种出于权宜之计而穿凿拼凑的制度,实行不久就难以为继。首先,大冢宰独揽大权的规定,势必造成权臣擅政的恶果,宇文护专权即为明证。所以,周武帝诛宇文护后,大冢宰便不再统领五

---

① 《周书》卷五,《武帝上》保定元年春正月戊申条。
② 《隋唐制度渊源略论稿》二《礼仪》。

府,而其下属的御正大夫、纳言大夫及大宗伯下属的内史大夫直接听命于皇帝,六官制度发生了重大改变。其后,宣帝设置大前疑、大右弼、大左辅和大后丞四辅官,目的同样在于分散相权,使之相互制约。这些变化都在向三省制度靠拢,只是还未能冲破六官体制的框框。其次,北周统一中原之后,当年那种军事立国的特定环境改变了,和平时代当然无法继续维持战时的军政体制。何况在北齐制度的对照下,北周官制更显得不伦不类,其被摈弃已是大势所趋。

隋文帝亲身经历过宇文护专权的时代,深知六官制度的弊端,因此,他决心参照北齐制度,破旧立新,吸收南北朝三省制的优点,加以精简整顿,使之整齐规范,成为国家最高领导机构,以适应现实政治的需要,从制度上保证国家机器的良性运转。

三省制下,尚书省为最高行政机构,置令一人,左、右仆射各一人,为正、副长官。实际上,由于尚书令位高权重,直逼皇权,所以,除了隋炀帝时期杨素曾短期担任尚书令的特例外,此职位阙而不授,这几乎成为隋唐两代的惯例[①],故左、右仆射为尚书省实际长官,其中尤以左仆射为重。仆射之下设左、右丞各一人,都事八人,于都省办公,分司管辖。下设吏部、礼部、兵部、都官、度支和工部六部,每部设尚书一人,为其首长。左、右仆射与六尚书合称"八座",构成尚书省的领导核心。改以往的郎曹为司,置于部之下,每部一律设四司,亦即:

吏部辖吏部、主爵、司勋、考功四司;

礼部辖礼部、祠部、主客、膳部四司;

---

① 唐长孺:《读隋书札记》(收于其著《山居存稿》,中华书局1989年版)指出,唐朝不设尚书令,并不是因为唐太宗曾任此职,故以后无人敢继其任,而是自隋朝起就已成为惯例。

兵部辖兵部、职方、驾部、库部四司；

都官辖都官、刑部、比部、司门四司；

度支辖度支、户部、金部、仓部四司；

工部辖工部、屯田、虞部、水部四司。

以上共二十四司，每司置侍郎主其事，凡三十六人。

门下省主要掌管封驳，百官奏事或颁布诏令须经门下审阅，随事封驳，因此，它成为承上启下联系皇帝、内史和尚书省的桥梁。门下省有纳言（即侍中，因避隋文帝父亲杨忠名讳，改称纳言）二人，给事黄门侍郎四人，为正、副长官，其下有录事、通事令史各六人，分管具体事务。南北朝均于门下省之外再设集书省，主掌献纳谏议，职掌颇与门下重复，故隋文帝将其并入门下省，置散骑常侍、通直散骑常侍、谏议大夫、散骑侍郎、员外散骑常侍、通直散骑侍郎、给事、员外散骑侍郎、奉朝请等侍从官员。门下省统领城门、尚食、尚药、符玺、御府、殿内等六局，仍担负内侍工作。

内史省（即中书省，因避隋文帝父亲杨忠名讳而改）主要负责制定诏令，置监、令各一人，旋废监，置令二人，侍郎四人，为内史省正、副长官。下设舍人八人，通事舍人十六人，分掌具体事务，属员有主书十人，录事四人。

此外，还有秘书省，主管国家经籍图书与天文历法；内侍省掌管宫内事务，与尚书、门下、内史并为五省，但负责国家政务的是上述三省六部。

三省制实现了宰相制度的重大变革。三省主官，秦汉时原来都是为皇帝服务的宫官，曹魏时，尚书、中书省发展成为独立的机构，门下省大约也在西晋时成立。经过长期的发展演变，尚书省成为国家政务的执行机关，而中书、门下两省则成为承上启下出纳帝命的枢要机构，宫官变为朝官，取代了原来三公（即太尉、司徒、司空,为宰相)的职权。南北朝时代,国家机器只有通过三省才能运转。在此基础上,隋朝全面实行三省制,宰相由三省长官共同担任①,与此相应,废除了三公府及其僚佐,使三公完全成为荣誉职位。如此,则宰相不再是只对皇帝负责的百官之长,而是中央最高部门的代表,领导机构宰相制完全取代了秦汉以来的个人开府宰相制,使得宰相职务制度化,有力地防止出现个人专权的情况。

除了三省长官为当然宰相外,皇帝还可以任命其他官员参预朝政。早在开皇初年,隋文帝就让其侄杨雄以右卫大将军的身份参预朝政,"雄时贵宠,冠绝一时,与高颎、虞庆则、苏威称为'四贵'"②,开他官参知政事的先例。至其晚年,又以女婿兵部尚书柳述"参掌机密"③。而炀帝亦沿袭此例,任命纳言苏威"与左翊卫大将军宇文述、黄门侍郎裴矩、御史大夫裴蕴、内史侍郎虞世基参掌朝政,时人称为'五贵'"④。"五贵"包括门下、中书两省的负责

---

① 尚书左、右仆射固不待言,门下与内史(中书)省长官亦为当然宰相。此点唐朝人早已言明,可不必置疑。《唐六典》卷九《中书省》中书令注说:"文帝废三公府寮,令中书令与侍中(当为纳言——笔者)知政事,遂为宰相之职";《通典》卷第十九《职官一·宰相》记载:"隋有内史、纳言,是真宰相。"然而,由于尚书省权重,故颇受抑。清人万斯同《隋将相大臣年表》(收于《二十五史补编》第四册)已载明,自大业三年苏威罢尚书右仆射(《炀帝纪》与《苏威传》都未记载苏威由右仆射升任左仆射事,但《炀帝纪》大业三年七月条记记载"尚书左仆射苏威坐事免","左仆射"或为"右仆射"之误。),尚书省再未任命仆射、令,仆俱阙,尚书省已无长官,自然无人出任宰相,所以,《隋书·苏威传》载:大业年间,"帝以威先朝旧臣,渐加委任。后岁余,复为纳言。与左翊卫大将军宇文述、黄门侍郎裴矩、御史大夫裴蕴、内史侍郎虞世基参掌朝政,时人称为'五贵'",这五人中,有门下、内史两省长官,独阙尚书省长官。唐朝贞观末年,尚书省仆射须加"平章事"等头衔方为宰相,当可溯及隋朝,以故上引唐人著作均未将仆射列为宰相。
② 《隋书》卷四十三,《观德王雄传》。
③ 《隋书》卷四十七,《柳机附柳述传》。
④ 《隋书》卷四十一,《苏威传》。

人,宇文述和裴蕴则为他官。综观以上诸例,隋代主持朝政者,一般由三省长官、军事部门负责人和皇帝任命的他官组成。

由此形成的国家管理体制分别在两个层次上运转。首先,是国家政务的决策层次,在皇帝的直接领导下,数位宰相共同商议决定国家的大政方针,由中书省草拟诏令,经过门下省审核,如有不妥即予封驳,否则由皇帝批准后,交由尚书省施行。中书和门下两省位于宫内中华殿东西两侧①,宰相商议机密大事,自然应在宫内,大概就在门下省,唐初沿袭定制,称之为"政事堂"②。日常议事,一起办公,因此还出现合中书、门下职务的情况③,宰相集体决策的制度日趋完善。

隋立国初年,创规立制,百废待兴,故皇帝躬亲庶务,日理万机,容易让人产生尚书省居主导地位的错觉,其实不然,《隋书》卷十二《礼仪七》记载:

> 周武帝时,百官燕会,并带刀升座。至开皇初,因袭旧式,朝服登殿,亦不解焉。十二年,因蔡征上事,始制凡朝会应登殿坐者,剑履俱脱。在不坐者,敕召奏事及须升殿,亦就席解剑,乃登。纳言、黄门、内史令、侍郎、舍人,既夹侍之官,则不

---

① 参阅史念海主编:《西安历史地图集》"隋大兴城图",西安地图出版社1996年版。
② "政事堂"并非权力机构,是根据宰相的性质而派生出来的。既然隋代的宰相已演变成为决策群体,则必有议事地点,且须在宫内,这些都无须置疑。隋代诏令,保存完整者,一般以"门下"起首,可以佐证门下省为决策地。《大唐新语》卷十《厘革》记载:"旧制,宰相臣尝于门下省议事,谓之政事堂。"既称"旧制",则知由来已久。因此,不必因袭李华《中书政事堂记》之旧说,非认定"政事堂"为唐朝发明不可。
③ 《唐会要》(上海古籍出版社1991年版)卷七四《选部上》记载:"自隋已降,职事五品已上官,中书门下访择奏闻,然后下制授之。"参阅陈仲安、王素:《汉唐职官制度研究》,中华书局1993年版,第90页。

脱。其剑皆真刃,非假。……又准晋咸康元年定令故事,……唯侍臣带剑上殿。

这则记载告诉我们两个重要的问题:第一,三省当中,中书、门下两省与皇帝的关系更加亲密,当创建国家体制工作告一段落,日常事务走上轨道之后,中书与门下的作用就日益重要,而最高行政机构的尚书省便不一定成为宰相之一员。由此可知,隋文帝改革宰相制度的根本原则是尽量将决策与施政分离,使宰相成为一个决策群体,由此决定了他只是皇帝辅臣的角色。随着以他官参预朝政情况日益增多,以及尚书省在决策过程中作用逐渐降低,领导机构宰相决策制的特点就显现得更加清楚。第二,中书、门下官员仍保留浓厚的天子侍从色彩,表明三省制仍处于进一步完善的过程中。

其次,是政务执行层次。大政方针决定之后,便交给具体行政部门负责施行。隋朝的行政机构有前述尚书省的六部,以及太常、光禄、卫尉、宗正、太仆、大理、鸿胪、司农、太府九寺和都水台、国子寺、将作寺等。九寺并置卿、少卿各一人为主官,下辖各种专职行政部门的署(宗正和大理寺不统署)。都水台主管水利、川泽、关津等事务;国子寺掌管教育;将作寺掌管土木工程等事务。

旧体制下,三公主政务,九卿在其领导下负责具体执行。现在,新的宰相制固然完全取代了三公,但是,庞大的行政机构依然保存下来。因此,出现了尚书六部与九寺机构并立重复的现象。如何解决这个问题,早就有不同意见,或主张事权归九卿,或建议并省诸寺。隋文帝建国当初,注意力集中于改革至关重要的宰相制,无暇顾及于此,"故隋氏复废六官,多依北齐之制。官职重设,庶务烦滞,加六尚书似周之六卿,又更别立寺、监,则户部与太府分地官司徒职事,礼部与太常分春官宗伯职事,刑部与大理分秋官司寇职事,工部与将作分冬官司空职事。自余百司之任,多类于斯,欲求理要,实在简省。"①

行政部门机构重叠,分工不清的矛盾暴露出来后,隋文帝随即进行了调整改革。从突出三省作用、加强集权的思路出发,他采取了并省诸寺的办法②。开皇三年(583)四月,废光禄寺及都水台入司农,废卫尉入太常尚书省,废鸿胪亦入太常。然而,光是裁并机构还是解决不了六部与诸寺合理分工的问题,所以,开皇十二年(592)又复置光禄、卫尉和鸿胪三寺,翌年,都水台亦告恢复,一切都回复原状。由此可见,在隋文帝时代一直都未能解决好诸寺与六部之间的关系。

另一方面,则是根据具体情况充实加强三省。开皇三年四月,明确尚书左、右仆射的分工,规定左仆射分管吏、礼、兵三部,右仆射分管都官、度支和工部三部;改度支为民部,都官为刑部,使尚书都省的下一级单位统一名为"部",使之更加整齐规范;将内史省通事舍人增加至二十四人。开皇六年(586),尚书省二十四司又各增加员外郎一人,作为副职,充实日常事务部门。

隋文帝实行的三省六部制,承前启后,奠定了中央政治体制的基本框架,影响极其深远。此后,三省制度的变化,主要集中于完善三省建制、平衡三省职权和理顺行政部门之间关系两个方面。隋炀帝即位,继承文帝"复废周官,还依汉、魏"的基本方针,"意存稽古,建官分职,率由旧章"③,对三省制颇加改进,其中较重要的,是将门下省下的城门、殿内、尚食、尚药和御府五局分出,合太仆分

---

① 《通典》卷二十五,《职官七·总论诸卿》注。
② 据《隋书》卷五十七《卢思道传》记载,隋文帝原计划并省诸寺,仅置六卿,在并省的机构中有大理寺,后来,由于卢思道提出反对,故大理寺得以保留。然而,根据《隋书》卷二十八《百官下》的记载,其对诸寺的并省,基本按照原来的六卿设想进行。
③ 《隋书》卷二十六,《百官上》总序。

出的车府、骅骝等署,设立殿内省;从内史省中将通事舍人独立出来,设立谒者台,掌受诏劳问,出使慰抚,持节察授和申奏冤枉。这两项改进,除去门下省的侍从与内史省的出使宣慰等事务,使之更加专职于制定诏令的工作。另一方面,将光禄以下八寺卿的品秩降为从三品,低于六部尚书,明确两者之间在行政上的统属关系,朝着六部掌管政令,诸寺负责具体实行的方向演进。炀帝及后来的唐朝对三省六部制的充实完善,就是沿着隋文帝确定的方向进行的。

第三节　制定律令礼制

完成构建国家机构和任命政府首脑的工作后,隋文帝再接再厉,以饱满的热情组织制定新的律令法规。这项工作的意义,他有着切身的体会。

早年,他在北周任南兖州总管时,周武帝编修《刑书要制》,企图用重典来整治北齐旧境。对此,他颇不以为然,批评道:"人主之所为也,感天地,动鬼神,而《象经》多纠法,将何以致治?"①在他心中,法律是治国之本,国家与社会的管理必须在法制化的轨道上进行,这大概是对北周个人集权政治反思的结果。所以,在他登上权力顶峰后,呕心沥血努力奋斗的是建立崭新的国家制度和编撰法典,垂则后世。这两方面所取得的巨大成就,奠定了此后中国政治社会的基本架构。

隋朝成立后,隋文帝马上命令:"尚书左仆射、勃海公高颎,上柱国、沛公郑译,上柱国、清河郡公杨素,大理前少卿、平源县公常

---

① 《隋书》卷六十六,《郎茂传》。

明,刑部侍郎、保城县公韩濬,比部侍郎李谔,兼考功侍郎柳雄亮等,更定新律。"①实际上,参加编修新律的远远不止上述七人。《隋书·裴政传》说:"同撰著者十有余人",以此为线索,考诸《隋书》,可以确定开皇元年(581)参加编撰《开皇律》的人员至少还有于翼、李德林、裴政、苏威、赵芬、王谊和元谐等七人②,通前计十四人。

在这十四人中,高颎、李德林、苏威、郑译和裴政为主要编撰者。《隋书·裴政传》记载:

"(裴)政采魏、晋刑典,下至齐、梁,沿革轻重,取其折衷。同撰著者十有余人,凡疑滞不通,皆取决于政。"

由此可知,《开皇律》兼收博采南北各代法律之优点,以河清三年(564)制定的北齐律为样本拣选淘汰而成。《开皇律》有十二篇,篇各一卷,分别为:

1、名例,2、卫禁,3、职制,4、户婚,5、厩库,6、擅兴,7、贼盗,8、斗讼,9、诈伪,10、杂律,11、捕亡,12、断狱。

十二篇之制,直接继承北齐律,篇目也大体沿袭北齐律名,略有改动③。最主要的改动是根据律文性质归类排列,注重法律的内在联系,使之明了有序。例如,将原置于第五的《违制》改名为《职制》,调到第三,与《卫禁》上下衔接;将原在《捕断》之后的《毁损》、《厩牧》和《杂》三篇调到《捕断》之前,亦即将实体法放在一

---

① 《隋书》卷二十五,《刑法》。
② 以上七人,分别见《隋书》卷四十二《李德林传》载:"开皇元年,敕令与太尉任国公于翼、高颎等同修律令";《隋书》卷六十六《裴政传》载:"开皇元年,转率更令,加位上仪同三司。诏与苏威等修定律令";《隋书》卷四十六《赵芬传》载:"开皇初,罢东京官,拜尚书左仆射,与郢国公王谊修律令";《隋书》卷四十《元谐传》载:"及高祖受禅,……奉诏参修律令。"
③ 隋律的渊源沿革,参阅韩国磐:《略论隋朝法律》,收入其著《隋唐五代史论集》,生活·读书·新知三联书店1979年版;高明士:《从律令制度论隋代的立国政策》,收于《唐代文化研讨会论文集》,台北文史哲出版社1991年版。

起。其次,调整篇目内容,将损坏财物罚则的《毁损》大体并入《杂律》;将诉讼与审判规定的《捕断》析为《捕亡》和《断狱》,使得分类更加合理。再次,将《捕亡》和《断狱》置于最后,这样,隋法便清楚地分为法律总则、实体法和程序法,表明隋代立法技术的成熟。

隋律的突出特点,在于加强君主集权体制,维护官僚贵族等级制及其利益。这种倾向性主要体现于"十恶"和"八议"的规定①。

"十恶"规定,凡犯有谋反、谋大逆、谋叛、恶逆、不道、大不敬、不孝、不睦、不义、内乱罪者,须加重惩罚,不得宽赦。这十条重罪可以大致分为两类,即危害国家政权与皇室罪(谋反、谋大逆、谋叛、大不敬和不义);破坏宗法秩序罪(恶逆、不孝、不睦和内乱),以及特别恶劣残忍的犯罪(不道),强调以忠孝治国,把国看作是放大了的家,皇帝为绝对的家长。在国与家的关系上,则特别规定"唯大逆谋反叛者,父子兄弟皆斩,家口没官"②,突出忠君报国的至高无上地位。

北周和北齐,对于特别严重的犯罪均有专门规定,北周"重恶逆、不道、大不敬、不孝、不义、内乱之罪",北齐则"列重罪十条"③。隋律直接继承北齐律,参酌增删,创设"十恶"之制,反映出隋文帝重整社会秩序、大力加强中央集权的意图。

---

① 汤承业:《隋文帝政治事功之研究》(台湾中国学术著作奖助委员会1967年出版)否认《开皇律》具有阶级性,甚至连再明白不过的"十恶"规定,也要曲解为:"观此'十恶之条',无非以'教忠教孝'为鹄的;说其为'礼教'亦无不可",并且用统治集团内部倾轧的事例来否定官僚贵族享有"八议"的法律特权,溢美隋法具有"平等性"与"公正性"。这类歪曲史实强作解事的例子随处可拾,难以逐条摘引讨论。
② 《隋书》卷二十五,《刑法》。
③ 《隋书》卷二十五,《刑法》。

把儒家礼教法律化的同时,也给予官僚贵族相当的法律特权,即所谓议亲、议故、议贤、议能、议功、议贵、议勤和议宾的"八议"规定。"其在八议之科,及官品第七已上犯罪,皆例减一等。其品第九已上犯者,听赎"。在颁行新律的诏书中,隋文帝强调"贵砺带之书,不当徒罚,广轩免之荫,旁及诸亲"①,表明对于身份性贵族和受教育的士人,其法律适用不同于一般庶民。这样,《开皇律》的性质就更加明显。

在刑名上,隋文帝同样对前代法律做了大刀阔斧的改革。《开皇律》规定的刑名有五种,可以归纳为四类:

第一,死刑,分斩和绞两种,绞刑可以全尸,故视为较轻。

第二,流刑,有一千里、一千五百里和二千里三等②;并且还要在流放地分等服劳役二年、二年半和三年;服刑时还要加杖一百、一百三十和一百六十。

第三,徒刑,有一年、一年半、二年、二年半和三年五等。

开皇前期,流刑和徒刑所服劳役可在官府"居作"执行,也可以"配为戍卒",到了开皇十三年(593),则原则上改为充军"配防"。

---

① 以上引文见《隋书》卷二十五,《刑法》。
② 南北朝时代,流刑已见于北魏律,而北齐和北周均将其正式列为五刑之一。据《隋书·刑法》记载,北齐规定:"谓论犯可死,原情可降,鞭笞各一百,髡之,投于边裔,以为兵卒,未有道里之差"。北周则区别为五等,起自二千五百里的卫服,直至四千五百里的蕃服,每等相差五百里,亦加鞭笞。由此可知,流刑的对象为犯死罪而情有可原者,故处罚很重,本由流放、体罚和劳役三者合一。唐朝流刑未见附加刑,唐太宗时,废除断趾肉刑,改为流放三千里,加劳役二年,称为"加役流"。由此可知,隋朝的流刑不能称为"加役流",而且,劳役有在官府或军队里罚作,流配本为一事,不能硬加区分。隋律中的流刑,大约取自北周律而颇加减轻。唐朝将流刑之劳役统统减为一年,但各等均加一千里。《资治通鉴》卷一百七十五"陈宣帝太建十三年九月"条记载:"流刑三,自二千里至三千里。"这恐怕是误将唐律当作隋律。

第四,身体刑,分"杖刑"和"笞刑"两种,杖刑从六十到一百五等①,每等加十下;笞刑亦分五等,从十至五十,每等加十下。

《开皇律》的框架结构,主要取法北齐律,这是因为北齐律"法令明审,科条简要"的缘故。但是,在具体规定上,应该也吸收不少北周律条文。例如,《开皇律》"蠲除前代鞭刑及枭首轘裂之法,其流徙之罪皆减从轻"②,其中的"裂"就是北周的刑名,此其一。《开皇律》的主要制定者裴政,名闻南梁,入周后,曾经参与制定北周律,深知南北法律优劣所在,所以,如前引史料所见,他编修《开皇律》时综参南北各朝法律,"沿革轻重,取其折衷",自然不会偏废北周律,此其二。下面将要谈到,初版的《开皇律》有一千数百条,显然接近于一千五百三十七条的北周律,而非九百四十九条的北齐律,此其三。《旧唐书·刑法志》记载:"隋文帝参用周、齐旧政,以定律令,除苛惨之法,务在宽平",指明了《开皇律》的来源,所以,说"北魏、北齐、隋、唐律为一系相承之嫡统,而与北周律无涉也"③,似乎不太精审。

在隋文帝的督励下,《开皇律》当年就编修完成,十月十二日,文帝下诏在全国颁行。这么短的时间内就编制完成的法典,驳杂抵牾之处在所难免,更重要的是,隋承周、齐末世深文致罪之弊,律文中还保留不少前代苛刻的规定,所以,新律实行不久,就发现不少问题。开皇三年(583),隋文帝在批阅刑部奏文时,看到断狱数目尚在万件以上,被深深地震住了。这一切显然是由于前代苛法尚未尽除,新律过于严密,使人举手触禁,动辄犯法。于是,他找来

---

① 《隋书·刑法》作:"杖刑五,自五十至于百"。程树德:《九朝律考·隋律考》(中华书局1963年新一版)订正为六十至一百,应是正确的。
② 以上引文见《隋书》卷二十五,《刑法》。
③ 陈寅恪:《隋唐制度渊源略论稿》四《刑律》,第115页。

纳言、民部尚书苏威、礼部尚书牛弘主持修改律文。据《隋书》记载,参加这次修订的应该还有赵轨和源师①。

从事起原由不难明白,本次修订的重点,在于进一步贯彻隋文帝颁律诏书提出的"以轻代重,化死为生,……杂格严科,并宜除削"原则②。属于具体规定的删汰,而不是对整部法律原则框架的修改。经过认真的拣择,共删除死罪八十一条,流罪一百五十四条,徒杖等千余条,删除了三分之二强的条文,仅保留五百条。此后,随着社会的发展还曾对律文做个别修改,但《开皇律》于此时即告定型完成。

捐弃前代酷法,也包括修正刑讯、诉讼和审判的规定。以往官司讯囚,法无规定,故法官狱吏滥施酷刑,惨毒至极,故往往屈打成招,冤狱迭出。现在,《开皇律》把刑讯也纳入法内,规定讯囚时拷打不得超过两百下,行杖不得换人,还规定刑具的样式,堵塞了讯问中法外施刑的重大漏洞。在诉讼方面,除了正常的公诉外,允许自诉,对于刑事犯罪还要求相互纠告,纠告有赏,知情不告有罚③。而且,还允许逐级上诉,"乃诏申敕四方,敦理辞讼。有枉屈县不理者,令以次经郡及州,至省仍不理,乃诣阙申诉。有所未惬,听挝登闻鼓,有司录状奏之"④。在审判上,要求秉公执法,对于舞文巧

---

① 赵轨,《隋书》卷七十三本传记载:"高祖受禅,转齐州别驾,……在州四年,考绩连最。……(征入朝)既至京师,诏与奇章公牛弘撰定律令格式。"此记载在时间上有一年误差,前引高明士《从律令制度论隋代的立国政策》订正赵轨任齐州别驾在杨坚受禅的前一年,当是。源师,《隋书》卷六十六本传记载:"高祖受禅,除魏州长史,入为尚书考功侍郎,仍摄吏部。朝章国宪,多所参定。"
② 《隋书》卷二十五,《刑法》。
③ 《隋书·刑法》记载,隋文帝因盗贼不止,"诏有能纠告者,没贼家产业,以赏纠人。……此后又定制,行署取一钱已上,闻见不告言者,坐至死。"
④ 《隋书》卷二十五,《刑法》。

诋的官吏,还作了"反坐"的规定①。重大案件,特别是死刑案件,要求上报中央,再三复审。开皇六年(586)规定:"命诸州囚有处死,不得驰驿行决"。开皇十二年(592)又"诏诸州死罪不得便决,悉移大理案覆,事尽然后上省奏裁"②。到开皇十六年(596)八月,则进一步规定为:"决死罪者,三奏而后行刑"③。

这次修改法律,还确定了一些进步的司法原则。例如,要求"断决大狱,皆先牒明法,定其罪名,然后依断",开皇五年(595)更明确规定"自是诸曹决事,皆令具写律文断之"④,表现出力纠罪刑擅断、朝着罪刑法定主义方向迈进的努力,颇具进步意义。同时,设置律博士弟子,协助判案。开皇五年发生律生舞文弄法的事件后,隋文帝鉴于前代设律官枉法出入的弊端,取消大理寺律博士、尚书刑部曹明法和州县律生,随后规定"诸州长史已下,行参军已上,并令习律,集京之日,试其通不"⑤,督励执法官员学习法律,以求依法办案。

《开皇律》对魏晋以来的南北各朝法律多有厘革,取精用宏,"自是刑网简要,疏而不失"⑥,成为我国法制史上的一大里程碑,其立法精神、司法原则和依法治国的思想,不仅为以后历代所继承,而且对东亚世界也产生深远影响。

总的来说,文帝一朝君臣基本上能够尽量依法办事。

当时,中央的司法机关设御史台,监察非法,弹劾百官;尚书省

---

① 《隋书·刑法》记载:"(开皇)五年,侍官慕容天远,纠都督田元,冒请义仓,事实而始平县律生辅恩,舞文陷天远,遂更反坐。"
② 《隋书》卷二十五,《刑法》。
③ 《隋书》卷二,《高祖下》。
④ 《隋书》卷二十五,《刑法》。
⑤ 《隋书》卷二十五,《刑法》。
⑥ 《隋书》卷二十五,《刑法》。

刑部(都官),管理司法行政事务;大理寺,负责案件的审判。地方司法则随行政区划包含于当地政府机构之内。隋文帝与司法官员之间,对于法律的权威与公正,有着一定程度的共识。刑部侍郎赵绰曾经向隋文帝进谏道:"律者天下之大信,其可失乎!"黄门侍郎刘行本也向隋文帝说过律令是与民约束的"朝廷之大信"①,他们都因此受到隋文帝的表扬。隋文帝一朝,涌现出一批刚正不阿敢于秉公执法的司法官员,如李谔、郎茂、荣毗、梁毗、薛胄和上述赵绰、刘行本等人。其中,在文帝时期以执法公允著称的郎茂,到炀帝时竟"不敢措言,唯窃叹而已"②,足见这些法官能够有所作为,得益于隋文帝的信任与法治精神。

隋文帝本人十分重视司法审判,把执法公正作为政治清明的保证,常抓不懈。开皇年间,他经常审理案件,特别是在秋季判决犯人之前,他曾多次"亲录囚徒",以避免出现冤案③。国子博士何妥以其亲眼所见,称赞文帝"留心狱讼,爱人如子,每应决狱,无不询访群公,刑之不滥,君之明也。"④其行为无疑起到很大的表率作用,同时也给臣下无形的压力,警策他们认真执法。

当然,隋文帝在不少时候也不顾法律规定,任情擅断,因而一直受到后人的批评。其实,要求一位古代帝王完全依法办事是不现实的,因为它无视了古代社会君权至上的基本原理。实际上,隋文帝许多过分的表现,正是为了说明这一点。这可以从以下两点得到佐证:首先,隋文帝滥加处罚的对象,主要是针对官吏,目的还

---

① 分别见《隋书》卷六十二,《赵绰传》和《刘行本传》。
② 《隋书》卷六十六,《郎茂传》。
③ 《隋书·高祖纪》记载,隋文帝分别于开皇二年五月、十二月,四年九月,十年七月,十二年八月,十七年三月,十八年十一月,多次"亲录囚徒"。
④ 《隋书》卷七十五,《儒林·何妥传》。

在于树立皇帝的权威,此点留待后文分析。所以,他的行为并没有对整个法律体制造成伤筋动骨的破坏,这与隋炀帝后期向人民滥施酷法有质的区别。其次,隋文帝固然重视法律的权威,并要求臣下遵循。然而,他本人始终把法律置于皇权之下,对他而言,权大于法,法律必须服从于权力,因此,他的一些反复无常的作法实为要弄权术的故意造作。下面的一则故事,颇能反映隋文帝的真实思想。

隋文帝禁止恶钱流通,官府捉到两名在市场上以劣币换好币的罪犯,文帝下令将他们处斩。法官赵绰进谏曰:"此人当坐杖,杀之非法。"

文帝斥道:"不关卿事。"

不料,赵绰据理力争:"陛下不以臣愚暗,置在法司,欲妄杀人,岂得不关臣事!"

文帝不耐烦地喝道:"撼大木不动者,当退。"

赵绰毫不退缩,平静地说:"臣望感天心,何论动木!"

文帝不由怒从中起,逼问道:"啜羹者,热则置之。天子之威,欲相挫耶?"

赵绰叩拜谢罪,却寸步不让,文帝再三呵斥,他仍不肯退下,弄得文帝下不了台,拂袖入内。治书侍御史柳彧见势不妙,连忙上奏劝解,才慢慢平息了文帝的怒气①。

显而易见,隋文帝把法律作为树立天子权威的工具,因此,皇帝并不受法律的束缚,当臣下严格执法而制约君权时,他首先想到的是"天子之威,欲相挫耶?"

正是由于这种思想作怪,所以他心安理得地出尔反尔,下令将

---

① 《隋书》卷六十二,《赵绰传》。

谋反伏诛的梁士彦和刘昉等人妻妾财产籍没,十五岁以上的子女远配①,似乎忘记了正是自己"诏免尉迥、王谦、司马消难三道逆人家口之配没者,悉官酬赎,使为编户。因除孥戮相坐之法";甚至规定"盗边粮者,一升已上皆死,家口没官"、"盗一钱已上皆弃市"、"行署取一钱已上,闻见不告言者,坐至死"之类的酷法②。其中有些规定的动机或许不坏,然而,讲动机而不考虑后果,以及片面强调"治乱世用重典",一直是我国立法与执法上的误区与陷阱,隋文帝也深陷其中。

君权至上的思想,还表现于《开皇律》的比律论罪原则方面。以往,隋文帝大幅度删减律条的作法经常受到称赞。其实,条文多寡与法律性质并无必然联系,条文过简有时反而造成律无正条或罪刑不明确的情况。当这种情况出现时,《开皇律》规定可以比引类似律文来定罪,即隋侍御史刘子翊所谓:

> 律云"准枉法"者,但准其罪,"以枉法论"者,即同真法。律以弊刑,礼以设教,"准"者准拟之名,"以"者即真之称。"如""以"二字,义用不殊,礼律两文,所防是一。将此明彼,足见其义,取譬伐柯,何远之有③。

罪刑不确定固然有利于君主操纵法律,然而,它也给官吏弄法打开方便之门,造成官僚个人分享国家权力的后果。无怪乎唐朝人对此提出尖锐的批评:

> 神龙元年正月,赵冬曦上书曰:"臣闻夫今之律者,昔乃有千余条。近有隋之奸臣,将弄其法,故著律曰:'犯罪而律

---

① 《隋书》卷三十八,《刘昉传》。
② 以上引文均见《隋书》卷二十五,《刑法》。
③ 《隋书》卷七十一,《诚节·刘子翊传》。

无正条者,应出罪则举重以明轻,应入罪则举轻以明重。'立夫一言,而废其数百条。自是迄今,竟无刊革,遂使死生罔由乎法律,轻重必因乎爱憎,赏罚者不知其然,举事者不知其犯。臣恐贾谊见之,必为恸哭矣!夫立法者,贵乎下人尽知,则天下不敢犯耳,何必饰其文义、简其科条哉?夫条科省则下人难知,文义深则法吏得便。下人难知,则暗陷机井矣,安得无犯法之人哉?法吏得便,则比附而用之矣,安得无弄法之臣哉!"①

然而,对于热衷于集权的人,政治权力的诱惑使他失去政治远见,不懂得政治权力必须通过制度与法律权威来保障,当政治权力好不风光地践踏法律时,似乎并没有意识到这同时也是在作贱自己。

《隋书》卷三十三《经籍二》记载:"隋则律、令、格、式并行",并载明存有《隋开皇令》三十卷,目录一卷;《隋大业令》三十卷。《隋书·苏威传》也说:"隋承战争之后,宪章踳驳,上令朝臣厘改旧法,为一代通典。律、令、格、式,多威所定,世以为能。"由此可知,隋朝的成文法典还包括令、格、式等,都是根据隋文帝的命令,而制定"一代通典"的远大气魄,大体由同班人马编撰而成。只是《开皇律》先行完成,而其他三种法典则要到第二年,即开皇二年(582)七月才颁布实行②。

---

① 《通典》卷一百六十七,《刑法五》。
② 《隋书》卷二十八《百官下》记载:"(开皇)二年,定令",但月份不详。《玉海》(上海古籍出版社四库类书丛刊本1992年版)卷六十五《律令上·隋律令格式》和《通志》(中华书局影印本1987年版)卷十八《隋纪十八·文帝》都记载"七月甲午,行新令。"但是,查方诗铭、方小芬:《中国史历日和中西历日对照表》(上海辞书出版社1987年版),该年七月无甲午日,故"甲午"或为"甲子"之误。前引高明士《从律令制度论隋代的立国政策》推测,格、式也和令一道公布。《隋书》卷三十六《后妃传》序载:"开皇二年,著内官之式,略依《周礼》",可作为开皇二年(582)颁式之佐证,故高氏说应可成立。

汉代法典,令是派生的,用以辅助律的贯彻。曹魏修改法律制度,将政府与军队的组织法等归为令①,其变革最后由西晋总结为泰始律令。经此改革,令成为与律并立的一大法典。西晋杜预在《晋律》序中说:"律以正罪名,令以存事制,二者相须为用"②,表明律和令相辅相成,律主要用以处罚犯罪,大约相当于后世的刑法,而令则用以规定各种制度和社会生活,"违令有罪则入律"。和令配套的,还有"品式章程"等等③。隋朝对前代法典进行全面系统的整理,厘定为律、令、格、式四大类,其功能从继承隋开皇法典的唐朝情况来看,"律以正刑定罪,令以设范立制,格以禁违正邪,式以轨物程事"④。

《唐六典》卷六《尚书刑部·刑部郎中》"令"注道:

> 隋开皇命高颎等撰《令》三十卷:一、《官品》上,二、《官品》下,三、《诸省台职员》,四、《诸寺职员》,五、《诸卫职员》,六、《东宫职员》,七、《行台诸监职员》,八、《诸州郡县镇戍职员》,九、《命妇品员》,十、《祠》,十一、《户》,十二、《学》,十三、《选举》,十四、《封爵俸廪》,十五、《考课》,十六、《宫卫军防》,十七、《衣服》,十八、《卤簿》上,十九、《卤簿》下,二十、《仪制》,二十一、《公式》上,二十二、《公式》下,二十三、《田》,二十四、《赋役》,二十五、《仓库厩牧》,二十六、《关

---

① 《晋书》卷三十《刑法志》记载:"(魏明帝时)天子又下诏改定刑制,命司空陈群、散骑常侍刘邵、给事黄门侍郎韩逊、议郎庾嶷、中郎黄休、荀诜等删约旧科,傍采汉律,定为魏法,制《新律》十八篇,《州郡令》四十五篇,《尚书官令》、《军中令》,合百八十余篇。"
② (唐)欧阳询著,汪绍楹校:《艺文类聚》卷五十四,《刑法部·刑法》,上海古籍出版社 1982 年新一版。
③ 引文见《晋书》卷三十,《刑法志》。
④ 陈仲夫点校:《唐六典》卷第六《刑部尚书·刑部郎中》,中华书局 1992 年版。

市》,二十七、《假宁》,二十八、《狱官》,二十九、《丧葬》,三十、《杂》。

其中,第八篇为《诸州郡县镇戍职员令》。我们知道,隋文帝在开皇三年(583)废郡,因此,《唐六典》所记载的无疑是开皇二年颁行的令。

从规模上看,《开皇令》三十卷与梁令相同,但是,鉴于隋朝实行的均田、三长、租调、府兵等制度直接继承于北朝,而且,南北朝社会形态与生产方式差异颇大,因此,隋朝的律令格式必然主要取法北齐乃至北周。北周令连篇目都没有保存下来,所以,我们只能取北齐令作比较。

南北朝令有着明显的区别。南朝令系晋令一脉相传,按照儒家"衣食足而知荣辱"的理念,先生活、教化、生产,尔后才是有关政府军政制度的规定。北朝令则直接着眼于对社会的管理和控制,譬如北齐令就径取尚书省二十八曹为其篇名。《开皇令》除了篇目及其他若干调整外,其编撰原则完全继承北齐。

从《开皇令》的篇目可以看出,自第一到第九是关于各级政府职官的规定,已占了近三分之一的篇幅,而第十三以下,大体依次为吏、兵、礼、度支、都官各部的有关规定。再看格与式,从唐朝格式篇目可以一目了然,完全是关于政府六部二十四司及寺卿部门办事程式的具体规定[①],上溯隋朝,亦应大同小异。十分清楚,隋朝令、格、式以行政法为主,以官僚体系为前提而制定,通过职官制度所表现的国体,是整个成文法典的核心。

当然,在法令中也有一部分民法方面的内容。但是,对于个

[①] 池田温:《律令官制的形成》(收于《岩波讲座 世界历史》古代5,日本东京,岩波书店1970年版)对魏晋隋唐成文法典与职官制度作了出色的研究,请参阅。

人、家族、财产和交易等,是从公法的角度,即从国家对社会的控制和维护国家政权的安定出发,纳入严格的等级与身份体制之内,而不是去规定并保护社会成员相互之间的各种关系。换言之,法律强调的是自上而下的纵向统治关系,而不是横向的社会联系。个人的权力服从于宗族关系,进而扩展到国家社会,在这种法律制度下,私法不发达甚至衰退自然是可想而知的了。隋朝法典反映了统治者力图通过政治权力重新整合并控制长期分裂的社会,大力加强中央集权的官僚制目标,它同时也规定了后世政治发展的方向。

孔子曾经说过:"道之以政,齐之以刑,民免而无耻;道之以德,齐之以礼,有耻且格。"[①]由于中国基本上是由农村公社演变为阶级社会的,所以,自古以来就特别注重用伦理道德内在、积极地去规范人的行为,儒家更是把它凝结为"礼",提高到天下大治的至高境界。《礼记·曲礼上》说道:"道德仁义,非礼不成;教训正俗,非礼不备;分争辩讼,非礼不决;君臣上下,父子兄弟,非礼不定;宦学事师,非礼不亲;班朝治军,莅官行法,非礼威严不行;祷祠祭祀,供给鬼神,非礼不诚不庄。"礼成为无所不包、无所不能的规范。西晋将法律儒家化,加强了以礼入法的趋势,礼律并置,互为表里,已成为魏晋南北朝统治者与法学家的共识[②],唐律里说得很明确:"德礼为政教之本,刑罚为政教之用"[③]。隋朝律令格式依次编撰完成后,立即着手修礼,这一清楚的发展脉络,正是南北朝礼律思想的体现。

---

① 《论语·为政》,见《四书集注》,岳麓书社1987年版。
② 《艺文类聚》卷五十四《刑法部·刑法》记载:晋杨乂《刑礼论》曰:"盖刑礼之本,经纬阴阳,拟则乾坤,先王所以化民理物,兴国济治也。……大道行焉,则刑礼俱兴,不合而成,未之有也",就是明证。此类事例颇多,参阅程树德:《九朝律考·晋律考》。
③ 刘俊文点校:《唐律疏议》卷第一,《名例》疏,中华书局1983年版。

另一方面,《礼记·乐记》说:"王者功成作乐,治定制礼"。孔子也说过:"非天子,不议礼,不制度,不考文。……虽有其位,苟无其德,不敢作礼乐焉;虽有其德,苟无其位,亦不敢作礼乐焉"①。制礼以告功成、树正统、明君德,这是一代开基创业的皇帝所拥有的神圣特权。开皇初,隋文帝打算修礼,秘书监牛弘上书称:"制礼作乐,事归元首"②,获得首肯。显然,文帝修礼包含其作为一代明君的自负。

其实,隋文帝登基伊始,就曾应一时之急而修改了北周舆服仪卫等部分礼制。《隋书·礼仪七》记载:"高祖初即位,将改周制,乃下诏曰:'祭祀之服,须合礼经,宜集通儒,更可详议。'"当时,大臣高颎、崔仲方、卢贲、李德林、裴政等人纷纷献言,建议废除北周礼,用魏晋北齐礼代之,由此确定了后来修礼的基调。

同书《礼仪一》还记载:"高祖受命,欲新制度。乃命国子祭酒辛彦之议定祀典。"可知当时隋文帝委以主持修改北周礼典的"通儒",是出身于陇西的辛彦之。

此后,百废待兴,国务繁忙,修礼工作暂无进展。秘书监牛弘知道文帝念念不忘修礼,便上书建议全面编撰新礼,移风易俗,大治天下。其时,律令格式已经基本编就,与之配套的改定礼制自然提上了议事日程。于是,隋文帝让牛弘与辛彦之一起编撰礼典。开皇三年(583),牛弘继辛彦之出任礼部尚书,全面负责编撰新礼。隋文帝给他配备了编撰班子,参加者还有明克让和崔赜诸儒③。

---

① 《中庸》第二十八章,见《四书集注》,岳麓书社1987年版。
② 《隋书》卷八,《礼仪三》。
③ 明克让,见《隋书》卷五十八本传记载:"高祖受禅,拜太子内舍人,转率更令。……诏与太常牛弘等修礼议乐,当朝典故多所裁正"。崔赜,见《隋书》卷七十七本传记载:"开皇初,秦孝王荐之,射策高第,诏与诸儒定礼乐,授校书郎。"

明克让出自南梁礼学名家,本人亦为当世所推重,梁亡后入周,先后当过麟趾学士和露门学士。崔赜出身于北方大族的博陵崔氏,其父为山东儒学宗师,本人亦是隋代一流文士。此二人参加修礼,显然是为了博采北齐及南朝后期新发展的礼制。

开皇五年(585)正月,《隋朝仪礼》一百卷编撰完成。十一日,隋文帝下诏颁行。这部礼典包含吉、凶、宾、军、嘉五礼,"悉用东齐《仪注》以为准,亦微采王俭礼",或载"采梁及北齐《仪注》"①,堪称北齐与南朝礼制的集大成。

《隋朝仪礼》的颁布,标志着隋朝系统性礼刑法制建设基本完成。隋礼对传统礼制多有改革创新。例如,隋朝将国家祀典分为大、中、小三种,厘清其等级,确定以昊天上帝、五方上帝、社稷和宗庙等为大祀,这些都与编修律令格式的指导思想一致,即通过祭祀天神以强调隋政权的正统合法性,助其实现中央集权的目的②。

第四节 构建大兴新都

中央政治体制的构建进展十分顺利,隋文帝大为振奋,各种建设新帝国的设想不停地涌现,他心潮澎湃。随着新帝国的轮廓逐渐明朗,他不由地想到,这幅蓝图须要重重地加上画龙点睛的一笔,那就是建造一座不同凡响的新都城,作为帝国的象征。

长安,这座渭水之滨的历史古都,留给人们多少辉煌灿烂的追忆,在华夏文明的摇篮中,她格外的光彩动人。太遥远的历史不去

---

① 引文分别见《隋书》卷八《礼仪三》、卷六《礼仪一》。《隋朝仪礼》一百卷,见《隋书》卷三十三《经籍二》。开皇五年颁行新礼,见《隋书》卷一《高祖上》。
② 参阅高明士:《隋代的制礼作乐——隋代立国政策研究之二》,收于《隋唐史论集》,香港大学亚洲研究中心1993年版。

细说,统一大帝国的脚步却是从这里迈出的。据说,秦始皇当年构建的都城宫阙,被项羽的一把火烧成废墟,这把火足足烧了三个多月!烧去了人们对秦王朝的怨恨,同时也点燃人们心中新的希望。刘邦建立汉朝,还是选择在这片让人魂牵梦萦的黄土故地构建帝国的都城。

黄河由西向东滔滔奔涌,在进入黄土地时突然掉头向北转了一个大圈,顺着吕梁山南下,从北岳华山东边的潼关重新上路,东流入海。如此神奇的一笔,把关中平原拥抱入怀,母亲般地呵护哺育,使得关中平原从地形到经济、人文条件都得天独厚。司马迁在其不朽名著《史记》里,不无偏爱地说:"关中之地,于天下三分之一,而人众不过什三;然量其富,什居其六"。的确,站在黄土高坡向东眺望,地势由西向东低斜延伸,逐渐开阔起来,不由得胸中涌起居高临下气吞山河的豪情,难怪古人总以为这里汇聚王气,辅助隋文帝创业的元勋更是这么想的。元老李穆就认为曹魏和西晋弃关中而都洛阳,所以都未遑宁处,只有西魏和北周立都长安,故能平定天下[1]。往事历历,而今,隋文帝伫立于此,又怎能不心逐黄河:天降斯人,再现并超越昔日大汉帝国的荣耀,舍我其谁!

而且,自东汉丧乱以来,长安屡遭兵燹,都城破败,水源亦遭污染,若不彻底整治,确实难以再作都城。然而,这些都是表面上的理由,在隋文帝心中,还有更深的想法。开皇二年(582),他在营建新都诏书里说:"羲、农以降,至于姬、刘,有当代而屡迁,无革命而不徙"[2],也就是说,从三皇五帝直至汉代,没有革命创业者不迁都的。这句话,确实透露了他的抱负。

---

[1] 见《隋书》卷三十七《李穆传》所收李穆劝隋文帝移都的上表。
[2] 《隋书》卷一,《高祖上》。

回首眼前的长安旧城,不但规模狭小,和心中构想的世界帝国很不相称。而且,皇城偏在大城西南隅,不在中轴线上,不能体现天子堂堂正正君临天下的气度,更难让人满意。因此,有必要按照自己心中的设想,构建全新的都城。

当然,这座城市曾经发生过一幕幕政治清洗的惨剧,尤其是对北周皇室的族诛,这些阴影噩梦,搅得隋文帝心神不安,夜色降临,仿佛"宫内多鬼妖"①。他心里明白,北周旧臣并不见得都拥护他。冤魂聚结为魑魅,恭顺掩盖着阴谋。所以,他要离开这里,要造一座高大雄伟的都城镇住它们,也给自己壮胆。

隋文帝在心理上并不是一个真正的强者。《隋书·礼仪一》记载:"初,帝既受周禅,恐黎元未惬,多说符瑞以耀之。其或造作而进者,不可胜计。"营建新都的背后同样潜藏着别人不易觉察的动机,他渴望高大,渴望神圣,渴望证明自己上膺天命而赢得臣下万民的心悦诚服。唐宋时,流传着这样一则故事:

> 长安朝堂,即旧杨兴村,村门大树今见在。初,周代有异僧,号为枨公,言词恍惚,后多有验。时村人于此树下集言议,枨公忽来逐之曰:"此天子坐处,汝等何故居此。"及隋文帝即位,便有迁都意②。

其实,他早就看好了一块风水宝地,位于汉都城东南面,属北周京兆万年县,名为龙首山。名字本身就够气派迷人的了,更何况这里山水秀丽,"南直终南山子午谷,北据渭水,东临浐川,西次沣水"③。龙首原上树木挺拔,林荫茂密之间隐然有股王气,着实叫

---

① 《隋书》卷三十七,《李穆传》。
② 《太平广记》第一百三十五卷,《征应一·帝王休征·隋文帝》所引《西京记》,中华书局1961年版。
③ 《唐六典》卷七,《尚书工部·郎中》条注。

人神往。占上一卦,大是吉祥:"卜食相土,宜建都邑,定鼎之基永固,无穷之业在斯"①。

主意拿定,隋文帝连夜找来高颎和苏威,商议迁都大计。按照他心中的设想,都城将无比壮丽宏伟,规模空前。但如此则工程浩大,要调发大批劳役和巨额资金,对于建立不久的帝国并非易事,至于百官庶民能否理解支持,也说不准。君臣仔细策划,筹算通宵,却始终没有作出决定。文帝似乎在等待什么。

第二天清晨,身任门下省通直散骑常侍的术士庾季才叩见,呈上奏文道:

> 臣仰观玄象,俯察图记,龟兆允袭,必有迁都。且尧都平阳,舜都冀土,是知帝王居止,世代不同。且汉营此城,经今将八百岁,水皆咸卤,不甚宜人。愿陛下协天人之心,为迁徙之计。

文帝君臣相顾愕然,半响,文帝才说道:"是何神也!"②

庾季才精通天文地理,善于观察形势。当年就是他断定隋代周兴,宜在甲子,结果一切顺利,因此声名大振,跻身门下要职。眼下,内里才刚刚提起迁都话头,他已经在外间从天象找根据,如此不谋而合,能不让人由衷钦服!

况且,从天象找依据的,并不是庾季才一人,秘书省掌管天文的太史也赶来奏报:"当有移都之事"。

如此神奇的"巧合",让文帝感到为难。不同意嘛,天意难违,同意嘛,耗资巨大。正举棋不定时,德高望重的太师李穆上了一道长长的表文,从天意人望到历史与现实的各个方面,阐述

---

① 《隋书》卷一,《高祖上》。
② 《隋书》卷七十八,《艺术·庾季才传》。

迁都的深刻意义,言词恳切,文帝阅后,动情地说:"天道聪明,已有征应,太师民望,复抗此请,则可矣"①。迁都大计这才慎重地决定了下来。

开皇二年(582)六月十八日,朝廷正式下诏,命左仆射高颎、将作大匠刘龙、钜鹿郡公贺娄子干和太府少卿高龙叉等人主持营建新都。另外,还任命著名的建筑师宇文恺担任"营新都副监。高颎虽总大纲,凡所规画,皆出于恺"②。举国瞩目的首都营建工程隆重开工了。

到了年底,新都已经初具规模,皇城宫阙超出一丈八尺高的城墙,隐约可见。十二月六日,文帝高兴地命名新都为大兴城。他清楚地记得,自己最初踏上仕途时就是被封为大兴郡公的。"大兴"这封号带给他运气和吉祥,仿佛昭示着天意。所以,他以此命名新都、京县、皇宫大殿以及园池寺院等,希望在他治下,帝国大兴。

翌年三月,新都落成。从开工到完成,前后仅用十个月的时间,真可谓神速③。年初,文帝就为即将迁都而兴奋不已,下令大赦天下,让百姓分享喜悦。三月十八日,文帝黄袍常服,率百官隆重迁入新都。

朝廷百官都看呆了眼前这座都城,所到之处,啧啧交赞,惊叹

---

① 《隋书》卷三十七,《李穆传》。
② 《隋书》卷六十八,《宇文恺传》。另见同卷《何稠传附刘龙传》及卷一《高祖上》。
③ 大兴城能够在如此短的时间内建成,除了中央政府倾注全力予以支持外,还在于其中不少建筑是由旧都搬迁而来的缘故。《唐会要》卷十七《庙灾变》记载:"开元五年正月二日,太庙四室崩。……上又召姚崇,对曰:'太庙殿本是苻坚时所造,隋文帝创立新都,移宇文庙故殿,改造此庙。岁月滋深,朽蠹而毁。'"连太庙都是拆迁来的,则其余可想而知,由此亦可见隋文帝务实勤俭之一斑。

不已。新都东西广十八里一百一十五步,南北长十五里一百七十五步[1],面积为八十四平方公里强,比明清时代的北京城约大一倍半,仅宫城中心部的大兴宫就比明清紫禁城大五倍,在近代以前,大兴城是人类建造的最大都会。

当初,龙首原上有六条高坡,宇文恺以为这正好像《周易》乾之六爻,"故于九二置宫阙,以当帝之居。九三立百司,以应君子之数。九五贵位,不欲常人居之,故置玄都观、兴善寺以镇之"[2],这就完全改变了汉代皇宫偏在西南隅的情况,使得宫城与皇城正好坐落于大城正北,奠定皇帝南面统辖百官、君临百姓的布局。而且,皇宫官署尽在高地,龙盘虎踞,居高临下,既控制要点,又充分显示其权威。

大城东、西、南面各开三座遥相对应的大门,纵横交错的道路,把全城划分成整齐的长方形区块。坐在最北面的宫城大兴殿上往南眺望,中央的昭阳门街把皇城分为左右两部分,栉比安置着各级中央官署;穿出皇城,一百五十多米宽的朱雀门街将大城一分为二,东为大兴县,西为长安县,各领五十四坊以及各占两坊地的东、西市。全城南北共置十三列坊,象征一年十二个月再加闰月;皇城之南,东西排四行坊,象征春夏秋冬四季,每行设九坊,表现《周礼》"王城九逵之制"。整个布局,既巧妙又暗合古礼。

北魏洛阳都城已经出现按城市功能初步进行分区的作法,但是,"自两汉以后,至于晋、齐、梁、陈,并有人家在宫阙之间。隋文帝以为不便于民",于是在宫城南面创建皇城,安置中央官署,"不使杂人居止,公私有便,风俗齐肃",宫城皇城外面,根据高低亲疏

---

[1] 《隋书》卷二十九,《地理上》。另见《唐六典》卷七《尚书工部·郎中》注。
[2] 《唐会要》卷五十,《观》。

的权力关系,布列官僚宅第和寺观,再远的里坊才是百姓的居住区。北面仰望帝居,犹如众星拱极,仔细察看,官署民居各得其所,秩序井然,繁华之中,处处透露森严的等级。从政治角度去构思都城的布局,"实隋文新意也"①。

把政治观念贯彻得如此彻底,无所不在,却是人们难以想象得到的。原来,大兴城最初只设计宫城,然后以宫城的东西之广或南北之长为模数,依次设计出皇城和大城的各个部分。以宫城为基准确定城市各部分的内部关系,尽量把外部的重要区域规划为宫城的相似形。且不去说这种以宫城边长为模数规划城市的设计原理在中国城市建筑史上的创新意义②,那种以皇帝为天下中心,将皇帝的家推广为国,强调皇权涵盖一切、化生一切的皇权至上的理念,无疑是隋文帝构思新都的灵魂。把中央集权的理念原则化为具体的都市建设,不能不说是一大创举。人们从未见过这般规划齐整、宏伟壮丽的都城,置身于此,眼前是一片片与宫城相似的区块在向前不断延伸,一条条广场般宽阔的大道携高楼大宅滚滚而至,王气浩荡,喷薄而起,让渺小的个人于心灵颤抖中匍匐在地,由衷地感到这才是世界的中心,天子的家乡。

第五节　厘定地方行政制度

在第一章里,我曾以地方制度的彻底瓦解作为魏晋南北朝空前绝后大分裂的根本原因之一。拙见幸若无误,则地方制度的重建就不仅仅是简单的制度沿革问题,而且具有整合社会、消除分裂

---

① 关于大兴城的规划布局,见宋敏求:《长安志》卷七所引述的《隋三礼图》,收于平冈武夫编:《唐代的长安与洛阳资料》,上海古籍出版社1989年版。
② 傅熹年:《隋唐长安洛阳城规划手法的探讨》,载《文物》1995年第3期。

因素,加强中央对地方、国家政权对社会阶层控制力等根本性的意义。进行这样一场艰巨复杂的变革,固然要触动社会各个阶层的利益,但是,对于一个想要大有作为的君主,却是无可回避的挑战性课题。

隋朝重建地方行政制度的努力,首先是从巩固中央政权和加强对地方控制开始的,所考虑的是大的现实政治方面。

隋朝建立当初,曾经历尉迟迥、司马消难和王谦等人的激烈反抗。通过这场斗争,隋文帝深深地感到,北周轻而易举被推翻,实由于没有分封宗室,造成"诸侯微弱,以致灭亡"①。所以,他登基后,立即分封诸子和宗室为王,特别是以其侄杨雄掌禁军,以其弟杨爽镇京畿,以次子杨广出任并州总管,九月,又任命四子杨秀为益州总管,已显现其分封思想的端倪。

开皇二年(582)正月,文帝参照北齐制度,采取重大措施,"置河北道行台尚书省于并州,以晋王广为尚书令。置河南道行台尚书省于洛州(今河南省洛阳市),以秦王俊为尚书令。置西南道行台尚书省于益州,以蜀王秀为尚书令"②。

行台初见于曹魏,为临时性随军的中央分支机构。北魏道武帝时,始以行台治理一方,即为尚书行台的简称,代表中央指挥地

---

① 《隋书》卷六十二《元岩传》记载:"时高祖初即位,每惩周代诸侯微弱,以致灭亡,由是分王诸子,权侔王室,以为磐石之固。"同书四十三卷末"史臣曰":"高祖始迁周鼎,众心未附,利建同姓,维城宗社,是以河间、观德,咸启山河。"从长期分裂走向统一,许多人都在探索维持国家稳固的道路,提出封建诸王的构想。隋朝人的一些探索,可以从大约成书于初唐的《文中子中说》(收于《百子全书》,浙江人民出版社影印本)得知。封建论者中,不少人是从巩固中央政权的角度立论的,隋初封建就是这种思想的表现。当然,封建论也含有建立分层权力结构的设想。
② 《隋书》卷一,《高祖上》。

方。北齐在重要区域设行台,为地方军政的最高机关①。西魏曾一度设立行台,不久就废除。故隋立行台乃取法北齐,但与之颇不相同。隋朝行台仅上述三处,均由皇子任尚书令,完全体现文帝封诸子以为中央藩篱的思想。另一方面,行台官员由中央任命,地方军政事务也由中央直接领导,故行台权力受到很大的制约,它一方面代表中央监控地方,另一方面则作为区域性军政统辖乃至指挥机关,抵御外敌,准备统一江南。

开皇三年(583)十月,中原无事,罢河南道行台,调秦王俊为秦州(今甘肃省天水市)总管。开皇六年(586)十月,设立山南道和淮南道行台尚书省,分别以秦王俊和晋王广任尚书令②,大概是为南征作准备,旋因时机不成熟,故晋王广未到任而改调雍州牧。开皇八年(588)十月,再立淮南道行台尚书省于寿春(今安徽省寿县),以晋王广任尚书令。翌年灭陈后,废行台。但是,亲王镇抚一方的制度并未废除,全国仍分为三到四大区,设大总管监临之。其间的具体变动不去一一细究,到开皇十五年(595),"天下唯置四大总管,并、扬、益三州,并亲王临统,唯荆州委于(韦)世康,时论以为美"③。

显而易见,平陈以前的行台,或者其后的四大总管府的设置,并不是权宜之计,而是文帝加强对地方监控的重要举措。特别是前期的行台,乃仿中央行政机构而有所简省,设尚书令、仆射、兵部

---

① 参阅严耕望:《中国地方行政制度史乙部 魏晋南北朝地方行政制度》下册,第十二章,台湾"中央"研究院历史语言研究所 1990 年第 3 版。
② 《隋书》卷一《高祖上》仅记载设立山南道行台尚书省,淮南道行台尚书省则见于《炀帝上》。
③ 《隋书》卷四十七,《韦世康传》。《资治通鉴》卷一百七十八"隋文帝开皇十五年十月"条载:"时天下惟有四总管",将"大总管"误作"总管",岑仲勉《通鉴隋唐纪比事质疑》(中华书局,1964 年版)已作了纠正。

和度支尚书,下辖考功、礼部、膳部、兵部、驾部、库部、刑部、度支、户部、金部、工部、屯田等曹,品秩视同中央尚书省官(行台侍郎略低)①,其主官皆一时之选②。隋承大乱之后,地方制度积弊已深,故文帝先从大处着手,通过行台逐步增强对地方的控制,为进一步彻底改革作好准备。

开皇三年,中央制度建设初见成效,文帝立即转入地方行政制度的改革。十一月,河南道行台兵部尚书杨尚希见天下州郡过多,上表说:

> 自秦并天下,罢侯置守,汉、魏及晋,邦邑屡改。窃见当今郡县,倍多于古,或地无百里,数县并置,或户不满千,二郡分领。具僚以众,资费日多,吏卒人倍,租调岁减。清干良才,百分无一,动须数万,如何可觅?所谓民少官多,十羊九牧。琴有更张之义,瑟无胶柱之理。今存要去闲,并小为大,国家则不亏粟帛,选举则易得贤才,敢陈管见,伏听裁处③。

杨尚希的上表,指出了政府机构最为混乱的方面。自晋末动乱以来,南北王朝都滥设州郡。就说南朝后期的梁、陈两代,梁武帝天监十年(511),有州二十三,可是,只过了二、三十年,竟猛增到一百零七,增加近四倍。陈朝虽然局促于荆、扬之域,却设四十二州。北朝的情况同样混乱,远的且不说,北齐建立时,"豪杰纠合乡部,因缘请托,各立州郡,离大合小,公私烦费",到文宣帝天保七年(556),已经达到"百室之邑,遽立州名,三户之民,空张郡目"的地步④,不得不加以裁汰,"于是并省三州、一百五十三郡、五

---

① 《隋书》卷二十八,《百官下》。
② 参见《隋书》卷五十四《李彻传》、卷六十二《元岩传》。
③ 《隋书》卷四十六,《杨尚希传》。
④ 《资治通鉴》卷一百六十六"梁敬帝太平元年"条。

百八十九县、二镇二十六戍。"①一番整顿之后,仍有五十五州,一百六十二郡,三百八十五县。北周的情况更是有过之而无不及,大象二年(580),其旧境有州一百五十六,郡三百四十六,县七百三十九,足可惊人②。实际上,此时的州甚至比以往的郡还小,而且,经常是几级机构挤在一地办公。

维持这般庞大的地方机构,不仅国家财政不堪承受,行政效率极低,而且还助长地方豪强的嚣张。因此,到和平年代,就必须对战争时期用封官设职拉拢地方势力而造成的烂摊子痛加整治,既为了政府机构自身的合理化,也为了将地方势力吸收消化,消除分裂隐患,促进内在的统一。

所以,文帝读了杨尚希的上表,兴奋不已。表文的建议正与其想法不谋而合,他当即做了批示,断然对地方机构进行大刀阔斧的整顿。鉴于州郡重叠极其严重,文帝没有采用杨尚希"存要去闲,并小为大"的建议,而是采取更加彻底的措施,干脆取消郡这一级机构,扫除实行约六百年的州、郡、县三级制,恢复到秦汉时的二级制。如此,则这场整顿就不仅是裁减州郡这种常见的补苴罅漏,而具有变革地方行政制度的意义。这一决定,将撤销几百个郡,免去成千上万名官吏的职务,直接触动地方豪族阶层的利益,确实需要

---

① 《北齐书》卷四,《文宣帝纪》。
② 南北朝州郡县数据基本取自《隋书》卷二十九《地理上》总序,仅北齐末年的数据采《周书》卷六《武帝下》建德六年二月条记载。据《隋书·地理上》记载,北齐末年有州九十七,与《周书·武帝纪》的记载相去甚远。《隋书》卷七十五《儒林·刘炫传》记载,刘炫曾对牛弘说:"齐氏立州不过数十,三府行台,递相统领,文书行下,不过十条。"刘炫为北齐人,所言近于事实,故兹取《周书》记载,而郡县两级,二书所记出入不大。另外,清人徐文范《东晋南北朝舆地表》(收于《二十五史补编》第五册)曾对周、齐州郡作过详考,可参阅,只是其中常置与暂置者不易区别。

非凡的气魄与胆略。

十二月①,废郡的工作在全国雷厉风行地展开,年底就基本完成。兹根据《隋书·地理志》,参考今人的研究成果②,将文帝朝州郡的废立情况整理成表三(表中将开皇三年以后的情况一并列出,以免论述上重复;同时列出整个隋朝的废立情况,以资比较;废立的州郡,一律按今日行政区划归纳整理。表四同此,不再说明)

表三 隋文帝时代州郡废立表

	改郡为州		立 州		废 州		立 郡		废 郡	
	文帝朝	隋总数	文帝朝	隋总数	文帝朝	隋总数	文帝朝	隋总数	文帝朝	隋总数
内蒙古	0	0	2	2	0	2	0	2	2	5
新 疆	0	0	0	0	0	0	0	3	0	1
宁 夏	0	0	1	1	0	1	0	1	5	5
青 海	0	0	0	0	0	0	0	2	1	3
甘 肃	3	3	2	3	0	14	0	7	30	30
陕 西	0	0	0	0	0	10	0	5	37	37
辽 宁	0	0	0	0	0	1	0	3	0	0
河 北	0	0	6	6	1	8	1	3	23	23
山 西	1	1	5	5	2	9	1	11	34	34
山 东	0	0	9	9	1	8	1	1	11	11
河 南	2	2	10	11	9	28	0	4	61	63
湖 北	0	0	2	4	5	11	0	4	26	28

---

① 《隋书·高祖上》记此事于开皇三年十一月甲午。查该月无甲午日,而十二月有甲午(三十日),该年闰十二月,故甲午非除夕,完全可以进行改革。
② 当代的研究,主要参考复旦大学历史地理研究所所编:《中国历史地名辞典》,江西教育出版社1986年版;谭其骧主编:《中国历史地图集》,1982年版。厦门大学历史系学生刘渤文曾协助我对隋代地方行政制度的改革进行全面整理,按今日的省份逐一列出州、郡、县变动情况,由于篇幅限制,这里只能列示总的变动情况表,无法罗列具体地名。

续表

	改郡为州		立 州		废 州		立 郡		废 郡	
	文帝朝	隋总数	文帝朝	隋总数	文帝朝	隋总数	文帝朝	隋总数	文帝朝	隋总数
湖 南	2	2	3	4	0	0	0	0	7	8
安 徽	1	1	2	2	1	4	0	2	22	23
江 苏	1	1	3	3	2	4	0	0	21	21
浙 江	1	1	5	6	2	3	0	0	6	6
江 西	5	5	1	1	0	0	0	0	2	2
福 建	0	0	0	0	0	0	0	0	3	3
广 东	0	0	6	6	3	8	0	3	31	32
四 川	0	0	7	9	4	18	0	0	79	80
贵 州	0	0	1	1	0	0	0	0	0	0
云 南	0	0	2	4	0	4	0	0	0	0
广 西	0	0	3	3	0	8	0	0	28	32
越 南	0	0	0	2	0	3	0	1	5	5
总 计	16	16	70	82	30	144	3	52	434	452

从表三可以明了,整个文帝时代,全国仅立三郡,属于特例,可以不论。那么,郡这一级单位确实是彻底废除了。哪怕是南朝地域,在平陈之后,郡也随即废除,没有例外。根据能够统计的资料,全国废郡459个以上(包含郡改为县9个,改为州16个,但不含撤废时间无法确定的郡)。可以说,文帝改革的最大特色就在于此。

如此巨大的变革,自然得到历史学家的赞誉。然而,清朝学者王鸣盛却提出截然不同的看法,指出:

> 西汉极盛,不过郡国一百三;周平齐,州至二百一十一,已为极毓。隋高祖开皇九载,廓定江表,寻以户口滋多,析置州县,是于二百一十一中又分析为最繁矣①。

---

① 王鸣盛:《十七史商榷》卷六十七"隋州最繁"条。

王氏基本根据《隋书·地理志》"总序"的记载立论,指出平陈之后,州大量增加的事实。岑仲勉先生也持同样的见解,并具体考证出平陈后各地所增州名①。这些见解无疑是冷静客观的。北周末年,"通计州二百一十一,郡五百八,县一千一百二十四"②,隋文帝废郡后,州却大量增加,直超过三百个,连隋朝人都觉得太滥,批评道:"今州三百,其繁一也"③。

然而,这里需要指出的是,文帝立州并不限于平陈以后,而是从开皇三年就已经开始了,如果以平陈为界,那么,此前改、立的州达16个,占文帝朝所立86州的18.6%,并非少数。兹将这些州及其改立时间列示如下。

新设立州:丰(今内蒙古杭锦后旗东北,583年)、庸(今四川省黔江县,开皇初)、益(今四川省成都市,583年复置)、绵(今四川省绵阳市东,585年)、西汾(今山西省隰县,584年置,翌年改为隰州)、棣(今山东省阳信县,586年)、虢(今河南省卢氏县,583年)、睦(今湖北省长阳县,588年)、牂(今贵州省黄平县西北,隋初)、协(今云南省彝良县,584年)、越析(今云南省宾川县北,开皇初)、冈(今广东省开平市西北,隋初)。

改郡为州:兰(金城郡改,今甘肃省兰州市,583年)、渭(陇西郡改,今甘肃省陇西县东南,583年)、岷(同和郡改,今甘肃省岷县,583年)、并(太原郡并入,今山西省太原市,583年)。

就整个文帝朝而言,立州(含改郡)86个,废州30个,改州为郡2个,两者相抵,净增54州。达到如此规模,已关系到改革的实质,不容忽视。

---

① 岑仲勉:《隋书求是》,第56~57页。
② 《隋书》卷二十九,《地理上》总序。
③ 《隋书》卷七十五,《儒林·刘炫传》。

根据开皇二年颁行的令制规定,上上郡有官吏146人,依次递减至下下郡77人。撤销近五百个郡,受影响最大的是数以万计的地方辟召的属僚。《隋书·百官下》记载:"旧周、齐州郡县职,自州都、郡县正已下,皆州郡将县令至而调用,理时事。至是不知时事,直谓之乡官。"①原来趾高气扬的州郡属官,一夜之间跌落为"乡官",丧失了既得利益,惹得怒火中烧,谁能保证他们不心怀叵测?

这些地方属僚也不是轻易就能打发之辈。前面已经一再指出,南北朝对立年代,各朝都用郡县官来拉拢吸纳地方豪族。北齐末年政治腐败,把地方官当作商品,"乃赐诸侯佞幸卖官,或得郡两三,或得县六七,各分州郡,下逮乡官亦多降中旨,故有敕用州主簿,敕用郡功曹。于是州县职司多出富商大贾,竞为贪纵,人不聊生"②,豪商也跻身地方官之列,乡族势力加以经济后盾,这些人就不同于一般官员可以用一纸公文打发。

所以,隋文帝就更需要打点精神,妥善安置他们,以免激成变乱。妥协的办法,就是将他们中的一部分人吸收到地方政府机构中,由此出现了王鸣盛斥责的州的大量设立。这种现象,很难像《隋书·地理志》那样,说成是平陈以后户口增多的缘故。实际上,文帝增设的州,主要分布在北齐与南陈旧境。江南地区,到隋朝人口鼎盛的大业年间,每县平均人口也多在三、五千户,而这里增设的州却最多。机构臃肿既是最大的弊端,则大量设州自难说是加强对地方的控制。作为一个强有力的领导者,文帝大量设州实在有不得已的苦衷。

---

① 《隋书》卷二十八,《百官下》。
② 《北齐书》卷八,《后主纪》。

当然,事情也不尽是消极的。郡介于州、县之间,自然可上可下,因此,也有部分郡官充实为县官。

县是政府基层组织,直接管理乡村,对于稳定社会与加强中央对地方的控制起着关键作用。所以,隋朝十分重视县一级政府机构的建设,兹将隋朝县的废立情况整理成表四。

表四 隋朝县废立表

	立 县		改 县		废 县	
	开皇仁寿	隋代总数	开皇仁寿	隋代总数	开皇仁寿	隋代总数
内蒙古	2	2	1(改镇)	1	0	1
新 疆	0	1	0	0	0	0
宁 夏	2	2	1(改镇)	1	0	1
青 海	0	5	0	0	1	6
甘 肃	3	11	0	0	7	15
陕 西	6	11	0	1	4	13
辽 宁	0	1	0	0	0	0
河 北	45	50	0	0	4	18
山 西	23	29	1(改郡)	1	4	26
山 东	51	52	0	0	3	20
河 南	53	62	0	0	19	65
湖 北	4	9	0	0	13	25
湖 南	4	7	0	1	4	23
安 徽	9	10	1(改郡)	1	8	23
江 苏	7	9	0	1	25	31
浙 江	6	9	0	0	14	27
江 西	4	4	0	0	35	36
福 建	1	1	0	0	8	8
广 东	9	24	2(改郡)	4	26	47

续表

	立 县		改 县		废 县	
	开皇仁寿	隋代总数	开皇仁寿	隋代总数	开皇仁寿	隋代总数
四 川	13	29	1(改郡)	1	14	22
贵 州	3	11	0	0	0	0
云 南	4	5	0	0	0	5
广 西	21	25	4(改郡)	5	10	35
越 南	0	15	0	0	1	9
总 计	270	383	11	17	200	456

从表四可以清楚看到,隋朝在原北齐中心区域(今河北、河南、山东、山西)大量设县,而平陈以后对江南地区则主要是废县,两种作法实质是一致的。华北人口稠密,地方势力强大,县平均人口多在万户以上,是全国经济重心区域,所以有必要多设县以加强管理;江南则地广人稀,当地豪族难以驾驭,故多裁其冗县,使权力集中于中央直接控制的州一级机构。

从地方行政机构裁减下来的人员,成为"不知时事"的乡官,而州县机构则"别置品官,皆吏部除授,每岁考殿最。刺史、县令,三年一迁,佐官四年一迁"①。这是中国地方制度史上具有划时代意义的政令,它将地方官吏的任用权统统收归中央,而且还规定官员的任期,每年考核,以为去留晋级的依据。

通过这几条配套措施,文帝地方行政制度改革的真实面目渐渐清楚。整个改革的目标,是极大地削弱乃至清除各级地方政府中的门阀世族的势力,把地方牢牢地置于中央强有力的控制之下,扭转豪强左右地方行政的局面,彻底消除地方割据分裂的隐患。

---

① 《隋书》卷二十八,《百官下》。

因此,这场改革的中心课题是通过变州郡县三级制为州县二级制,废除汉以来的辟召制度,黜退地方长官辟召的僚属,完全收回地方官员的任命权,并规定官员的任期与考核制度,确立中央对地方的绝对领导。

为了实现上述战略目标,文帝通过设州的妥协让步,安抚地方势力,确保改革的成功,表现出精明务实的一面。踏出了最艰难的第一步,往后的改革就容易得多。开皇十五年(595),在十余年岁月磨蚀下失去往日威风的乡官,再也没有啸聚一方的能耐了,这时,京城传来薄薄一纸公文:"罢州县、乡官"①。于是,他们便无声无息地消失在广袤的乡村,没有一点波澜,甚至许多人都记不清什么是乡官。

把确立中央对地方的绝对领导作为第一阶段地方制度改革的首要目标,是收拾数百年分裂动乱残局中具有根本意义的一步。在此前提下,文帝也对地方机构自身的合理化做了一些改革。其中最重要的是"改别驾、赞务,以为长史、司马"②。

这事说来还有点复杂。早在东汉顺帝时期,由于军事行动的需要,出现都督某一地区军事的事例,到了魏文帝黄初二年(221),正式出现都督诸州军事并领刺史的情况③。西晋"八王之乱"后,中国陷入长期分裂战乱的境地,军事成为第一要务,刺史几乎都带军职,没有将军衔的刺史,被称为"单车"④,形单影只,好不心酸。北朝的情况当然不会例外,都督统领一地。北周明帝武

---

① 《隋书》卷二十八,《百官下》。
② 《隋书》卷二十八,《百官下》。
③ 参阅《南齐书》卷十六《百官志》"州牧、刺史"条,《宋书》卷三十九《百官上》"持节都督"条。
④ 《隋书》卷二十六,《百官上》"陈"条。

成元年(559)正月,改都督为总管,辖区更加固定。至周末,全国设有四十九个总管府,每个总管府一般管三、四个州,或者更多些①。总管上面还有大总管府。

刺史既是地方行政长官,又是军事长官,一身二任,便有了两套机构,一套为管军政的府官,另一套为理民事的州官。隋初亦沿袭旧制,《开皇令》规定:

> 上上州,置刺史,长史,司马,录事参军事,功曹,户,兵等曹参军事,法,士曹等行参军,行参军;典签,州都;光初主簿,郡正,主簿,西曹书佐,祭酒从事,部郡从事,仓督,市令、丞等员,并佐史,合三百二十三人。上中州,减上州吏属十二人。……②

参照北齐州官的设置③,可以明了,隋朝州刺史下也有两套机构,从长史到行参军为府官,典签以下为州官。两套机构在实际运作上,并不是军民分理相互平等的,而是府官尽占优势。一般说来,州官为刺史辟召的当地门阀豪强,辅助刺史治理民事,而府官经常是长期追随左右的军事幕僚,与上司关系亲密,加上战争的时代背景,府官往往直接插手行政,以军统民,侵夺州官职权。时代越

---

① 参阅严耕望:《中国地方行政制度史乙部 魏晋南北朝地方行政制度》下册,第二、第三章。
② 《隋书》卷二十八,《百官下》。
③ 《隋书》卷二十七《百官中》北齐州官部分记载:"上上州刺史,置府。属官有长史,司马,录事,功曹,仓曹,中兵等参军事及掾史,主簿及掾,记室掾史,外兵、骑兵、长流、城局、刑狱等参军事及掾史,参军事及法、墨、田、铠、集、士等曹行参军及掾史,右户掾史,行参军,长兼行参军,督护,统府录事,统府直兵,箱录事等员。州属官,有别驾从事史,治中从事史,州都,光迎主簿,主簿,西曹书佐,市令及史,祭酒从事史,部郡从事,皂服从事,典签及史,门下督,省事,都录事及史,箱录事及史,朝直,刺奸,记室掾,户曹、田曹、金曹、租曹、兵曹、左户等掾史等员。"

往后推移,州郡泛滥,州官地位越低。例如,在北齐,府官系统基本上是国家品官,而州官只有个别重要者才是流内官。而且,为了便于对基层的控制,不少府官成为州的次官,或者兼任管内的郡太守、县令等,直接管理地方。如此一来,州官实际上已经成为闲余人员。

有鉴于此,故隋文帝在改革地方行政制度时,干脆合并两套机构,取消州官,纳入乡官行列,①既裁减冗员,提高行政效率,又清除政府部门内的地方豪强因素,使得政府机构精简合理。改革的结果,是原先的军政机构完全取代了民政机构。

政治体制的改革完成之后,才有可能推进政府机构自身的合理化,坚冰一旦打破,航道就在眼前。在文帝政治改革的基础上,大业二年(606),炀帝开始了第二阶段的改革,"遣十道使并省州县"②。从表三和表四可以看到,隋朝的州县,大部分是炀帝废除的。该时期,隋朝人口达到顶峰,这就更加说明所谓平陈以后因人口增多而增设州县的说法不能成立。翌年四月,地方行政制度的合理化改革完成,源于监察区划的州被废除,改回到秦汉时代地方建制的原称——郡,下辖县,文帝时代的三百余州精简为一百九十个郡,辖一千二百五十五个县。县的数量变化不大③,主要是裁减

---

① 参阅滨口重国:《秦汉隋唐史研究》下卷,"第四 所谓隋的废止乡官",东京大学出版会1966年版。中译本收于《日本学者研究中国史论著选译》第四卷。
② 《隋书》卷三,《炀帝上》。
③ 气贺泽保规《对隋代乡里制之一考察》(载《史林》58—4,1975年)一文中,以大业年间的县数减去陈国辖县438,得出开皇时的县数为817,并引李德林的话"今时吏部,总选人物,天下不过数百县,于六七百万户内,铨简数百县令,犹不能称其才",作为佐证,认为开皇时县大有减少。然而,《隋书·地理上》总序记载:"大象二年(580),通计州二百一十一,郡五百八,县一千一百二十四。"据上文表四,文帝朝立县281,废县仅200,净增81,故全国县数不减反增。若再细读李德林所言,似非讲全国仅有数百县,而是讲吏部到期要铨选更替数百县令。

州,因此,这次改革的目标显然在于精简机构,是文帝未竟事业的继续与完成。

　　此前的大业元年(605),炀帝先行废除了各地的总管府。文帝末年并州总管汉王谅的反叛证明,分封亲王以加强对地方的控制,结果往往适得其反。而且,在和平时代长期维持军事管制色彩的体制,反而削弱中央的领导权。何况府官取代州官之后,军政部门的性质已经不知不觉地发生根本转变,因此,在进一步加强中央集权的要求下,取消总管府更是顺理成章水到渠成的事情。抹去战时军事体制的残迹,彻底告别不堪回首的过去,本应迎来一个繁荣富强的太平盛世。

第六章　御侮安邦

第一节　塞上风云

开皇初年大手笔的创规定制，勾勒出新帝国恢宏的轮廓，可是，我们很难想象，这些寓意深远的变革，却是在外敌四面入侵的严酷形势下进行的。

最严重的威胁首先来自北方。北朝虽为少数民族创建，但其久居中原，特别是北魏孝文帝迁都洛阳之后，塞外草原又被新崛起的游牧民族所控制。北朝末期，突厥强大起来，势力远达中亚，"有凌轹中夏志"①。他钵可汗时，"控弦数十万，中国惮之"②。其时，北周与北齐对立，争相拉拢突厥。北周一年要向突厥献纳绢帛十万段，而北齐"亦倾府藏以给之"。渔翁得利的突厥统治者当然乐得中原分裂，便玩起权术，在前期北周较弱时，助周伐齐，借机掳掠一通；到后期北周明显占优势时，则转而支持北齐，故他钵曾傲慢地说道："但使我在南两个儿孝顺，何忧无物邪"③。

然而，周武帝迅猛的军事行动，彻底打破了他钵可汗的如意算盘。建德六年（577），北周灭齐，齐定州刺史、范阳王高绍义逃奔突厥，他钵当即立他为齐帝，将北地的齐人统统划归其属下，并与

---

① 《周书》卷五十，《异域下·突厥传》。
② 《隋书》卷八十四，《北狄·突厥传》。
③ 《周书》卷五十，《异域下·突厥传》。

齐营州(今辽宁省朝阳市)刺史高宝宁联络,共同举兵南下,声称要为北齐复仇。宣政元年(578)四月,他钵自幽州进犯。北周柱国刘雄兵败被杀,朝廷震动,武帝亲率六军北伐,不幸赍志而殁。他钵遂再入围酒泉,大掠而去。而高绍义也从幽州一带发起攻势,幸被宇文神举所阻①。

由此可知,北周统一北方,使得突厥不但不能继续操纵中原内战以获取经济利益,而且直接感受到其霸主地位的动摇,遂直接以军事介入,企图借北周立足未稳之机,助齐复辟。另一方面,北周结束北方分裂局面,不再受制于人,也开始转变对突厥忍让受屈的态度。

其实,在对突厥问题上,北周内部早有不同看法。当年,突厥助周伐齐时,见到齐军甚壮,便大掠而去。周军统帅杨忠就向周武帝说道:

> 突厥甲兵恶,爵赏轻,首领多而无法令,何谓难制驭。正由比者使人妄道其强盛,欲令国家厚其使者,身往重取其报。朝廷受其虚言,将士望风畏慑。但虏态诈健,而实易与耳。今以臣观之,前后使人皆可斩也②。

杨忠两度与突厥联兵攻齐,每次都吃了突厥临阵撤退的苦头,看出突厥并不像使者所说的那么强大,因而主张不受突厥讹诈的强硬政策。突厥临阵退兵,未必就是兵不能战,恐怕是其表面助周以趁火打劫、骨子里则要保持中原分裂的真实意图的表露③。但

---

① 参阅《周书》卷五十《异域下·突厥传》、《北齐书》卷十二《范阳王绍义传》。
② 《周书》卷五十,《异域下·突厥传》。
③ 薛宗正:《突厥史》(中国社会科学出版社1992年版)第132页认为,突厥历代可汗皆奉行亲周反齐政策,他钵即位后政策剧变,且由于他钵与齐文宣帝私交甚好,故一贯袒齐。其实他钵公开反周是由于齐的灭亡,由于周、齐对峙的均势被打破而对突厥不利,因此,此时反周完全出自突厥自身的利益。在此场合,个人私交不会有多大的作用。

不管怎么说,杨忠代表着军方强硬的立场,其对突厥的分析与态度,必然对其子隋文帝有着难以估量的影响。这一点,在隋文帝执掌政权后就清楚地表现出来。

大象二年(580)二月,北周嫁宗女千金公主与突厥可汗,以长孙晟护送,要求突厥执送高绍义以示和亲诚意。这是他钵可汗一直拒绝的。为此,北周再派威著北地的将军贺若谊到突厥谈判,并以军兵随后。这时,适逢突厥发生汗位继承纠纷,他钵病故,经过明争暗斗,他钵属意的侄儿大逻便和儿子菴罗最终都没能继立,倒是摄图登上汗位,即史书所称的沙钵略可汗①。内部的纷争,使得沙钵略暂时缓和与北周的关系。在这场政治交易中,高绍义首先成为牺牲品。沙钵略假装和高绍义一起到南边打猎,却让贺若谊带兵将其擒获②。这一事件已经暗示着北周对突厥态度的微妙转变。其时,杨坚已经掌握了北周朝政。

此时爆发的尉迟迥、司马消难和王谦等人的叛乱,也对日后隋朝对外政策发生重要影响。尉迟迥起兵后,即"北结高宝宁以通突厥,南连陈人,许割江、淮之地",司马消难更是"使其子泳质于陈以求援"。内外勾结,确实构成隋朝的心腹大患,况且,北齐余孽高宝宁也在蠢蠢欲动。显然,不以武力保卫边疆,新生政权就将

---

① 《资治通鉴》卷一百七十五"陈宣帝太建十三年(581)"末条所载《考异》认为,他钵可汗于太建四年(572)立,太建十三年(581)卒。上引薛宗正《突厥史》第137页对此作了考订,认为他钵死于公元579年初。据《隋书》卷五十一《长孙览附长孙晟传》记载:"宣帝时,突厥摄图请婚于周,以赵王招女妻之",可知与北周和亲者为摄图,故此取薛氏说。

② 《北齐书》卷十二《范阳王绍义传》载:"又使贺若谊往说之,他钵犹不忍,遂伪与绍义猎于南境,使谊执之,流于蜀。……绍义在蜀,遗妃书云:'夷狄无信,吾吾于此。'竟死蜀中。"而《隋书》卷三十九《贺若谊传》记载:"齐范阳王高绍义之奔突厥也,谊以兵追之,战于马邑,遂擒绍义",可知擒拿高绍义曾经过一番战斗。

时时面临外敌入侵与颠覆的威胁。以往用玉帛换和平的道路已经走到尽头,再没有妥协的余地了。

恰好此时,去年出使突厥的长孙晟归来,向隋文帝详细报告了突厥各部不和的内情,指出眼下对突厥不能力征,而应利用其内部矛盾,"宜远交而近攻,离强而合弱",通过离间,使其"首尾猜嫌,腹心离阻,十数年后,承衅讨之,必可一举而空其国矣"①。文帝阅后大喜,尽纳其计,重用他来参与制定对外政策。开国功臣梁睿也上书指出,周朝赎买和平与汉朝一味征讨都非上策,针对突厥骑兵高度机动的特点,应该以静制动,"安置北边城镇烽候,及人马粮贮战守事"②。

综合各人意见,文帝坚定不移地采取积极防御的方针,确定了三管齐下的对策。首先,停止对突厥的岁贡。文帝在讨伐突厥诏令中指出,周齐分裂时代那种争相笼络突厥的政策,不但劳民伤财,而且,还助长突厥的嚣张气焰,资敌入寇,所以,他严正声明要"除既往之弊",做到"节之以礼,不为虚费,省徭薄赋,国用有余。因入贼之物,加赐将士,息道路之民,务于耕织"。这种养民备战的自强政策,既鼓舞士气,又给突厥沉重的经济打击。突厥自失去岁贡以后,经济立刻破绽毕露,"时虏饥甚,不能得食,于是粉骨为粮,又多灾疫,死者极众。"③

其次,强化防御体系。开皇元年(581)四月,命汾州(今山西省吉县)刺史韦冲征发当地稽胡修筑长城④;又命司农少卿崔仲方

---

① 《隋书》卷五十一,《长孙览附长孙晟传》。
② 《隋书》卷三十七,《梁睿传》。
③ 《隋书》卷八十四,《北狄·突厥传》。
④ 事见《资治通鉴》卷一百七十五"陈宣帝太建十三年(581)四月"条,还见于《隋书》卷四十七《韦世康附韦冲传》。按后者记载,似在开皇二年,但《宋本册府元龟》卷九九〇《外臣部·备御三》(中华书局1989年影印版)记载:"隋高祖开皇元年四月发稽胡修筑长城,二旬而罢",则应为开皇元年事。

"发丁三万,于朔方、灵武筑长城,东至黄河,西拒绥州,南至勃出岭,绵亘七百里。明年,上复令仲方发丁十五万,于朔方已东缘边险要筑数十城,以遏胡寇"①,"敕缘边修保障,峻长城"。同时,分遣重要将领镇守一方,例如,"命上柱国武威阴寿镇幽州,京兆尹虞庆则镇并州,屯兵数万以备之"②,命窦荣定出镇宁州(今甘肃省宁县),大大加强了缘边的军备,建立并完善较大区域的作战指挥系统。

复次,实施对突厥内部的离间策反工作。沙钵略即位后,为了安抚内部,不得不增封诸汗,东有其弟处罗侯,西有族叔达头,前述庵罗退位后居独洛水(今土拉河),称第二可汗,而大逻便则被封为阿波可汗。针对这种情况,文帝采纳长孙晟的离间计,派遣太仆元晖从伊吾道进入西面可汗达头处,转致敬意,并赐以狼头纛。突厥崇拜狼,赐狼头大旗,表示尊其为突厥君主。所以,达头大喜,遣使入隋,隋即将其使者置于沙钵略使者之上,激起沙钵略的猜忌和愤怒。东面则派遣反间计谋主长孙晟本人出黄龙道,携带大量钱币,沿途经过奚、霫、契丹等族,大加收买,并在其向导下抵达东面可汗处罗侯所,"深布腹心,诱令内附"③。

文帝利用突厥内部不统一的间隙,迅速做好防御准备,赢得了极其宝贵的时间。

果然,当突厥汗位之争尘埃落定,内部粗安,沙钵略便以为妻家北周复仇为由,大言:"我周家亲也,今隋公自立而不能制,复何面目见可贺敦乎?"开皇元年(581),率军与高宝宁会合,攻陷临渝镇(今河北省抚宁县东榆关镇),并"约诸面部落谋共南侵。高祖新立,由是大惧"④。

---

① 《隋书》卷六十,《崔仲方传》。
② 以上引文见《资治通鉴》卷一百七十五"陈宣帝太建十三年(581)"末条。
③ 《隋书》卷五十一,《长孙览附长孙晟传》。
④ 以上引文见《隋书》卷五十一,《长孙览附长孙晟传》。

这还只是局部的边境战斗,规模已相当可观,而更大的风暴,正在漠北积聚。

对于刚刚遭遇尉迟迥、司马消难和王谦等三方叛乱的隋王朝,形势还要复杂严峻得多。

内乱招致外侮,南方陈王朝不久前被北周韦孝宽尽夺江北之地,正图规复。现在遇上北方内乱,岂能错过良机!配合司马消难南投,陈朝即以镇西将军樊毅督沔、汉诸军事,命南豫州(今安徽省当涂县)刺史任忠率军攻历阳(今安徽省和县),超武将军陈慧纪为前军都督,攻南兖州(今江苏省扬州市西北蜀冈上)。陈军的攻势颇有进展,前锋连破数城,通直散骑常侍淳于陵越过长江,克临江郡(今安徽省和县乌江)和祐州城;智武将军鲁广达克郭默城(今安徽省寿县西),向淮河挺进;任忠击破增援历阳的部队,生擒援军统帅王延贵。从陈军的动向可以看出,其目的主要在于加强都城建康(今江苏省南京市)一带防线,夺取长江中下游北岸的战略要地,向北收复江淮间失地。

南线告急,再不遏制住陈军的攻势,中原的反叛大有甫定旋起之势,祸害难测。

可恶的是,西部的吐谷浑也来趁火打劫。吐谷浑出自辽东鲜卑,晋末民族大迁徙中,其一支西迁,定居河西,建立吐谷浑国,在与西秦抗争中壮大,控制了青海、陇西一带。北周与北齐抗争时代,吐谷浑因与北周有领土财物等直接利益冲突,故采取远交近攻的方针,一方面频频遣使至北齐通好,另一方面则不断攻击河西、陇右地带,与北周敌对。北周曾多次讨伐吐谷浑,最近一次发生在建德五年(576),"其国大乱,高祖诏皇太子征之,军渡青海,至伏俟城。夸吕遁走,虏其余众而还"[①]。

---

① 《周书》卷五十,《异域下·吐谷浑传》。

隋朝建立时,内乱外患接踵而至。吐谷浑以为有机可乘,起兵报复,进攻弘州(今甘肃省临潭县西)①。隋文帝觉得弘州地广人稀,难以坚守,便废州忍让。然而,吐谷浑得寸进尺,再攻凉州(今甘肃省武威市)②。

西线也在告急:河西走廊面临着被拦腰截断的危险。隋王朝正处在敌人的四面围攻之中。

第二节 冲破包围

局势如此严重:东北是高宝宁,漠北有突厥,西面是吐谷浑,南边有陈朝,他们都已出兵,四面进犯。所幸他们还只是为着自己的利益各自为战,尚未结成目标一致的同盟③。但是,如果战事拖延

---

① 见《隋书》卷八十三《西域·吐谷浑传》。弘州,《通典》卷一百九十《边防六·吐谷浑》注"弘州"为安化郡马岭县界,即今甘肃省庆阳县。此地已近陕西,吐谷浑军不致于深入到此。《隋书》卷二十九《地理上》临洮郡归政县注:"后周立弘州及开远、河滨二郡"。周伟洲:《吐谷浑史》(宁夏人民出版社1985年版)第63页注据此考证弘州即在于此,当是。兹取周氏说。
② 《隋书》卷四十《元谐传》记载:"时吐谷浑寇凉州,诏谐为行军元帅"。
③ 日本国史与东亚史学者中,有些人认为隋朝的崛起,打破各国间的势力平衡,造成国家或民族间关系的大变动。为了重建均势,故周边民族国家联合起来,组成反隋联盟,共同对抗隋朝。在中国,金宝祥等著:《隋史新探》(兰州大学出版社1989年版)对此观点作了最大限度的发挥,认为从东北亚一直到中国西南民族及南朝,存在一个有组织、有目的、有计划的反隋弧形包围圈,其统帅是高句丽。这些见解都是由推理而构建的"历史",虽然迷人,却没有任何证据,和史实相去太远。隋朝崛起,打破原来的实力平衡局面,引起邻国或少数民族的恐慌,这是不争的事实。然而,当时民族、国家间关系是建立在实力基础上的,被利益关系所左右,在相互斗争中勉强达成暂时妥协与平衡,相互间敌视怀疑颇深,因此,不可能在隋朝出现瞬间抛弃前嫌与利益争夺,去结成步调与利益瓜分均难一致的反隋同盟。我曾在《"魏伐百济"与南北朝时期东亚国际关系》(载《历史研究》1995年第3期)等论文中,对此问题作过分析批判。

下去的话,不谋而合的进攻就完全可能转变为分进合击的军事联盟。因此,隋朝必须利用宝贵的瞬间,打破被包围的态势,战机稍纵即逝!

这一次,隋文帝显得从容不迫,胸有成竹。毕竟平定内乱的巨大胜利,让他经受了有生以来最惊心动魄的战斗洗礼,洗去慌张和犹豫,变得沉着、老练、自信而敏锐。他冷静地判断形势:陈朝内部矛盾重重,且水军步战,不是隋军对手;吐谷浑军制落后,缺乏统一指挥,难以形成强大攻势;突厥最强大,双方恶战必不可免,容不得丝毫幻想,而且,迫在眉睫的战争将是决定整个东亚世界势力消长的生死大战,必须全力以赴;高宝宁集团已和突厥紧密勾结,这是心头大患,将来必须彻底铲除,否则会节外生枝,引起更大的麻烦。

高宝宁出自代北塞外,谁也不清楚其家系来历,只有周、隋人根据他姓高而以为他是北齐宗室疏属,大大抬高了他的身份①。

渤海高氏,是河北大姓。而在朝鲜,高氏同样也是大姓。晋末天下大乱,中国在朝鲜设立的郡县陷落,出现大规模的人口迁徙。此时,相当一部分朝鲜高氏迁徙到辽东,和鲜卑高氏一样,他们经常冒称渤海蓨人,例如,后燕末代皇帝高云,"祖父和,高句骊之支庶,自云高阳氏之苗裔,故以高为氏焉"②,就是有名的例子。他们有不少人在北朝身居高位,颇有影响。从下述史实来看,高宝宁极可能就是此等出身。

高宝宁"为人桀黠,有筹算",北齐武平(570~575)末年,任营

---

① 《北齐书》卷四十一《高宝宁传》记载:"高宝宁,代人也,不知其所从来";而《隋书》卷三十九《阴寿传》却记载:"时有高宝宁者,齐氏之疏属也"。
② 《晋书》卷一百二十四,《慕容云载记》。

州刺史,镇黄龙城(今辽宁省朝阳市),"甚得华夷之心"①。宣政元年(578),北周武帝乘灭齐之势,率六军北伐突厥,辽东方向由宇文神举率领,征讨拒不投降的高宝宁及反叛的卢昌期、祖英伯等人,大军在辽东遭遇猛烈抵抗。高宝宁的军队,主要由契丹及靺鞨组成,而且,还得到高句丽的支援。笔者在韩国史籍《三国史记》卷第四十五《温达传》里发现一条弥足珍贵的记载:

> 温达,高句丽平冈王时人也。……时后周武帝出师伐辽东,王领军逆战于拜山之野,温达为先锋,疾斗斩数十余级,诸军乘胜奋击,大克。及论功,无不以温达为第一,王嘉叹之曰:"是吾女婿也!"

高句丽王及其女婿温达亲率大军作战,可知当年那场激烈战斗的重要性②。

高宝宁不是高绍义。高绍义完全投靠突厥,所以被突厥当作与北周交易的筹码。高宝宁有自己的实力,能够号召契丹和靺鞨,甚至能够获得高句丽的支持。这样一股北齐残余势力的存在,对于隋朝是严重的威胁,其危害程度更甚于外敌,尤其是不稳定的华北地区,一有风吹草动,反叛就迅速蔓延。尉迟迥反叛时勾结高宝宁为后援,告诉隋文帝,高宝宁这块心病不去,后患无穷。而且,必须速战速决,不能延误,否则难保东北地区的其他势力不介入,酿成更大的战乱。

---

① 引文见《隋书》卷三十九《阴寿传》,并参阅《北齐书》卷四十一《高宝宁传》、《周书》卷四十《宇文神举传》。

② 笔者在用日文撰写的论文《隋与高句丽国际政治关系研究》(收于《堀敏一先生古稀纪念　中国古代的国家与民众》,日本汲古书院 1995 年版)中,分析研究了高宝宁集团及其与高句丽的关系,以及隋朝与东北亚民族国家政治关系的推演,请参阅。

隋文帝经过一番分析,正确地把握形势,确定轻重缓急顺序,制订了打破险恶局面的对策,那就是集中优势兵力,先弱后强,改变四面受敌的不利处境,而首先被选为打击目标的是南陈与吐谷浑。

开皇元年(581)三月,文帝任命贺若弼为吴州总管①,镇广陵(今江苏省扬州市西北蜀冈上);韩擒虎为庐州总管,镇庐江(今安徽省庐江县)。

这两员大将都是宰相高颎推荐的,韩擒虎曾任和州(今安徽省和县)总管,在平定尉迟迥之乱时,屡次击退陈将甄庆、任蛮奴和萧摩诃的进攻;贺若弼曾随韦孝宽攻夺陈朝江北之地,威震南方,故隋文帝求将时,高颎推荐说:"朝臣之内,文武才干,无若贺若弼者。"而贺若弼也以平陈为己任,他写诗给一同镇守长江的源雄道:

交河骠骑幕,合浦伏波营,
勿使骐颙上,无我二人名②。

诗中抒发的灭陈豪情固然可嘉,但时机尚未成熟,与隋文帝的通盘计划相冲突。当时最大的威胁来自突厥,隋朝无力同时两面作战。因此,文帝下玺书给寿州(今安徽省寿县③)总管元孝矩,对南线的战略方针作出明确指示:

"扬、越氛祲,侵轶边鄙,争桑兴役,不识大猷。以公志存

---

① 《隋书》卷一《文帝上》作"楚州总管",误。兹依《隋书》卷五十二《贺若弼传》及《资治通鉴》该年三月条记载。
② 引文及诗俱见《隋书》卷五十二《贺若弼传》。
③ 《隋书》卷三十一《地理下》淮南郡注:"旧曰豫州,后魏曰扬州,梁曰南豫州,东魏曰扬州,陈又曰豫州,后周曰扬州。开皇九年曰寿州,置总管府,大业元年府废。"寿州乃长江沿岸要地,所谓开皇九年平陈后才有寿州总管府,显然有讹误。

远略,今故镇边服,怀柔以礼,称朕意焉。"①

玺书将陈军的进攻轻描淡写地说成为"争桑"一类边境冲突②,原因是陈朝"不识大猷",故我方不能与之一般见识,而应"志存远略","怀柔以礼"。

所谓"志存远略",就是要服从大局,即服从于国家草创的现实条件和抵御迫在眉睫的突厥入侵,况且,其时陈宣帝在位,国事差强人意,无衅可乘。在全局把握上,隋文帝确实要比许多杰出的军事将领高明得多。年初,老将梁睿请缨伐陈,文帝优诏答复道:

> 公既上才,若管戎律,一举大定,固在不疑。但朕初临天下,政道未洽,恐先穷武事,未为尽善。昔公孙述、隗嚣,汉之贼也,光武与其通和,称为皇帝。尉佗之于高祖,初犹不臣。孙皓之答晋文,书尚云白。或寻款服,或即灭亡。王者体大,义存遵养,虽陈国来朝,未尽藩节,如公大略,诚须责罪。尚欲且缓其诛,宜知此意③。

由此可知,对陈忍让,是文帝审时度势作出的战略决策。这就决定了对陈作战必须是以解除南线压力为目标的局部战斗。文帝所担心的倒不是战斗是否顺利,而是怕诸将不能体会其深意,无节制地浪战。所以,当陈军在陈纪、萧摩诃、任蛮奴、周罗睺和樊毅等将军统率下,"侵江北,西自江陵,东距寿阳,民多应之,攻陷城镇"之际④,文帝一方面调派上柱国长孙览和元景山任行军元帅,发起反

---

① 《隋书》卷五十,《元孝矩传》。
② "争桑"事见《史记》卷三十一,《吴太伯世家》王僚八年条,讲的是楚国与吴国边邑妇女争抢桑树,两家斗殴,引起两邑械斗,最后扩大为两国边境战斗。
③ 《隋书》卷三十七,《梁睿传》。
④ 《隋书》卷三十九,《源雄传》。

击,另一方面则派尚书左仆射高颎赶赴前线,节度诸军。这样一场局部战争,根本用不着宰相亲临指挥,高颎到前线,完全是为了控制战争的进程,节制诸将不得浪战。

九月,隋军集中优势兵力,发起凌厉的反击。东南道行军元帅长孙览率八总管,从寿阳(今安徽省寿县)发起攻击,水陆俱进,尽复失地,饮马长江①。吴州总管于顗坚守江阳(今江苏省扬州市西北蜀冈上),击退陈将钱茂和所部数千人的偷袭,复与陈纪、周罗睺及燕合儿大战,击退之②。徐州总管源雄与贺若弼收复江北失地,平定响应陈军作乱的东潼州刺史曹孝达。③ 行军元帅元景山率总管韩延、吕哲出汉口,一举攻克涢口(今湖北省汉川县东北);另派上开府邓孝儒领精兵四千进攻甑山镇(今湖北省汉川县东南),大破陈将陆纶赶来增援的水师,甑山与沌阳(今湖北省汉阳县东临嶂山下)二镇守军弃城而遁④,收复司马消难降附陈朝的军事要地。

到年底,反击战取得预期的成果,江北失地全线收复,隋军在长江北岸一线展开,大有乘胜渡江的态势。陈军被打得胆战心惊,退缩江南,北上争锋的事压根儿就不敢再提,心里一个劲地祈求长江天险能挡住隋军的强大攻势。陈宣帝本想有所作为,收复淮南,没想到看错隋代周兴的形势,被教训成这种模样,心里又羞又恼,急火攻心,勉强熬过大年初一,就支撑不下去了,挨到十日,便撒手归西。

陈宣帝一死,立刻变起萧墙,始兴王叔陵刀斫太子于灵前,差

---

① 《隋书》卷五十一,《长孙览传》。
② 《隋书》卷六十,《于仲文附于顗传》。
③ 《隋书》卷三十九,《源雄传》。
④ 《隋书》卷三十九,《元景山传》。

点就偷袭得手。大敌当前还有心思内讧，宣帝以后的政情就用不着多费口舌了。隋军将领自然跃跃欲试，争先要求渡江平陈，最让隋文帝担心的情况出现了。

此时此刻，高颎果然不负重托，他引经据典地开导诸将：礼不伐丧！王者之师，仁义之军，堂堂正正，决不乘人之危。话全说在道理上，诸将虽然心有不甘，却苦于嘴巴不灵光，理论不过人家。

新继位的陈后主倒很识相，知道再打下去结果更惨，便派遣使者请和，并归还以前攻占的胡墅（在今江苏省南京市长江北岸）等城，给足隋朝面子。

于是，文帝根据高颎的建议，下诏班师。全军将士眼巴巴地盯着龟缩于对岸的陈军，费力拔起灌铅似的双脚，缓缓离去。真不知道要感谢还是诅咒陈宣帝的死。

差不多在南线对陈军作战的同时，西北方向也发起了强劲的反攻。

八月，文帝任命元谐为行军元帅，率行军总管贺娄子干、郭竣和元浩等步骑数万反击吐谷浑。对于这次作战，文帝在给元谐的诏令中专门作了指示：

> 公受朝寄，总兵西下，本欲自宁疆境，保全黎庶，非是贪无用之地，害荒服之民。王者之师，意在仁义。浑贼若至界首者，公宜晓示以德，临之以教，谁敢不服也！[①]

从而明确界定了这场战争的性质与规模，亦即这是一次保境安边的反击战。诏书所申明的不扩张领土原则，是隋文帝处理与周边民族国家关系的重要思想。这份隋文帝最早的民族政策文件所表

[①] 《隋书》卷四十，《元谐传》。

现的基本思想,实际上已经大致规定了其对外关系的政策走向,弥足珍贵。

元谐受命后,率部从鄯州(今青海省乐都县)发起攻击。吐谷浑也倾巢出动,从曼头(今青海省共和县西南)至树敦(今青海省共和县东南),甲骑滚滚而来,其定城王钟利房率骑兵三千,联合南部的党项兵,渡河东进,迎战隋军。元谐采取战役包抄的方针,直插青海,断敌退路。

在丰利山(今青海省青海湖东)下,隋军与吐谷浑铁骑二万相遇,激战后将其击退,乘胜进逼青海湖,直蹙其大本营。吐谷浑遣其太子可博汗率劲骑五万反扑,双方再次鏖战,杀声震天,烟尘蔽日。由各部联合的吐谷浑军挡不住统一指挥的隋军猛烈冲击,败下阵去,一路溃逃。隋军追奔三十余里,俘斩万计,打得吐谷浑举国震骇。

到此地步,元谐就按照预定计划,见好就收,停止进攻,改派使者到吐谷浑中,谕以祸福,招其降附,结果,"其名王十七人、公侯十三人,各率其所部来降"[①],文帝"以其高宁王移兹裒素得众心,拜为大将军,封河南王,以统降众,自余官赏各有差"[②]。善后事宜安排妥当,隋军随即撤回,以贺娄子干镇凉州(今甘肃省武威市),防备吐谷浑再起和突厥入侵。

经过两场有限度的反击战,隋朝赶在突厥大规模进犯之前,解除了来自东南和西北方向的威胁,阻止了周边民族国家结成反隋同盟的潜在可能,扭转了四面受敌的不利处境,得以专心应付突厥的重大挑战。

---

① 《隋书》卷四十,《元谐传》。
② 《隋书》卷八十三,《西域·吐谷浑传》。

第三节 战略转折

要成功地抵御强大的外敌入侵,首先要依靠内部团结、社会安定与经济发展,上下一致,同仇敌忾,这是任何外来压力都不能屈服的。

作为一个精明务实的政治家,隋文帝深明此理。所以,一登基,便派遣八道使者到全国巡省风俗,以官府畜养之牛五千头分赐贫人;放松山泽之禁,供百姓樵渔开发;铸五铢钱,禁止五花八门的古钱及私钱。通过这些措施来振兴经济,安定社会。同时,以身作则,倡导勤俭朴素,下令"犬马器玩口味不得献上",将"太常散乐并放为百姓。禁杂乐百戏"①,力纠奢靡之风。派遣使者,赈恤战亡之家,解除前线将士后顾之忧,鼓舞士气。十月十六日起,文帝亲自到岐州(今陕西省凤翔县)一带视察,奖掖勤政爱民的地方官,直至十二月二十五日才回到长安。

文帝的一系列措施,不光是具有经济意义,更重要的是给人以刷新政治、耳目一新的感觉,使上下深受鼓舞。

而且,在百忙之中,文帝依然清楚记得北周末代皇帝宇文阐的存在。他虽然早被降为介国公,屈居一隅,身受监视,但是,北周宗女千金公主嫁在突厥,日夜在沙钵略可汗前哭诉,请求出兵为其娘家报仇。所以,只要宇文阐活着,就成为突厥入侵的借口,如果内部再有人兴风作浪,说不准会酿成怎么样的祸害。本来就对北周皇室犯忌的文帝这么一想,便横下心来,不留活口。五月二十三日,他派人暗害九岁的宇文阐②,让内外敌人都彻底死了复辟北周

---

① 均见《隋书》卷一《高祖上》开皇元年。
② 《周书》卷八《静帝纪》;《资治通鉴》卷一百七十五"陈宣帝太建十三年(581)五月"。

这条心。

经过这一年各方面的努力,隋朝作好充分准备,正严阵以待突厥的进犯。

开皇二年(582)春,阳光明媚,农夫正忙着给大地披上绿装,四野花开,散发出诱人的芳香。可是,越过一线相隔的长城,塞外草原却是枯黄萧森的景象。和隋朝交恶以来,老天也不作美,偏偏灾害频至,一年到头,"竟无雨雪,川枯蝗暴,卉木烧尽,饥疫死亡,人畜相半。旧居之所,赤地无依"[①],而失去来自南边的"岁贡",更使天灾演变为人祸,越发不可收拾。于是,沙钵略可汗孤注一掷,铤而走险了。

四月,突厥骑兵深入到鸡头山(又称笄头山、崆峒山、牵屯山、薄洛山、在今宁夏隆德县东),被隋朝大将军韩僧寿击破;另一路突厥军兵则在河北山(今内蒙古狼山与阴山的合称)被上柱国李充击退,这两场战斗,是突厥的试探性进攻,"山雨欲来风满楼",北方的天空已是乌云密布,不时传来沉闷的雷声。

五月,沙钵略"悉发五可汗控弦之士四十万入长城"[②],揭开了根本改变双方乃至东亚世界间关系的大搏斗的序幕。

突厥这次进攻,声势浩大,来势凶猛。十六日,高宝宁亦配合突厥,向平州(今河北省卢龙县北)发起进攻,突厥兵突破长城南下。隋文帝闻报,即"令柱国冯昱屯乙弗泊,兰州总管叱李长叉守

---

① 《隋书》卷八十四,《北狄·突厥传》。
② 《资治通鉴》卷一百七十五"陈宣帝太建十四年(582)五月"条。《隋书》卷八十四《北狄·突厥传》仅记载:"由是悉众为寇,控弦之士四十万。"可知所谓的"五可汗",显然本于司马光的研究,即《资治通鉴》注文所载的"沙钵略可汗,第二可汗,达头可汗,阿波可汗,贪汗可汗"。薛宗正:《突厥史》考证第二可汗应为东部处罗侯可汗。另据《隋书》卷五十三《达奚长儒传》记载,尚有潘那可汗参战,故应为六可汗。

临洮,上柱国李崇屯幽州,达奚长儒据周槃"①,全线防御。六月九日,又命卫王爽为凉州总管,行军元帅,率军七万出平凉(今甘肃省平凉市)。十二日,上柱国李充在马邑(今山西省朔州市)打退突厥的进攻。突厥进犯兰州(今甘肃省兰州市),隋朝急调叱李长叉为兰州总管,坚守拒敌②,贺娄子干率部驰援,在可洛峐山遭遇突厥兵,隋军据河立营坚守,切断敌军水源,俟敌人马疲惫,纵兵出击,大破之③。捷报传来,文帝大喜,传令嘉奖。

然而,在整个战线,隋军的防御多处被突破。屯守乙弗泊(今青海省乐都县以西)的行军总管冯昱遭突厥数万骑袭击,"力战累日,众寡不敌,竟为虏所败,亡失数千人,杀虏亦过当"④。据守临洮(今甘肃省临潭县)的兰州总管叱李长叉也被突厥打败。东部战线,突厥与高宝宁联军突破隋军防线,进攻幽州,李崇出战,为其所败⑤。八月,文帝以左武侯大将军窦荣定为秦州(今甘肃省天水市)总管,纵深布防。

十月,西北长城沿线重要州郡一个个陷落,突厥攻破木峡、石门两关⑥,分兵南下,越过六盘山,挺进渭水、泾水流域,严重威胁长安。就在这时候,文帝因操劳过度,竟致病倒,只好让太子勇于二日率兵出屯咸阳,统筹大局。十二月十五日,文帝再派内史监虞

---

① 《隋书》卷八十四,《北狄·突厥传》。
② 《隋书》卷一《高祖上》,《隋书》卷四十四《卫王爽传》。
③ 《隋书》卷五十三,《贺娄子干传》。
④ 《隋书》卷五十三,《刘方附冯昱传》。
⑤ 《隋书》卷八十四《北狄·突厥传》,《资治通鉴》卷一百七十五"陈宣帝太建十四年(582)"末条。
⑥ 《资治通鉴》卷一百七十五"陈宣帝太建十四年(582)"末条注:"木峡、石门两关,皆在弘化郡平高县界。"查谭其骧主编:《中国历史地图集》第五册《隋关陇诸郡图》,则两关均在平凉郡(今甘肃省固原县一带)。

庆则为元帅,驰往弘化(今甘肃省庆阳县)拒敌①。

虞庆则命行军总管达奚长儒率骑兵二千出击,才出弘化没多远,就在周槃遭遇突厥大军,陷入重围。隋军大惧,达奚长儒神色慨然,激励将士死战求存。他把全军聚结成阵,且战且退,经受突厥骑兵排山倒海般的反复冲击,昼夜凡十四战,军兵散而复聚,整整坚持了三天三夜,直打得刀卷枪折,没有武器可用,士兵便挥拳肉搏,手皆见骨。达奚长儒身先士卒,五处受伤,两处前后贯穿,可这条已是血肉模糊的硬汉犹如铁塔般挺立不倒,山河为之变色,全军以死相拼,杀敌万计,渐渐撤到郡城边上。但虞庆则见敌势大,竟不敢出救。

突厥军兵本来是为了掳掠财物而南侵,完全没想到会遭遇如此猛烈的抵抗,他们被眼前惊天地、泣鬼神的悲壮场面惊呆了:两千对四十万!犹如汪洋大海中的一叶扁舟,桨断樯折,任凭狂风巨浪一次次将它打入波谷,却又顽强地浮了上来,在抗击中迸发出来的不屈不挠精神,犹如雷鸣电闪,震慑心魄。与之相比,眼前的胜利已经黯然无光,渺小而没有意义。突厥大军锐气尽失,面对所剩无几的隋军竟然无心发起最后冲击,他们匆匆焚烧了伙伴的尸体,恸哭一场,解围而去②。

在另一条战线上,秘密的战争也在激烈展开。前述长孙晟在突厥各汗中间的策反工作,以及隋朝争取周边民族的努力,开始显出效果。

沙钵略继立时的内争,已使得内部"昆季争长,父叔相猜,外

---

① 《隋书》卷一,《高祖上》。
② 《隋书》,卷五十三《达奚长儒传》、卷四十《虞庆则传》。

示弥缝,内乖心腹"①,而外部的形势也对突厥颇为不利。在东方,高句丽与突厥争夺靺鞨、契丹、奚、霫等族,甚至兵戎相见。《隋书·北狄·契丹传》记载,契丹曾"为突厥所逼,又以万家寄于高丽"。突厥原来就与高句丽有矛盾,朝鲜古史《三国史记·高句丽本纪第七》记载,阳原王七年(551)九月,"突厥来围新城,不克。移攻白岩城。王遣将军高纥领兵一万拒克之,杀获一千余级",即其一例。在西方,突厥面临崛起的萨珊波斯,曾联合东罗马攻之,不利而还,双方有着直接的利害冲突。故隋文帝形容突厥是"东夷诸国,尽挟私仇,西戎群长,皆有宿怨。突厥之北,契丹之徒,切齿磨牙,常伺其便"②。

强权主义者从来都迷信于暴力所带来的急功近利,他们总想欺凌弱者和掠夺财富,用武力的辉煌来遮掩深刻的矛盾。可是,一旦战事不顺,潜在的矛盾就在顷刻之间演变为现实的危机。隋朝的顽强抵抗,让突厥每前进一步都要付出高昂的代价,于是,内部矛盾表面化,达头可汗不愿继续南下,率部裹挟战利品北还。

正在沙钵略怒不可遏的时候,长孙晟悄悄出现在其侄染干面前,神神秘秘地对着他的耳边嘀咕一通,话还没说完,染干已是面如死灰,跌跌撞撞地冲进沙钵略帐中,上气不接下气地报告:北方的铁勒造反,打算偷袭牙帐③。

沙钵略闻言大惧,率军将其攻占的武威(今甘肃省武威市)、天水(今甘肃省天水市)、安定(今甘肃省泾川县北泾河北岸)、金城(今甘肃省兰州市)、上郡(今陕西省富县)、弘化和延安(今陕西

---

① 《隋书》卷八十四,《北狄·突厥传》。
② 《隋书》卷八十四,《北狄·突厥传》。
③ 《隋书》卷五十一,《长孙览附长孙晟传》。

省延安市城东延河东岸)人畜掳掠一空,匆匆退出塞外。

突厥全线撤退的内幕,后来才在隋文帝的诏书中披露出来:

> 达头前攻酒泉,其后于阗、波斯、挹怛三国一时即叛。沙钵略近趣周槃,其部内薄孤、束纥罗寻亦翻动。往年利稽察大为高丽、靺鞨所破,娑毗设又为纥支可汗所杀。与其为邻,皆愿诛剿①。

我们已经很难知道突厥后院起火的真实原因,但对于隋朝而言,突厥终于被打退了,以往的屈辱得以洗雪,又找回失落多时的自我和自尊,人们扬眉吐气,热泪奔涌。在这举国欢庆的时刻,文帝显得格外的冷静。他心里明白,突厥没有遭到重创,而北方的灾荒仍在蔓延,因此,突厥很快就会卷土重来,需要及早作好再战准备。

这年,文帝给其次子杨广定下一门亲事,纳后梁明帝萧岿之女为晋王妃。还打算将他最钟爱的第五女兰陵公主下嫁萧岿之子萧玚。后梁虽是隋朝附庸,但萧家却是皇族,文化修养更为天下称道,非常符合文帝复兴汉文化的目标。而且,和后梁结亲,大大有助于安定南线。果然,晋王纳妃之后,文帝即下令罢江陵总管,使隋朝暂时可以倾注全力于北方防线。

不出文帝所料,开皇三年(583)开春不久,突厥又开始蠢蠢欲动。二月,北部边境发生局部战斗。四月,突厥又大军压境。

而且,前年被隋朝打得四下逃窜的吐谷浑又陆续迁回原地,趁势浑水摸鱼,进攻临洮,隋洮州(今甘肃省临潭县)刺史皮子信出战,兵败被杀。汶州(今四川省茂县)总管梁远率精兵驰援,斩首

---

① 《隋书》卷八十四《北狄·突厥传》。诏书中的"束纥罗",当依《北史》卷九十九《突厥传》作"东纥罗",即同罗,与薄孤(仆固)、纥支(黠戛斯)同属铁勒九姓。

千余级,吐谷浑这才败走。但旋又复聚,转攻廓州(今青海省贵德县),被州兵击退。

吐谷浑复为边患,提醒隋朝必须尽快给予突厥重创,否则,任其掌握战场主动权,则周边地区的其他民族将受其控制,或与之合势,为祸更烈。

最重要的是,隋朝变单纯防御为积极反攻的条件正在成熟。经过去年的大战,隋军经受了考验,培育起战胜突厥的信心,士气高昂。而突厥内部矛盾表面化,使其难以成为号令统一的整体,只要再挫其气焰,就会造成其内部分裂。因此,文帝决心利用矛盾,各个击破,给沙钵略以决定性的打击,实现敌我攻守之势的战略转折。

四月,文帝下诏,历数突厥的罪恶和内外困境,宣布大举讨伐突厥:

> 斯盖上天所忿,驱就齐斧,幽明合契,今也其时。故选将治兵,赢粮聚甲,义士奋发,壮夫肆愤,愿取名王之首,思挞单于之背,云归雾集,不可数也。东极沧海,西尽流沙,纵百胜之兵,横万里之众,亘朔野之追蹑,望天崖而一扫……
>
> 但皇王旧迹,北止幽都,荒逖之表,文轨所弃。得其地不可而居,得其民不忍皆杀,无劳兵革,远规溟海。诸将今行,义兼含育,有降者纳,有违者死。异域殊方,被其拥抑,放听复旧。广辟边境,严治关塞,使其不敢南望,永服威刑。卧鼓息烽,暂劳终逸,制御夷狄,义在斯乎。何用侍子之朝,宁劳渭桥之拜!①

在诏书中,文帝说明这是一次"东极沧海,西尽流沙"的全面

---

① 《隋书》卷八十四,《北狄·突厥传》。

出击,目的在于让突厥"不敢南望,永服威刑"。在具体政策的把握上,强调不以扩张领土和俘虏人口为目标;不宜过于深入,浪战滥杀,应该争取降附,善加绥抚;对于以往受突厥控制压迫者,须予解放;命令部队要严治关塞,防备将来外敌入侵。综观上诏,可知此次战役规模虽大,但其性质仍属于有限度的反击战。至于战后如何确立与突厥的关系,似乎尚未确定。

隋军分别由卫王爽、河间王弘、上柱国豆卢勣、窦荣定、左仆射高颎和内史监虞庆则任行军元帅,以卫王爽居中节度诸军。分八道出塞,向突厥发起猛烈攻击①。

中路军首先与突厥主力爆发战斗。四月十一日,卫王爽率总管李充等四将出朔州道行军途中,与沙钵略所率突厥大军相遇于白道(今内蒙古呼和浩特市西北)。李充屡破突厥,深知敌情,故向卫王爽建议:"突厥狃于骤胜,必轻我而无备,以精兵袭之,可破也。"②卫王爽和长史李彻深以为然,给李充精骑五千,令其出击。突厥不意隋军掩杀而至,措手不及,一败涂地。沙钵略身受重伤,丢盔弃甲,潜入草地,好不容易捡回性命。持续不断的灾荒,已使得突厥军中乏食,现在又打了大败仗,不但无处掳掠,反被隋军夺去数万马牛羊,全军只能磨兽骨为粉充饥,饿得瘦骨伶仃,被那凛冽的北风吹得直打哆嗦,一时流行病肆虐,转死荒野,好不凄惨。

东北方向,幽州总管阴寿率步骑数万,出卢龙塞(今河北省喜峰口附近古塞)猛攻高宝宁。高宝宁急忙向突厥求救,可沙钵略正处于卫王爽的围剿之下,自顾不暇,哪里还管得上高宝宁。于是,高宝宁只好弃城出逃,遁入碛北,四月十二日,黄龙城被攻破,

---

① 《隋书》卷四十四《卫王爽传》记载,诸军"俱受爽节度"。卷五十一《长孙览附长孙晟传》记载:"后数月,突厥大入,发八道元帅分出拒之"。
② 《资治通鉴》卷一百七十五"陈长城公至德元年(583)四月"条。

营州一带悉平。阴寿留开府成道昂镇守,自率大军班师。

不久,高宝宁又招引契丹和靺鞨等族,其势复炽,反攻黄龙城,成道昂苦战连日,才勉强打退其进攻。阴寿对高宝宁流窜作战的战术深感头痛,想出一计。派人潜入其心腹赵世模和王威处离间诱降,并四下传播官府以重金悬拿高宝宁的消息。这一招在穷途末路的高宝宁军中大为奏效。一个月后,赵世模率部投降,逼使高宝宁再奔契丹,途中为其麾下赵修罗所杀①。五月二十九日,文帝下诏:"赦黄龙死罪已下"②,东北宣告平定。

铲除高宝宁集团,是隋朝取得的辉煌战果。这一重大胜利,解除了东北边患,完成北周未竟的统一事业,还有助于消除山东地区的不稳定因素,使潜在的敌对分子失去外部的呼应依托,巩固了隋朝在该地区的统治。

西北方向取得的战果,同样具有决定性意义。

河间王弘率军数万,出灵州道,与突厥相遇,大破之,斩敌数千。其别部在行军总管庞晃率领下,出贺兰山,包抄敌后,击破突厥,斩首千余③。

窦荣定率九总管、步骑三万,出凉州,在高越原与突厥阿波可汗相遇,两军对峙于戈壁滩上。放眼四野,草木不生,烈日灼人,隋军携带的水三两下就喝光了,士兵只好刺马饮血,死者相继。窦荣定眼看再拖下去将不战自毙,仰天长叹,不意天上竟下起及时雨

---

① 《隋书》卷三十九,《阴寿传》。
② 《隋书》卷一,《高祖上》。
③ 《隋书》,卷四十三《河间王弘传》、卷五十《庞晃传》。薛宗正《突厥史》第151页引《册府元龟》,将庞晃一军作为卫王爽所率中路军之侧翼。其实,《册府元龟》有关史料基本抄自《隋书》,而《隋书·庞晃传》记载:"河间王弘之击突厥也,晃以行军总管从至马邑。别路出贺兰山,击贼破之",明记其隶属于西路之河间王。

来,全军为之一振,奋勇出击,屡挫敌锋[1]。

当时,前上大将军史万岁坐事配敦煌为戍卒,听说窦荣定讨伐突厥的消息,跑到军门,自告奋勇。于是,窦荣定约突厥各出一将决斗,史万岁跃马向前,转眼间直取敌将首级,突厥大惊,部伍狼藉,连连后退,好不容易才立住阵脚[2]。

文帝派在窦荣定军中担任偏将的长孙晟,看出阿波可汗已陷入进退狐疑的窘境,觉得时机已到,就派人跟阿波可汗说:"摄图(沙钵略)每来,战皆大胜。阿波才入,便即致败,此乃突厥之耻,岂不内愧于心乎?且摄图之与阿波,兵势本敌。今摄图日胜,为众所崇,阿波不利,为国生辱。摄图必当因以罪归于阿波,成其夙计,灭北牙矣。愿自量度,能御之乎?"

如第一节所述,阿波(大逻便)本为上代可汗他钵意中的继承人,就因为母亲出身低贱而不得立,早与沙钵略有隙。现在听了隋使的话,更是满腹疑虑,派人到隋军中来。这下子正中长孙晟下怀,他舌灿莲花地为阿波出谋划策道:"今达头与隋连和,而摄图不能制。可汗何不依附天子,连结达头,相合为强,此万全之计。岂若丧兵负罪,归就摄图,受其戮辱邪?"[3]

空穴来风一样吹得阿波心动,便与窦荣定立盟,另派人随长孙晟入京请和,自己则在六月初旬率军北还[4]。

在白道吃了大败仗的沙钵略逃回塞北,满腔羞愤,听人传言阿

---

[1] 《隋书》卷三十九,《窦荣定传》。
[2] 《隋书》卷五十三,《史万岁传》。
[3] 《隋书》卷五十一,《长孙览附长孙晟传》。
[4] 《隋书》,卷三十九《窦荣定传》、卷五十一《长孙览附长孙晟传》。据同书《高祖上》记载,是年六月十一日,"突厥遣使请和",此当即是阿波的使者,则阿波北撤应在六月上旬。

波暗通隋朝,不禁怒从中来,带领沿途收聚的离散军兵,奔袭阿波北牙,尽获其众而杀其母。阿波回来时,营盘早已是满目疮痍,惨不忍睹,看得他两眼冒火,西奔素与沙钵略不和的达头可汗,借得十万雄兵,浩浩荡荡杀向东去,找沙钵略讨还血债。

阿波与沙钵略反目成仇,引起突厥内部强烈震撼。贪汗可汗由于和阿波关系亲密,遭沙钵略废黜,投奔达头;沙钵略的堂弟地勤察平素就不服沙钵略,现在也转投阿波。从此,突厥分裂为东、西两大敌对集团,兵连祸结①。

消息传来,文帝强按住内心的激动,"遣尚书左仆射高颎出宁州道,内史监虞庆则出原州道,并为行军元帅,以击胡。"②敌人已经败退,却派出两位宰相到远离前线的地方抗击突厥,这多少有些不合情理的举措,恐怕是去确认突厥内战的情报是否属实,同时整顿沿边州郡设施,进行战争的善后抚恤工作,防备突厥内战蔓延至境内。所以,在史书上,我们实在找不出这两位宰相的军功。

让文帝不敢轻信突厥爆发内战,还有另外一个原因,那就是在东北战场,隋军遭到突厥的猛烈进攻。

五月平定东北后,名将阴寿随即于十一日去世,文帝委派李崇接任幽州总管③。李崇是开国元勋李穆的侄儿,威名素著,他到任后,"奚、霫、契丹等慑其威略,争来内附。"突厥东面可汗是沙钵略弟弟处罗侯,高宝宁覆灭时,他无暇救援。隋军收复营州后,东北

---

① 《隋书》,卷八十四《北狄·突厥传》、卷五十一《长孙览附长孙晟传》。
② 《隋书》卷一,《高祖上》。
③ 《隋书》卷三十七《李穆附李崇传》载:"开皇三年,除幽州总管"。而同书《高祖上》开皇三年仅载:"秋七月辛丑,以豫州刺史周摇为幽州总管",漏载李崇。岑仲勉《隋书求是》第8页以为周摇或为豫州总管,可备一说。但《资治通鉴》卷一百七十五"陈长城公至德元年(583)七月"条以周摇为李崇之继任,似较合理。

少数民族纷纷归附隋朝,大大改变了该地区各民族间的势力分布,突厥日显穷蹙,故处罗侯尽力来争,大举进攻幽州。

李崇亲自统率步骑三千,出城拒敌,转战十余日,战士相继阵亡,只得退守砂城。砂城荒废已久,城墙颓败,难以坚守,而军中又告断炊,但士兵仍拼死抵抗,毫无怯意。到了晚上,他们就利用夜幕作掩护,偷袭敌营,夺取六畜以继军粮。突厥被打怕了,每夜结阵以待,严密封锁,不让隋军有隙可乘。在反复的战斗中,突厥不由得对如此英勇顽强的隋军肃然起敬,故一再招降李崇,许以高官。李崇望着眼前仅剩百余人的伤兵,知道决难幸免,他勉励部下尽力突围,向皇帝报告这里的真实情况,自己则只身冲入敌阵,手刃敌兵两人。突厥知其不可屈服,下令放箭,把他射得犹如刺猬,仍不肯倒下①。李崇是隋朝抵御突厥斗争中捐躯的最高级别的将领。

幽州战后,没有见到突厥进犯的记载。显然,处罗侯站在沙钵略一边,正忙于准备内战,无力南顾了。到翌年,突厥内部分裂的情况逐渐明朗。二月,春寒料峭,隋军像往年一样警惕着北方的动向,然而,这年迎来的却是"突厥苏尼部男女万余人来降。……突厥可汗阿史那玷厥率其属来降"②。连年灾荒,再加上内战,天灾人祸的双重肆虐,已使得突厥民不聊生而分崩离析了。

以开皇三年七月为分水岭,隋朝取得战胜突厥的辉煌胜利,完全扭转四面受敌的被动局面,彻底改变了东亚世界的面貌。从建国至此,才经过两年多,隋朝就打败了头号强敌突厥,这在中国史上也近乎奇迹。这一胜利的取得,首先是隋朝有一个坚强的领导

---

① 薛宗正:《突厥史》第153页认为,此役突厥攻陷幽州。但从前述周摇的继任及史籍记载,幽州并未陷落。
② 《隋书》卷一,《高祖上》。

和坚定务实的政策。第二是充分利用四面之敌不统一的机会,集中优势兵力予以各个击破,表现出冷静高超的军事艺术。第三是善于利用敌人内部的矛盾,分化瓦解。第四是有一支强大的骑兵队伍。而最基本的一条,是上下同心,三军用命,显示出隋王朝的蓬勃朝气。乘着这股气势。文帝胸中正在勾画一幅世界性帝国的蓝图。

第四节 构建中的世界性帝国

战胜突厥之后,隋朝取得了在东亚世界的主导地位。这时,一个崭新的课题无可回避地摆到文帝的面前。这就是重建以隋朝为中心的政治关系秩序,并以此作为维护和平的基石。

我们知道,汉武帝征讨匈奴胜利后,东方世界的国家或民族间关系就是以汉朝为轴心展开的。这时期的关系主要具有以下几个特点:第一,以汉王朝为中心;第二,以文化(语言、文字、制度、礼仪等)传播为纽带;第三,通过册封建立上下君臣关系和交往的道义原则;第四,政治上的服从与军事上的占领相结合等。

西晋崩溃后,中国四分五裂,对于周边民族政权,经常处于劣势地位,因此,汉代所建立的关系体系彻底崩溃,哪怕存在表面上的对外册封,也是徒具形式,更多则是被册封者为了借助册封者的权威来加强对内统治的需要而要求的。对于东方世界而言,失去中国这样一个具有权威和约束力的政治中心,其结果是各个民族、国家相互间关系完全建立在现实利益与军事实力之上,交相征伐,弱肉强食。在此意义上说,古代中国所构建的国家间关系准则,固然有利于中国,但也有助于维护周边诸族及各国间关系的和平与稳定。

因此,当中国重新崛起时,周边民族、国家以复杂的心情关注着形势的发展。开皇初,他们纷纷来到隋朝,打探消息。在《隋书·高祖上》所粗略记载的名单上,就可以见到白狼国、靺鞨、突厥、百济、高句丽、契丹和吐谷浑等。那些受强大邻国欺凌的民族,对隋王朝抱有相当期望。而在中国内乱中获得利益者,则深恐中国强大,并设法予以阻止。当时,最强大的首推雄踞漠北的突厥。开皇三年(583),隋朝打败突厥之后,整个东亚形势为之改观,没有任何势力能够正面阻挡隋朝成为东亚的主导力量。对于隋朝而言,重构以自己为中心的关系原则,将保障国内的统一,创造有利的外部环境,积极开拓与世界各地的交往与贸易,具有十分重要的意义。

如前面几节所见,文帝在构建这种关系秩序时,始终持稳重务实的态度。在反击吐谷浑和突厥入侵的诏书中,已经可以看到隋朝对周边民族国家政策的出发点是保证边境的长久和平,为了做到这一点,就必须使敌人臣服,建立上下君臣关系,而具有实质意义的册封则是其表现形式之一。值得注意的是隋朝主张的是臣服而不是征服,它不伴带扩张和经济掠夺,相反,周边各族和国家通过朝贡而获得大量馈赠,在经济上往往不利于隋王朝。所以,隋朝对外政策的基本点是强调政治上的服从,力图提高周边民族国家的文化程度,通过"用夏变夷"来造成对中国文化的认同与向心力,取代汉代实行的领土占领政策。因此,隋朝的对外政策更具有广泛的适应力与包容性。

文帝在给突厥沙钵略可汗的下引诏书里,已清楚地表露其对外关系的主导思想:

> 门下:突厥沙钵略可汗表如此。昔暴风不作,故南越知归,青云干吕,使西夷入贡。远人内向,乃事关天。獯鬻相踵,

抗衡上国,止为寇盗,礼节无闻,唯有呼韩,永臣于汉,奇才重出,异代一揆。沙钵略称雄漠北,多历岁年,左极东胡之土,右苞西域之地,遐方部落,皆所吞并,百蛮之大,莫过于此。昔在北边,屡为草窃,朕常晓喻,令必修改。彼亦每遣行人,恒自悔责。今通表奏,万里归风,披露肝胆,遣子入侍,罄其区域,相率称藩,往迫和与,犹是二国,今作君臣,便成一体,情深义厚,朕甚嘉之。盖天地之心,爱养百姓,和气普洽,使其迁善,屈膝稽颡,畏威怀惠,虽衣冠轨物,未能顿行,而禀训承风,方当从夏,永为臣妾,以至太康。荷天之休,海外有截,岂朕薄德所致此。已敕有司,肃吉郊庙,宜普颁行天下,咸使知闻[1]。

在诏书中,文帝以为"远人内向,乃事关天",将周边民族和国家的归服视为头等大事,其所谓"罄其区域,相率称藩",并非要整个地实行领土占领,而是体现"普天之下,莫非王土;率土之滨,莫非王臣"的总体臣服理念。贯彻这种理念的措施之一,是"遣子入侍"的侍子制度。侍子一方面具有人质的意义,另一方面更在于通过学习来培养下一代亲隋朝的继承人。在这里,"虽衣冠轨物,未能顿行,而禀训承风,方当从夏"那种用夏变夷、"使其迁善"的文化改造与认同的构想,乃是长远的目标,是达到天下大同的根本途径。

近期的臣服政策与长期的文化改造,是隋朝重建天下秩序的基本原则,它是根据魏晋南北朝大动乱后的现实与民族融合的进程,总结汉王朝对外政策的得失经验而提出的。例如,在是否进行领土占领的问题上,早就有过争论。隋文帝在前引讨伐吐谷浑诏

---

[1] 许敬宗等撰《文馆词林》卷第六百六十四,《隋文帝颁下突厥称臣诏》,丛书集成初编本,中华书局1985年影印出版。

中所申明的"非是贪无用之地,害荒服之民"原则,就是对历史经验的总结与回答:不以劳民伤财为代价,去进行无益的领土扩张。事实上,开皇二年(582)对吐谷浑降众的处理,已经提供了范例。文帝封其高宁王移兹裒为河南王,以统降众,保持其原来的社会组织和生活习俗,尽量就地安置①。移兹裒死后,"高祖令其弟树归袭统其众"②。这种含育包容的指导思想,被唐朝所继承,并迎来世界文化百花齐放的盛大场面。

突厥的衰落,给文帝重建以隋为中心的世界政治秩序扫清了道路。

在西边,窦荣定麾下行军总管贺娄子干率部打败吐谷浑的进攻。不久,吐谷浑又再进犯,"西方多被其害",文帝命贺娄子干驰至河西,发五州兵深入吐谷浑境内,大破之,"杀男女万余口,二旬而还"③。这一仗再次打出隋军的声威,以至于后来吐谷浑进犯岷、洮二州时,一听到贺娄子干的名字,便望风而逃。

鉴于西部边疆不设村坞,一再遭到吐谷浑的侵掠,所以,文帝给贺娄子干下达新的指示,要求将当地百姓组织起来,筑堡居住,营田积谷,农战兼备。贺娄子干经过认真的调查研究,认为陇西、

---

① 周伟洲:《吐谷浑史》第64页,根据"河南王"的封号,推测可能安置于今贵德、临夏黄河以南。
② 《隋书》卷八十三,《西域·吐谷浑传》。
③ 引文俱见《隋书》卷五十三《贺娄子干传》。周伟洲《吐谷浑史》将此役系于开皇二年,另据《隋书·高祖上》开皇三年四月记载,以该年吐谷浑复入寇,为窦荣定所败。实际上,窦荣定率军出击突厥在开皇三年,而《隋书·贺娄子干传》明载:"其年,突厥复犯塞,以行军总管从窦荣定击之。子干别路破贼……"故知上述《贺娄子干传》与《高祖上》所载为同一件事,时间应为开皇三年。《资治通鉴》卷一百七十六"陈长城公至德二年(584)四月"条将此事系于开皇四年(584),似乎过迟。因吐谷浑乃借突厥入侵之势犯边,并非孤立的事件,而隋朝也不应在开皇四年无缘无故地攻打吐谷浑。

河右一带,地广人稀,居民颇以畜牧为生,不宜实行屯聚的办法,且以往的屯田事倍功半,不如废除边远地区的屯田,使各镇戍相连,烽堠相望,加强戒备即可。文帝采纳了贺娄子干的建议。此后,未见吐谷浑骚扰的记载。

开皇四年(584)四月十五日,文帝在新都大兴殿宴请吐谷浑等使者,表明吐谷浑基本上已经归顺隋朝。归顺的原因,除了隋朝军事上的胜利外,还在于吐谷浑内部分裂。其王吕夸在位数十年,老当益壮,深恐子孙篡位,故先发制人,废杀太子。新立的太子以前车之鉴,图谋执吕夸而投降隋朝,向隋求援,文帝不许。结果,太子谋泄,又遭杀害。第三任太子嵬王诃深惧被害,惶惶不可终日。开皇六年(586),他实在熬不下去,密谋率部投降,不受文帝欢迎而止。隋平陈后,"吕夸大惧,遁逃保险,不敢为寇"[1]。到了开皇十一年(591),吕夸还是死去,其子伏继立,遣其侄儿奉表称藩,隋朝终于和吐谷浑建立起君臣藩属关系。以后,隋朝又于开皇十六年(596)将光化公主嫁与吐谷浑王伏,和亲关系更有发展。

在此过程中,不难看出,开皇三年(583)打败突厥是形势发生转折的关键。突厥衰落后,吐谷浑就无力单独挑战隋朝,而追随吐谷浑的党项也转而投向隋朝。开皇四年(584),党项"有千余家归化。五年,拓拔宁丛等各率众诣旭州内附,授大将军,其部下各有差"[2];翌年春正月,又见到"党项羌内附"的记载[3]。当年,还见到西域女国"遣使朝贡"[4]。显然,西域民族国家正在摆脱突厥而转向隋朝。这就为隋朝打开通往中亚的"丝绸之路"铺平了道路。

---

[1] 《隋书》卷八十三,《西域·吐谷浑传》。
[2] 《隋书》卷八十三,《西域·党项传》。
[3] 《隋书》卷一,《高祖上》。
[4] 《隋书》卷八十三,《西域·女国传》。

而且,在文帝处理吐谷浑内乱时,一再拒绝支持反叛的吐谷浑太子,不但在决策时对侍臣说:"朕以德训人,何有成其恶逆也!吾当教之以义方耳。"而且,还当面指斥太子嵬王诃的使者道:

> 朕受命于天,抚育四海,望使一切生人皆以仁义相向。况父子天性,何得不相亲爱也!吐谷浑主既是嵬王之父,嵬王是吐谷浑主太子,父有不是,子须陈谏。若谏而不从,当令近臣亲戚内外讽谕。必不可,泣涕而道之。人皆有情,必当感悟。不可潜谋非法,受不孝之名。溥天之下,皆是朕臣妾,各为善事,即称朕心。嵬王既有好意,欲来投朕,朕唯教嵬王为臣子之法,不可远遣兵马,助为恶事①。

这套伦理说教,是文帝以《孝经》治天下思想在对外关系上的延伸,决不是假仁假义的虚伪造作。子叛父为不孝,臣叛君为不忠,均属隋律"十恶"之列,决难支持。不仅对吐谷浑太子如此,对其臣属也是如此。开皇八年(588),吐谷浑名王拓拔木弥请求背主降附,文帝不予支援②,表现出首尾一贯的立场。

显然,文帝不能开支持背主行为的先例。这不仅有隋朝政治上大力强调忠孝治国的需要,同时也为了重建国家民族间关系中必须遵循的精神道义准则,改变唯权力论的现实,把国家、民族间关系建立在以隋朝为中心、以文化传播为纽带、有道义原则可遵循的基础之上,以此确立互相间的政治秩序,构筑世界性体系。

但是,在处理具体问题的时候,文帝并不把自己的伦理道德强加于人。例如,开皇十七年(597),吐谷浑发生内乱,国主伏被杀,其弟伏允继立,遣使入隋,请求按照其"兄死妻嫂"的风俗,尚光化

---

① 引文均见《隋书》卷八十三,《西域·吐谷浑传》。
② 《隋书》卷八十三,《西域·吐谷浑传》。

公主,文帝即予同意,表现出对异文化的包容。在强调政治服从的前提下,尊重成员各自的文化习俗,并不强求一律,表现出原则性与灵活性的协调统一。这些原则措施,结晶为唐朝娴熟运用的羁縻政策及其体制①。

开皇四年(584)五月十二日,文帝高坐于大兴殿上,彬彬有礼地接受契丹主莫贺弗派来的请降使者,当场册封契丹主为大将军。文帝心头,涌起阵阵喜悦和期盼,这些年折冲尊俎纵横捭阖,隋朝又将取得具有战略意义的丰收。果然,到了九月十一日,契丹终于内附于隋②。

争取东北民族内附,对于隋朝的内政外交,均具重大意义。

西晋崩溃时,崛起于东北的鲜卑族大规模南下,先后建立了许多政权。以此为契机,朝鲜半岛上高句丽、马韩和辰韩等也摆脱晋王朝的控制,攻占乐浪和带方郡,分别建立起高句丽、百济和新罗三国。北方的高句丽实行向西扩张的战略,特别是接收被北魏打垮的冯氏北燕遗产,其势力一直推进到辽河流域。此后,由于北魏强盛才遏止住其继续向西扩张的势头。但是,中国北方历代政权忙于内部的斗争,无力恢复对东北的统治,故与高句丽的对峙就这样维持了下来。

占据辽河流域,给高句丽带来莫大的利益。而要巩固在这里的统治,就必须争得对东胡各族的控制。因此,争夺东胡族,关系到各方势力的消长。

---

① 关于汉唐间中国对外关系政策的形成与嬗变,请参阅堀敏一的《中国与古代东亚世界》(日本,岩波书店1993年版)以及笔者所撰写的长篇书评《评堀敏一〈中国と古代東アッア世界——中華の世界と諸民族〉》(载《唐研究》第二卷,北京大学出版社1996年版)。

② 《隋书》卷一,《高祖上》。

开皇初,由于突厥的沉重压力,隋朝无力经营东北。但是,如前述高宝宁的事例所示,当中国统一王朝形成之际,高句丽竟武装支持中国的敌对势力,力图维持其在此地获取的既得利益。这一事件显然给隋文帝留下极其深刻印象,东北问题不仅有历史遗留下来的领土主权问题,而且还可能成为华北不稳的隐患,同时也是隋朝重建天下秩序的障碍。所以,文帝早早就不露声色地从争取东胡族内附落子布局。

契丹为东胡族之一,位于隋王朝、高句丽和突厥三大势力之间,其战略地位不言而喻。因此,从一开始,它就成为几大势力争夺的对象。

北魏时,北方蠕蠕强盛,高句丽便与蠕蠕合谋瓜分位于契丹西北地区的地豆于。《魏书·契丹传》载:"太和三年(479),高句丽窃与蠕蠕谋,欲取地豆于以分之。契丹惧其侵轶,其莫弗贺勿于率其部落车三千乘、众万余口,驱徙杂畜,求入内附,止于白狼水东。自此岁常朝贡。"高句丽征地豆于,实为假途灭虢之策。《隋书·契丹传》载:契丹"当后魏时,为高丽所侵,部落万余口求内附,止于白貔河",即是明证。高句丽企图侵吞契丹的结果,却是驱使契丹依附于中原。此后强大起来的突厥也卷入对契丹的争夺。《隋书·契丹传》载:"其后为突厥所逼,又以万家寄于高丽。"突厥势力的介入,遂在辽东与高句丽发生武装冲突。《三国史记·高句丽本纪第七》记载:"(阳原王)七年(551)秋九月,突厥来围新城,不克。移攻白岩城。王遣将军高纥领兵一万拒克之,杀获一千余级。"突厥突然进攻高句丽,显然与争夺契丹大有关系[①]。结果,契

[①] 〔韩〕金善昱:《隋唐时代中韩关系研究——以政治、军事诸问题为中心》(台湾大学历史研究所博士论文,1973年,未发表)认为,这年突厥进攻高丽乃是因为争夺契丹所引起的,颇见有见地。

丹被分裂,部分并入突厥,部分依附高句丽。

契丹的向背,同样关系到华北政权北部边疆的安全。据《北齐书·文宣纪》记载,天保四年(553)九月,契丹犯塞,北齐文宣帝亲自北伐,一直追讨到营州,夺回契丹大部。此役之后至齐后主天统四年(568),经常可以看到契丹向北齐朝贡的记载。但此后契丹的动向不明,一直到前述高保宁叛乱时,才重新见到有关契丹的记载:一是建德六年(577)高保宁率契丹军抵抗北周;二是开皇三年(583)高保宁兵败后投奔契丹。估计在北齐末年,契丹又背离了中央朝廷。

隋朝打败突厥后不久,随即见到契丹请降的记载。主战场上的漫天烽火,完全遮掩住杯觥交错下的外交折冲,尽管如此,我们仍可相信,上述开皇四年(584)的契丹归附是隋朝争取东胡族的最初成果。

翌年四月八日,"契丹主多弥遣使贡方物。"①《隋书·契丹传》亦载:"五年,悉其众款塞,高祖纳之,听居其故地。"显然,在隋朝的积极争取下,除了受高句丽控制的一部外,契丹大部已投向隋朝。开皇六年(586),其"诸部相攻击,久不止,又与突厥相侵,高祖使使责让之。其国遣使诣阙,顿颡谢罪。"②此事表明,契丹颇听命于隋朝,在内政上,其国主借助隋朝的权威约束不听话的诸部,巩固统治地位;在对外关系上,如与突厥相攻击时,亦接受隋朝的调停,成为隋朝在东北地区的重要藩属。

隋朝取得的另一项重要进展,是取得靺鞨粟末部的归附。

靺鞨在高句丽东北,分布颇广,尚未统一。在隋代,靺鞨分为七部,不相统属,与中原和朝鲜均有悠久的历史联系。北齐时,靺

---

① 《隋书》卷一,《高祖上》。
② 《隋书》卷八十四,《北狄·契丹传》。

鞨频来朝贡。隋朝建立后,文帝就积极招抚之。开皇元年(581),即见其酋长遣使来贡方物①,文帝非常高兴,大加褒奖道:"朕闻彼土人庶多能勇捷,今来相见,实副朕怀。朕视尔等如子,尔等宜敬朕如父。"其使者来自边远苦寒地带,初次来到繁华都会,就受到仰慕已久的皇帝亲自接见,并蒙嘉奖,感激之情,溢于言表,当场宣誓:"臣等僻处一方,道路悠远,闻内国有圣人,故来朝拜。既蒙劳赐,亲奉圣颜,下情不胜欢喜,愿得长为奴仆也!"②这样,从开皇初年起,靺鞨就同隋朝建立起君臣服属关系。其后在开皇三、四、十一、十二、十三年,均见其朝贡,关系极其亲密③,隋炀帝时,甚至出兵帮助隋朝对高句丽作战。

然而,由于靺鞨各部互不统属,所以,隋朝的招抚工作也不都是一帆风顺。据《隋书·靺鞨传》记载,靺鞨各部中,直接与中原和朝鲜有关者,主要为粟末部和白山部,"粟末部,与高丽相接,胜兵数千,多骁武,每寇高丽中。"实际上,靺鞨与高句丽敌对,其来已久。《魏书·勿吉传》记载,靺鞨在北魏太和初年来朝,"自云其国先破高句丽十落,密共百济谋从水道并力取高句丽,遣乙力支奉使大国,请其可否。"显然,隋朝充分利用粟末部与高句丽的矛盾,早早争取其归附,共同对付高句丽。唐朝杜佑《通典·州郡八》归德郡燕州条载"隋文帝时,粟末靺鞨有厥稽部渠长,率数千人,举部落内附,处之柳城、燕郡之北",也证明了此点。因此,在《隋书》里见到与高句丽为敌之靺鞨,应该都是指粟末部。

另一方面,靺鞨的白山部则一直追随高句丽,为其冲锋陷阵。《旧唐书·靺鞨传》记载:"其白山部,素附于高丽"。而在朝鲜古

---

① 《隋书》卷一,《高祖上》。
② 《隋书》卷八十一,《东夷·靺鞨传》。
③ 《隋书》卷一,《高祖上》。

史《三国史记》里也随处可见其为高句丽攻打百济和新罗的事例。隋朝虽然一直在积极争取靺鞨,但显然不如对契丹那样顺利,除了拉拢到原来就与高句丽对立的粟末部外,似乎对白山部束手无策,始终未能打破其与高句丽的联盟。开皇十八年(598),甚至还发生高句丽王"元率靺鞨之众万余骑寇辽西"的事件①,事件中的靺鞨应是白山部。

尽管如此,取得契丹及与之毗邻的靺鞨粟末部支持,是隋朝的重大胜利,对于今后处理东北地区问题有着举足轻重的影响。有利于隋朝的形势发展,也进一步促使东北地区的其他民族投向隋朝,就连被视为"最为无信"的奚,"自突厥称藩之后,亦遣使入朝"②。隋朝的优势地位,随着时间的推移,日益明显。

隋朝在东北地区逐步取得优势,与其处理同各民族国家间关系的指导原则有关。东北各族,发展较为落后,又夹在高句丽和突厥东西两大势力之间,一直处于不统一的状态,相互间关系尤为复杂,"亲疏因其强弱,服叛在其盛衰。衰则款塞顿颡,盛则弯弓寇掠,屈申异态,强弱相反。正朔所不及,冠带所不加,唯利是视,不顾盟誓。"③有鉴于此,隋朝在同该地区少数民族交往中,有两点尤其值得注意。

其一,如上述契丹归附后的事例所见,隋朝积极帮助其国主确立统治地位,输出文化物资,通过加速其社会的发展,给双边关系建立较为稳固的基础。

其二,调停臣属国之间的纷争。制止契丹与突厥互侵,已见前述。靺鞨归附后,频与契丹互攻,隋文帝亲自出面对靺鞨使者道:

---

① 《隋书》卷八十一,《东夷·高丽传》。
② 《隋书》卷八十四,《北狄·奚传》。
③ 《隋书》卷八十四,"史臣曰"。

"我怜念契丹与尔无异,宜各守土境,岂不安乐?何为辄相攻击,甚乖我意!"①调解纠纷与隋文帝努力建立世界关系秩序的道义原则是一脉相通的,臣属国不相互攻击,君主国保护属国不受外来侵略,共同维护一个和平、有序的环境,是隋朝是否建立起有效的世界体系的象征与试金石。

东北各族纷纷归附隋朝,则高句丽就裸露于隋朝面前。

对于隋朝的崛起,高句丽很警惕。开皇元年(581),隋朝刚建立,高句丽就迅速把握机会,遣使赴隋,打探消息,恢复前述与北周冲突后中断了的双方关系。隋文帝也机智地册封高句丽威德王为大将军、辽东郡公,以改变四面受敌的局面。双方一度紧张的关系有所缓和了。

此后至开皇四年(584),高句丽年年入朝。据《隋书》和《三国史记》记载,其使节入隋情况为:开皇元年一次;二年两次;三年多达三次;四年一次,相当频繁。如果说开皇元年为礼节性拜访,则其后两年的频繁接触,显然有重要交涉。笔者推测至少有三个方面的议题,第一是高保宁问题;第二是突厥问题;第三是契丹问题。开皇三年高句丽三次入朝,必与隋文帝大举讨伐突厥和高保宁有关。是年突厥败北,高保宁被诛。翌年,契丹转向隋朝,整个东北的局势完全改观。高句丽的对外战略遭到重大挫折。特别是契丹倒向隋朝,使高句丽必须直接面对强大的隋朝,犹如锋芒在背,令其不寒而栗。于是,在契丹内附隋朝后,高句丽旋改对外政策,停止与隋朝的交往,转而向陈朝朝贡②,同时继续争夺契丹,谋求同突厥联系,以图建立新的势力均衡。

---

① 《隋书》卷八十一,《东夷·靺鞨传》。
② 《三国史记》卷第十九《高句丽本纪》"平原王二十七年(585)"条,韩国景仁文化社,1988年版。又见于《陈书》卷六《后主纪》"至德三年十二月癸卯"条。

高句丽在东胡族里的影响不容小觑。《隋书·室韦传》说,室韦"其国无铁,取给于高丽。"反映出高句丽利用各种手段扩大影响。因此,其新的动向,明显是为了抵制隋朝的世界战略,促进弱者联合,阻止多极间势力均衡向以隋为中心的一元化体系转变。这两种反方向的运动,迟早是要撞车的。对于以汉帝国自许的隋朝而言,再不去收复辽河流域,就等于承认动乱时期高句丽的扩张,这是不能容忍的屈辱。而且,不能臣服高句丽,则其构建天下秩序的努力也将功亏一篑。所以,我们不能把隋朝征讨高句丽的行为简单说成是好大喜功或对外扩张,否则就无法解释在此问题上隋唐两代王朝的一贯立场。

　　从东北亚形势的发展过程可以明显看出,造成有利于隋朝的重大转折,在于打败突厥,这是全局的关键。因此,开皇三年(583)之后,隋文帝并不急于经营东北,而仍然把精力集中于进一步削弱业已分裂的突厥,以加强隋朝牢不可破的优势。

　　开皇四年(584)二月十五日,接到突厥苏尼部男女万余人投降的奏报后,文帝旋于十八日前往陇州(今陕西省陇县)视察。与此同时,又传来"突厥可汗阿史那玷率其属来降"的消息①。

　　阿史那玷厥就是西面可汗达头。其时兵势正盛,所谓"来降"云云,大概是隋朝夸大其词,故司马光认为是"文降"。大概和阿波可汗北撤时向隋请和一样,达头"来降"也是前来与隋朝订立和约。这一举动本身已经暗示突厥内部将发生大的变动②,文帝敏

---

① 《隋书》卷一《高祖上》。据《通鉴考异》记载:"《隋帝纪》云'突厥阿史那玷厥帅其属来降。'按时玷厥方强,盖文降耳",知今中华书局点校本脱一"厥"字。
② 薛宗正《突厥史》第153页认为:"此'降'无非指达头遣使要求同隋朝停止敌对行动,恰恰是准备向沙钵略发起全面进攻的信号",并反对将此解释为达头受阿波挤迫而离开原住地进入隋境的见解。从当时各方的现状及其动向分析,笔者亦持薛氏说。

锐地感觉到这一点,所以,从陇州视察回来后,四月十五日,亲自在大兴殿接见并宴请突厥、高句丽和吐谷浑三个与隋朝有利害冲突的来使①,席间谈笑风生,文帝通过直接观察,对整个北方的全局形势得出了自己的判断。

果然,突厥阿波和达头联盟反叛沙钵略大汗的大规模内战爆发,"连兵不已,各遣使诣阙,请和求援"②。让昔日的仇敌自相残杀,这本来就是长孙晟的构想,现在敌人自己钻进圈套,隋朝当然乐得作壁上观,故文帝婉言拒绝了突厥各方的求援。

到了九月,沙钵略可汗终于抵挡不住阿波的复仇之兵,一路败下阵来,万般无奈,只好向以往毫不放在眼里的隋朝请降,好不狼狈。嫁在突厥的北周宗女千金公主也忍辱上书:"自请改姓,乞为帝女"③。认仇作父,显然沙钵略夫妇的处境穷蹙已极。年轻气盛的晋王杨广主张趁机出击,踩平沙钵略。文帝想得更深更远,草原麋兵,不论谁一统天下,都将成为隋朝的劲敌。所以,他欣然同意沙钵略的请求,派遣开府仪同三司徐平和为使者,前往突厥,改封千金公主为大义公主④。"大义公主"封号取自"大义灭亲",是褒奖,还是揶揄?这一切都顾不上了,眼下能求得隋朝宽容,便可徐图再起。所以,沙钵略连忙传唤文士修书,上表谢恩道:

> 辰年九月十日,从天生大突厥天下圣贤天子、伊利俱卢设莫何始波罗可汗致书大隋皇帝:使人开府徐平和至,辱告言语,具闻也。皇帝是妇父,即是翁,此是女夫,即是儿例。两境虽殊,情义是一。今重叠亲旧,子子孙孙,乃至万世不断,上天

---

① 《隋书》卷一,《高祖上》。
② 《隋书》卷八十四,《北狄·突厥传》。
③ 《隋书》卷五十一,《长孙览附长孙晟传》。
④ 《资治通鉴》卷一百七十六"陈长城公至德二年(584)九月"条。

为证,终不违负。此国所有羊马,都是皇帝畜生,彼有缯采,都是此物,彼此有何异也!①

尽管沙钵略指日誓心,但文帝岂会轻易受骗。他一看表文首句,就洞察沙钵略内心不服,虽然信誓旦旦,却采取与隋朝皇帝对等的格式,毫无称臣之意,明显是想暂时忍耐以图重整旗鼓。因此,必须迅速打掉其傲气,让他心服口服。所以,文帝马上回信通知沙钵略,将派遣尚书右仆射虞庆则和车骑将军长孙晟前往看望新认的女儿,顺便也看看沙钵略。过去在战场上斗勇,沙钵略大受挫折,现在想来斗智,更是班门弄斧,文帝冷眼静观沙钵略如何变把戏。

虞庆则来到突厥,沙钵略果然耍起花样。他大陈兵杖,刀枪发亮,帐前摆列宝物,自己高坐中央,等着虞庆则前来向他行礼。这哪里是求和,简直是要隋使向他称臣。虞庆则气愤不过,当场指斥沙钵略无礼。沙钵略欠了欠身子,自称有病不能起身,然后又补充道:"我父伯以来,不向人拜。"千金公主也在一旁假意劝虞庆则道:"可汗豺狼性,过与争,将啮人"。话中暗含威胁②,双方顿时僵在那里。

沙钵略那几招,长孙晟心中有数,他缓缓上前说道:"突厥与隋俱是大国天子,可汗不起,安敢违意。但可贺敦为帝女,则可汗是大隋女婿,奈何无礼,不敬妇公乎?"搬出家礼来,沙钵略一时词穷,只好勉强笑了笑,自我安慰道:"须拜妇公,我从之耳。"起身下跪,拜接诏书③。虞庆则又令其称臣,沙钵略忙问左右什么是臣,左右告诉他,隋朝的臣犹如突厥的奴。沙钵略既然下跪,已没有什

---

① 《隋书》卷八十四,《北狄·突厥传》。
② 《隋书》卷八十四,《北狄·突厥传》。
③ 《隋书》卷五十一,《长孙览附长孙晟传》。

么好争的了,所以也就顺势说道:"得作大隋天子奴,虞仆射之力也"。送虞庆则骏马千匹,还把妹妹嫁给他,好歹把场面敷衍过去。虞庆则走后,沙钵略越想越凄凉,当年驰骋草原,傲视群雄,何其风光,而今却落到寄人篱下这等田地,不由地悲从中来,与属下相聚痛哭,泪雨滂沱①。

经过这番较量,隋朝大获全胜,打掉了沙钵略的傲气,令其不得不低下头来。但突厥各部实力还相当强大,隋朝一时尚无法将他们纳入天下秩序体系中,所以,文帝在接纳沙钵略的同时,于第二年五月"遣上大将军元契使于突厥阿波可汗"②,向内战双方都表示友好,继续采取坐山观虎斗,从中抑强扶弱以收渔利的政策。

开皇五年(585),沙钵略的处境更加窘促,阿波与达头联军步步进逼,西域各族都归依于阿波,东方的契丹也趁势侵掠,沙钵略再无力单独支撑下去了,"遣使告急,请将部落度漠南,寄居白道川内"③,亦即迁徙到今内蒙古呼和浩特市西北一线,以图背靠长城,取得隋朝的支援。

文帝也看到沙钵略已经给打得惨不忍睹,不能再袖手旁观了,便同意沙钵略的请求,同时命令晋王广出兵支援,"给以衣食,赐以车服鼓吹"。获得隋朝强有力的支援,沙钵略率余部全力反击,总算打了个胜仗,挡住了阿波的攻势。可是,就在沙钵略出击之时,阿拔国部落乘虚捣其营盘,掠其妻子,幸赖隋军为他击败阿拔,才归有所居。沙钵略这下子感激涕零,七月二十七日上表给文帝:"大突厥伊利俱卢设始波罗莫何可汗臣摄图言:……窃以天无二日,土无二王,伏惟大隋皇帝,真皇帝也。岂敢阻兵恃险,偷窃名

---

① 《隋书》卷八十四,《北狄·突厥传》。
② 《隋书》卷一,《高祖上》。
③ 《隋书》卷八十四,《北狄·突厥传》。

号,今便感慕淳风,归心有道,屈膝稽颡,永为藩附。"并派其第七子库合真奉表入朝①。

这一次,沙钵略是真心臣服了。所以,文帝也对其大加笼络,"策拜窟含真(库合真)为柱国,封安国公,宴于内殿,引见皇后,赏劳甚厚。沙钵略大悦,于是岁时贡献不绝。"②而且,文帝还为之约束契丹,不使进攻突厥③,开皇六年(586)正月十八日,派使者"班历于突厥"④。沙钵略大受感动,开皇七年(587)正月,遣子入贡,因请猎于恒、代之间(今山西省大同市一带),获得文帝准许,沙钵略大奋神威,一日手杀鹿十八头,进献给文帝,以示忠诚。

促使隋朝大力支持沙钵略的原因,是阿波势力的急遽膨胀。开皇六年以来,隋朝连续两年于二月份"发丁男十万余修筑长城,二旬而罢。"⑤这时,隋朝所防备者,必是已经控制漠北的阿波可汗。沙钵略受其逼迫,备尝屈辱,于开皇七年四月,郁郁而卒,其弟处罗侯继立。隋朝闻讯,即遣车骑将军长孙晟持节赶赴突厥,册立处罗侯为莫何可汗⑥,赐以鼓吹、幡旗,助其迅速完成政治权力交

---

① 《隋书》卷八十四,《北狄·突厥传》。时间记载见《隋书》卷一《高祖上》。
② 《隋书》卷八十四,《北狄·突厥传》。
③ 《隋书》卷八十四《北狄·契丹传》记载,契丹"又与突厥相侵,高祖使使责让之,其国遣使诣阙,顿颡谢罪。"
④ 《隋书》卷一,《高祖上》。
⑤ 《册府元龟》卷九九〇,《外臣部·备御第三》;《隋书》卷一,《高祖上》。
⑥ 《隋书》卷八十四,《北狄·突厥传》。同书《高祖上》开皇七年四月记载:"突厥沙钵略可汗卒,其子雍虞闾嗣立,是为都蓝可汗",误。雍虞闾在处罗侯死后才继承汗位,故《高祖纪》显然漏载了处罗侯一代。兹依《突厥传》记载。另外,《突厥传》记载处罗侯号"叶护可汗",而《资治通鉴》卷一百七十六"陈长城公祯明元年(587)二月"条注:"叶护,突厥达官",其正文载"处罗侯竟立,是为莫何可汗。以雍虞闾为叶护";《隋书·长孙览附长孙晟传》也记载隋朝册立处罗侯为莫何可汗,可证处罗侯为"莫何可汗"无疑,大概《隋书·突厥传》此段文字有脱落。

接,以防发生不测事件。

莫何有勇有谋,他利用汗位交替而对手麻痹之机,让部队打起隋朝赠送的旗鼓,奇袭阿波。阿波部众以为隋朝出兵支持莫何,大惊失色,望风降附,阿波遂成阶下囚。处罗侯上书请示如何处置阿波。

文帝让文武大臣讨论,武将如元谐、李充等都主张将阿波处斩,文帝不以为然,转问长孙晟的意见。长孙晟早在心中筹画好了,故从容回答:"若突厥背诞,须齐之以刑。今其昆弟自相夷灭,阿波之恶,非负国家。因其困穷,取而为戮,恐非招远之道,不如两存之。"①宰相高颎也赞同长孙晟的办法,他们的意见,正符合文帝的心意,故文帝大声称善,下令饶恕阿波一命。

开皇八年(588),莫何乘着战胜阿波集团之势,率军西征,企图统一突厥,不幸中箭身亡。沙钵略的儿子雍虞闾继立,为都蓝可汗。莫何西征失败,整个突厥仍处于东西分裂的状态,东边的都蓝与西边的达头两大集团势不两立,在内战中相互损伤,一时还看不到统一的希望。敌对双方势均力敌,都必须尽力向隋朝示好,都蓝更是全力以赴,即位后,马上"遣使诣阙",隋朝则"赐物三千段",以后,都蓝"每岁遣使朝贡"②。维持这种状态,使隋朝能够对突厥东西两部均发挥较大影响,确保了北方边境的安全。

分化强敌,使之内部分裂,然后"两存之",令其相互制约,以便操纵控制,使各方势力不断处在动态平衡中,从而达到臣服整个突厥的目标,这是隋朝"以夷制夷"的一贯方针。但是,隋朝所追求的世界战略并不是向外的领土扩张,而是力图建立起有利的周

---

① 《隋书》卷五十一,《长孙览附长孙晟传》。
② 《隋书》卷八十四,《北狄·突厥传》。

边和平环境,并以相互间的政治关系秩序加以固定。所以,在对外的"册封"表象后面,是羁縻、笼络、怀柔等贯彻战略意图的现实考虑。诚如以上所见,隋朝在处理对外关系方面,强调"用夏变夷"的融合,而不是咄咄逼人的恃强凌弱;更多运用的是政治、外交的手段,而不倚仗于军事力量,这些方面,都体现出文帝务实的政治家风格。

第七章 开皇之治

第一节 勤劳思政

开国仅仅三年,"内修制度,外抚戎夷"①,国家转危为安,社会生活走上正轨,这一项项继往开来的成就的确来之不易,光是三年打败突厥、彻底改变两百多年来汉族饱受欺凌这一项,在整个中国历史上就难有什么王朝能望其项背,而戎马倥偬之际建立的各项制度竟能垂则后世,更反映出文帝君臣善于把握大局、从容自信、处变不惊、一丝不苟的风貌。

这一千多个日日夜夜,文帝作为隋王朝的最高统帅,为巩固新生政权,殚精竭虑,呕心沥血,不知疲倦地工作着。每天上朝,他总是一一召见五品以上官员,认真听取他们的汇报,一起商讨政务国事,以至经常错过午饭时间,只好临时让宿卫的兵士随便弄些饭来充饥。回到宫中,仍焚膏继晷地批阅文件,直到夜阑人静②。临终前,他回顾自己这一生时说道:

> 所以昧旦临朝,不敢逸豫,一日万机,留心亲览,晦明寒暑,不惮劬劳,匪曰朕躬,盖为百姓故也。王公卿士,每日阙

---

① 《隋书》卷二,《高祖下》。
② 《隋书》卷六十二《柳彧传》记载,文帝"一日之内,酬答百司,至乃日旰忘食,夜分未寝"。

庭,刺史以下,三时朝集,何尝不罄竭心府,诚救殷勤①。

这段话并非自我吹嘘。唐朝贞观四年(630),唐太宗曾问大臣萧瑀对隋文帝的看法,萧瑀评价道:"克己复礼,勤劳思政,每一坐朝,或至日昃,五品已上,引坐论事,宿卫之士,传飡而食,虽性非仁明,亦是励精之主。"②

这种事必躬亲的工作作风,且不去论其得失,在屡见荒淫暴君的那个时代,确实给人耳目一新的振奋,印象深刻。隋礼部尚书杨尚希见文帝"每旦临朝,日侧不倦",颇含体惜地上书劝道:"周文王以忧勤损寿,武王以安乐延年。愿陛下举大纲,责成宰辅,繁碎之务,非人主所宜亲也。"③

文帝曾经担任过地方官,了解民间疾苦和官场的取巧舞弊,所以,他并不偏信公文汇报以至受其蒙蔽,而是强调做过细的工作。即位后,频频派遣使者到各地巡省风俗,自己也经常出巡,所过之处,亲自受理百姓上诉,"路逢上表者,则驻马亲自临问",直接了解基层的情况。他所派出巡省的使者,不但要采听风俗和民间疾苦,而且还负有明察暗访"吏治得失"的职责④,以利于清明政治,渐臻大治。

关心民间疾苦,在文帝身上表现得比较突出。有一次,关中闹饥荒,文帝派遣左右出去探视民间生活,手下给他带回百姓吃的豆屑杂糠,文帝看了之后,泪流满面,拿到朝廷,让百官传视,并深自咎责,从此不食酒肉将近一年。另一次关中饥荒,文帝率百姓到洛阳"就食",一路上,文帝与百姓同行共处,许多人被挤进仪仗卫队

---

① 《隋书》卷二,《高祖下》。
② 《贞观政要》卷一,《政体第二》。
③ 《隋书》卷四十六,《杨尚希传》。
④ 《隋书》卷二,《高祖下》。

中间,卫士们十分紧张,唯恐文帝发生意外,没想到文帝毫不在意,不但不许卫士驱赶百姓,而且每遇到扶老携幼者时,自己先引马避在路旁,温言慰勉,到山险路隘处,则命令左右上前扶助挑担者。那些动人的场面,在百姓中间流传了下来。

与此成鲜明对照的,是文帝对自己生活的严格要求,以身作则,其生活之俭朴,在历史上也是极为著名的。平时吃饭,只有一道荤菜,六宫都穿浣洗的衣服。每天上朝乘坐的舆辇,一再修理,就是不肯换新。外间官员不知道文帝脾气的,往往大倒其楣,碰得一鼻子灰。有一次,有关机构送干姜到宫中,正巧被文帝瞧见,认为用布袋子盛姜实在浪费,心疼得大加斥责。而此机构的官员却不晓得引以为戒,下次进香时,竟然以毡袋装裹,惹得文帝勃然大怒,把这位蠢不可喻的官员抓来痛笞一顿,这才略有开智。

当然,这件事不能全怪下属不好。自古以来,皇帝官吏,个个矫情饰貌,欺世盗名,其梦寐以求的东西,往往就是借着慷慨痛斥的表演说了出来。如果全然相信当官的豪言壮语,恐怕就不止是打一顿屁股可以了事的了。当然,我们无法因此断定这位官员就如此精明过人。但是,这顿笞刑,倒是给朝中百官以警告,反对铺张浪费生活腐败是动真格的。

早在开国当初,文帝就三令五申,要革除颓靡腐败。例如,"诏犬马器玩口味不得献上";"太常散乐并放为百姓。禁杂乐百戏"等等。这些规定绝不是虚饰套话,他对自己的子女也一样严格要求。太子勇装饰一具漂亮的蜀铠,文帝见后,很不高兴地教训道:

> 我闻天道无亲,唯德是与,历观前代帝王,未有奢华而得长久者。汝当储后,若不上称天心,下合人意,何以承宗庙之重,居兆民之上?吾昔日衣服,各留一物,时复看之,以自警

戒。今以刀子赐汝,宜识我心①。

文帝提倡勤俭,无疑是出于对前代兴衰历史经验的总结,作为一项国策来推行,希望能够移风易俗,激励人们奋发向上。所以,勤俭朴实就不止是道德上的一般号召,而且还通过国家的具体举措来贯彻。

每年元宵节,从京城到乡村,人们都要欢聚在一起,火树银花,灯火辉煌,座座高棚如群星荟萃,长长帷幕似彩云追月,人潮如涌,车马填衢,少男少女戴上假面,翩跹起舞,情歌抒怀,倡优杂技,丝竹管弦,飞燕游龙,一年的辛劳和所有的郁闷藩篱,都在这动情的欢舞中一扫而空。但街坊村里之间的争奇斗艳,竞相夸耀,自然糜费财力,乃至破产。所以,世家出身的柳彧早就看不顺眼,现在文帝提倡节俭,则此项活动自应首先革除,所以,他给文帝写了份奏折:

> 臣闻昔者明王训民治国,率履法度,动由礼典。非法不服,非道不行,道路不同,男女有别,防其邪僻,纳诸轨度。……尽室并孥,无问贵贱,男女混杂,缁素不分。秽行因此而生,盗贼由斯而起。浸以成俗,实有由来,因循敝风,曾无先觉。非益于化,实损于民,请颁行天下,并即禁断②。

柳氏虽为河东大族,但柳彧一支早就避迁江南,寓居襄阳,直到其父柳仲礼兵败被俘,才由梁归周。柳彧熟悉南朝奢靡颓废以至亡国的诸多事例,深以为戒,故其上书,亦属情理中事。

从奏折的内容来看,柳彧担忧的并非奢靡,而是背礼,贵贱不分,男女混杂,这才真正让他坐立不安。他的想法,与文帝不期而

---

① 《隋书》卷四十五,《文四子·房陵王勇传》。
② 《隋书》卷六十二,《柳彧传》。

同。文帝主张对社会实行集权、等级、循礼、有序乃至刻板的管理。所以,柳彧的建议,立即得到文帝的赞同,照准执行。

由此可知,提倡俭朴不能光从生活作风这样低的层次去理解,还应该从政治的角度去把握,而且,它还具有整顿官风的意义。也就是说,不仅生活作风要朴素,而且,政治作风也要朴实,摈弃浮夸,故当时人就曾说过:"及大隋受命,圣道聿兴,屏黜轻浮,遏止华伪。"①

开皇四年(584),文帝通令全国,公私文翰,一律据实撰写。文翰格式要皇帝亲自下诏来规定,乍看实在是小题大做,但是,如果回顾一下当时的文风,就可明白文帝针砭时弊的苦心孤诣。

隋朝负责监察百官的治书侍御史李谔曾对魏晋以来的官场文风有一段精辟的描述:

> 降及后代,风教渐落。魏之三祖,更尚文词,忽君人之大道,好雕虫之小艺。下之从上,有同影响,竞驰文华,遂成风俗。江左齐、梁,其弊弥甚,贵贱贤愚,唯务吟咏。遂复遗理存异,寻虚逐微,竞一韵之奇,争一字之巧。连篇累牍,不出月露之形,积案盈箱,唯是风云之状。世俗以此相高,朝廷据兹擢士。禄利之路既开,爱尚之情愈笃。于是闾里童昏,贵游总丱,未窥六甲,先制五言。至如羲皇、舜、禹之典,伊、傅、周、孔之说,不复关心,何尝入耳。以傲诞为清虚,以缘情为勋绩,指儒素为古拙,用词赋为君子。故文笔日繁,其政日乱②。

文帝的一番苦心,并不为积弊已久的官场所理解,置之脑后,目为虚文。自古道:"千穿百穿,马屁不穿"。天底下哪有当官不

---

① 《隋书》卷六十六,《李谔传》。
② 《隋书》卷六十六,《李谔传》。

拍马溜须,做官不盼阿谀奉承。所以,那些老官精依然按照官场规矩行事,浑不在意。

这年九月,泗州(今江苏省宿迁市东南)刺史司马幼之按照以往的规矩,精心写了篇奏文,文词极尽华丽,自己颇感得意,派人送往京城。文帝一过目,不由大怒,有禁不止,还竟敢上呈,便将他交有关部门治罪,以儆效尤。

官场陋习是最难整治的,尽管文帝三令五申,力诫奢靡浮华,使官僚们有所收敛,但是,只要稍有机会,他们便又故态复萌。相州刺史豆卢通,出自鲜卑名门,又是文帝的妹夫,难免自恃贵胄,不太把禁令当真。一上任就忙着上贡绫文布,弄得文帝好不尴尬。亲人带头违令,百官都在暗地里看热闹,如果不加惩处,则今后自己说话还有什么权威?他越想越气,叫人把贡品抬到朝堂,当场焚毁。

开皇年间,文帝重用苏威,曾对朝臣称赞道:"我不得苏威,何以行其道?"①可见期望之深。苏威的父亲苏绰,"性俭素,不治产业,家无余财"②,一心襄助宇文泰勤俭建国。苏威生长在这样的家庭里,自然深受影响,也以清明政治为己任。文帝的治理国家的思想与作法,颇可见到苏威父子的影子。

苏威曾入宫议事,见到宫中幔钩乃用银打造,便对文帝大谈节俭美德,说得文帝为之改容,下令将宫内旧有的雕饰一概撤除销毁。至如整顿文风,更是直接继承苏绰绪业。文风是社会风气的尺度,当年苏绰就想由此入手以救时弊,亲自摹仿《尚书》作大诰,定为文翰格式,颁布推行。

---

① 《隋书》卷四十一,《苏威传》。
② 《周书》卷二十三,《苏绰传》。

文帝从政治的高度崇俭倡廉,推进了开皇年间朴实风气的形成,有利于社会的安定和有序的管理。但是,其政策并不能长期坚持下去。炀帝即位后,"一变其风。……并存雅体,归于典制。虽意在骄淫,而词无浮荡,故当时缀文之士,遂得依而取正焉。"①以往,我们总给炀帝时代贴上奢靡、腐败之类标签,口诛笔伐以为结论,结果造成自我封闭,甚至将研究导入死胡同。如果我们不去纠缠于功利主义的价值判断,而更多进行认真的理性思考,不难看出,唐人对隋炀帝的文化政策颇予评价。实际上,文帝的一些政策在炀帝时代被修正,自有其深刻的内在原因。

文帝过于强调政治的社会功用,因而把许多根本与政治不同范畴的问题提到政治的高度去认识和处理,造成政治的扩大化及其对社会生活没有太多理性的干预,缺乏宽容的态度与兼收并蓄的气度,不承认精神文化、社会生活乃至经济活动的多样性,使得社会物质与精神文明颇为单调刻板,甚至窒息了不少本应得到正常发展的社会文明。而强求千篇一律,必然造成领导方法上的简单粗暴。

西汉史学家司马迁曾经说过,治理国家"善者因之,其次利道之,其次教诲之,其次整齐之,最下者与之争。"②在治理统一大帝国的指导思想与政策措施方面,我国的政治家很早就总结出因势利导的原则,所谓的"领导",重在从时代的高度进行协调与引导,而不是以个人主观意志教条地强制社会,阻遏其发展。这方面,文帝君臣的一些作法,是否值得我们重新反思?

例如,苏威以为,临街店舍,乃求利之徒,不符合鼓励农本的原

---

① 《隋书》卷七十六,《文学传》序。
② 《史记》卷一百二十九,《货殖列传》。

则,就向文帝请示,尽加拆除,遣散归农。如想继续经营者,则州、县须将他们登录于市籍,打入另册,同时拆毁旧店,限令在规定时日内,迁往远离道路的僻处经营①。这种事例为数不少,则隋朝把抽象的政治理念凌驾于一切之上,无视社会客观规律,强调用国家行政方法统制社会方方面面的管理方式,即可略示一斑。这就使得文帝激励人们奋发向上而提倡的勤俭节约,在相当程度上变为抑制人性、背离经济发展方向的禁欲主义。

按照经济规律,鼓励合理的消费以刺激生产发展,这并不是西方近代经济学特有的理论,而是我国古代思想家早就提出来了,《管子·侈靡论》就是其典型代表②。在隋代,主张放宽经济统制的一派被压制,表明文帝的许多思想,仍处在北周军国时代社会管制方法的延长线上,对于新产品和技术,首先想到的不是鼓励与发展,而更多是以古老的眼光去打量,不是去引导而是去阻遏。致命的是他处在无所不统的位置上,其个人的好恶顿时就对社会发展的进程产生难以估量的影响,当然,不符合社会进程的政策难以持久,所以,隋炀帝修正文帝过于严厉的统制政策,实是在一定程度上作出符合社会发展的回归。

发展、繁荣与颓废、腐败是完全不同范畴的问题,两者并无必然的联系。然而,随着皇权的高度加强,特别在对社会生产造成巨大破坏的动乱时代,却往往把两者混为一谈,从而达到把生动活泼的社会强行纳入等级森严、人为划定的静止的框框之中,以牺牲经济文化的繁荣和技术的进步为代价,实现政治集权的压倒性目标。

---

① 《隋书》卷六十六,《李谔传》。
② 杨联陞:《侈靡论——传统中国一种不寻常的思想》(收入其著《国史探微》,台湾联经出版事业公司1984年版),对《管子·侈靡论》的版本及其经济思想作了细致的研究。

从这些意义上说,隋朝思想文化的不发达,并不能仅从其国祚不长得到令人满意的解释。如果再与更具政治远见和宽容精神的唐朝相比,则益显其弊。

勤俭朴实是一种美德,这里所分析的只是文帝思想上的缺陷,而这又与其治理国家的指导思想密切相关。

第二节　孝治天下

开皇初,纳言苏威曾对文帝说道:"臣先人每诫臣云,唯读《孝经》一卷,足可立身治国,何用多为!"提出以孝治国的伦理原则,深得文帝赞同①。

在中国这样一个以原始农村公社发展而来的社会,集中体现公社传统与家族伦理的孝,历来就备受重视,儒家也好,法家也罢,各个阶层、各种学派基本上都接受孝悌伦理,具有最为普遍的意义,即所谓"自天子至于庶人,孝无终始,而患不及者,未之有也"②。魏晋丧乱以来,儒家理论受到猛烈冲击,唯有孝却更受尊崇,各朝各代统治者无不把孝抬高到吓人地位,强调"五刑之属三千,而罪莫大于不孝"③。

可是,当我们把目光转向社会的时候,却是普遍的道德沦丧,特别在统治阶级内部,父不慈,子不孝,骨肉相残,刻毒已极,其惨烈之状,第一章已有专门介绍。在礼崩乐坏的世道突出强调孝,足见统治阶级在理论上极度贫乏,只能用人类公认的最低准则来收

---

① 《隋书》卷七十五,《儒林·何妥传》。
② 《孝经·庶人章第六》,收于《十三经注疏》,中华书局1980年版。
③ 《孝经·五刑章第十一》。《三国志·魏书》卷四也记载,甘露五年(260)五月,太后诏曰:"夫五刑之罪,莫大于不孝"。此类事例,不胜枚举。

拢人心。这时来强调孝,至少有来自两个方面的需求,一是在上层统治集团面对不断出现的乱臣贼子,企图用最起码的伦理准则加以约束控制,重树权威。二是社会大量存在的乡村集团企图用孝悌伦理来加强内部的凝聚力。总之,经过实用主义改造的孝道,成为克服权力分散与漫无秩序的良药,同时也在很大程度上丧失其原有的天然纯朴,被扭曲以至走到反面,成为压抑甚至扼杀人性的专制政治工具。

把这种背离人性的孝作为重建国家的最高伦理,显然缺乏构建新社会的想象力和充满理想的感召力,看不到那种包容四海的恢宏气度。所以,隋朝初年,就有不少人对苏威倡言的孝治嗤之以鼻。

国子博士何妥当场批驳苏威道:"苏威所学,非止《孝经》。厥父若信有此言,威不从训,是其不孝。若无此言,面欺陛下,是其不诚。不诚不孝,何以事君!且夫子有云:'不读《诗》无以言,不读《礼》无以立。'岂容苏绰教子独反圣人之训乎?"①指斥苏威虚伪不诚,本身就不合乎孝道,岂能信任?

内史令李德林也以为,孝是人的天性,根本用不着人为地灌输说教。后来,其见解竟成为遭贬黜的罪名,文帝数落他道:"朕方以孝治天下,恐斯道废阙,故立五教以弘之。公言孝由天性,何须设教。然则孔子不当说《孝经》也。"②

何妥所揭露苏威的虚伪,文帝十分了解,他就曾对群臣评论苏威道:"性很戾,不切世要,求名太甚,从己则悦,违之必怒,此其大病耳。"③然而,以爱慕名利和人格的诚信作为尺度去衡量官员,未

---

① 《隋书》卷七十五,《儒林·何妥传》。
② 《隋书》卷四十二,《李德林传》。
③ 《隋书》卷四十一,《苏威传》。

免太过书生气了。所以,文帝对何妥所言,一笑置之。然而,对于李德林的批评,文帝就耿耿于怀了。

李德林认为孝是一种天性,确实打中要害。李德林本人,是有名的孝子,父亲去世,他亲驾灵车,归葬故里,时值严冬,他只穿单薄的衰衣,赤着脚,跋涉而至,让州里人感铭至深。后来,母亲去世,他辞官还乡,哀泣五天,粒米未进,因而大病一场,遍体疮肿,几致丧命。像他这种人,最能体会什么是发自内心深处的亲情,懂得什么是真正的孝。所以,他站在亲情的孝的立场上,批判被政治利用的孝,一针见血。

值得注意的是,李德林和何妥都不出身于北周。李德林为北齐名士,齐亡后入周,隋文帝赖其筹画布置而顺利篡周,已见前述,可知其确为难得的政治家和文士。何妥虽是西域胡人后裔[1],但出生在繁荣的梁朝,以才学著称于世,江陵陷落后入周,大得周武帝赏识。

李德林和何妥都不是反传统的偏激人物,且都出身于制度文化比较发达的国度,大概他们都看不惯源于北周的军事管制体制,以及由此形成单调、刻板、沉闷的社会氛围,看不起关中土生土长的政治人物狭隘的排外性和功利主义的短视。像苏威这种缺乏政治想象力的人物,关中有才华的人士也不看重他,如杨素就"视苏威蔑如也"[2];鲜卑贵族元善甚至当面对文帝说:"苏威怯懦",没有宰相的才具[3]。然而,苏威主张对社会生活的各个方面进行无所

---

[1] 《隋书》卷七十五及《北史》卷八十二之本传均载其为"西城人",但《通志》卷一七四之本传明确记载为"西域人"。何妥先世出自昭武九姓之何国,当以《通志》为是。

[2] 《隋书》卷四十八,《杨素传》。

[3] 《隋书》卷七十五,《儒林·元善传》。

不至的干预管理,例如要农民挨家挨户把吃剩的粮食都登记上报,作成"余粮簿"等作法①,却与察察为明的隋文帝性格相合,十分投契,简直少不了他,以至委以五项要职,几乎是言听计从。

苏威所主张的孝治,其实就是文帝的思想。这里且不论文帝作为孝子的一面②,其强调忠孝治国原则的确是坚持一贯的。他曾亲临国子学祭奠孔子,在隆重的仪式上,令国子祭酒元善讲《孝经》,并结合现实,大加阐扬。讲毕,文帝亲自为之授奖,赐绢百匹,衣一袭③。开皇初年,功臣之子田德懋因父亲去世而还乡治丧,在父亲墓旁搭庐守制,哀毁骨立。文帝一听说,马上将此事作为楷模,颁布玺书予以嘉奖道:

> 朕孝理天下,思弘名教,复与汝通家,情义素重,有闻孝感,嘉叹兼深。

派遣员外散骑侍郎元志前往吊祭。不久,又下诏旌表其门闾,厚加赏赐④。通过这些事例,文帝明确向世人宣告"孝治天下"的政治主张。

北齐旧境城市发达,商业繁荣,在以农耕为主的关中统治者眼里,属于俗薄难治的地区,故隋文帝自是不遗余力地在此加强中央政府的统治力。而贯彻孝治以期移风易俗,则成为提高中央权威的重要方面,尤具政治意义。太原文水郭俊,家族七世共居,和睦相处,据说其孝义感天,以至乌鸦都和喜鹊同巢,猪狗则互相哺乳。地方官发现这一奇迹,上报朝廷。文帝欣然相信,特地派遣大臣宇

---

① 《隋书》卷六十六,《郎茂传》。
② 《册府元龟》卷二七《帝王部·孝德》记载:"隋高祖初仕后周为大将军,遇皇妣寝疾,三年昼夜不离左右,代称纯孝。"
③ 《隋书》卷七十五,《儒林·元善传》。
④ 《隋书》卷七十二,《孝义·田德懋传》。

文敬前往其家慰问,治书御史柳彧则在巡省河北时,专门旌表其门,给山东树立一个规矩敦厚的榜样①。

原北周治下,世族多以孝道和骑射相标榜。京兆韦师,阅读《孝经》后,掩卷感叹道:"名教之极,其在兹乎!"②弘农杨尚希十八岁时,在太学讲《孝经》,让听讲的周太祖惊奇不已,赐其鲜卑姓普六茹氏③。北周在关中推行的这一套,实远承秦国绪风。商鞅教秦孝公耕战之术,秦国丞相吕不韦总结道:

> 凡为天下,治国家,必务本而后末。所谓本者,非耕耘种植之谓,务其人也。务其人,非贫而富之,寡而众之,务其本也。务本莫贵于孝。人主孝,则名章荣,下服听,天下誉。人臣孝,则事君忠,处官廉,临难死。士民孝,则耕耘疾,守战固,不罢北。夫孝,三皇五帝之本务,而万事之纪也。
>
> 夫执一术而百善至、百邪去、天下从者,其惟孝也④。

据此,可知秦国所谓的务本,就是以孝为本,以期建成上下森严,号令整齐的耕战社会。这也是隋文帝所希望达成的目标。

儒家主张孝治天下,其理论建立在中国农村公社的家族关系上,也就是将血缘关系推广为社会关系,把家族伦理升格为国家伦理,导孝为忠,变悌为顺,从而构建君—臣—民的绝对统属关系。《孝经·广扬名章第十四》说道:

> 子曰:"君子之事亲孝,故忠可移于君。事兄悌,故顺可移于长。居家理,故治可移于官。"

---

① 《隋书》卷七十二,《孝义·郭俊传》。
② 《隋书》卷四十六,《韦师传》。
③ 《隋书》卷四十六,《杨尚希传》。
④ 《吕氏春秋》卷十四,《孝行览第二》。

在儒家学说中,由孝到忠的一系列过渡,是通过仁爱来实现的①,《孝经·天子章第二》所谓"爱敬尽于事亲,而德教加于百姓,刑于四海,盖天子之孝也",就从一个侧面表现出这种思想。然而,法家接过儒家的忠孝伦理,把它改造成专制主义理论时,恰恰抽掉了这一点。韩非子曾经坦言道:

> 母之爱子也倍父,父令之行于子者十母;吏之于民无爱,令之行于民也万父母。父母积爱而令穷,吏用威严而民听从,严爱之策亦可决矣。且父母之所以求于子也,动作则欲其安利也,行身则欲其远罪也。君上之于民也,有难则用其死,安平则尽其力。亲以厚爱关子于安利而不听,君以无爱利求民之死力而令行。明主知之,故不养恩爱之心而增威严之势。故母厚爱处,子多败,推爱也。父薄爱教笞,子多善,用严也②。

韩非子认为,上对下的恩爱纯属妇人之仁,只会滋长下属简慢之心,败事有余。所以,他坚决主张用威严代替仁爱,以法、术、势临下,使之产生畏惧之心,由惧生敬,"则人主虽不肖,臣不敢侵也"③。在其理论中,不但忠孝是下级绝对服从上级的片面义务,而且,爱敬之类也不例外,由此形成极度专制的理论。

孝从家族伦理演变为国家伦理的过程中,总的趋势是人性的成分在逐渐泯灭。大约成书于东汉时代的《大戴礼记·曾子大孝篇第五二》说道:

> 身者亲之遗体也,行亲之遗体,敢不敬乎?故居处不庄,

---

① 参阅渡边信一郎:《孝经国家论——孝经与汉王朝》,收于川胜义雄、砺波护编:《中国贵族制社会研究》,京都大学人文科学研究所1987年版。
② 《韩非子》第十八卷,《六反第四十六》,岳麓书社1990年版。
③ 《韩非子》第二十卷,《忠孝第五十一》。

非孝也;事君不忠,非孝也;莅官不敬,非孝也;朋友不信,非孝也;战阵无勇,非孝也。五者不遂,灾及乎身,敢不敬乎?

经过这通发挥,人性亲情完全被扭曲为奉迎政治的侍婢。这种国家伦理的孝道,十分投合隋文帝的口味,他就曾对臣下说道:"礼主于敬,皆当尽心"①。要求群臣忠诚于他。所以,文帝提倡的孝道完全是国家的统治伦理,提倡臣下百姓学习的《孝经》,中心内容都在灌输忠君思想,隋朝所表彰的也是这类典型。例如,开皇三年(583)七月,文帝特向全国通令嘉奖在反对尉迟迥战争中倾家荡产佑护忠臣的济阴郡(今山东省曹县西北)省事范台玫:"行仁蹈义,名教所先,厉俗敦风,宜见褒奖"。树立忠于王事的榜样。

当人情与国家伦理冲突的时候,文帝毫不犹豫地要求孝服从于忠,大义灭亲。当年,文帝还是北周宰相时,李安向他密告其叔与北周赵王一道谋反,使文帝得以借机诛锄北周五王。后来,文帝下诏褒奖李安道:

先王立教,以义断恩,割亲爱之情,尽事君之道,用能弘奖大节,体此至公。……今更详按圣典,求诸往事,父子天性,诚孝犹不并立,况复叔侄恩轻,情礼本有差降,忘私奉国,深得正理,宜录旧勋,重弘赏命②。

大力提倡孝道,目的在于培育不受制约的君权,以及专制君主领导下具有高度权威的政府。文帝大概想以此克服长期动乱所造成的各种社会分裂涣散因素,对症下药。可另一方面,长期分裂积累下来的差异矛盾,有不少是需要通过时间去消化吸收的,急于求成反而会激化矛盾,这就需要政治的宽容、耐心与远见。后一点往

---

① 《册府元龟》卷二七,《帝王部·孝德》。
② 《隋书》卷五十,《李安传》。

往不容易为人理解并接受,人们大多喜欢走捷径。隋朝正直的大臣李谔曾向文帝上书道:

> 臣闻古先哲王之化民也,必变其视听,防其嗜欲,塞其邪放之心,示以淳和之路。五教六行为训民之本,《诗》、《书》、《礼》、《易》为道义之门。故能家复孝慈,人知礼让,正俗调风,莫大于此①。

如上节柳彧上书请求禁止元宵节娱乐活动所示,李谔的上书也提出相同的建议,亦即用国家伦理为尺度,审查各种社会活动,由官僚来判定是非禁放。这样一来,政治专制便得到伦理的支持,如虎添翼,社会完全被纳入政治和道德所规定的双重框框里,整齐而有序,规规矩矩,按部就班,江山稳固,万民归心。

这完全是统治者所追求的田园诗篇,与长期动乱破坏而造成生产力低下的农业社会相当合拍,然而,它却经常窒息刺激社会经济文化蓬勃向上的发展因素。而且,谁能保证君主官僚总是清明公正的呢?隋朝因集权而强大,也因集权过度而灭亡。

李德林与隋文帝关于孝治争论的背后,实际上是两种建国思想的冲突,是包容与专制、刺激社会发展与国家对社会全面严格干预之争。政治斗争往往先从意识形态领域爆发,它似乎远离社会生活而不起眼,却最终规定社会发展的方向。

有人根据李德林与何妥的出身,判定这场争论是原北齐和南朝系统的官员与关中系官僚的斗争。其实,大力主张以抽象伦理全面干预社会的柳彧和李谔,原来也都出身于南梁或北齐官宦,所以,这完全不是无聊的官场倾轧,而是不同思想的交锋。

李德林早就感觉到文帝专制主义的倾向,在开皇初年的政治

---

① 《隋书》卷六十六,《李谔传》。

推演中,更切身体会到专制主义下党同伐异的偏激狭隘,不寒而栗,所以才一再劝谏文帝要多一点政治宽容。当时,有远见的政治家如柳庄、赵绰等人,也都劝文帝多一点宽容。但是,这些意见最后都被压制下去。这样,专制集权与全面干预社会生活,便成为隋代的主旋律。

第三节　继续均田

农业是国计民生的基础,自古道:"仓廪实而知礼节,衣食足而知荣辱"。在中国这样一个农业国家,有远见的政治家无不把农业放在理政之首位,即所谓"《洪范》八政,以食为首"。

魏晋动乱,无辜百姓屡遭屠杀,户口锐减。幸存者或者筑坞自保,或者颠沛流离,造成社会的极度萧条。为了维持社会的稳定和供应军粮,统治者首先将军事体制扩大应用于民间社会,出现了国有土地制度全面推行的时代。在北魏,还由于政府把实现拓跋族从游牧到农耕定居的战略性转变作为全面汉化的基石,所以强有力地推行国有化的均田制度。显然,国有土地制度产生、发展、兴盛直到衰落的过程,与中国王朝灭亡、社会崩溃、战乱、分裂、汉化、社会重建到繁荣相一致,可知其为大动乱年代因社会丧失生产机能而由国家代行其职才出现的,这种由国家来组织农业生产的制度,适应于遭到巨大破坏而生产力低下的特定历史时期和社会环境,目的主要在于恢复经济、稳定社会和确保国家财政。因此,社会的基本政治经济条件没有发生根本性转变,则国有土地制度仍将在自身修正中具有活力;社会经济不繁荣,则均田制仍将在惯性作用下继续实行。隋朝就是在这种社会条件下,继续推行均田制的。

开皇二年(582),经过一年紧张奋斗,到这年七月,随着《开皇令》的颁布施行,隋王朝基本框架才大致完成。

在《开皇令》公布之前,隋朝固然捐弃了部分北周苛政,但基本上"仍依周制,役丁为十二番"。北周力役确有"丰年不过三旬"的规定,实施则见于周武帝保定元年(561)之"改八丁兵为十二丁兵"的规定①。隋朝既然采行北周的"十二番"力役,自然也继承与之配套的均田制,暂作过渡,以便承前启后。

新制定的《开皇令》,对北周均田制度作了修改。从《隋书·食货志》有关均田制记载中"其丁男、中男永业露田,皆遵后齐之制"一句,可知在土地制度方面,文帝也坚持贯彻依北齐改北周制度的原则。从今日传世文献来看,北周均田制仅存"有室者,田百四十亩,丁者田百亩"之类极为疏阔的规定,远不如北齐周密完备,难以具体运作。而且,主持关中政权财政的苏绰曾对其子苏威说道:"今所为者,正如张弓,非平世法也。后之君子,谁能弛之?"②连苏绰本人都觉得赋役过重,于心不安③,则此等制度自难被隋朝所继承。

等级制是古代制度最大的特点,均田制同样建立在等级基础上,它首先保证国家官吏对土地的占有。《开皇令》规定:"自诸王已下,至于都督,皆给永业田,各有差。多者至一百顷,少者至四十亩。"④比起北齐官吏通过拥有奴婢来获得永业田,隋朝的给田范

---

① 引文均见《隋书》卷二十四,《食货志》。
② 《隋书》卷四十一,《苏威传》。
③ 《周书》卷二十三《苏绰传》记载,苏绰为宇文泰制定"六条诏书",其第三条"尽地利"规定,地方官要把凡能拿得起农具的农民,不问老小,尽驱田头,男耕女织。凡有偷懒者,将其姓名上报官府惩罚,以儆效尤。这种集体役使的办法,颇带军事色彩。
④ 《隋书》卷二十四,《食货志》。

围更加宽泛,甚至连用以酬勋的散实官"都督"都能受田。因此,马上就出现了百姓受田不足的严重情况。

对此,民部尚书苏威建议①,减少分给功臣的田地,以缓解百姓受田不足的局面。建议刚刚提出,立即遭到勋贵功臣的强烈反对,上柱国王谊趁文帝亲临其府的机会,当面对文帝说道:"百官者,历世勋贤,方蒙爵土。一旦削之,未见其可。如臣所虑,正恐朝臣功德不建,何患人田有不足?"②文帝靠宫廷政变上台,正需要拉拢官僚的支持,岂能轻易触动其既得利益,所以,他当即作出决定,压下苏威的建议。

从这件事可以看出,均田制实行已近百年,其性质发生了巨大变化。

当初,北魏进入中原,控制着大量荒地,可以通过国家行为使劳动力和土地相结合,扶持自耕农,"盖欲使土不旷功,民罔游力。雄擅之家,不独膏腴之美;单陋之夫,亦有顷亩之分。所以恤彼贫微,抑兹贪欲,同富约之不均,一齐民于编户"③。

随着社会安定,生产恢复,上述均田制的作用也在日益减低。这也许是一种必然的趋势,犹如小孩要长大,病人痊愈要脱离护理一般。然而,均田制已经实行百年,经历北魏、北齐、北周三个王朝,几乎成为北方社会不可触犯的基本国策,而且,在这种制度下,滋长起一大批既得利益阶层,统治者无论是认识或者没有认识到这样的发展,在当时经济业已恢复但还不繁荣的时代,一时不能也

---

① 《隋书》卷四十《王谊传》作"太常卿苏威",然据同书苏威本传记载,隋文帝受禅,苏威拜太子少保,"俄兼纳言、民部尚书",则"太常卿"应为"民部(度支)尚书"。
② 《隋书》卷四十,《王谊传》。
③ 《魏书》卷五十三,《李孝伯附李安世传》。

不敢轻易改弦易辙,以免造成不必要的混乱。这时,均田制虽然还有一点扶贫作用,但其主要方面更接近于等级制的社会利益分配制度;以前国家稳定社会的重点在于扶助自耕农,现在则在于笼络官僚,即王谊所谓的"正恐朝臣功德不建,何患人田有不足"。

在这种制度下,获得最大利益的自然是大大小小的官吏。除了上述的永业田,他们还可以根据官品高低,在任期内获得职分田,如表五所示,其数量也不少。

表五　隋《开皇令》所规定京官职田表

一品	二品	三品	四品	五品	六品	七品	八品	九品
5顷	4.5顷	4顷	3.5顷	3顷	2.5顷	2顷	1.5顷	1顷

京官职田,在京城近郊。而各地官吏,也按规定于所在州县城郊得到职分田,作为俸禄的一部分。至此,京官、外官职分田制度臻于成熟①。

除了永业田和职分田外,官吏还可以得到一大笔公廨钱,作为官署的办公费用。他们拿这笔钱放贷取息,维持办公费。

官署是政治、行政权力部门,依靠国家税收维持,本来就是老百姓供养的,现在让其直接介入经济活动,以权经商,官商勾结,"出举兴生,唯利是求,烦扰百姓,败损风俗,莫斯之甚"。这种妨碍行政公正,造成官风败坏的陋习,乃"因循往昔"②。北魏孝文帝为整治腐败,曾加禁止,同时给官吏发放俸禄和办公费。隋朝在职分田之外,恢复官署放贷的作法,实是对官吏作出的重大让步。

---

① 参阅堀敏一:《均田制的研究》(岩波书店1975年版)第四章第九节,韩昇等译,福建人民出版社1984年版。
② 引文均见《隋书》卷二十四,《食货志》。

到了开皇十四年(594),官署放贷做得太不像话了,工部尚书苏孝慈看不下去,挺身而出,直言上谏,请求予以废止,改为给官署田地。文帝也觉得有道理,遂于六月四日颁发诏令规定:"省府州县,皆给公廨田,不得治生,与人争利"①,对官吏略加约束。可是,田租收入远远比不上以钱生钱来得轻巧丰厚,所以,他们纷纷起来,明里暗里发泄不满,向中央施加压力。这样,到了开皇十七年(597)十一月,文帝只好再次下诏:"在京及在外诸司公廨,在市回易,及诸处兴生,并听之。唯禁出举收利"②。一收一放,官吏不但毫发未损,公廨钱依旧闪闪发亮,而且还多得一份公廨田,少一分对中央的敬畏。

开皇年中,民部侍郎上奏:"身死王事者,子不退田;品官年老不减地"③,获得文帝的钦准。以前,文帝也曾多次赈恤牺牲的将士家属,如开皇元年(581)九月,"战亡之家,遣使赈给";开皇六年(586)九月,"诏大象已来死事之家,咸令赈恤"等等,郎茂的建议,使得这类赈恤制度化,勋田与官吏受田更加固定。而且,政府在缘边地带推行屯田,各地军府也都占有土地,七折八扣,国家能够掌握并用于分给百姓的土地,十分有限。

从名义上说,隋朝百姓得以和北齐一样,男丁分得露田八十亩,妇人四十亩,奴婢按良人标准给田,这些土地,年老及死要还给国家。此外,每丁又给永业田二十亩,课种桑树五十棵、榆树三棵、枣树五棵,不宜种桑处,按桑田办法给麻田,这类土地世袭不还。

---

① 《隋书》卷二,《高祖下》。
② 《隋书》卷二十四,《食货志》。
③ 据《隋书》卷六十六《郎茂传》所载,郎茂建议之时,苏威任尚书右仆射。查苏威第一次任尚书右仆射,在开皇九年(589)闰四月至开皇十二年(592)七月,故郎茂建议当在此时期。

这些规定,实际上徒具形式。如上所述,从开皇初年起,就已经出现民田不足的情况,而政府又不肯触动官僚的利益,那么,随着人口的增长和户数激增,受田不足的情况只会日益严重。

开皇三年(583)正月,文帝"初令军人以二十一成丁"①。"军人"实为"军民",系唐人避唐太宗李世民名讳所改。这一规定决非无缘无故,也不像有些研究者所谓的"惠政"。这年,隋朝与突厥战事方艰,国家正是用人之时,不会平白提高成丁年龄。联系到上述苏威关于削减功臣土地的建议,大概文帝在否决其议后,用提高成丁年龄的办法,缓解丁男受田的压力,暂时敷衍过去,将来再从长计议。

就这样,一年拖过一年,问题非但没有解决,反而更加突出。政府严格户口管理,搜括出许多隐漏人口,却没有能力解决其土地问题,尤其在"京辅及三河,地少而人众,衣食不给"②。而且,平陈以后,四海为一,再没有什么理由长期拖而不决了。

开皇十二年(592),文帝硬着头皮让百官商议此事,有人十分郑重地建议:把土地不足的"狭乡"百姓迁往地多人少的"宽乡"安置。其实,政府历来鼓励农民迁居宽乡,并给予优惠待遇。既然如此,农民还不愿意迁徙,可知所谓宽乡大多是比较偏僻荒凉的地方。因此,此类徙民建议,纯属一本正经的老生常谈。文帝又让各州进京汇报政绩的考使参加讨论,结果只是得到深切的关心。显然,要想这帮官吏为国为民忍痛割舍些许私人利益,不啻是与虎谋皮。文帝转而让尚书将此作为考题,看四方贡士有何高见,结果只是增加失望。

文帝只能在现有条件下对农民拥有土地的状况略加调整,他

---

① 《隋书》卷二十四,《食货志》。
② 《隋书》卷二十四,《食货志》。

派遣使者到各地贯彻均田。使者回来报告,均田普遍不足,"其狭乡,每丁才至二十亩,老小又少焉"①。既不能触动官僚阶层的利益,又不愿意放松国家对土地的管制,加上人口增长的压力,隋朝的均田制度只能在夹缝里勉强图存。好在农民还有一小块田地,尚可忍耐,统治者便在这丁点儿余地上大显才智。隋炀帝即位,因"户口益多,……乃除妇人及奴婢部曲之课。男子以二十二成丁"②。揭开仁慈的面纱,按照不课税不受田的原则,实际上是免除妇女及依附人口的受田,连成丁受田都再度推迟了。尔后,由于国用不足,炀帝顾不上虚文掩饰,径调发妇女服劳役。农耕人家,受田是不敢指望了,西风残照,妻女伤别,哪里比得起官吏既得公廨田又放公廨钱的满面春风。

农民实际拥有二十来亩田地,这恰好只够均田规定中的永业田数额。永业田源于北魏的桑田,根据法令,必须种桑、枣、榆树。可是,从唐代敦煌户籍残卷所反映的情况来看,农民主要拥有的是永业田,种粮尚且不足,遑论种桑?而且,从当时的农艺角度来看,桑、枣、榆树不宜种于农田③,我国很早就总结出"田中不得有树,用妨五谷"的农艺经验④。我曾归纳当时桑树的种植,认为一般种于:一、屋宅、村落周围;二、田边地头,以为藩界;三、河渠道旁、山

---

① 《隋书》卷二十四,《食货志》。
② 《隋书》卷二十四,《食货志》。
③ 《齐民要术》卷五"桑柘"引《氾胜之书》记载:"种桑之法,耕治肥田十亩,荒田久不耕者尤善";同书同卷记载:"榆性扇地,其阴下五谷不植,种者宜于园地北畔。……又种榆法,其于地畔种者,致攓损谷,既非成林,率多曲戾。不如割地一方种之。其田土薄地,不宜五谷者唯宜榆";《王祯农书》卷九《百谷谱集之七·枣》引《齐民要术》记载"旱涝之地,不任耕稼者,历落种枣则任矣,枣性燥故也",其注说:"枣性坚强,不宜苗稼",都证明不宜农田种植上述树种。
④ 《汉书》卷二十四上,《食货志上》。

坡丘陵等不宜种粮食的空闲土地①。由此可知，法令中的课民种桑，只是中国男耕女织观念下的劝农规定，所谓的桑田，决非种桑之地，故北魏以后，桑田就径称为永业田。北魏均田令本身就规定"诸桑田皆为世业，身终不还，恒从见口。有盈者无受无还，不足者受种如法"②，已经在一定程度上接近于桑田的实质。

所谓的桑田、永业田，就是农民原来拥有的土地，北魏初行均田制时，不承认土地私有，把所有土地统统作为国有土地。但是，在具体运作上，显然不可能把农民拥有的田地先收归国有，再来进行均田，而只能将这类土地首先纳入一定程度承认其私有的桑田系列，这就是法令上先受桑田的基本原则。在此基础上，国家再按照法令规定，将国有土地授于农民，补其差额。这样，田地可以分为两大类，一是农民原有的，二是国家授予的。国家给予的田地当然都要实行还受。在唐代，平均每户仅有十亩地的吐鲁番地区，民田皆为永业及园宅地，都要还受，恐怕也是这个道理。实际上，均田制具有国有和私有土地的双重结构③。

隋文帝继续推行均田时，狭乡农民仅有二十来亩田地，差不多就是其祖传世业。宽乡大概也好不到那里，唐代宽乡敦煌，平均每户也就是四十亩左右，可以作为参考。这时期的均田制，对于保证农民的受田，作用并不太大，它已随着官员受田的扩大、土地买卖限制的松弛和私有化程度的提高而逐步走向衰落，在此趋势面前，

---

① 韩昇：《北魏の桑田について》，《唐代史研究会会报》第5号，日本唐代史研究会1992年版。1991年7月，我在日本箱根举行的唐代史研究会上宣读论文时，古贺登教授支持笔者的分析，并补充中亚地区种桑情况亦如笔者所论。
② 《魏书》卷一百一十，《食货志》。
③ 我在《桑田考释》（《平准学刊》第五辑上册，光明日报出版社1989年版）及上引拙文中，作过专门的考证，请参阅。

统治者束手无策,一筹莫展。是隋末全国性的农民起义,才打断或延缓了这一进程。至于说隋朝约束官僚地主,排除干扰,在更大的广度和深度上推行均田制度,而且还"既推行于北方必推行于南方"云云①,笔者尚未发现足以支持如此新颖见解的证据。

如此举步维艰的均田制度,文帝要勉为其难地推行实施,必有其用意与合理性。国家直接控制农民和稳定并扩大税收层面,是首先可以想到的。而保护农民拥有最低限度的土地,其作用恐怕更在于保护农民自立,这同时还具有政治的意义。因此,我们必须了解隋朝对乡村社会的整治与控制。

第四节　整治乡村

《开皇令》规定,"五家为保,保有长。保五为闾,闾四为族,皆有正。畿外置里正,比闾正,党长比族正,以相检察焉。"②这一乡村基层组织的规定,和北齐颇不相同,大概是沿袭北周制度。

北齐河清三年(564)令规定:"十家为比邻,五十家为闾里,百家为族党。"③北魏三长制规定:"五家立一邻长,五邻立一里长,五里立一党长,长取乡人强谨者。"④和北魏相比,北齐基层组织大为松弛,不是那么严密。当然,这只是法令上的对比,实际上,北魏推行三长制时的乡村情况是"惟立宗主督护,所以民多隐冒,五十、三十家方为一户"⑤,从"宗主督护"直接跨入严密的三长制,其实

---

① 金宝祥等著:《隋史新探》第一章。
② 《隋书》卷二十四,《食货志》。
③ 《隋书》卷二十四,《食货志》。
④ 《魏书》卷一百一十,《食货志》。
⑤ 《魏书》卷五十三,《李冲传》。

效如何,不得而知。文献上倒是留下胡汉世族纷纷反对的记载①。到高欢执政时,元孝友上书,建议以二十五家为比,二比为闾,四闾为族,如此,则每百家可省出十二个免赋役的乡里胥吏,增加税收。由此可知,以前反对三长制的豪族早已摇身变为乡官,享受免税优待,逼得政府反而要削减乡官。三长制的松弛或可反映其实效之一斑。

北周的三长制情况,史书语焉不详,只知道有"党族、闾里正、长之职,皆当审择,各得一乡之选,以相监统"寥寥数语②。党族、闾里,恰与隋制相同,且苏绰曾为宇文泰设立计帐、户籍之法,严格户口管理,励行耕战,转弱为强。故隋朝乡里制度,当基本沿袭北周,而推行于全国,其实施的重点是制度松弛的旧北齐地区。

山东地区比较殷实,世族聚集。高欢时代,政府于沧、瀛、幽、青沿海四州煮盐收税,即可周赡军国之资,故"是时法网宽弛,百姓多离旧居,阙于徭赋"。北齐成立后,"(文宣)帝刑罚酷滥,吏道因而成奸,豪党兼并,户口益多隐漏。旧制,未娶者输半床租调。阳翟一郡,户至数万,籍多无妻。有司劾之,帝以为生事。由是奸欺尤甚。户口租调,十亡六七。"③而且,在北齐财政收入中,非农业税的比例不低。在这种条件下,河清三年(564)重新制定的均田法令,其实际效果令人难以完全相信。况且,仅过了十多年,北齐就灭亡了。趁战乱之机隐漏户口的情况,自可想象。所以,隋朝建立后,"山东尚承齐俗,机巧奸伪,避役惰游者十六七。四方疲人,或诈老诈小,规免租赋"④。农民脱籍,不但减少了国家税收,

---

① 参阅《魏书》卷五十三《李冲传》,《魏书》卷一百一十《食货志》。
② 《周书》卷二十三,《苏绰传》。
③ 《隋书》卷二十四,《食货志》。
④ 《隋书》卷二十四,《食货志》。

更严重的是,他们托庇于大族门下,加强了豪强垄断乡曲的地位,妨碍国家对乡村的直接控制。

大族在乡村具有很大的影响。赵郡(今河北省赵县)李氏为天下一流名族,"宗党豪盛"。李士谦常以家财赈济邻里,故乡里婚丧嫁娶、纠纷阋讼,无不请他主持裁决。"其后出粟数千石,以贷乡人,值年谷不登,债家无以偿,皆来致谢,士谦曰:'吾家余粟,本图振赡,岂求利哉!'于是悉召债家,为设酒食,对之燔契,曰:'债了矣,幸勿为念也。'……他年又大饥,多有死者,士谦罄竭家资,为之糜粥,赖以全活者将万计。收埋骸骨,所见无遗。至春,又出粮种,分给贫乏。"①世家大族在乡里社会的中心地位,还由于债务关系而得到很大的加强。至于恃强凌弱的豪门,如荥阳(今河南省荥阳市西北)郑氏,"并恃豪门,多行无礼,乡党之内,疾之若仇"②,更是赤裸裸地垄断乡里。

因此,隋朝强化三长制度,就不仅具有增加税收的经济意义,还具有削弱豪强势力,增进国家权力的目的。尤其是山东社会与关中相比,政治、经济等各个层面差异颇大,对中央政府并不服气,所以,隋朝采取相当严厉的措施,大规模整治乡村。

开皇五年(585)③,文帝下令各州县检括户口,派官吏深入乡村,逐个阅视核实,称为"大索貌阅","户口不实者,正长远配,而又开相纠之科。大功已下,兼令析籍,各为户头,以防容隐。于是

---

① 《隋书》卷七十七,《隐逸·李士谦传》。
② 《北史》卷三十五,《郑羲附郑白骥传》。
③ 《隋书》卷二十四《食货志》系于开皇三年之下,而《资治通鉴》卷一百七十六则系于开皇五年。记载中"令州县大索貌阅"一句,表明此事发生在废郡之后,如前所述,废郡在开皇三年十二月,所以,"大索貌阅"必在开皇四年以后,这里采《通鉴》的记载。

计帐进四十四万三千丁,新附一百六十四万一千五百口"①,取得很大成效。

有趣的是,二十四年后的炀帝大业五年(609),民部侍郎裴蕴主持了另一次大规模的检括户口行动,"诸郡计帐,进丁二十四万三千,新附口六十四万一千五百"②。两次行动的手段方式极其相似,而且,括出丁、口两项的尾数完全相同。

日本的志田不动麿氏首先发现这一问题③,并据此认为"大索貌阅"实际只在大业五年实行过一次,而开皇五年的记载纯属《隋书·食货志》作者误会。此后,砺波护及我国的唐长孺氏均撰文表示支持④。对此,池田温先生从隋朝户籍政策整体出发,对上述见解提出有力的反驳。

如第五章第五节所述,从开皇三年(583)底开始,文帝对地方行政制度进行了重大调整,废除郡一级机构,加强中央对地方的控制。从废郡中精简出大批官吏,成为"乡官",闲无职任。随着地方制度改革的深入,中央权力强有力地贯彻于乡村,自是必然的趋势。否则,地方行政制度的改革倒是要落空夭折,变得不可理解。所以,继废郡之后,各地在州县直接领导下,利用闲散的"乡官"协助,进行大规模的人口普查,势在必行,无可置疑。

而且,政府对乡村户口的掌握,也不是一次括户就能彻底解决,一劳永逸。《资治通鉴》认为开皇五年与大业五年的括户都属

---

① 《隋书》卷二十四,《食货志》。
② 《隋书》卷六十七,《裴蕴传》。
③ 志田不动麿:《北朝时代的乡党制》,《史潮》5—2,1935年。
④ 砺波护:《隋代的貌阅与唐初食实封》(后来收入其著《唐代政治社会史研究》,同朋社1986年版);唐长孺:《读隋书札记》(载于其著《山居存稿》,中华书局1989年版)。

真实。其实,户口增长历来是中央考核地方官政绩的主要指标,因此,各地对户口的检括,恐怕还是经常性行为。至于两次括户的手段方式相似,亦属正常,甚至唐朝还沿用"貌阅"方法确定簿籍①,继承前人行之有效的作法,不足为奇。而两次括出丁、口的尾数相同,哪怕就算是记载有相混之可能,也不足以构成决定性的证据。相反,开皇初期的许多事例倒是确凿证明括户曾经认真实行过。

文帝见山东民多浮浪,便派遣使者巡察按验,打算将搜括出来的流民迁徙到北疆实边,以后,经过太子杨勇劝谏才作罢②。此事发生在开皇元年(581),可知文帝早就计划实行括户。

乞伏慧任曹州(今山东省曹县西北)刺史,"曹土旧俗,民多奸隐,户口簿帐恒不以实。慧下车按察,得户数万。迁凉州总管。……岁余,转齐州刺史,得隐户数千"③。《隋书·皇甫诞传》也记载,"(文帝)以百姓多流亡,令诞为河南道大使以检括之。及还,奏事称旨,上甚悦,令判大理少卿。"这些事例都表明,开皇年间的"大索貌阅"是在文帝亲自督责下进行的,而且,它作为一项国家政策,一直持续实行。

开皇十六年(596),公孙景茂出任道州(今河南省许昌市)刺史,经常"单骑巡人,家至户入,阅视百姓产业"④。可知"貌阅"决非一纸空文。

在严厉的括户下,隋朝人口迅速增长。令狐熙担任沧州刺史,"时山东承齐之弊,户口簿籍类不以实。熙晓谕之,令自归首,至

---

① 《唐会要》卷八十五《团貌》记载:"延载元年八月敕:'诸户口计年将入丁、老疾应免课役及给侍者,皆县亲貌形状,以为定簿。'"
② 《隋书》卷四十五,《文四子·房陵王勇传》。
③ 《隋书》卷五十五,《乞伏慧传》。
④ 《隋书》卷七十三,《循吏·公孙景茂传》。

者一万户"①。据《令狐熙碑》记载,令狐熙到任时,"户惟四万,绥抚□□□□□□□□□乃□十万"②。查《隋书·地理中》"渤海郡",渤海郡就是文帝时代的沧州,大业五年(609)时,"户十二万二千九百九"。令狐熙从开皇二年(582)至八年(588)任沧州刺史,短短六年间,户数便从四万猛增至十万,增长1.5倍。而从开皇八年到大业五年,经过十一年,户数才增加二万多。

就全国而言,隋建立时,大约有户四五百万,平陈后不久,已增加到六七百万,文帝末,应达到八百余万户,至大业五年则增加到约九百万,达到顶峰。

无论是全国或者是某一地区的情况都显示,隋朝户口的迅猛增加,出现在开皇年间,其增长方式很大程度是依靠政府的行政手段,即通过整治乡里、检括户口实现的。人口迅速增长的地区,最显著的是北齐旧境,今天的江苏、安徽一带也有较大增长③。由此可见,开皇年间的"大索貌阅"确实收到明显的效果。而到了文帝后期以后,人口增加的速度明显减慢,基本属于正常的自然增长。

比较开皇年间与大业年间的括户,最显著的不同,在于开皇年间强调析户,亦即"大功已下,兼令析籍,各为户头,以防容隐"的规定。根据《资治通鉴》胡三省注,所谓大功已下,就是指堂兄弟,明显是针对大家族及其隐占人口。所以,开皇年间,户数有较快增

---

① 《隋书》卷五十六,《令狐熙传》。
② 《金石萃编》卷五十六。
③ 气贺泽保规《对隋代乡里制度之一考察》一文,从地区户数总量考察,指出北齐旧境从灭亡时的330(303)万增加到大业五年的554万多,增长率为1.68(1.83)倍,南陈旧境则从60(50)万增加到69万余,增长率为1.16(1.39)倍。而赵文林、谢淑君《中国人口史》第148页则指出,除了江苏和安徽两省外,整个南方的人口比重普遍下降,其原因是尚未完全摆脱"侯景之乱"等南朝内乱的影响。

长,其结果是户平均口数显著减少,全国由 6.6 下降至 5.2①,而山东地区由 6.06 下降到 5.17②,尤其明显。而这两组数据同时也表明,检括户口是在全国实行,并不局限于山东地区。

在总户数中,大族尽管隐占许多人口,但其占有的比例不大,自是不言而喻。因此,户平均人口数哪怕降低百分之零点几,其绝对数目就十分可观,像开皇年间如此明显的下降,说明析户进行得相当彻底,豪强的势力大大削弱,乡村的主导权掌握在政府委任的三长手里。

有的研究认为,由于"齐亡后,衣冠士人多迁关内,唯技巧、商贩及乐户之家移实州郭"③,导致山东地区可供百姓均田的土地增加。其实,第一,北齐官僚、衣冠士人迁入关内,而中央派来的官僚填补其空缺,只不过更换了一批享受权利的面孔而已。第二,山东括出大量隐户,大大加剧土地不足的局面。第三,山东地区的人口密度远远高于关中④。因而,根本不可能存在山东地区均田条件优于关内的情况。

文帝对北齐旧境的统治是严厉的。有一次,他途经汴州(今河南省开封市西北),"恶其殷盛,多有奸侠"⑤,于是调括户出名的令狐熙前来担任刺史。令狐熙一上任,立即禁止游食,抑制工商,民居大门朝向街道的一律改向,船只过客散居城外各处的统统编成团体,外地人遣归务农。令狐熙的一系列作法,大得文帝赞赏,

---

① 赵文林、谢淑君:《中国人口史》,第 151 页。
② 池田温:《中国古代籍帐研究 概观·录文》第三章第一节。和前面一组数据相比,由于各人掌握的数据和使用的统计方法不同,因而必然存在一定的偏差,但基本是一致的。
③ 《隋书》卷七十三,《循吏·梁彦光传》。
④ 赵文林、谢淑君《中国人口史》附图 5"各省(区)在隋代人口平均密度示意图"。
⑤ 《隋书》卷五十六,《令狐熙传》。

并向山东其他地区推广其治理经验,政绩评为全国第一。

关中在北周时代,曾经历严格的军事管制,力耕务农已经蔚然成风,故地方官员没有太多需要操心的事。梁彦光平平安安地当了几年岐州刺史,无所事事却政声颇高,因而调任重要的相州刺史。他依然实行在岐州的那一套管理办法,各司其职,各安其业。文帝知道后,很不高兴,将他罢免。后来,他向文帝请求重任相州刺史,将功折罪,获得批准。这次,他一上任就严厉打击豪强,"发摘奸隐,有若神明,于是狡猾之徒莫不潜窜,合境大骇"①,大得褒扬。

显然,文帝心目中的社会蓝图,是传统的农业社会,日出而作,日入而息,末业不兴,盗贼不起,勤劳顺从,秩序井然。这种社会的样板,来自他最熟悉的关中故土,在力行耕战的政策下,才有统一华北的胜利。所以,他要把关中这一套推行于山东。在他眼里,山东腐败衰亡,根本原因就在于末业发达,造成百姓脱离乡村,游食于城市,营利生奸,风俗险薄,而这正是滋生动乱的渊薮,对此他始终保持着高度警惕。其高度管制的措施,不见得是敌视山东地区,而是出自对治理国家的认识。因此,他并没有感到山东社会的发达与先进,倒是看到其不符合农业社会标准和不利于国家全面管理民生的方面,所以,他要把山东重新纳入传统的农业社会框架中。抑制工商、检括浮浪人口,驱使他们归籍务农,这与削弱豪强,都是重建乡村的不同侧面。

而且,国家还要进一步加强对乡村的控制。

开皇九年(589)平陈之后,苏威建议以五百家为乡,置乡正,处理民间诉讼。内史令李德林当即表示反对,他认为,当初废除乡官判事,就是因为乡官生活于布满亲戚朋友的闾里,直接的利益瓜

---

① 《隋书》卷七十三,《循吏·梁彦光传》。

葛使他们不可能保持公正的立场。现在要把五百家农民完全交给乡正统治,恐怕会滋长恶霸,为害更甚。文帝心里是赞同苏威的,但他又不愿直接表态,就让内外群官齐聚东宫讨论。皇太子杨勇等大多支持李德林,而宰相高颎揣知文帝意向,又没有什么合适的理由,便指责李德林狠戾固执,向文帝汇报。于是文帝作出最后裁决:"制五百家为乡,正一人;百家为里,长一人"①。

果然,乡正设立才一年,右武侯大将军虞庆则从关东诸道巡视回来,向文帝汇报道:"五百家乡正,专理辞讼,不便于民。党与爱憎,公行货贿"。豪强垄断乡曲又要故态复萌了,文帝不得不下令废乡正。这时,李德林从维护法令权威而不宜朝令夕改的角度,再次进谏:

> "此事臣本以为不可。然置来始尔,复即停废,政令不一,朝成暮毁,深非帝王设法之义。臣望陛下若于律令辄欲改张,即以军法从事。不然者,纷纭未已②。

一片肺腑之言,道出了一个专制帝王不喜欢听的原则:维护法律权威,才是维护国家与君主权威的正道。试图以权力蔑视法律,只会造成上行下效的恶劣影响,结果不会有真正的胜利者,只有国家的衰亡和人民的痛苦。

文帝百密一疏,出了个败招,心中正在懊恼,所以一听到李德林的劝谏,反而恼羞成怒,大骂李德林将他当作王莽,把毫不相干的事情扯在一起骂了一通,心中的火气才慢慢压了下去,思量一番,作出妥协而明智的决断:保留乡正,但不理辞讼③。

---

① 《隋书》卷二,《高祖下》。废立乡正判辞讼事,见同书卷四十二《李德林传》。
② 《隋书》卷四十二,《李德林传》。
③ 《隋书·李德林传》仅记载文帝听了虞庆则有关乡正不法行为的汇报后,"上仍令废之"。造成许多误解,以为乡正就此废除。其实不然,所废者仅为乡正理民间辞讼。

乡正没有废除,隋朝的基层机构也因此逐渐稳定,形成乡、里两级,并一直维持了下去。这就是此后还不断见到乡正记载的缘故,例如:《匋斋藏石记》卷十五所收《莞德赞妻杜氏墓砖》记载,开皇十九年(599)"相州相县辅和乡长金遵下仪同府前参军莞德赞妻杜□生……";《旧唐书·刘文静附刘世龙传》记载:"刘世龙者,并州晋阳人。大业末,为晋阳乡长"等等。

而且,乡正(长)作为基层官吏,在贯彻国家政令上,仍起着重要作用。大业五年(609)括户时,"皆令貌阅。若一人不实,则官司解职,乡正里长皆远流配"①,即可见其一斑。立乡正的倡议者苏威,更是通过乡里组织强化管理,如责成农户立"余粮簿","每岁责民间五品不逊"等等②。

所谓的"五品",出自《尚书·舜典》,宋人蔡沈注道:"父子、君臣、夫妇、长幼、朋友,五者之名位等级也"③;《史记·五帝本纪》集解载:"郑玄曰:五品,父、母、兄、弟、子也。王肃曰:五品,五常也。"通过乡里组织的行政手段,把文帝孝治天下的伦理原则硬性贯彻于乡村,则整顿并强化乡里组织的政治意义便更加清晰地凸现出来。

国家要牢固控制乡村,就必须加强基层政权组织的建设,削弱豪强势力,而最根本的乃是培育起一大批国家直接控制的自耕农,以此填平动乱造成的中央与基层的巨大鸿沟。可以说隋代的均田制、大索貌阅、析籍和禁游食、抑工商、勒民归农等等措施,都是围绕这一中心课题展开的。

---

① 《隋书》卷六十七,《裴蕴传》。
② 《隋书》卷六十六,《郎茂传》。
③ 宋蔡沈:《书经集传》,中国书店标点本1994年版。

第五节　强化财经制度

重农抑商又成为新时代的主旋律。对于从动乱分裂中迅速迈向统一和集权的政府而言,文帝显然是想把国家建立在一个稳定而严格管理的农业社会上,使其根基更加牢靠。这不仅是出于政治的考虑,而且也具有巨大的经济意义。

强化对乡村的控制,首先从根本上保证了国家政权经济基础的稳固。《开皇令》规定,均田制下的农民必须向国家交纳租调,"丁男一床,租粟三石。桑土调以绢絁,麻土以布绢。絁以疋,加绵三两。布以端,加麻三斤。单丁及仆隶各半之",而且,还要服劳役。开皇三年(583)正月修改调及力役规定为:"减十二番每岁为二十日,减调绢一疋为二丈"[①],由此可知,力役最初是每年一个月,此时减为二十天。

以上所列皆为国家正税。北齐河清三年(564)令将租税细分为每户垦租二石、义租五斗,"垦租送台,义租纳郡,以备水旱"[②],清楚区分中央与地方的税收分成。然而,《开皇令》里看不到这类规定,这似乎不能归结为隋令原本散佚而难知其详,因为唐令规定也和隋朝基本相同。由此看来,从隋朝开始,中央对税收制度进行了重大调整,大大加强中央对税收的管理控制,并不在具体税目里明确规定中央与地方各自的比例,而是从总的国家税收中,由中央来确定当年地方的留成数额。

然而,这并不表明上述正税就包括了农民的全部负担。实

[①]　引文均见《隋书》卷二十四,《食货志》。
[②]　《隋书》卷二十四,《食货志》。

际上,在正税之外应该还存在中央和地方的其他税目。开皇八年(588),宰相高颎建议,以往各州无课调处,以及课州内辖户过少,官员的俸禄徭役无处着落者,均由邻近的州来负担,这在道理上说不过去,因此,应该改为在自身辖区内计户征税。文帝批准了高颎的建议①。由此可知,百姓还要负担地方的官俸和徭役。

就北朝后期农民的租税负担来看,隋朝征课的额度并不轻。北齐为每户垦租二石、义租五斗,调绢一疋,绵八两;北周为每户粟五斛,绢一疋,绵八两,但两国都有一些变通与减免的规定②。如果光从帐面来看,隋朝的租税重于北齐,轻于北周。但实际情况就与帐面数字颇有差别了。

最重要的变化在于隋文帝时代的度量衡。隋朝的尺,与北周大致相同,虽略小于北齐,但相差不大,不去细究,则齐、周、隋三代亩制和调额基本相同,隋朝还略少一点。但是,文帝朝的秤和斗就要远远大于古代了。《隋书·律历上》记载:"开皇以古斗三升为一升,大业初,依复古斗";"开皇以古称三斤为一斤,大业中,依复古秤"。1930年河北易县燕下都老姥台南端居住遗址发掘出近700克重的大铁权③,以及日本山下泰氏收藏的隋量实物④,均可

---

① 《隋书》卷二十四,《食货志》。
② 例如,《隋书·食货志》记载,北齐河清三年(564)令规定:"垦租皆依贫富为三枭。其赋税常调,则少者直出上户,中者及中户,多者及下户。上枭输远处,中枭输次远,下枭输当州仓";北周则规定:"丰年则全赋,中年半之,下年一之,皆以时征焉"等等。敦煌发现的西魏大统十三年计帐文书,记载租税亦按户等征课,上等课户租四石,中等课户三石五斗,下等课户二石,单丁皆按其户等纳半租。参阅唐耕耦:《西魏敦煌计帐文书以及若干有关问题》,载《文史》第9辑。
③ 傅振伦:《燕下都发掘品的初步整理和研究》,《考古通讯》1955年第4期。
④ 紫溪:《古代量器小考》,《文物》1964年第7期。

证明上引开皇与大业年间权衡制度曾经发生变化的记载真实无误。至于这些变化并非突如其来,而是早就存在大、小两种秤斗制度,隋文帝只是将混乱的权衡制度统一到大秤大斗上,也被近年深入精细的研究所证明①。据此,则文帝时代的农民负担显然加重了许多。

更让农民难以忍受的,是地方官吏徇私舞弊,上下其手,造成严重的税负不均。因此,在文帝实行括户的同时,高颎针对"人间课输,虽有定分,年常征纳,除注恒多,长吏肆情,文帐出没,复无定簿,难以推校"的种种弊端,亲自编制征收租税的样本,叫做"输籍定样",颁发给诸州官吏,遵照实行,于"每年正月五日,县令巡人,各随便近,五党三党,共为一团,依样定户等上下"②。唐朝理财家、曾任德宗、顺宗和宪宗三朝宰相的杜佑在总结隋朝推行的"输籍定样"时说道:

> 其时承西魏丧乱,周、齐分据,暴君慢吏,赋重役勤,人不堪命,多依豪室,禁网隳紊,奸伪尤滋。高颎睹流冗之病,建输籍之法。于是定其名,轻其数,使人知为浮客,被强家收太半之赋,为编氓奉公上,蒙轻减之征。先敷其信,后行其令,悉庶怀惠,奸无所容。隋氏资储遍于天下,人俗康阜,颎之力焉③。

编制"输籍定样"是针对官吏"除注恒多"和豪强隐占人口。在隋朝,并不是所有的人户都要负担国家租税的,例如,有品爵的官员和政府表彰的孝子顺孙、义夫节妇等,就享受免除课役的优待,这就需要区分课户和不课户。而且,男女老幼、已婚未婚、当户

---

① 综合古今各家之说,考诸实物证据的最新研究为郭正忠《三至十四世纪中国的权衡度量》,中国社会科学出版社1993年版。
② 引文均见《隋书》卷二十四,《食货志》。
③ 《通典》卷第七,《食货七·丁中》。

与否、良贱身份和生死存亡等等,负担的租税都不一样,所以,政府必须根据各户的资产人丁等情况,将他们区分为上、中、下三等,并据此决定租税额。

显然,只要国家制度不严密,或者监察不得力,那么,审定户等和征税的官吏就可以任意出入,诈老诈小,以生为死,损公肥私,敲诈受贿,官吏的种种谎报做假手段,造成国家税收的大量流失,入不敷出。针对这种情况,腐败无能的政府采用不断提高税率的办法加强剥削,结果重税势必造成大面积漏税,国家在财政的恶性循环中衰亡。而想有所作为的政府,自然会去整治税收环节,堵塞官吏侵吞国家税收的漏洞。高颎的"输籍定样"就是在这种情况下诞生的,它通过制度的严密化使之明确而容易运作,把各户的详细情况和相应的租税负担清楚记载下来[①],一目了然,便于监督检查,从而把官吏的舞弊限制在最低限度内,通过严格征税管理大幅度增加国家的财政收入,大见成效,以至后世理财专家杜佑对此称赞不已。

向官僚阶层开刀,需要相当的权力和气魄。毫无疑问,高颎严格税收管理的举措,必定是在隋文帝的强有力支持下方能实现。实际上,它与"大索貌阅"配套实施,是开皇年间大治天下的一个重要方面,和前述均田制相比,颇具特点。在均田制下,国家尽量保证官僚获得丰厚的经济利益,条件是其必须切实努力为国家服务,忠于皇帝。另一方面,在关系国家重大利益的税收上,中央对

---

① 郑佩欣《租调征收方法和"输籍定样"——与李燕捷先生商榷》(《历史研究》1996年第1期)认为:"'输籍定样'包括区分课与不课及定户等两项内容。"此见解基本正确,但是,既然是为了防止官吏作弊,则其登录的项目应该更加详细,包括每个人的基本情况及其相应的租税负担额,这些情况,可以西魏和唐朝的籍帐文书作为参考。

官吏就不再假以辞色,曲加纵容了。

隋朝建立以来,天不作美,连续几年水旱交至,尤其是关中地区的灾情更为严重。从开皇二年(582)到开皇六年(586),关中几乎年年旱灾,弄得文帝又是亲理刑狱,又是祭神祈雨,希望能感动上苍。有一次,在他审理案件后,竟然下起雨来,让他欣喜若狂。史官也对此大书特书。然而,偶然一场雨,根本无济于事。所以,开皇三年(583),他不得不从河南等地紧急调运粮食入关,以解燃眉之急。翌年,情况更加糟糕,持续的旱灾使得关中出现饥荒,运输线路之艰险恶劣,使得自关外运入的粮食犹如杯水车薪,文帝只好率众到洛阳一带"就食"。然而,开皇五年(585)以后,关东的情况也严峻起来,当年,河南诸州发大水,以后几年,关中赤日炎炎,关东、山南水漫金山,灾情四起,朝廷穷于应付。

开皇三年(583),民部尚书长孙平提出对策,"奏令民间每秋家出粟麦一石已下,贫富差等,储之闾巷,以备凶年,名曰义仓"①。这年上半年,隋朝忙于同突厥作战,下半年又忙于大规模的地方制度改革,无暇顾及设置义仓事宜。到了开皇五年(585)五月,经历去年"就食"洛阳的惨痛经验,京畿地区的粮食供应与储备问题成为当务之急,长孙平再度上书,总结去年救灾的经验教训,指出国家储备与赈济乃"经国之理,须存定式。于是奏令诸州百姓及军人,劝课当社,共立义仓。收获之日,随其所得,劝课出粟及麦,于当社造仓窖贮之。即委社司,执帐检校,每年收积,勿使损败。若

---

① 《隋书》卷四十六,《长孙平传》。同书《食货志》系于开皇五年(585)。两处记载,都不完整。周一良《隋唐时代之义仓》(《食货》第二卷第六期,1935年)解释道:"自职守言,似度支尚书建言立义仓为近理。或平官度支时建议,及为工部始见诸施行",亦即开皇三年提出建议,施行则迟至开皇五年。此说甚是。

时或不熟,当社有饥馑者,即以此谷赈给"①。文帝批准了长孙平的建议,在全国建立义仓,以增强抗灾能力。

显然,义仓是根据长孙平的建议在隋开皇五年(585)创立的,是一种由国家组织、以赈灾自助为目的的民间储备。由于仓库设在"闾巷",由"社司"管理,所以也叫作"社仓"②。规定诸州百姓及军人共立义仓,完全是因为开皇十年(590)以前,军民分籍,管辖系统各异,故需分别提及,军籍取消后,诏令中便不再另外提及军人。所以,不能以此推出义仓由民仓演变为西北军仓的结论③。

义仓虽说是民间仓储,但是,从一开始似乎就置于政府的严格管理之下。《隋书·刑法志》记载,开皇五年(585),侍官慕容天远检举乡兵都督田元冒领义仓,说明义仓初创时确实设于乡里,但已由政府管理,擅自取用要受到法律惩处。同年,瀛州秋潦,民居漂没,刺史郭衍"先开仓赈恤,后始闻奏。上大善之"④。可见灾害时是否开仓赈济,还需上报中央决定。炀帝末期,天下大乱,民不聊

---

① 《隋书》卷二十四,《食货志》。
② "社"为民间组织,《隋书》卷七《礼仪二》记载:"(南梁)百姓则二十五家为一社,其旧社及人稀者,不限其家。……(开皇时)百姓亦各为社",此与义仓设于闾巷适相配套。曾我部静雄《论我国大宝与养老令制所规定的义仓贮藏谷》(见其著《以律令为中心的日中关系史研究》,吉川弘文馆1968年版)认为:义仓起源于北齐的"义租"。这恐怕是误解。北齐"义租"和"垦租"都是国家正税,所不同者在于地方与国家对税收的分配,和正税以外的赈济储备,性质迥异,不可混为一谈。吕思勉《隋唐五代史》下册第963页(上海古籍出版社1984年新1版)认为:"自人民自相周赡言之,则曰义仓,自其藏贮之地言之,则曰社仓,二名可以互称。唐之义仓,由州县设立,与社无涉。……故在隋世,义仓、社仓是一,唐以后则是二。"甚为妥当。
③ 欠端实《论隋代的义仓》(《东方学》第五十二辑,1976年版)认为,义仓不同于社仓,前者为防备突厥、吐谷浑而设置于西北边州的军仓,后者才是民间赈济仓储,开皇五年的规定中专门提到"百姓及军人",表明开皇三年义仓只以百姓为对象,至此则包括军人在内,最后演变为军仓。
④ 《隋书》卷六十一,《郭衍传》。

生,这时"所在仓库,犹大充任刐,吏皆惧法,莫肯赈救"①,也证实了这一点。由此可知,义仓设立伊始,就与诏令所说的民间自救储备的性质不符,而接近于国家储备。

开皇十五年(595)正月,文帝亲临山东视察,祠泰山,认为义仓设在民间,多有费损,下令加强管理,并让云、夏、长(今内蒙古乌审旗西南城川古城)、灵、盐、兰、丰(今内蒙古杭锦后旗东北)、鄯、凉、甘(今甘肃省张掖市西北)瓜(今甘肃省敦煌市西)等州所有义仓,都纳入州治。次年正月,又令秦、叠(今甘肃省迭部县)、成(今甘肃省西和县西南)、康(今甘肃省成县)、武(今甘肃省武都县东南)、文(今甘肃省文县西白龙江南岸)、芳(今甘肃省迭部县东南)、宕(今甘肃省宕昌县东良恭镇)、旭、洮、岷(今甘肃省岷县)、渭(今甘肃省陇西县东南)、纪(今甘肃省秦安东北)、河(今甘肃省临夏县)、廓、豳(今陕西省彬县)、陇、泾、宁、原、敷、丹(今陕西省宜川县东北)、延(今陕西省延安市城东延河东岸)、绥(今陕西省绥德县)、银(今陕西省横山县东党岔)、扶(今四川省松潘县)等州社仓,并移入县城。西北地区义仓国有化的试点,迅速推广到全国,二月,文帝发布了一道具有根本意义的诏令:

> 社仓,准上中下三等税,上户不过一石,中户不过七斗,下户不过四斗②。

根据这道命令,义仓很难再说是民间自助的仓储,而演变为国家税收的一部分。至于说义仓设在民间,多有耗损云云,哪怕有部分事实,仍只是一种托辞。义仓一开始就在政府管理之下,有本事贪污的只能是政府官吏,前述冒领义仓粮食的田元是乡兵军官,而

---

① 《隋书》卷二十四,《食货志》。
② 《隋书》卷二十四,《食货志》。

开皇十六年(596)查获贪污七千石粟的也是仓库主典,文帝甚至为此规定"盗边粮者,一升已上皆死,家口没官"的酷法①。官吏贪污,却拿百姓粮储充公,岂不是开错了药?然而,这并不是误会,把民间储备变为正式税收,正是真实的意图。而其税率和按贫富征收的办法,最初也都见于长孙平的建议。开皇五年(585)所规定的"收获之日,随其所得,劝课出粟及麦",说明初期还考虑到年成好坏,而现在就只根据户等来征课,并直称为"税",其征调额前后期没有多大变化,但原来的劝导性质却在不知不觉中转变为强制性的税收了。

实际上,把义仓作为国家税收的一部分,恐怕还要早于明文规定的开皇十五年。正因为是国家财政收入,所以就不再具有赈灾的义务。对此,唐太宗曾感慨道:

> 隋开皇十四年大旱,人多饥乏。是时仓库盈溢,竟不许赈给,乃令百姓逐粮。隋文不怜百姓而惜仓库,比至末年,计天下储积,得供五六十年。炀帝恃此富饶,所以奢华无道,遂至灭亡。炀帝失国,亦此之由。凡理国者,务积于人,不在盈其仓库。古人云:"百姓不足,君孰与足。"但使仓库可备凶年,此外何烦储蓄!后嗣若贤,自能保其天下;如其不肖,多积仓库,徒益其奢侈,危亡之本也②。

唐太宗的话,道出了隋唐两代不同的财政思想。

隋文帝为了克服长期的分裂,采取了高度的中央集权政策,不仅集政治、军事之权,而且也集经济、文化之权,把政治摆到压倒一切的高度,凡事从政治的角度来考虑。因此,其财政政策自然也表

---

① 《隋书》卷二十五,《刑法志》。
② 《贞观政要》卷八,《辩兴亡第三十四》。

现出高度集权的原则,把财富集中于国家,积聚起无与伦比的仓储,以至到唐朝还能供应五六十年!① 在生产力没有发生革命性进展,社会生产总量变化不大的情况下,财富的高度集中势必造成百姓的相对贫穷,因此,其抵御自然与社会灾变的能力必然低落,一有风浪,很快就超出其承受限度,酿成巨变。隋朝短祚,与此有着重大关系。

唐朝前期以隋为鉴,而且,其时统一的趋势已定,所以采取了相对放宽集权的政策,在经济政策上十分注意把握好国家与百姓分配社会财富的度。例如,贞观二年(628)四月,尚书左丞戴胄建议仿照隋朝设立义仓时,唐太宗当即说道:"既为百姓预作储贮,官为举掌,以备凶年,非朕所须,横生赋敛。利人之事,深是可嘉。宜下所属,议立条制"②,深恐重蹈隋朝变备荒仓储为国家横生赋敛的覆辙。唐朝君臣非常注意从隋朝国政的成败得失汲取宝贵的经验,魏征曾总结道:"隋氏以富强而丧败,动之也;我以贫穷而安宁,静之也。静之则安,动之则乱"③。唐太宗提出"凡理国者,务积于人"的财政思想,显然也是出自对隋文帝矫枉过正作法的修正。

隋文帝实行严厉的重农抑商政策,势必形成国家财政不能不基本依赖于农业税收的局面。只要稍为对比南北朝廷的税目,其社会的发达程度及其财政基础顿然清楚。南朝开征鱼税、酒税、盐税、估税、市税、津税、牛埭税、塘丁桥桁税等,且不论如何看待这些税收,但是,在南朝国家财政中工商税收占有相当比例,殆无疑问。

---

① 考古发掘也证实了唐人所言决非夸张,参阅《洛阳隋唐含嘉仓的发掘》,《文物》1972年第3期。
② 《旧唐书》卷四十九,《食货下》。
③ 《贞观政要》卷八,《刑法第三十一》。

反观北朝,工商税收往往被视为恶税,故隋文帝一登基,立即废除北周"入市之税"以收拢人心,此后又于开皇三年(583),罢酒和盐的征榷专卖等①。另一方面,隋朝建立后,百废待兴,加之战事不断,各项开支庞大,财政支出增大与财政收入偏倚于农业税收,不可避免地造成农民负担沉重的结果。

在此情况下,隋朝的经济还取得了相当的进步,这主要有以下几方面的原因。

第一,国家重新统一所造成的人心振奋。

第二,政治比较清明,法令基本得到遵守。从以上分析可以明了,隋朝财政收入的增加,主要来自增加农民负担、防止逃税和整顿税收征管制度、制止官吏不法行为两方面。农民负担最沉重的实际上是力役②,而征调无时,役满不归,更加重力役对农事的破坏作用。对此,文帝给予高度的重视。开皇三年(583),文帝将每年一个月的力役减为二十日③。其实,早在开皇元年(581)四月调发稽胡修筑长城时,已是"二旬而罢"。此后几次重大力役调发均严格遵照法令规定的天数,如开皇六年(586)二月,"发丁男十一万修筑长城,二旬而罢";翌年二月"发丁男十万余修筑长城,二旬而罢"等等。南陈甫定,文帝又于次年五月以宇内无事,益宽徭赋,规定"百姓年五十者,输庸停防",允许有条件地用实物替代力役④。而"输籍定样"的颁布实行,既防止官吏贪污,又大大限制其对农民的敲诈盘剥。历史上,法外横敛往往高于正税。隋朝的财

---

① 《隋书》卷二十四,《食货志》。
② 唐令规定可以庸代役,庸根据劳动力市价确定,一个役日折绢三尺,则二十日役折六十尺绢,明显高于租调。隋文帝时代,力役负担不在唐朝之下。
③ 《隋书》卷二十四,《食货志》。
④ 引文见《隋书》卷一《高祖上》;卷二十四《食货志》。

政收入,相当程度是通过政治的清明来保证。

第三,不时减免租赋,适当减轻农民负担。开皇三年(583),"减调绢一定为二丈";九年(589),"帝以江表初定,给复十年。自余诸州,并免当年租赋";十二年(592),因府库皆满而下诏:"河北、河东今年田租,三分减一,兵减半,功调全免";十七年(597),又以相同理由,诏"停此年正赋,以赐黎元"①。前述杜佑称"输籍定样"起到"定其名,轻其数,使人知为浮客,被强家收太半之赋,为编氓奉公上,蒙轻减之征"的作用,决非凭空杜撰。

在大力推行重农抑商政策的同时,文帝通过严格管理和清明政治,保证了国家财政与社会经济的正常运转和向前发展。

第六节　增进国力

自上节可以看出,隋朝建立初年,国家的底子还比较薄弱,特别是首都所在的关中,虽然"号称沃野,然其土地狭,所出不足以给京师,备水旱"②。所以,开皇年间,只要天气一不顺,关中马上就出现粮食危机,都城经常在饥荒的威胁下飘摇度日,京畿百姓不时要辗转流徙,四处"就食",这严重威胁到王朝的长治久安,成为统治者的心头大患。

造成这种局面的主要原因,除了上述生产方面的因素外,主要是由于漕运供应不上,使得大批自关东征调来的物资,难以大批量运抵京城,以及国家储备不足。为了扭转这一严峻局面,文帝从建仓廪、广积粮、开运河、通漕运和修水利、促生产等三个方面入手,

---

① 引文见《隋书》卷二十四,《食货志》。
② 《新唐书》卷五十三《食货三》所说的虽然是唐初的情况,其实,隋朝也是如此。

全面提升国家防灾应变的能力。

开皇三年(583),朝廷根据关中仓廪尚虚,不足以抵御自然灾害的现状,决定在蒲(今山西省永济市西南蒲州镇)、陕(今河南省三门峡市西旧陕县)、虢、熊(今河南省宜阳县西)、伊(今河南省嵩县东北)、洛、郑(今河南省荥阳市西北汜水镇)、怀(今河南省沁阳市)、邵(今山西省垣曲县东南城关)、卫、汴、许(今河南省许昌市)、汝(今河南省汝州市东)等十三州,也就是今日河南省三门峡市以东黄河等水路沿岸城市,募丁运米。同时,在卫州置黎阳仓(今河南省浚县)、洛州置河阳仓(今河南省偃师市)、陕州置常平仓、华州置广通仓(今陕西省华阴市东北)等官仓储粮,逐次转运,"漕关东及汾、晋之粟,以给京师"①。这些仓库规模都十分宏大,储粮在几百万石以上,如开皇五年(585)关中旱灾,文帝下令开广通仓赈济,一次就出粟三百万石。

兴建大型粮仓固然大大增加国家储备,但是,关键的是要解决由洛阳向长安的运输问题。这段漕运,有两个路段艰险难通。

首先是从洛阳至陕州路段,黄河穿行于中条山脉和崤山山脉之间,山高水险,特别是三门峡一段,神岛和鬼岛两大石岛耸立河中,把黄河切为三股,分别自神门、鬼门和人门奔腾而下,激荡于千仞峭壁之中,暗礁遍布,水声如雷,漕船难以通过,只好从小平(今河南省孟津县西北)转为陆运,穿过崎岖的崤、函山路,把粮食运抵陕州,由此换船,通过黄河转运至潼关。这段路程最为艰险,开皇三年(583),文帝专门派遣仓部侍郎韦瓉到蒲、陕以东地区,招募运夫,规定能从洛阳运米四十石至陕州常平仓,免其征戍。

其次是从潼关至长安路段。这段漕运所利用的渭水,属地堑

---

① 《隋书》卷二十四,《食货志》。

式构造,秦岭随着断层上升,而渭水则逐级下降,山高坡陡,支流湍急,大量的泥沙被雨水冲刷下来,淤积在渭水河床,造成流浅沙深,舟楫难通。

这两段路程,犹如瓶颈,严重制约了京城的繁荣和东西部的经济交往。要改变这种状况,任何小规模的疏浚工程都无济于事,必须进行彻底整治。开皇四年(584),突厥被打败,大规模的战争结束,文帝当机立断,把国家的中心任务转向经济建设,特别是加强对基础设施的投入,力图从根本上改善漕运与农业生产的条件。

六月二十一日,文帝下令开凿"广通渠"。这条渠,西起咸阳,引渭水,经过新建的大兴京城北面,在渭河南岸平原与渭河平行,东达潼关,全长三百余里,取代原先的渭水漕运。广通渠由隋朝著名的建筑专家宇文恺负责设计,苏孝慈和郭衍监督工役,渠成后,不但使得潼关到长安的漕运畅通无阻,而且还兼向京城供水,有助于改善渭南平原的灌溉条件,所以,当地称之为富民渠[①]。

与此同时,文帝还派出重臣,如曾任尚书左仆射、中书令的赵芬,坐镇关东,亲领漕运事务,确保山东地区的物资财富源源不断运往关中[②]。《隋书·食货志》描述当日这条国家经济动脉的繁忙景象道:

> 时百姓承平日久,虽数遭水旱,而户口岁增。诸州调物,每岁河南自潼关,河北自蒲坂,达于京师,相属于路,昼夜不绝者数月。

以洛阳为转运中心,确保京城的供给,奠定了帝国繁荣的基

---

① 参阅《隋书》卷一《高祖上》;卷二十四《食货志》;卷六十八《宇文恺传》;卷六十一《郭衍传》和卷四十六《苏孝慈传》。《食货志》记载渠长"三百余里",而《郭衍传》载为"漕运四百余里",略有不同。
② 《隋书》卷四十六,《赵芬传》。

础。在这段并不太长却崎岖险峻的运输线上,几乎集中了天下的财富,其数量极其惊人,成为决定国家兴盛衰亡的战略中枢,唐朝侍御史马周曾经说道:"隋家贮洛口仓,而李密因之;东京积布帛,王世充据之;西京府库亦为国家之用,至今未尽。向使洛口、东都无粟帛,即世充、李密未必能聚大众。"[1]如此规模的物资储备,其意义已经远远超出保证长安供应的目的了,显然,文帝与政治集权同步,要实现国家对国民财富的高度集中与垄断,在经济上同样达到强干弱枝的目的。

开皇十五年(595)六月,文帝还想进一步打通陕州路段的水运,加速洛阳一带庞大的物资储备向京城转移,便于中央直接控制,下令开凿黄河道中的砥柱山(三门山)[2]。可是,由于工程过于艰巨浩大,没能取得什么成果,不得不作罢。

另一项大规模的工程,是开皇七年(587)四月于扬州开凿的山阳渎[3]。这条运道南起扬州,北通山阳(今江苏省淮安市),大大缩短了江淮之间的交通距离,使得大批量的人员物资能够迅速调动。在当时,开凿这条渠道是为平陈作准备,出于军事目的。平陈以后,则成为南方经济运输的主要运道,日后更成为隋炀帝修建江南运河与通济渠的基础。

在隋朝建立不久,国家的底子还比较薄弱,以及国家尚未完全统一的情况下,广通渠和山阳渎的修建,可谓是最具有战略意义的工程。显然,文帝不是一位老是带着狭隘地方主义眼光的领袖,这些工程已经表现出他对山东和江南两大区域的重视,注重其内部的开发和相互之间的交通联系,这种思想实际上已经为将来统一

---

[1] 《贞观政要》卷六,《奢纵第二十五》。
[2] 《隋书》卷二,《高祖下》。
[3] 《隋书》卷一,《高祖上》。

全国后加强区域间联系打下基础,隋炀帝就是在此基础上,用南北大运河把全国牢牢地结合在一起,成为增进中国内在统一的又一条强有力的纽带。

进行国家的经济建设,必然致力于加强农业基础设施,特别是水利工程,从根本上提高国家基本经济部门的实力。在此指导思想下,自隋朝建立以后,全国各地都呈现出蓬勃的农田水利建设场面。

开皇二年(582)三月,都官(刑部)尚书兼领太仆寺的元晖,"奏请决杜阳水灌三畤原,溉舄卤之地数千顷,民赖其利"[1],于京畿地区开始了大规模的农业水利建设,大大加强了关中地区农业生产能力。

而在关东各地,同样涌现出一大批热心农业基础建设的地方官,在他们的积极倡导和主持下,兴建了许多水利设施,奠定了"开皇之治"的经济基础。

在怀州(今河南省沁阳市),刺史卢贲开凿"利民渠",引沁水东注,并导入温县的"温润渠",沿途灌溉,使大量的舄卤地得以开发利用[2]。

在蒲州(今山西省永济市西南蒲州镇),刺史杨尚希,"甚有惠政,复引瀵水,立堤防,开稻田数千顷,民赖其利。"[3]

在兖州(今山东省兖州市),沂、泗两河在城东交汇之后,滔滔南流,泛滥于大泽中。刺史薛胄发动当地百姓积石筑堰,让河水西注,使得陂泽尽为良田,"又通转运,利尽淮海,百姓赖之,号为薛公丰兖渠。"[4]

---

[1] 《隋书》卷四十六,《元晖传》。另见《隋书》卷一《高祖上》。
[2] 《隋书》卷三十八,《卢贲传》。
[3] 《隋书》卷四十六,《杨尚希传》。
[4] 《隋书》卷五十六,《薛胄传》。

在寿州(今安徽省寿县),著名水利工程芍陂的五门堰,失修废弃,荒凉芜秽,总管长史赵轨见此光景,亲自督责属僚,劝课百姓,"更开三十六门,灌田五千余顷,人赖其利。"①

冀朝鼎先生曾根据清代各省地方志资料,统计中国古代的水利工程项目,兹引录其中南北朝隋唐部分于下(表六)②。

表六 魏晋隋唐水利设施建设统计表

	南北朝 (420～589)	隋 (589～618)	唐 (618～907)
陕西		9	32
河南		4	11
山西	1	3	32
河北	3	1	24
甘肃			4
四川			15
江苏	8	1	18
安徽	4	1	12
浙江	2	2	44
江西	1		20
福建		4	29
湖北			4
湖南		2	7
云南	1		1
合计	20	27	254

(笔者注:据表中所列数据统计,唐朝应为253项)

---

① 《隋书》卷七十三,《循吏·赵轨传》。
② 冀朝鼎著、朱诗鳌译:《中国历史上的基本经济区与水利事业的发展》第三章,中国社会科学出版社1981年版。

根据表六,可以清楚看出,水利工程建设在隋朝又出现新的高潮,在短短的三十余年间,其工程绝对数量竟超出南北朝一百七十年间约近三分之一,而且,就以年平均工程数计算,隋朝为 0.932,高于唐朝的 0.88,在秦至唐时代,独占鳌头①。而且,如果把水利工程的规模考虑进去,则隋朝的水利成就更为显著。因此,我们不能将此水利建设高潮视为地方官个人行为,显然是国家政策使然。

其次,隋朝的水利建设以国家大型工程为主导。文帝时代,除了上述广通渠和山阳渎之外,较大规模的工程还有开皇十八年(598),山东频繁水灾,文帝特遣使者带着水工,"巡行川源,相视高下,发随近丁以疏导之"②。这些工程都不单是为了解决某一地区的农业水利问题,而是全局性工程,特别是以增强国力的水利运输项目为主,此与隋朝的漕运、国家储备和财政政策密切相关,可以说是隋朝两代的一贯国策。

第三,隋朝水利设施首先集中于关中与河南、山西地区。根据冀朝鼎先生的研究,东汉以后,中国的基本经济区已经由关中转移到山东。以后又逐步南移,至迟在南宋时就已移至长江流域(江南)③。北周定都于关中长安,有其不得已的背景,隋朝继承这一现实,加大对关中水利事业的投入,试图改变经常性旱灾对当地农业的破坏,重振关中,恢复其作为政治中心支撑点的基本经济区地位,政治意图十分明显。

然而,人为意志难以改变客观发展趋势,山东地区的优越性不

---

① 参阅李约瑟:《中国科学技术史》(英文版)第四卷第三分册,剑桥大学出版社,第 282~283 页。
② 《隋书》卷二十四,《食货志》。
③ 斯波义信《宋代江南经济史研究》(东京大学东洋文化研究所报告 1988 年版)对江南经济的开发与繁荣,作了极其精审的研究,对于研究中国经济中心南移,富有启示。

言而喻,故文帝也十分重视与关中毗邻的河南与山西地区的水利建设,以此拱卫关中,并可进一步向东拓展。这样,整个隋朝的北方水利建设布局便集中于关中与河南、山西地区。到炀帝时代,中央几乎放弃了重建关中的努力,而把主要精力投放在山东与江南地区的建设,炀帝本人甚至基本不在长安居住,这决不是所谓奢靡好色所能解释的。

第四,注意开发江南,特别是长江下游。江南的水利设施,侧重于交通运输,目的在于加强南北的交往。

概言之,隋朝的水利事业突出的特点,在于密切各大经济区域的交通联系,炀帝用通济渠和永济渠把山东与江南经济区域同中央紧密连结起来,则隋朝将水利工程当作社会与政治斗争的有力武器的意图,越发清晰地显现出来,这一蓝图显然构思于文帝时代,目的都在于加深中国的内在统一和提高中央政府的领导地位。

在重农抑商政策下,民间工商业受到抑制,处于国家严格管制之下,并不活跃。尽管如此,隋朝在此领域亦非毫无建树。文帝时期,在全国严厉实行新的度量衡和货币政策,无疑对打破地方封锁割据、实现经济统一大有贡献。

文帝一上台,就对手工业实行严格的管制,"于时王业初基,百度伊始,征天下工匠,纤微之巧,无不毕集"①。从全国各地征调而来的各种工匠,实行番役制度,其役期远较一般农民为长,"役丁为十二番,匠则六番"②。以后,农民的力役有所减轻,而工匠役期却未见缩短,大概一直维持到隋亡③。

---

① 《隋书》卷四十六,《苏孝慈传》。
② 《隋书》卷二十四,《食货志》。
③ 参阅韩国磐:《隋唐五代史纲》(人民出版社1979年第2版),第52页;王仲荦:《隋唐五代史》(上海人民出版社1988年版)上册第25页。

这些工匠集中于太府寺，下辖左藏、左尚方、内尚方、右尚方、司染、右藏、黄藏、掌冶、甄官等署，分类管理，其他中央部门和地方官府也都掌握相当数量的工匠，组成强大的官府手工业。对于一些重要的部门，如盐池等，国家还实行特别管制，中央设总监、副监以统辖东西南北面等四监。官府手工业无论在数量、规模、技术和产品等方面，都居于绝对优势的地位，成为整个手工业部门的主导力量，极大地增加了国家的实力。其产品之精美，表明技术水平较南北朝时代有较明显的提高。

对民间工商业的抑制，如关闭临街店邸等等，本章第一、四节等处均有述及，无须再赘。开皇十六年（596）六月十三日，文帝专门下诏："制工商不得进仕"[①]。在官本位的社会，个人的社会荣誉地位都是用官职官品来衡量，故重申工商不得进仕，其意义乃在于从政治上强调对民间工商业者的歧视。

发达的官手工业所生产的产品，主要通过国家分配调拨的方式进行消费，部分也进入市场。总的来说，隋朝的民间商业并不繁荣，内外贸易市场都在官府的管制之下，"缘边交市监及诸屯监，每监置监、副监各一人。畿内者隶司农，自外隶诸州焉"[②]。在此情况下，民间市场对货币的需求有一定限度，而国家在注重农业社会安定和加强对社会全面控制的政策基调下，自然采行通货紧缩政策，严格货币管制。

开皇元年（581）九月，文帝下令铸行标准统一的新钱。新钱制作精良，上刻"五铢"二字，每钱重三克多，与面值相符。为了推行新钱，文帝于开皇三年（583）四月下令各关津置百钱为样板，凡

---

① 《隋书》卷二，《高祖下》。
② 《隋书》卷二十八，《百官下》。

入关者都要将所携钱币与样钱勘验,相符者放行,不符者当场销毁为铜,没入官府,改铸新钱。同时,命令禁止前代旧钱。翌年,因旧钱禁而不止,下令凡出现此类情况的地区,县令罚半年俸禄。次年正月,更峻其制。经过全力整顿,从开皇五年(585)后,全国货币基本趋于统一。

全国统一之后,为了适应经济发展的需要,特别是缓解商业比较发达之南方地区的铜钱匮乏,自开皇十年(590)起,还多次准许晋王广于扬州(今江苏省江都市)和鄂州(今湖北省武汉市武昌)、秦王谅于并州、蜀王秀于益州置炉铸钱。同时,严格取缔私人盗铸,在各地市面上立样钱榜,不合格者不准入市,以后更令有关部门在市场上检查钱币,凡不是官铸者,一律熔毁,文帝甚至亲自判处在京城以恶钱交易的罪犯死刑。长期不懈的努力,使得隋朝对货币的整顿确实取得极为丰硕的成果,就连钱币极其混乱的南方,在隋朝统一后也都普遍使用开皇"五铢"钱①。

显然,隋文帝在货币方面取得的最大成就,在于将前代五花八门的钱币统一到隋"五铢"钱上。其次,是严厉打击私人铸币,使得国家能够牢牢控制货币的铸造及其流通量,从总体上对社会进行有效的经济调控。清代学者顾炎武曾高度赞扬隋文帝整顿货币的成就,说道:"故尝论古来之钱凡两大变:隋时尽销古钱,一大变;天启以来,一大变也"②。将此作为中国货币史上两大里程碑之一。

---

① 1952~1958年,在湖南省长沙地区发掘两晋、南朝及隋墓47座,隋以前的墓葬所出土的铜钱,杂有汉以来各代古钱,而隋墓则皆为隋"五铢"钱。参阅《长沙两晋、南朝、隋墓发掘报告》(《考古学报》1959年第3期);萧清:《中国古代货币史》第五章第一节,人民出版社1984年版。
② 顾炎武著,黄汝成集释,秦克诚点校:《日知录集释》卷十一"钱法之变",岳麓书社1994年版。

实际上,隋文帝的货币政策,与其在政治、经济方面的中央集权相辅相成,中心任务在于统一货币和确立国家对通货的垄断。而货币统一和币值稳定对市场的发育和工商业的发展,在客观上起着良好的保障与推进作用。

第八章　君臣之间

第一节　用人政策

北周末年那场顺利得令人不敢置信的宫廷政变,迅速演变为改朝换代的斗争,就像突如其来的狂飙巨澜,顷刻之间将隋文帝推上云霄绝顶。

捷径虽然使人迅速到达目的,但是,那段应该经历而没有经历的路程,却给胜利者遗留下深刻复杂的隐忧。尤其在人事方面,宫廷政变不像改朝换代的战争那样造就一支久经考验的干部队伍,而只能在旧的官僚中收拢人心,怀柔延揽,这就在两个方面制约了隋朝的用人政策。

其一,它决定了隋朝只能在北周政权基础上构建新班底。

其二,隋朝必须仔细平衡各个民族或区域集团的势力与利益。

这种内在的先天不足,往往使得政变王朝难以达到真正的强盛。陈寅恪先生根据北周隋唐三代均出自北周创业集团的事实,提出了著名的"关陇集团"说,认为:

> 盖宇文泰当日融冶关陇胡汉民族之有武力才智者,以创霸业,而隋唐继其遗产,又扩充之,其皇室及佐命功臣大都西魏以来此关陇集团中人物,所谓八大柱国家即其代表也[①]。

[①] 陈寅恪:《唐代政治史述论稿》,商务印书馆1944年版,第36页。

所谓"关陇集团",其范围大概以八大柱国家为代表,加上十二大将军和其他骨干家族,也就是北周创业集团及其后裔。既然是一个地域性集团,必然具有强烈的排他性,以维持其在统治阶层中的垄断地位,故陈先生在总结从宇文泰到唐高宗三代王朝约一百五十年的用人政策时说道:

> 但隋唐两朝继承宇文氏之遗业,仍旧施行"关中本位政策",其统治阶级自不改其歧视山东人之观念①。

也就是说,宇文泰所组建的"关陇集团"成为三代政权不可动摇的基石,其长期垄断政局的内在凝聚力,在于关中文化的同一性和对山东人士的歧视,亦即区域的文化特性及其在人事上的排外性为此集团活力的源泉。

以此概括一个半世纪的政局和用人政策,则隋朝自不能冲破此牢不可破的窠臼,何况隋文帝本人就出身于北周十二大将军之家。如此,则地区间的歧视代替了以往的民族压迫,历史又进入一条幽深而沉闷的隧道。

然而,如前所述,周隋之际,制度文化都曾发生巨大变革,这显然不是关中制度文化延续发展的结果。那么,如何解释社会巨变与用人政策的关系呢?就政局的大势而言,陈先生的假说指出了隋唐两代颇带关中烙印的共性,独具慧眼。在其启发之下,如何去把握共性与各个时代的特性?特别是在集权体制下,用人政策关系到政权的性质、社会发展的方向乃至王朝的兴盛衰亡,因此,这里不能不首先对隋文帝的用人作一总的探讨。

在隋朝的官僚体制下,三师和三公居于官僚阶层的顶端。开

---

① 陈寅恪:《唐代政治史述论稿》,第12页。

皇初,担任三师的有太师李穆、太傅窦炽和太保长孙览①,至开皇六年(586)八月李穆逝世,三师未见再设。三公有太尉于翼和司徒王谊,至开皇五年(585)四月王谊伏诛,三公付阙,此后在开皇九年(589)以晋王广为太尉,观王雄为司空,三公已由皇室所垄断②。

以上七人,李、窦、长孙和于均为胡族大姓高门,无须赘论。王氏出自乐浪,自汉武帝平朝鲜设郡县到西晋末年乐浪、带方郡被朝鲜民族所攻克,王氏始终为朝鲜汉人第一大姓,并已带有浓厚的当地文化色彩③。乐浪郡陷落后,部分朝鲜王氏迁回中国,辗转于北方各地,王谊一族则"以良家子镇武川,因家焉"④,因此机缘而跻身于北周创业集团,在此数百年间,王氏早已胡化,从上一章所述王谊反对苏威减功臣田地建议的事例,可知他是支持隋朝革命的权势阶层代表,完全可以视为胡人⑤。

从隋初三师和三公的人员组成来看,都是胡人,且为北周创业

---

① 宋敏求《长安志》卷第八"南宣平坊"记载:"西南隅法云尼寺,寺本隋太保薛国长孙览宅",文中薛国后脱"公"字。长孙览任太保,《隋书》卷五十一本传未见记载,然而,他在北周武帝时已受封为薛国公,宣帝时任大司徒,入隋后,文帝纳其女为蜀王秀妃,结成儿女亲家,以其家世和经历来看,完全可能担任太保,或《隋书》失载?

② 张伟国《关陇武将与周隋政权》第128页列田仁恭、柳敏、孙恕、苏威四人为隋三师、三公。然据《隋书》卷一《高祖上》所载:"(开皇元年二月)观国公田仁恭为太子太师,武德郡公柳敏为太子太保,济南郡公孙恕为太子少傅,开府苏威为太子少保",可知以上四人皆为太子属官,非三师或三公。

③ 参阅韩昇《日本古代的大陆移民研究》第三章第二节《朝鲜汉人的流徙过程及其组织》。

④ 《北史》卷六十一,《王盟传》。

⑤ 陈寅恪《唐代政治史述论稿》上篇指出"汉人与胡人之分别,在北朝时代文化较统仍尤为重要。凡汉化之人即目为汉人,胡化之人即目为胡人,其血统如何,在所不论",至为精辟。

集团成员,在北周的身份地位不亚于隋文帝。他们受到尊重是由于在隋朝建立中站在杨坚一边,并颇建功勋。显然,北周权贵在隋朝的地位,是由其政治立场决定的。但是,由于他们身份地位本与文帝相垺,使得文帝上朝时,一见到这班功高望重的老臣,便浑身不自在起来。开皇元年(581),文帝要到岐州巡察,王谊劝谏道:"陛下初临万国,人情未洽,何用此行?"文帝笑着回答:"吾昔与公位望齐等,一朝屈节为臣,或当耻愧。是行也,震扬威武,欲以服公心耳。"[1]这句暗藏锋芒的戏言,不但说出文帝内心的真实思想,而且非常生动贴切地描述文帝与北周旧臣的关系,道破了隋初用人政策之天机。实际上,隋朝的三师、三公均不管事,外示尊崇而内夺实权,原北周权势集团的功臣被安排于此,则所谓"关陇集团"垄断政治的局面已经发生变化。到这批人老死诛杀完毕,文帝甚至连这一荣誉职位都不愿再授予人,而改由皇室担任。

三省长官为隋朝政治决策的核心人物,文帝时代,其任免情况如下(见表七)。

表七 文帝时代三省长官表[2]

(1)尚书省左、右仆射表

姓　名	籍贯	前朝任职	任　　期	备　　注
高　颎	渤海	内史下大夫	开皇 1.2.~1.8. 开皇 2.6.~19.8.	周 37,隋 41,北 72（复任）
赵　芬	天水	东京小宗伯	开皇 1.8.~2.6.	隋 46,北 75
杨　素	华阴	治东楚州事	仁寿 1.1.~大业 1.2.	隋 48,北 41

[1] 《隋书》卷四十,《王谊传》。
[2] 本表及以下表八、表九的制作,参考了山崎宏《隋朝官僚的性格》(载《东京教育大学文学部纪要　史学研究》六,1956 年)。

续表

姓　名	籍贯	前朝任职	任　　期	备　　注
				（以上左仆射）
赵 煚	天水	齐州刺史	开皇 1.2.～不详	隋46,北75
虞庆则	京兆	石州总管	开皇 4.4.～9.1.	隋40,北73
苏 威	京兆	不仕	开皇 9.4.～12.7. 仁寿 1.1.～大业 3.7.	隋41,北63 （再任）
杨 素			开皇 12.12.～仁寿 1.1.	

(2) 门下省纳言表

姓　名	籍贯	前朝任职	任　　期	备　　注
高 颎			开皇 1.2.～不详	（兼任）
柳 机	河东	华州刺史	开皇初	周22,隋47,北64
苏 威			开皇 1.3.～10.7. 开皇 14.7.～仁寿 1.1.	（开皇九年四至六月一度免职）
杨 素			开皇 9.6.～10.7.	
卫王爽	（皇族）	内史上士	开皇7年	隋44,北71
杨 达	（皇族）	内史下大夫	仁寿 2.10.～大业 8.5.	隋2,隋43

(3) 内史省监、令表

姓　名	籍贯	前朝任职	任　　期	备　　注
虞庆则			开皇 1.2.～4.4.	（内史监）
李德林	博陵	齐中书侍郎 周御正下大夫	开皇 1.2.～10.4.	隋42,北72
赵 芬			开皇初	
赵 煚			开皇 3.4.～不详	

续表

姓　名	籍贯	前朝任职	任　　期	备　　注
晋王广	(皇子)		开皇6年～8年	隋3
杨　素			开皇10.7.～12.7.	
蜀王秀	(皇子)		开皇12.2.～13.6.	隋45,北71
齐王暕	(皇孙)		开皇19.6.～仁寿元年	隋59,北71
晋王昭	(皇孙)		仁寿1.1.～4年	隋59,北71
杨　约	华阴		仁寿4年.～大业元年	隋48,北41

(备注中周、隋、北分别为《周书》、《隋书》和《北史》的省略,其后为卷数。)

三省长官中,高颎的出身颇可研究,《北史》本传记其"自言勃海蓚人也。其先因官北边,没于辽左"。所谓"渤海蓚人"云云,似属冒称大姓,真正的出身大概与前述王谊无异,为朝鲜郡县的汉族大姓,但高颎文化修养颇深,并未胡化,更不宜视作胡人。其父自北齐归周,成为独孤信僚佐,独孤信落难后,不畏牵连继续与其女(隋文帝文献皇后)来往,高颎因此得到文献皇后的有力支持,成为隋朝开国首任尚书左仆射。因为其父曾在北齐任职而将高颎归为北齐旧臣系列,显然不合理。

虞庆则"本姓鱼。其先仕于赫连氏,遂家灵武,代为北边豪杰。……庆则幼雄毅,性倜傥,身长八尺,有胆气,善鲜卑语,身被重铠,带两鞬,左右驰射,本州豪侠皆敬惮之"[①],一生因军功显赫,在三省长官中最具有胡族军将气质。

表七几乎一目了然地显示,隋政府首脑几乎清一色出自汉族,哪怕将迹近胡人的虞庆则当作胡族代表,也完全不成比例,与北周

---

① 《隋书》卷四十,《虞庆则传》。

政府首脑的民族构成恰成鲜明对照①,此其一。执政人物的籍贯分别为京兆、天水、华阴、河东、博陵和渤海,其中,天水出身的赵芬和赵煚任期短而手无实权,故文帝时期的政府首脑人物大致集中在京兆到洛阳一线,此其二。这些人(柳机和后期的皇室人物除外)都在周隋鼎革中坚定支持隋文帝,故文帝用人重在政治立场,并不完全固执畛域之见,所以能够在一定程度上任用李德林等北齐出身者,并且,随着国家统一进程的发展,还有越来越多的山东或江南地域人士加入官吏行列,炀帝时代甚至出现重用江南士人的转变②,此其三。这些人在北周无一担任中央高官者,他们不是北周政权的核心成员,并且与杨坚有着明显的上下地位差别③,此其四。

显而易见,周隋交替之后,用人政策也发生了重大变化,原"关陇集团"重要分子已经被请上有名无实的高位。其实,他们早在北周内部多次的政治整肃中离心离德,又由于位高望重而难为新王朝所用,代之而起的是北周中下级官吏,他们对旧政权并无深厚感情和忠诚心,反而对北周末年的政治败坏感到失望,他们年轻力壮,抱有理想,渴望建功立业,因此,很容易聚集到年轻的改革家杨坚的旗帜下,试图变革现状,取得权力,实现抱负。这一批人多

---

① 北周八大柱国、十二大将军中,鲜卑化汉人仅占五分之一左右,前引山崎宏《隋朝官僚的性格》网罗西魏恭帝三年(556)正月至大象元年(579)杨坚执政前担任六官的首脑人物计三十四人,笔者对其民族成分略作修正后进行统计,则汉族也只占四分之一左右,且多已胡化。
② 参阅韩昇:《论隋朝统治集团内部斗争对隋亡的影响》,《厦门大学学报(哲学社会科学版)》1987年第2期;转载于人民大学资料中心编:《魏晋南北朝隋唐史》1987年第7期。
③ 山崎宏《隋朝官僚的性格》在统计上述人员的前朝任职时,以北周末年为下限。笔者修正为杨坚夺权之前的大象二年(580)五月,因为此后的官职变动,出自杨坚的任命,不足为据。

为两京地带汉人家族,受过较好的教育,比起孔武有力的关陇军将更有知识文化,他们的崛起,符合社会由乱而治的发展趋势。

表八　文帝时代六部长官表

(1) 吏部尚书表

姓　名	籍贯	前朝任职	任　　期	备　　注
虞庆则			开皇 1.2.～4.4.	(以内史监兼)
韦世康	京兆	司会中大夫	开皇 1.12.～7.4. 开皇 13.1.～15.10.	隋47,北64
苏　威			开皇 7.4.～9.4.	
卢　恺	涿郡	东京吏部大夫	开皇 9～12.7.	(以礼部尚书摄) 隋56,北30
令狐熙	敦煌	司勋、吏部二曹中大夫	开皇九年以后	(以鸿胪卿兼)周36,隋56,北67
牛　弘	安定	内史下大夫	开皇 19.9.～大业 6.11.	隋49,北72
柳　述	河东		仁寿中	(判吏部尚书事) 隋47,北64
长孙平	※洛阳	东京小司寇	仁寿中	(以太常卿判吏部尚书事)隋46,北22

("※"表示少数民族出身,以下各表相同。)

(2) 礼部尚书表

姓　名	籍贯	前朝任职	任　　期	备　　注
韦世康			开皇 1.2.～1.12.	
辛彦之	陇西	少宗伯	开皇 2	隋75,北82
牛　弘			开皇 3～6 年	
杨尚希	弘农	东京司宪中大夫	开皇 6.10.～9 年	隋46,北75
卢　恺			开皇 9.6.～12.7.	

续表

姓 名	籍贯	前朝任职	任 期	备 注
杨文纪	弘农	虞部下大夫	开皇中～仁寿2年	(以宗正卿判)隋48,北41

(3)兵部尚书表

姓 名	籍贯	前朝任职	任 期	备 注
元 岩	※洛阳	内史中大夫	开皇1.2.～2.1.	隋62,北75
元 晖	※洛阳	司宪大夫	开皇2年	隋46,北15
苏孝慈	※扶风	工部上大夫	开皇2.6.～4.4.	隋46,北75
杨尚希			开皇4.4.～6.10.	
郭 均	冯翊		开皇中	隋46张煚传,北75张煚传
冯世基	上党		开皇中(平陈后)	隋46张煚传,北75张煚传
柳 述			开皇末 仁寿年间	(以内史侍郎判)

(姚薇元《北朝胡姓考》第62页引《姓纂》十一"河南苏氏"所说:"后魏《官氏志》:拔略氏改为苏氏。后魏恒州刺史苏强,孙武安兖州刺史,生顺,孝慈。……孝慈,隋兵部尚书安平公",据此可知苏孝慈为少数族人。)

(4)刑部尚书表

姓 名	籍贯	前朝任职	任 期	备 注
元 晖	※		开皇1.2.～2年	
李圆通	京兆	隋国公府参军事	开皇初 开皇13～15年 开皇19～仁寿4年	(尚书左丞摄) (检校)隋64,北75
皇甫绩	安定	御正下大夫	开皇2.5.～不详	隋38,北74

续表

姓 名	籍贯	前朝任职	任 期	备 注
苏 威			开皇3年	
袁聿修	陈郡	齐吏部尚书 周吏部下大夫	开皇初	北齐书42,魏书85
刘仁恩			开皇4.4.～8.10.	隋46张煚传,北75杨尚希传
宇文㢸	※洛阳	南司州刺史	开皇9.4.～13年	隋56,北75
薛 胄	河东	司金大夫	开皇19年	周35,隋56

(5) 民部尚书表

姓 名	籍贯	前朝任职	任 期	备 注
杨尚希			开皇1.2.～2.5.	
长孙平	※		开皇2.5.～3.12.	
苏 威			开皇3.12.～7.4.	
张 煚	河间	冢宰司录	开皇7.4.～10年	隋46,北75
库狄钦	※代人		开皇年间	隋46张煚传
斛律孝卿	※太安	齐尚书令 周纳言上士	开皇18～19年	(卒官)北齐书20,北53,元和姓纂10
韦 冲	京兆	汾州刺史	仁寿3.9.～大业1.5.	隋47,北64

(6) 工部尚书表

姓 名	籍贯	前朝任职	任 期	备 注
长孙毗	※洛阳		开皇1.2.～2年	隋1
杜 杲	京兆	同州刺史	开皇2年	周39,北70
贺娄子干	※代人	秦州刺史	开皇2.10.～3年	隋53,北73

279

续表

姓　名	籍贯	前朝任职	任　　期	备　　注
苏孝慈	※		开皇初 开皇12～15年	苏孝慈碑,隋书求是12页
长孙平	※		开皇中	
杨　异	弘农	宁都太守	开皇9.4.～12.9.	隋46,北41
杨　达	(皇族)	内史下大夫	开皇15.4.～仁寿2.10.	隋43

表九　文帝时代禁军卫府大将军表

姓　名	籍贯	前朝任职	任　　期	备　　注
杨雄 (惠)	(皇族)	右司卫上大夫	开皇1.2.;9年 开皇初	左卫 右卫。隋43,北11
杨　弘	(皇族)		开皇1.5.～	右卫。隋43,北71
高　颎			开皇2年 开皇5年	左卫 左领
宇文述	※代郡	左宫伯	开皇初～9年初	右卫。隋61,北79
李礼成	陇西	民部中大夫	开皇7年 开皇3.2.～3.8.	左卫 右武卫。隋50
元　胄	※洛阳	大将军	开皇元年～ 开皇中	左卫旋转右卫 右卫。隋40,北73
虞庆则			开皇9.1.～9.11. 开皇9.11.～17.12.	右卫 右武侯
元　旻	※洛阳		开皇11.5.～20.10.	左卫。隋40,北68王世积传
贺娄 子干	※		不详～开皇13.7.	左卫
汉王谅	(皇子)		开皇13～17年 开皇12.2.～13年	左卫 右卫。隋45,北71

续表

姓 名	籍贯	前朝任职	任 期	备 注
晋王昭（皇孙）			仁寿1~3年	内史令兼左卫
田仁恭	平凉	幽州总管	开皇初	右武卫旋转左武卫。隋54,北65
晋王广（皇子）			开皇2.2.~ 开皇9	左武卫 领左武侯。隋2,隋3,北12
秦王俊（皇子）			开皇2.2.~	右武卫。隋45,北71
窦荣定	※扶风	忠州刺史	~开皇6年 开皇3.12.~ 开皇2.4.~2.8. 开皇1.11.~	左武卫 右武卫 左武侯 右武侯。隋39,北61
刘昶	※中山	秦灵二州总管	开皇初	左武卫。周17,隋80
杨武通	弘农		开皇中	左武卫。隋53,北73
独孤罗	※云中	楚安郡太守	仁寿中	左武卫。隋79,北61
伊娄谦	※洛阳	前驱中大夫	开皇1.2.~	左武侯。隋54,北11
贺若谊	※洛阳	洛州刺史	开皇2年	左武侯。隋39,北68,金石萃编40《贺若谊碑》
姚辩	※武威	大都督	仁寿3.2.~大业2年	左武侯。隋2,金石萃编40《姚辩墓志铭》
贺若弼	※洛阳	寿州刺史	开皇15年 平陈后	右武侯 右领军。隋52,北68
卫王爽（皇族）		内史上士	开皇1年	右领军
宇文忻	※朔方	豫州总管	开皇5.3.~6.8.	右领军。隋40,北60
李安	陇西	少师右上士	开皇9.11.~	右领军。隋50,北75
蜀王秀（皇子）			开皇12.2.~	内史令兼右领军。

六部尚书和禁军卫府大将军的情况,和前述三省长官的情况基本相同。但是,有一点需要特别指出的,是少数民族出身的官员占有相当比例,在六部和军队长官总数中占36.5%,其中,在兵部和民部尚书中均占43%弱,在工部尚书中占57%,在禁军卫府大将军中占46%强。在集权体制下,军队是国家的支柱,被置于皇帝的严格控制之下,先后有十名皇族外戚(占38.5%)担任禁军大将军,充分体现其重要性,而少数民族在此部门占有如此高的比例,足见他们仍深受信任与重用。少数民族在尚书省各部的不同分布,完全由于其文化特长所决定,例如礼部纯任汉人,而工部多用少数民族,即可示其一斑。因此,说周隋嬗替乃汉族推翻少数民族政权的斗争,不能成立。毫无疑问,隋朝是以汉族为主的多民族融合的国家。

在上述高官当中,出身于原北周地区者占绝对多数。然而,真正出自北周创业集团或来自原北方六镇者却实在少见。如前所述,隋文帝上台时对北周皇族宇文氏进行了斩草除根的杀戮,其所警戒的就是宇文氏在关陇集团中的影响力,有此深忧,则明显不会倚重北周旧班底。后面还将谈到,文帝此后政治清洗的矛头,主要就是针对与北周政权关系相对近乎的上层官员。因此,他着力培养并重用者,为其亲族、旧部(含其父杨忠部属)、同学和故友,亦即与其颇有渊源关系又在政治上坚决拥护他的新人。

纵观文帝的经历,在登基之前,仅在保定五年(565)担任随州刺史和建德六、七年(577~578)先后担任定州和南兖州总管这样两次外任机会,且任期都很短,没有机会发现并培养起自己的干部队伍。其一生基本在关中活动,所熟悉的大多为关中人士,由此决定了其用人的地域局限性。而且,他没有显赫的政绩军功,这既决定他不会重用那些功高望重者,又决定了他缺乏自己的人事班底。

就隋朝官僚的家族背景而言,皇室自称与之有渊源关系的弘农杨氏居中心地位,与皇亲国戚一起控制朝政。此外受重用者为文帝的故旧。人事基础的薄弱,使得文帝不能不在杨氏之外,倚重皇后独孤氏系统的人马,这批人以高颎为代表。当然,隋文帝上台后也尽量提拔一批政绩突出的新秀,表明他并不囿于原来的小圈子。然而,相对而言,文帝用人范围并不广。

人事基础的欠缺,使他不敢轻信别人,在发生了几次功臣背叛的事件之后,他对那些貌似忠诚的官僚更加怀疑。高度集权体制下,直言敢谏的忠臣成为打击的目标,而政治面目掩盖得完美无瑕的野心家却飞黄腾达,鱼龙混杂,忠奸难辨。性急的文帝越来越失去了耐心。平陈之后,天下太平,在偃武修文的政策下,中央的权力进一步集中到皇族手中,如吏部的柳述(女婿)、礼部的杨文纪(弘农)、兵部的柳述、刑部的李圆通(家将)、民部的韦冲(皇孙齐王暕岳父)和工部的杨达(皇侄),不但六部全为皇亲国戚所控制,而且,出纳帝命的门下、内史二省长官也转由皇族担任。特别是在开皇末年,废立太子的事件造成的强烈冲击,一代良相高颎失势,中枢权力完全为皇室所控制,统治集团内部的权力平衡被打破,中央集权转变为皇室集权,表明晚年的文帝已经不再充满自信了。这种不正常的现象为隋朝用人之一大变化。炀帝上台后,虽然缓和了皇室垄断政权的局面,但他转而大批重用南方人士,造成用人上的又一变化,这当然是后话。

山东和江南人士在权力中心所占比例甚低,其主要原因恐怕在于统一的时间太短,这些地区官员的政治立场尚未经受考验,文帝对他们还不熟悉,因此还谈不上委以重任的问题。但是,在六部尚书以下官职中,山东和江南人士占有相当比例亦是不争的事实。据粗略统计,北齐出身而转仕于隋者,有:

李德林、薛道衡、高劢、乞伏慧、卢昌衡、李孝贞、魏澹、陆爽、杜台卿、辛德源、樊子盖、刘权、慕容三藏、李谔、源师、郎茂、高构、张虔威、房彦谦、裴矩、刘龙、王劭、刘弘、游元、冯慈明、刘子翊、陆彦师、房恭懿、公孙景茂、何妥、马荣伯、王通、房晖远、刘焯、刘炫、王孝籍、李元操、刘臻、崔儦、诸葛颖、孙万寿、庾季才、卢太翼等。

南朝出身而仕于隋者，有：

柳裘、明克让、柳䇩、许善心、麦铁杖、来护儿、周罗睺、周法尚、鲍宏、裴政、柳庄、陆知命、虞世基、裴蕴、姚察、元善、王颁、萧该、袁充、王頍、王贞、虞绰、王胄、庾自直、潘徽、耿询、萧吉、许智藏、万宝常等。

他们或者治理一方，政绩斐然；或者在中央部、寺担任副职，虽然不参加高层政治决策，但却负责处理日常事务，亦是要职。李德林长期担任内史令，为重要决策人物；薛道衡和陆彦师一度典选，甄别士流，力图改变隋初用人路线；柳裘助隋文帝政变篡周；麦铁杖、来护儿勇冠三军，屡建军功。至于文化部门，则几乎为北齐和江南人士垄断，异彩纷呈。正因为有此基础，所以在社会文化走向繁荣的炀帝时代，他们就能以文辞才华脱颖而出，攀龙鳞，附凤翼，扶摇而上。显然，文帝对于山东和江南人士还是能够兼容并包、量才录用的。

但是，毕竟山东和江南人士出自原来的敌国，要说完全将他们与出身关中的官员一视同仁，却也不现实。开皇前半期，文帝对山东和江南人士明显抱有戒心，而李德林在中央屡遭高颎和苏威的排挤，最后被文帝逐出中枢机构，也不能说没有畛域之见。至于能否将权利之争、地域歧视和帮派壁垒等官场中常见的纠葛，抽象为确定不移的排他性组织路线，尚可研究。

总而言之,文帝的用人,在开皇前期是以助其改朝换代的两京地带出身的汉族官人为中心,融合少数民族支持者而展开的,并随着统一的进程而不断吸收山东、江南士人参加。然而,到了开皇中后期,由于发生多次的政治斗争,加重了文帝对百官的猜疑,又由于太平盛世而增长的骄慢、家庭不幸而造成的焦躁失望和老年的偏执等因素,中央集权日益蜕变为皇帝个人专断,形成皇族近臣遍布朝廷要津的不正常局面。过度的集权无助于克服潜在的分裂因素,反而加剧了隋朝内部的政治矛盾。注意内部协调与平衡的组织路线破产,标志着隋朝已露出破绽而面临新的转折关头。

第二节　组建新的领导核心

隋文帝刚上台时,朝廷里悄悄流传着这样一句话:"刘昉牵前,郑译推后"[1],十分形象地描述了隋文帝登上政治舞台的经过。

刘昉、郑译这班宫中近臣把杨坚推了出来,无非是想让他在前台表演,便于自己在后台继续弄权,营私舞弊。所以,杨坚一进入宫中,就被他们所包围,要官要赏。杨坚得人好处,自然尽予满足,"言无不从,赏赐玉帛不可胜计"[2],刘昉更是恃功倨傲,纵酒逸游,无心政事,甚至招商纳贿,川流不息。

当时,杨坚甫掌权柄,军国要务,日不暇给,只好另外请人帮忙。他看重了才华横溢的李德林,而夫人独孤氏平时一个劲儿推荐高颎,杨坚便派其侄杨雄将他们二人延揽进相府,协助处理政事。

---

[1] 《隋书》卷三十八,《刘昉传》。
[2] 《隋书》卷三十八,《郑译传》。

尉迟迥等三方兵起,前线告急,杨坚让刘昉和郑译前去督军,没想到二人竟推辞不迭,丝毫不以国家为意,让杨坚大为失望,从此疏远他们,令相府属官不得将公文送他们处理,并以高颎任相府司马,取代刘昉执掌军机。郑译不知杨坚已对他们心生嫌隙,依然大模大样到相府上班,高坐厅上,却不见有人前来禀报公务,这才知道事情不妙,赶忙辞职。

不露声色之间,杨坚摆脱了刘昉、郑译这帮人,并且把他们置于自己的控制之下,不再因为欠下的人情债而受制于人。其实,刘昉等人不过是一批狐假虎威的宠臣,在北周的政治组合中,并不具有真正的实力地位,杨坚正是看透了这一点,所以能轻而易举地打发掉他们。然而,真正的考验却还在后头。

杨坚入主朝政,事起仓卒,随即三方兵起,天下纷扰,朝野百官还来不及想清楚是怎么回事,就必须表明自己的政治立场。这时候,他们中的大多数人其实是持骑墙态度,表面上顺从朝廷,实际上待价而沽,看那一方于己有利。杨坚实力不足,只能依靠北周的实力人物,他拉拢李穆、于翼、韦孝宽等元老宿将支持辅佐,稳住大局。

有意思的是在周末动乱中,为北周政权挺身而出的,只有周室姻亲尉迟迥、恭谨无能的王谦和北齐降将司马消难等寥寥数人,满朝文武多数倾向于杨坚。司马消难性格反复,可以不论。王谦的父亲王雄虽为北周十二大将军之一,但战死疆场,与政治关涉不深,王谦遂得以承继父勋,任寄一方,对周室颇有感情。除此之外,北周大臣对杨坚露骨的篡权行为装聋作哑,甚至转相投靠,可知经过宇文护和周宣帝的政治整肃,北周创业集团已经貌合神离到何等地步。打天下的激情已经被残酷的政治现实涤荡无余,理想破灭之后,人变得格外现实,心里总在计较个人的利益得失。杨坚所能调动并利用他们的正在于此。

然而,当杨坚派出去镇压尉迟迥的大军按兵不动,各路将领骑墙观望,甚至暗中接受尉迟迥金币的时候,不但前线统帅韦孝宽难以驾驭,就是杨坚也忧心如焚,胸无良策。这时,兵败逃回的于仲文犹如救星一般,立刻被派往前线,代表杨坚,并以于氏家族的声望为担保,保证诸将在胜利后的利益和地位,这才稳住大局,战胜尉迟迥。

关键时刻毫不犹豫地挺身而出,和杨坚一道力挽狂澜的,既不是发动宫廷政变的机要权臣,也不是颇有声望的宿将,而是他亲手提拔的后起之秀。李德林为他出谋划策,高颎赶赴前线督军,这些充满朝气的政治新人竭尽全力支持杨坚,并不是为了换取一己私利,而是希望通过杨坚的改朝换代来一展雄图,构建心中理想的社会。他们早就企盼新一代政治领袖的诞生。因此,当杨坚终于登上政治舞台的时候,他们充满知遇的感激,更怀抱共同的政治理想,迅速聚集拢来。这样的君臣组合具有稳固的基础,而其释放出来的能量更是难以估算,无坚不摧。

大浪淘沙,在风云多变的岁月,杨坚深刻体会到,要在北周基础上建立起巩固的隋朝,不能依靠旧政权的上层文臣武将,而必须迅速建立自己的官吏队伍。所以,从隋朝成立之时起,他立即将相府僚属推向前台,以高颎为尚书左仆射兼门下纳言,虞庆则为内史监兼吏部尚书,李德林为内史令,杨雄为左卫大将军。不久,又任命苏威为门下纳言。在其直接领导下,形成新王朝的最高领导核心。

在这批人当中,掌管禁军的杨雄出自皇族;虞庆则和苏威都是高颎推荐的,且都出自京兆,可视为同一线的人物;只有李德林比较特殊。

前面曾多次介绍过李德林这位闻名天下的北齐才子,在北周末年的惊涛骇浪中,洞察形势,出谋划策,辅佐杨坚转危为安,终成建隋大业。然而,从性格上说,他和杨坚并不是一类人。李德林才华横溢,少年入仕,为北齐政坛名士所称许,与著名的颜之推共判文林馆事。齐灭入周,大得周武帝推崇,负责起草诏诰和选用山东人物。而且,他还是一位英雄论者,在北齐,他积极主张编修北齐历史当起自高欢;在隋朝,他亲撰《天命论》,论述英雄乃上膺天命降生人世,扶危继绝,救国济民,告诫那些蠢蠢欲动的野心家不要轻举妄动,同时号召人们顺应天命,忠于隋文帝。这些文章都表现李德林希冀辅佐明主治国平天下的政治抱负。

他经历齐、周、隋三朝,一直担任草诏要职,有机会比较各朝的得失,熟知政坛内幕和各大派系势力分布,深谙政治运作的技巧。多年的磨炼,使他颇具政治远见和决断能力,因此,在帮助杨坚夺取天下的过程中发挥了关键性的决策作用。

身处乱世,他亲眼目睹了齐、周两朝的衰亡,痛感强权政治的危害,强烈主张实行文治,重建法律与伦理秩序。隋初,他曾因为反对滥杀北周皇室而被文帝斥为"读书人",大受冷落;在治理国家方面,他主张维护法律权威,当面劝谏文帝:"政令不一,朝成暮毁,深非帝王设法之义。"①因而遭到贬黜。显然,李德林从历史的经验教训中总结出比较系统的治国理论,其政治主张和唐朝初期实行的政策颇相一致,并被历史证明是卓有成效和更有远见。

对于李德林,文帝颇为器重。特别是在平陈之前,文帝励精图治,较能接受不同意见。而李德林文韬武略,奇谋迭出,更让文帝深相倚重。开皇八年(588),文帝亲送大军远征伐陈,来到同州,

---

① 《隋书》卷四十二,《李德林传》。

想起李德林所献平陈之计,连忙派专人持敕书征召卧病京中的李德林随从,又交代宰相高颎道:"德林若患未堪行,宜自至宅取其方略",交付前线统帅晋王广①。只此一例,已见平常寄托之深。

以上诸例表明,文帝对李德林的倚重主要在于具体的谋略,至于根本性的治国方略,则常相抵触。作为一位务实而性急的政治家,文帝更注重眼前的事务,希望实行的政策是马上能够产生效果的,他要用高度集中的手段迅速克服各种矛盾,甚至采取残酷的高压手段来强求一致与服从,实际上,其思维仍处于战时军事统制的延长线上。因此,他不能允许有碍于政治权力贯彻行使的主张挡路,哪怕是他亲手制定的法律也不例外,这种至高无上的政治权力只属于君主,臣下百官只能是执行者。然而,这样的界限是很难确定的,所以,君主便会不住地盯着臣下的合法权力,想方设法集中到自己手中,于是,合理的中央集权就蜕变为君主专制,开皇后期演出的正是这一幕。这种近似于迷信的权力万能论,无视强权掩盖下的矛盾激化,又把权力的公正寄托在统治者的自律上,从根本上说,他们更加不现实,更加浪漫而富于空想。可是,对于主张健全权力机制和理性地消化社会矛盾的人,反而被他们认为是不切实际的"读书人"。

李德林这种具有独立见解与个性的人,在集权体制下是难以长期存在下去的。平日与文帝在治国方针上的分歧逐渐积累下来,到了开皇十年(590),以乡正垄断乡村而引起权与法的争论成为导火索,文帝终于下决心贬黜李德林,甚至不允许他赋闲在京,免得看不顺眼。此时,全国已经统一,李德林的奇谋已经派不上用场了。

---

① 《隋书》卷四十二,《李德林传》。

实际上,开皇时期,隋中央的政治人事是以高颎为基轴展开的。高颎得到文献皇后强有力的支持,在平定尉迟迥的斗争中颇建功勋,深受信任,文帝见到他时,经常按照北周部属随长官姓的遗俗,亲切地称他为"独孤",视同家人。高颎确是一位极为称职的宰相,他稳重而不墨守成规,坚持原则又善于协调各方关系,识大体,顾大局,胸怀宽广,举贤荐能,朝中文武大员如虞庆则、苏威、杨素、贺若弼、韩擒虎等,都是他推荐任用的,实在难能可贵。他把全副身心投入处理国家事务中,连晚上睡觉都要在床头放盘粉,一旦想起什么公事,随即用手指书写其上,第二天醒来,便可记录下来,上朝实行①。

高颎明达世务,善于领会并坚决贯彻文帝的意图,故隋朝每有重大行动,都委派他实际负责。而他也深知君主习性,常自谦抑,每有奇计,总是私下奏报,不留痕迹,以突出文帝的丰功伟绩。综观其一生事迹,更像是一位杰出的国务活动家。也许因为如此,所以能够"当朝执政将二十年,朝野推服,物无异议。治致升平,颎之力也,论者以为真宰相";文帝也一再赞扬他,平陈之后,还专门下诏褒奖道:"公识鉴通远,器略优深,出参戎律,廓清淮海,入司禁旅,实委心腹。自朕受命,常典机衡,竭诚陈力,心迹俱尽。此则天降良辅,翊赞朕躬"②。

在隋朝最高领导阶层中,苏威占有重要的位置。他由高颎推荐入朝,文帝和他一席长谈,大加赞赏,开皇初年,一再委以重任,曾经同时兼任纳言、度支(民部)尚书、大理卿、京兆尹和御史大夫五项要职,还担任过吏部尚书、刑部尚书、国子祭酒等职,开皇九年

---

① 刘餗:《隋唐嘉话》上,第1页。
② 引文均见《隋书》卷四十一,《高颎传》。

(589)升任尚书右仆射,仁寿元年(601)再任此职,直至炀帝大业三年(607)罢官,为隋朝最后一位尚书省长官。

苏威兢兢业业,克尽厥职,他的最大特长是精通行政工作,善于将文帝的政治意图化为具体的政策条文,变蓝图为现实,所以,隋朝的典章制度多出自其手。这种事务型官僚的特点,使他特别受到重视,因为集权体制下,君主更喜欢的是体察上意的办事能员。而且,苏威的性格又与文帝颇相合拍,他也主张中央集权,所制订的政策总是力求细密,甚至连挨家登记农民余粮、商店不得面临大街等等,都规定无遗,"然颇伤苛碎,论者以为非简允之法"①,内外官员颇不以为然,杨素就"视苏威蔑如也"②;内史侍郎元善甚至直接对文帝说道:"苏威怯懦,……可以付社稷者,唯独高颎"③;治书侍御史李谔和民部侍郎郎茂都曾对苏威苛碎扰民的规定提出异议,奏请罢之④。

察察为明者往往暗于大局,苏威也不例外,他经常无视法律的尊严,动辄要求修改法令,将法律置于行政权力之下。在旺盛的虚荣和功名心驱使下,他喜欢揽权,自以为是,又心胸狭隘,"每至公议,恶人异己,虽或小事,必固争之,时人以为无大臣之体"⑤。而且,他经常把政见分歧演变为私人成见,党同伐异。例如,李德林反对他不顾法令规定强设乡正的作法,他便向文帝挑拨,硬说李德林的住宅枉取民地,全然不顾此宅乃文帝所赐的事实,推波助澜,促使李德林垮台。诸如此类,在隋朝纷繁复杂的人事斗争中,不利

---

① 《隋书》卷四十一,《苏威传》。
② 《隋书》卷四十八,《杨素传》。
③ 《隋书》卷七十五,《元善传》。
④ 并见《隋书》卷六十六本传。
⑤ 《隋书》卷四十一,《苏威传》。

于新领导集体的稳定和政治的良性运作。

在整个隋朝领导集体中,苏威的任期最长,地位也最稳固。除了以上原因之外,还由于得到高颎的大力支持,"时高颎与威同心协赞,政刑大小,无不筹之,故革运数年,天下称治"①。而且,在人事斗争中,高颎往往也都支持苏威,例如李德林反对苏威设立乡正,太子勇及朝中百官大多赞同李德林,此时,高颎"称德林狠戾,多所固执",给予苏威决定性的支持。

高颎支持苏威,或与隋朝的基本人事组成有关。苏威出自京兆武功,其家族自西魏以来,在关中颇具影响②,与京兆杜陵(今陕西省长安县东北)韦氏皆为汉族大姓。关中汉人氏族是隋朝兴起的基本支持力量,文帝要依靠他们,高颎在关中没有深厚的根基,更要提拔重用他们,由此构成隋朝初期新班底的基本面貌。

虞庆则的基本情况已在上节作了介绍,他也是京兆出身,胡化颇深,因高颎的推荐而获得迅速提升,支持杨坚政变,力主铲除北周宗室,故于隋朝开国时大受重用,进位大将军,任内史监、吏部尚书、京兆尹。

隋初的最高领导层,半数以上出自高颎一系,他们都具有浓厚的关中色彩,苏威负责行政,虞庆则主持吏部,居于主要地位。李德林虽为文帝重用之人,但政见有所不同,不时受到排斥。作为文帝的代表者,是其侄子杨雄。

前已述及,在杨坚政变中,杨雄为他奔走于宫廷内外,延揽高颎、李德林等一批心腹。隋朝建立伊始,政局尚未稳定,文帝以皇

---

① 《隋书》卷四十一,《苏威传》。
② 气贺泽保规:《围绕苏威展开的隋朝政界》,收于日本佛教大学历史研究所编:《鹰陵史学》第3、4号(森鹿三博士颂寿纪念特集),1977年。

族掌握禁军,委派河间王弘担任右卫大将军,杨雄为左卫大将军。翌年,杨弘出讨突厥,杨雄转任右卫大将军,参预朝政。高颎等人能够深得文帝信赖,大刀阔斧推行新制,实得益于杨雄的鼎力支持。

从以上分析可以看出,隋朝初期的核心领导均出自原杨坚相府班底,他们积极参加创建隋朝的政治斗争,表现出坚定的政治忠诚与卓越的军政才干,因此深得文帝赏识,超常拔擢。他们在北周没有足可称道的权势地位,完全是由于改朝换代才得以一跃而起,出将入相,个人的前途命运完全和新王朝紧紧联系在一起。

文帝重用他们,亦在于他们年资尚浅,不具有独立的实力基础,不能向他评功摆好,用起来得心应手。而且,文帝对他们有知遇之恩,除了共同的政治目标之外,权力关系还带有浓厚的私人感情。开皇二年(582),文帝曾在一次宴会上对杨雄、高颎、虞庆则和长孙览等人说道:"朕之于公,义则君臣,恩犹父子。朕当与公共享终吉,罪非谋逆,一无所问"①,颇带情感色彩。

然而,也由于他们资历较浅,故其执政自然引起元老勋旧的强烈不满,激起一次次政治危机。这一切,也许早在文帝预料之中,鉴于南北朝时代勋贵大族经常成为分裂动乱的温床,所以,文帝有意要削弱其势力,一无例外地重用新人本身就包含着这种政治意图。当波澜掀起的时候,朝中新秀不具有同元老勋贵对抗的权威,这时就需要文帝亲自出马,才能够转危为安。这样,文帝便始终处于领导中心,主宰大局。

---

① 《隋书》卷五十一,《长孙览传》。

第三节　穿越潜流暗礁

隋文帝起用原相府属僚主持朝政，确立了自身的领导地位。然而，对于将他推上皇位的枢机文臣、勋贵武将，这意味着他们被排除于政治权力之外，绝难接受。

北周的政治体制是打天下者坐天下，谁在战场上立功，就能从政府官职上得到酬报，这早已是不言而喻的了。在这种体制下，皇帝往往只是功勋贵族的代表，与之共同分享政治权力。可是，文帝图谋改变的正在于此，他要改变用人制度来提高皇帝的绝对权威，以中央集权来开辟国家统一繁荣的新时代。这就要求首先在中央上层破除权与利、忠诚与官职的交换，用共同的政治目标作为任用官吏的基础。因此，隋朝初期的人事斗争往往就具有政治改革的意义。

首先对文帝的人事安排大为不满的是刘昉、郑译和卢贲等政变功臣，他们将文帝推上权力顶峰是为了窃取实权，谋求个人私利。因此，当文帝疏远他们，转而重用高颎、苏威等人时，他们仿佛觉得被出卖了，眼看着自己作为赌注押下的官职落入他人手中，心里恨得直咬牙。

开国大典上，原相府的人马加官进爵，身居要职，而作为政变主谋的郑译只封得一个"上柱国"勋爵，刘昉还低一级，封个柱国、舒国公，两人无所职任，就被打发回府，享受清福。

从无比风光的中枢权力高座上跌落下来，还得去品尝世态炎凉，更何况把自己拉下马来的正是自己亲手扶上台的人，那番煎熬，不是常人所能体会的。郑译还算比较想得开，私下请一班道士到家中，画符设坛，念咒祈祷，企盼文帝能回心转意，再获重用。没想到天神尚未请到,家中的婢女已经向官府告发他厌蛊左道。文帝闻讯,将他召来,教训了一通。恰在此时,宪司弹劾他与母亲别居,为子不孝。于是,数罪并罚,文帝专门下诏:"译嘉谋良策,寂尔无闻,鬻狱卖官,沸腾盈耳。若留之于世,在人为不道之臣,戮之于朝,入地为不孝之鬼。有累幽显,无以置之,宜赐以《孝经》,令其熟读"①。将他尽情羞辱一番,除名为民,勒令与其母同住。

郑译经过这番教训,学乖许多,从此规规矩矩作人,倒还得到文帝垂念,重新起用,撰律修乐,颇有建树,开皇十一年(591)病死于岐州刺史任上。

刘昉本非善良之辈,野心也比郑译大得多。他自遭罢黜之后,便把个人私愤转变为政治复仇,明里暗里,煽风点火,挑动对隋朝的怨恨。开皇初,京师发生饥馑,文帝忙于组织救济,为了节约粮食,颁布禁酒命令。这时,刘昉跳了出来,非但不遵守法令,还故意让其妾租赁店面,当垆卖酒,公开发泄不满。治书侍御史梁毗提出弹劾,被文帝按下不问。刘昉以为得计,更加张狂。他暗地里和散骑常侍卢贲、上柱国元谐、李询、华州刺史张宾相互勾结,密谋以高颎、苏威等主要朝臣为打击目标,取而代之。

至此,这场斗争的性质及其影响都发生了根本变化。首先,刘昉等人固然以"清君侧"为号召,但其真实目的恐怕是要推翻隋朝。所以,他们四处活动,大耍阴谋。卢贲见晋王广深得文帝宠爱,便想加以利用,一方面密谋废立太子,另一方面则偷偷对太子勇说道:"贲将数谒殿下,恐为上所谴,愿察区区之心"②,挑拨文帝父子关系,唯恐天下不乱。

---

① 《隋书》卷三十八,《郑译传》。
② 《隋书》卷三十八,《卢贲传》。

其次,卷入这场斗争的人员出现微妙的变化。卢贲和张宾都是当年进行宫廷政变的主要参加者,谋反原因与郑译、刘昉无异,可以不论。值得注目的是李询和元谐。

李询是北周大将军李贤之子,隋朝太师李穆的侄儿,在平定尉迟迥的决战中,作为韦孝宽的副手,颇建功勋。隋朝建立后,未见特别受到重用,只知道他和刑部尚书元晖一起修建京畿水利工程。元谐为北魏贵胄,又是隋文帝少时同学,甚相友爱。在平定尉迟迥的战争中立功受奖,不久又率兵击退吐谷浑和党项的进攻,威名远扬。他为人刚愎率直,不媚权贵,又喜欢批评时政,口无遮拦。

李询和元谐是关陇集团的代表人物,他们在隋文帝上台的过程中,颇效犬马之劳,隋朝建立后,他们反被排除于权力中心之外,自然愤愤不平。这些不满主要是冲着高颎、苏威等他们看不上眼的小人物而发,希望的是夺回朝政大权,恢复以往君臣共治天下的传统。他们苦苦寻觅宇文泰时代豪杰聚义共创大业的英雄梦想,沉浸在对往事的无限眷恋中,难以接受人情日益淡漠的集权制国家的崛起。从国家自身发展的历程来看,当年冲锋陷阵的健儿已经落伍,眼下是"沉舟侧畔千帆过,病树前头万木春",把他们抛到一边的是滚滚的历史潮流,也是他们自身的思想认识。可是,这正是他们永远也弄不明白的。

苍凉的感伤并不带有谋反的性质,他们对文帝还是忠诚的,元谐曾当面对文帝披沥衷肠道:"臣一心事主,不曲取人意"[①]。但是,他们的不满被刘昉之流野心家所利用,以前支持隋文帝的先朝近臣与关陇武将趋于合流,这不能不让文帝深感忧虑。

高颎这位精明的宰相大概也感到这股压力的沉重。说实在

---

① 《隋书》卷四十,《元谐传》。

的,刘昉这伙人有能量而没有实力,无须过虑。但是,如果挑起关陇武将的众怒,局势就复杂艰险了。看来只能以退为进,分化瓦解反对势力。

开皇元年(581)八月,高颎"深避权势,上表逊位,让于苏威"①。文帝左右权衡,准其辞职,委任他为伐陈军统帅,领兵外出,暂避锋芒。高颎所遗职位空缺当然不可能由苏威继任,文帝调来原东京左仆射赵芬,接任尚书左仆射。

赵芬为天水人,少年时由宇文泰提携入仕,他为人谨慎,忠于职守,在北周复杂诡谲的政治斗争中,不但未曾牵连,而且逐级升迁,到北周末年,已任东京小宗伯,年高资深。尉迟迥和司马消难密谋造反,坐镇洛阳的赵芬将他所掌握的情报秘密报告隋文帝,大获信任。显然,赵芬是各方都能接受的过渡性人物,文帝起用他,确是暂时敷衍关陇武将的一着高招。

对于刘昉等人图谋不轨的案件,文帝摆出严厉架势,下令追查。刘昉慌忙把所有罪责都推到卢贲和张宾头上。由于案件牵涉颇深,而隋朝甫立,人心尚未稳定,故文帝乐得装聋作哑,就此结案,并以"龙潜之旧,不忍加诛"为由,宽宥卢贲和张宾二人,仅作"除名为民"的处分②。值得注意的是,大约就在此时,文帝专门给太师李穆下了道诏书,大加褒奖之后,说道:"自今已后,虽有愆罪,但非谋逆,纵有百死,终不推问"③。而李崇也被委任为隰州

---

① 《隋书》卷四十一,《高颎传》。高颎自解尚书左仆射职务的具体时间,史无明文。有两则材料可供研讨。其一,接任尚书左仆射的赵芬,原任东京左仆射。据《隋书·高祖上》记载,开皇元年八月五日,"罢东京官",则赵芬入京接替高颎,大约就在此时。其二,《隋书·高祖上》载,这年九月,高颎出为伐陈诸军统帅,由此推测,高颎去职,约在八九月之交。
② 引文均见《隋书》卷三十八,《卢贲传》。
③ 《隋书》卷三十七,《李穆传》。

(今山西省隰县)总管,离开京城。文帝的这番处置,既表示他宽宏大量,又给心怀不满的人以警告,先稳住大局。

但是,高颎毕竟是朝臣首脑,他一外放,新班子的处境就更加困难,举步维艰。这一切,文帝心中有数。翌年正月,他亲自驾临上柱国王谊府第,二月,又来到赵国公独孤陀家中,对关陇头面人物作了一番安抚工作,接着,便以高颎推荐苏威为由,褒奖道:"苏威高蹈前朝,颎能推举。吾闻进贤受上赏,宁可令去官!"①下令高颎复职,旋又兼左卫大将军,执掌禁军。

一场政治危机,由于文帝的坚定沉着和高超的政治技巧,暂且渡过。经过这番洗礼,新班子站住了脚跟,而且站得比以前更稳。显然,他们是文帝政治路线的贯彻执行者,因此,围绕他们而展开的人事斗争,直接关系到新政的成败。看不清这一点,仍想保持既得利益集团对权力的垄断,继续对新执政发泄不满的人,很快就将体会到文帝严酷的一面。

庞晃是文帝最艰难时候的政治密友,曾多次在一起密谋政变。文帝践阼,庞晃恃宠倨傲,尤其看不起新朝执政,"时广平王雄当涂用事,势倾朝廷,晃每陵侮之。尝于军中卧,见雄不起,雄甚衔之。复与高颎有隙"②。对于这样一位没有政治野心,全凭个人好恶行事的鲁莽功臣,文帝当然不好与之计较,但也不能听之任之,所以,自从开国初将他调任右卫将军后,十多年不予升迁,略施薄惩。至于一般官僚那可就惨了。

那些年,关中常闹旱灾,尚书都事姜晔和楚州行参军李君才借题发挥,援引儒家天人感应之说,奏称罪由高颎,请废黜之。李君

---

① 《隋书》卷四十一,《高颎传》。
② 《隋书》卷五十,《庞晃传》。

才还批评文帝过分宠信高颎。文帝勃然大怒,把他们贬斥尚不解气,下令当廷杖打。可一下子找不到刑杖,文帝便亲自以马鞭痛笞李君才,直打得皮开肉绽,一抬出去就咽气了。

  文帝大失常态的行为,并非其性格果真就如此暴戾乖张,他显然是在堵勋贵的嘴,用小官的命来树立朝廷执政的权威,杀鸡骇猴。他和他所任命的新班子都渴求获得公认的政治权威,甚至不惜使用强制性的暴力手段。当廷笞杀李君才,给百官的信息再清楚不过:文帝坚定不移地支持当朝宰相,因此,对他们的攻击将被视作是对文帝的挑战,在此问题上,文帝毫不含糊,立场一贯。平陈时,高颎辅助晋王出征,朝中再生谣言,高颎凯旋归来,文帝慰劳他说:"公伐陈后,人言公反,朕已斩之。君臣道合,非青蝇所间也"①。文帝不拿宰相作为其耍弄政治权术或与各派政治势力周旋的筹码甚至牺牲品,他要以自己的敢作敢当去赢得臣下的竭诚尽忠,共创大业。

  用皇帝的权威佑庇大臣,为推行政治改革开道,却也使得一些朝臣间的争斗直接演变为君臣之间的冲突,文帝不得不为此付出更多代价。但是,他既然已经作出抉择,自然也对将来的政治斗争作了通盘的考虑和准备。所幸的是,旋即爆发突厥大规模入侵的战事,内部的矛盾暂时被搁置起来。战争结束的时候,隋朝作为胜利者,政权稳固,地位坚强,文帝本人更是声望高涨。当他重新把目光转向内部时,强者的地位使他可以采取比较严厉的手段抑制勋贵,强化中央的领导。

  元谐自从上次事件后,被解除职务。当时,王谊也赋闲在家,两个官场失意的人,很自然就聚到一块,频相往来。

---

① 《隋书》卷四十一,《高颎传》。

王谊和元谐都是文帝少时同学,且都为文帝上台立下汗马功劳,王谊之子奉孝还娶文帝第五女兰陵公主,同学加亲家,关系更为紧密。然而,正因为如此,所以他们总把文帝当作同辈,没能转过弯来以臣礼自持,而且还对当朝执政不以为然,我行我素,着实让文帝及其辅臣感到头疼。

开皇初,文帝曾以玩笑的口吻告诫王谊:"吾昔与公位望齐等,一朝屈节为臣,或当耻愧"①,希望引起他注意。不久,王谊的儿子死去,兰陵公主为夫守丧逾年,王谊见她年纪轻轻,却穿着一身孝服,楚楚可怜,不忍心便向文帝上表,请求提前解除她的孝制。不料,这道表文却引来御史大夫杨素的严辞弹劾,要求将他法办。我们知道,当时文帝一班君臣正积极推行孝治天下,以此重建尊卑等级秩序。王谊的上表正好违反孝治,给人抓到把柄。文帝虽然没有批准杨素的弹劾,但此事对王谊实是一个严厉的警告,要他懂得遵从法度。

王谊和元谐都是豪门武将出身,受人尊重,哪里受得了这番折辱。所以,他们两人聚在一起,三杯烈酒下肚,嘴里自然不会有什么好听的话。功劳得不到酬报,还因为鸡毛蒜皮的小事被冷落,怨气发完后,又觉得无可奈何,眼前的文帝已经变得难以捉摸,他们只好请来和尚,算命占卜,指点迷津。没想到请来的胡僧偷偷向官府密告他们企图造反,朝中公卿也奏称王谊大逆不道,当处死罪,文帝下诏照准。开皇五年(585)四月十六日,四十六岁的大司徒王谊被赐死于家。

从整个案件审理的情况来看,王谊的谋反罪大概是不成立的。

---

① 《隋书》卷四十,《王谊传》。

因为同案的元谐审查结果为"无逆状,上慰谕而释之"①,一个案子,两种结果,不能不让人置疑。王谊充其量不过行巫蛊,"信用左道,所在诖误,自言相表当王不疑"②,这种言论罪的可信度不高,关键在于君主如何去推敲把握。

元谐被开释后,过了几年,又有人上告他伙同堂弟上开府元滂、临泽侯田鸾、上仪同祁绪等谋反。审查的结果是:元谐令祁绪率党项兵据巴蜀,并诅咒杨雄和高颎必死,甚至诽谤文帝等等。文帝御笔一挥,罪状成立,元谐终于难逃一死。

从元谐"无逆状"到伏诛,案件的发展都说明,王谊和元谐的不满主要是针对杨雄和高颎等人。对此,文帝心中有数,但他仍然执意让有关机关罗织罪名,必欲致之死地,显然是要拿其旧日心腹开刀,用位列三公的王谊之诛来震慑关陇勋贵。和开皇初年对刘昉、卢贲案件的处理相比,轻重颇不相同。卢贲等人被文帝斥为无赖,不足为患,故得免死,以示宽容。相反,关陇武将勋高望重,既有影响,又具实力基础,所以不能轻易姑息。开皇五年的王谊、元谐案,在隋朝中央集权发展道路上颇具意义。

文帝对关陇勋贵的防范相当明显。于翼一族对隋朝的建立立下大功,开国后,他荣任太尉,位居三公之首,其弟于义任潼州(今四川省绵阳市)总管,"弟智、兄子仲文并上柱国,大将军已上十余人,称为贵戚"③。正因为如此,故不久之后,于翼和于仲文都因事下狱,于仲文在狱中给文帝上书,极力辩白自己一族在平定尉迟迥和王谦之乱中的忠勇表现。由此看来,由于其家族和北周的深厚

---

① 《隋书》卷四十,《元谐传》。
② 《隋书》卷四十《王谊传》所载诛王谊诏。
③ 《隋书》卷三十九,《于义传》。

关系,使其忠诚受到怀疑。经过于仲文的申辩,叔侄二人才获文帝恩准释放。

对关陇勋贵的抑制,险些酿成激变。

前述刘昉篡权阴谋破产后,非但不思悔改,反而变本加厉地进行秘密活动,时常到老将梁士彦和宇文忻家中走动。

梁士彦和宇文忻俱为北周名将,梁士彦曾因孤军死守晋州而扬名天下;宇文忻为北周十二大将军宇文贵之子,佐周武帝平齐,屡战屡胜。平定尉迟迥之役,他们虽都隶属于韦孝宽,却又私下接受尉迟迥的贿赠,只是在获得文帝对其战后利益的保证后,才全力参加平叛。这种人当然不可靠。防御突厥的战争中,文帝曾因宇文忻善于用兵而想重用他,高颎当即劝谏道:"忻有异志,不可委以大兵"①。这才作罢。从此事也可看出,他们和高颎等人并不相容,其实,他们连文帝都没放在眼里。

刘昉不时到梁士彦家作客。梁士彦年事虽高,却娶了房娇妻,奈不得寂寞,渐渐与刘昉混得厮熟,风流到一处,互通心曲,原来都对新朝深怀怨恨,当下一拍即合,由夫人牵线,刘昉、梁士彦和宇文忻聚到一块,宇文忻道:"帝王岂有常乎?相扶即是。公于蒲州起事,我必从征。两阵相当,然后连结,天下可图也。"②宇文忻所谓"相扶即是帝王"的思想,在原北周军将中具有相当的代表性。梁士彦听后深以为然,三人密谋了好几套政变方案,或准备在皇帝祭祖之时率僮仆袭击车驾,或拟以梁士彦赴蒲州起事,略取河北,据黎阳关,塞河阳路,劫调布以为牟甲,募盗贼以为战士等等。

梁士彦的外甥裴通听到他们的密谋,胆战心惊,偷偷跑去出

---

① 《隋书》卷四十,《宇文忻传》。
② 《隋书》卷四十,《宇文忻传》。

首。文帝得报,装作不知道,故意任命梁士彦为晋州刺史。三人得知此任命,弹冠相庆,以为天助。梁士彦请求以其旧交薛摩儿为长史,文帝亦予批准,以迷惑他们。开皇六年(586)闰八月二十八日,三人随百官上朝觐见,文帝证据在握,这才命令左右将他们一并拿下,下诏历数其罪状,其党羽薛摩儿、裴石达等皆处死刑,妻妾家产没官。过了几天,文帝下令将这三家的财产置于射殿之前,让百官射取,以为鉴戒。

文帝抑制勋贵的诸种举措,当时的明眼人心里亮堂堂。梁睿是北周名将,杨坚夺取北周权柄,他受命率大军入蜀,平定王谦,任总一方。但他"自以周代旧臣,久居重镇,内不自安,屡请入朝,于是征还京师"。其实,早在初平王谦之际,他就考虑到自己"威名太盛,恐为时所忌,遂大受金贿以自秽"①,回到京城后,更是急流勇退,闭门谢客,颇得文帝礼遇,富贵善终。

梁睿给北周军将树立了一个榜样,自然有人起而仿效。王世积在隋多有军功,位至上柱国,但他见文帝"性忌刻,功臣多获罪,由是纵酒,不与执政言及时事。上以为有酒疾,舍之宫内,令医者疗之。世积诡称疾愈,始得就第"②。

所谓"功臣多获罪",很能说明当时隋文帝对勋功武将的抑制,特别对于那些恋栈不去者,朝廷便觅其疵瑕加以弹劾,好将他们从重要位置上撤下来。例如,老将贺若谊北征突厥,以功迁左武侯大将军,随即"坐事免"③,再度起用时已转任地方,职权迥异。元景山在南边屡败陈军进犯,威镇江南,但同样"坐事免"④,直到

---

① 引文均见《隋书》卷三十七《梁睿传》。
② 《隋书》卷四十,《王世积传》。
③ 《隋书》卷三十九,《贺若谊传》。
④ 《隋书》卷三十九,《元景山传》。

老死家中也未再起用。像元景山这类事例颇多。宇文庆是文帝的知交,曾在一起深谈夺取天下大计,开皇初颇受腹心之托,职任禁军将领,出为凉州总管,但不久后同样被征还京师,"不任以职"①,而他还不醒悟,将当年文帝与他密谋的言论整理上奏,文帝阅后,表扬几句,终不复用。后来,对于立有大功的武将,也多用此办法羁縻驾御。平陈功臣韩擒虎,回京后"有司劾擒(虎)放纵士卒,淫污陈宫,坐此不加爵邑"②。贺若弼同样被晋王广以违反军令,先期决战的罪名拘束受审,虽经文帝放免并加封赏,旋由"公卿奏弼怨望,罪当死。上惜其功,于是除名为民。岁余,复其爵位。上亦忌之,不复任使"③。

  隋朝初期高岸深谷般的人事变动,看似扑朔迷离,但若细加疏理,却可看出清晰的发展脉络:亦即组建新的中央领导班子,树立其权威,同时,抑制原北周勋贵阶层,尤其是排除军人对朝政的干预。在此过程中,文帝发挥了关键的领导作用,可以说,如果没有文帝的坚定支持,在论资历、比军功的上层社会,新班子的立足乃至新政的贯彻都难以想象。为此而抑制勋贵武将,政治意图十分清楚,这也许是国家社会由大乱迈向大治而不得不付出的代价,决不能简单以刻薄猜忌论之。公允地说,这时期,演变成流血镇压的事件并不多,大多数只是以某种借口将他们罢免。文帝曾经对太子解释贬抑功臣是为了保全其性命的道理,感叹道:"众人见此,或有窃议,谓我薄于功臣,斯不然矣。"苏威也在一旁引述历史经验道:"汉光武欲全功臣,皆以列侯奉朝请。至尊仁育,复用此道

---

① 《隋书》卷五十,《宇文庆传》。
② 《隋书》卷五十二,《韩擒虎传》。
③ 《隋书》卷五十二,《贺若弼传》。

以安之。"文帝深以为然①。

第四节　扬清激浊

北周军国体制的流弊,对隋朝的用人制度也带来相当深刻的影响。这主要表现在两个方面:首先,武将几乎垄断了各级行政机构,所谓"周代公卿,类多武将"②即是指此。受其影响,社会尚武成风,"于时贵公子皆竞习弓马,被服多为军容"③,甚至连"家世并以学业自通"的汉人大世族子弟也纷纷弃文从武,赵郡李雄独习骑射就是其中之一例④,至于少数族子弟如宇文庆投笔呵斥:"书足记姓名而已,安能久事笔砚,为腐儒之业!"⑤实不足为奇。其次,是政府官职成为酬勋的奖赏,多为当地出身的功臣所占据,故当"时诸功臣多为本州刺史"⑥。从中央到地方,各级政权机关多为武将大族所蟠踞,要实现中央一元化领导,澄清吏治,并非易事。

隋朝初期,文帝对中央职官和人事制度进行了大刀阔斧的改革,颇见成效,然而,对于豪强势力盘根错节的地方人事,由于它并

---

① 见《隋书》卷三十八《卢贲传》。
② 《隋书》卷四十六,《张奫传》。
③ 《隋书》卷五十,《李礼成传》。
④ 《隋书》卷四十六,《李雄传》。
⑤ 《隋书》卷五十,《宇文庆传》。
⑥ 《周书》卷三十六,《令狐整传》。此类事例在北周颇为常见,例如:"王杰……朝廷以杰勋望俱重,故授以本州"(《周书》卷二十九《王杰传》);"刘雄……高祖尝从容谓雄曰:'古人云:富贵不归乡,犹衣锦夜游。今以卿为本州,何如?'雄稽首拜谢。于是诏以雄为河州刺史。雄先已为本县令,复有此授,乡里荣之"(《周书》卷二十九《刘雄传》);"李穆……自以叔侄一家三人,皆牧宰乡里,恩遇过隆,固辞不拜"(《周书》卷三十《李穆传》);"阳雄……世袭邑阳郡守"(《周书》卷四十四《阳雄传》)等等,都是明证。

不立即影响到新政权的生死存亡,所以只能先继承现状,再逐步加以变革。在这种情况下,隋初地方人事和北周时代并没有太大区别,仍处于"刺史多任武将,类不称职"①的状态。造成这种情况的主要原因,首先当然是由于对历史现状的直接继承;其次是因为政权甫立,人心未稳,需要加强控制;第三则是由于隋初四面受敌,战争频仍的原因。

地方官员多由武将、勋功、势家之类实力人物担任,这些人文化水平普遍不高,缺乏对地方的责任心和使命感,往往把官职视为自己挣来的酬报,属于私有地盘,因此,不称职的情况自然普遍存在,飞扬跋扈违法乱纪者,也不乏其人。

燕荣出自弘农,以军功入仕,历任青、扬、幽州总管,所在任上,选孔武有力者为爪牙,横行州境,如狼似虎。他动辄鞭笞部下,凌辱世族,"每巡省管内,闻官人及百姓妻女有美色,辄舍其室而淫之。贪暴放纵日甚"②,俨然就是一个土皇帝。至于利用职权地位牟取私利的现象就更多了。卢贲担任齐州刺史时,当地发生饥荒,他便利用职权,不许商家卖米,而自己大卖特卖,牟取暴利③。韦艺任营州总管,"大治产业,与北夷贸易,家资钜万"④。韦伯仁随其叔南宁州(今云南省曲靖市)总管韦冲在府,"掠人之妻,士卒纵暴,边人失望"⑤。张威任青州总管,"颇治产业,遣家奴于民间鬻芦菔根,其奴缘此侵扰百姓"⑥。

开皇初年,文帝按照军功授职的惯例,任命上柱国和干子为杞

---

① 《隋书》卷六十二,《柳彧传》。
② 《隋书》卷七十四,《酷吏·燕荣传》。
③ 《隋书》卷三十八,《卢贲传》。
④ 《隋书》卷四十七,《韦世康附韦艺传》。
⑤ 《隋书》卷四十七,《韦世康附韦冲传》。
⑥ 《隋书》卷五十五,《张威传》。

州刺史。这时,治书侍御史柳彧给文帝上表奏道:

> 方今天下太平,四海清谧,共治百姓,须任其才。昔汉光武一代明哲,起自布衣,备知情伪,与二十八将,披荆棘,定天下,及功成之后,无所职任。伏见诏书以上柱国和干子为杞州刺史,其人年垂八十,钟鸣漏尽。前任赵州,暗于职务,政由群小,贿赂公行,百姓吁嗟,歌谣满道。乃云:'老禾不早杀,余种秽良田。'古人有云:'耕当问奴,织当问婢。'此言各有所能也。干子弓马武用,是其所长,治民莅职,非其所解。至尊思治,无忘寝兴,如谓优老尚年,自可厚赐金帛,若令刺举,所损殊大。臣死而后已,敢不竭诚①。

在这道表文中,柳彧提出了一个十分重要的问题,那就是不能将政府官职用来酬勋,打天下用武将,但治理天下却必须起用有专长的文官,各尽所能。

文帝阅后,十分赞同,当即下令撤销对和干子的任用。其实,文帝对此问题有着自己的看法。平陈之后,贺若弼居功求任宰相时,文帝就明白对高颎说道:"功臣正宜授勋官,不可预朝政"②。这应该是其内心思想的表露,只是要改变任用地方官员的惯例,势必触犯众多勋功武将的利益,尤须慎重进行。

开皇初,文帝专门派人将张煚请入朝廷,亲自走下御座,执手问候,与之同坐,相谈甚欢,还赐以几杖,让满朝文武看得惊异无比,纷纷打听张煚。其实,按照当时官僚标准衡量,张煚实在算不上什么大人物,在北周崛起的峥嵘岁月里,他没有军功可言,每当百官聚在一起相互炫耀战绩时,他便躲到一边苦读圣贤书,埋头于

---

① 《隋书》卷六十二,《柳彧传》。
② 《资治通鉴》卷一百七十九"隋文帝开皇二十年(600)二月"条。

文书宗案当中。久而久之,居然因学业优异赢得武将们的尊敬。隋朝建立时,他已年过八十,在家颐养天年。文帝将他抬了出来,大加褒奖,捧为上宾,除了表示一般意义的尊老敬贤,更在于向内外暗示将大力倡导以文治国的立场。

开皇三年(583)十一月,文帝在准备对地方行政制度进行重大改革的同时,诏令各地举荐贤才,说道:

> 朕君临区宇,深思治术,欲使生人从化,以德代刑,求草莱之善,旌闾里之行。民间情伪,咸欲备闻。……如有文武才用,未为时知,宜以礼发遣,朕将铨擢。其有志节高妙,越等超伦,亦仰使人就加旌异,令一行一善奖劝于人。远近官司,退迩风俗,巨细必纪,还日奏闻①。

诏书虽未完全道出文帝的用人思想,但已相当明确地点明以文兴邦的基本原则。在敏感的人事问题上,他实际上是采取少说多做的办法,不但派遣使者到各地明察暗访,自己也借巡察之机亲自发现并提拔大批政绩斐然的地方行政官员,改变官吏队伍的成分结构,大力整顿吏治。

各级地方官员是中央政令的具体执行者,在由乱而治的时代,还起到消除地方分裂因素,促进国家深层统一的作用,故其选任是否得当至关重要。对此,文帝"初有天下,励精思政,妙简良能,出为牧宰"②,倾注了大量的心血。

开皇初,文帝有惩于北周宗室微弱以致灭亡的教训,分别于并州、洛州和益州设置行台尚书省,由晋王广、秦王俊和蜀王秀出掌,监临地方。三位皇子俱年少,文帝为之"盛选贞良有重望者为之

---

① 《隋书》卷一,《高祖上》。
② 《隋书》卷七十三,《柳俭传》。

僚佐。于时(元)岩与王韶俱以骨鲠知名,物议称二人才具侔于高颎,由是拜岩为益州总管长史,韶为河北道行台右仆射",同时任命的还有河北行台兵部尚书李雄,亦是一时之选。上任时,文帝还亲自召见慰勉,他对元岩说:"公宰相大器,今屈辅我儿,如曹参相齐之意也"①。对李雄交代道:"吾儿既少,更事未多,以卿兼文武才,今推诚相委,吾无北顾之忧矣"②。我们知道,在中央集权体制下,任职朝廷者因为接近权力中心而易于升迁,故百官趋之若鹜。现在,文帝将朝中"宰相大器"的高官派往地方任职,给全国树立一个榜样。考察文帝时代中央高级官员的经历,一般都曾在地方任过职,朝官与外官的双向交流比较频繁,处于良性循环的状态。

如果说行台尚书省为中央派出机构,仅具象征意义,那么,对于真正地方官员的考察选拔,文帝更是不惜余力。开皇元年(581)十月,文帝巡视岐州,沿途考察吏治。岐州刺史梁彦光有惠政,文帝专门下诏,大加褒奖:

赏以劝善,义兼训物。彦光操履平直,识用凝远,布政岐下,威惠在人,廉慎之誉,闻于天下。三载之后,自当迁陟,恐其匮乏,且宜旌善。可赐粟五百斛,物三百段,御伞一枚,庶使有感朕心,日增其美。四海之内,凡曰官人,慕高山而仰止,闻清风而自励。"未几,又赐钱五万③。

房懿恭原为北齐官员,苏威推荐他担任新丰令(今陕西省临潼县新丰镇),政绩为三辅之最,文帝赐之绢帛,他转分给穷困百

---

① 以上引文见《隋书》卷六十二,《元岩传》。
② 《隋书》卷四十六,《李雄传》。
③ 《隋书》卷七十三《循吏·梁彦光传》系此事于开皇二年,但《资治通鉴》卷一百七十五"陈宣帝太建十三年(581)"条系之于开皇元年十月。如本书附录《隋文帝年表》所示,元年出巡岐州为史所明记,而次年十月,隋与突厥战事方鏖,文帝又因操劳过度而病倒,当无出巡事。

姓,文帝再赐之粟米,他又拿去赈济贫民,让文帝赞叹不已,在召见雍州诸县令时,特地把房豂恭唤至座前,访以治术,超授泽州(今山西省晋城市)司马。不久,转德州(今山东省陵县)司马,政绩又再考为全国第一。文帝十分惊异,对诸州进京考核的朝集使说道:"如房豂恭志存体国,爱养我百姓,此乃上天宗庙之所佑助,岂朕寡薄能致之乎! 朕即拜为刺史。岂止为一州而已,当令天下模范之,卿等宜师敩也"①。号召百官向他学习,同时将他提拔为使持节、海州(今江苏省连云港市海州镇)诸军事、海州刺史。

对于北齐旧属,文帝也能加以甄别,量才叙用。高劢为北齐太尉清河王岳之子,文帝当政后曾对他说:"齐所以亡者,由任邪佞。公父子忠良闻于邻境,宜善自爱"②。并因其刚正而任命他为楚州(今江苏省淮安)刺史。以后,陇右遭羌人寇掠,又调他担任洮州刺史,颇能绥抚各族,抑制豪猾,前后数任,皆称治理。

文帝还留意了解官员的能力特长,默记于胸。贺娄子干长期镇守西部边疆,威名远扬,死后找不到合适的人继任,文帝焦虑道:"榆林国之重镇,安得子干之辈乎?"才过几天,他就亲自物色到新的人选,说道:"吾思可以镇榆林者,莫过杜彦。"杜彦果然不负重托,守边安民,令"北夷畏惮,胡马不敢至塞"③。再如,开皇三年(583)七月,幽州总管李崇出兵抗击突厥,兵败身亡,东北形势顿时吃紧,消息传来,文帝马上想到能继此重任的"无以加周摇者",立即令他赶赴前线,化解危机。从这些事例都可看出,文帝平素是何等重视吏治,努力做到知人善任。

要激励地方官尽心为治,光靠树立几个楷模还不够,还必须对

---

① 《隋书》卷七十三,《循吏·房豂恭传》。
② 《隋书》卷五十五,《高劢传》。
③ 《隋书》卷五十五,《杜彦传》。

关乎其切身利益的升迁出路作出妥善明确的规定,把官吏的个人利益和国家利益紧密联系起来,同向发展。具体地说,就是要以严考政绩为纲来黜陟幽明,努力做到"黜陟合理,褒贬无亏,便是进必得贤,退皆不肖"①。在这方面,国家的首要任务是确立公平合理的赏罚标准,并尽量确保其不受亲疏爱憎等帮派人为因素的干扰,做不到这一点,则赏罚不公便会使得澄清吏治的所有努力付诸东流,法同虚设。换言之,政治领袖比起亲自考核任用官吏,更应该致力于建立与捍卫良性的用人机制,因为政治的腐败首先来自人事的腐败,起源于用人机制的破坏。在这方面,文帝确实作出不懈的努力,颇有建树。

开皇六年(586)二月五日,文帝"制刺史上佐每岁暮更入朝,上考课"②,开始实行按政绩黜陟地方官吏的制度。黜幽陟明并非隋朝首创,但是,隋朝确实施行得比较严格,不仅岁末考课的记载频频出现,而且,许多官员的履历可以看到他们确实是通过考绩而得到提拔的。例如,开皇十一年(591)二月,"以临颍令刘旷治术尤异,擢为莒州刺史"③;"仁寿中,上令持节使者巡行州县,察长吏能不,以彦谦为天下第一,超授都州司马"等等④,众多此类事例表明,一直到文帝晚年,官吏考课升迁制度仍很好地运作着。

而且,政绩优异的地方官还经常被选拔到中央任职。相州刺史樊叔略,"政为当时第一。上降玺书褒美之,赐物三百段,粟五百石,班示天下。……征拜司农卿"⑤;刘仁恩"有文武干用。初为

---

① 《隋书》卷六十六,《房彦谦传》。
② 《隋书》卷一,《高祖上》。
③ 《隋书》卷二,《高祖下》。
④ 《隋书》卷六十六,《房彦谦传》。
⑤ 《隋书》卷七十三,《循吏·樊叔略传》。

毛州刺史,治绩号天下第一,擢拜刑部尚书"①等等。把经验能力俱佳的地方官员选入中央,负责某一部门的全局性工作,对地方官是一大激励,使他们能够通过克尽厥职而入京做官,有了仕途奋进的目标。而且,中央高级官吏从地方官中选拔,有助于密切中央和地方的关系,下情上达,使得决策贴近实际,官吏队伍吐故纳新,中央政府保持活力。

对于官吏的升迁,隋朝也有一定的规则,原则上是逐级提升,上述房懿恭由县令迁州司马,再升任刺史;房彦谦由县令擢为州司马等,都属于正常情况。至于超常拔擢者,如刘旷由县令提升为刺史,刘仁恩由刺史入京任刑部尚书等,越级幅度并不太大。对于政绩优异的官吏,文帝更多给予实物奖赏,而较少采取直接升官的办法,以维持人事制度的严肃性。梁彦光政绩突出,文帝对他赏赐颇丰,但并不立即予以提升,只是允诺:"三载之后,自当迁陟"。究其原因,大概是梁彦光任岐州刺史尚未期年,故文帝遵循正常程序,俟其任满方予升迁。由此可知,文帝对官吏的升迁不光看政绩,还十分注重经验资历。炀帝大业二年(606)七月规定:"制百官不得计考增级,必有德行功能,灼然显著者,擢之"②。可知文帝时代存在"计考增级"的制度。在依据政绩的基础上,适当注意年资经验,有利于对官吏较为完整的考察和磨炼,既达到大胆选用贤能的目的,又尽量避免过快拔擢带来的种种弊端。

把考核政绩作为澄清吏治的中心,文帝为此呕心沥血,对于考绩优异的官吏,他经常召见慰勉,下诏褒奖,"虽啬于财,至于

---

① 《隋书》卷四十六,《张煚传附刘仁恩传》。
② 《隋书》卷三,《炀帝上》。

赏赐有功,亦无所爱吝"①,而且,只要可能,他便亲自主持考课,"尝大集群下,令自陈功绩"②,开皇八年(588),还"亲考百僚"③。在他主持下,隋朝的官吏考课制度得到严格而公正的执行,不但保证了各级国家机器高效率运转,而且,也确实造就一批清廉勤政的官员。

元岩以骨鲠知名,被委任为益州总管长史,在州法令严明,断案公允,连受处罚者都相谓道:"平昌公与吾罪,吾何怨焉"。去世时,"益州父老莫不殒涕,于今思之",文帝也"悼惜久之"④。

元亨以太常卿出任卫州刺史,在职八年,风化大洽。后来因老弱多病,请求退休,当地"吏人诣阙上表,请留卧治",让文帝感叹不已。元亨病重回京后,文帝"令使者致医药,问动静,相望于道"⑤,体现出对优秀官吏的爱惜之情。

令狐熙任沧州刺史,深得人心。开皇四年(584),文帝到洛阳,令狐熙前往述职,吏民以为他将调职,挥泪相送于道,等他回来时,百姓喜出望外,"出境迎谒,欢叫盈路"。开皇八年(588),他升任河北道行台度支尚书,"吏民追思,相与立碑颂德。……上甚任之"⑥。

在人治社会,能由清廉爱民的官员治理,对当地所具有的意义确实难以估量。所以,百姓以树碑颂德等各种方式表达感戴之情,其例颇多。刘旷任平乡令七年,大崇惠政,及去职,"吏人无少长,

---

① 《隋书》卷二,《高祖下》。
② 《隋书》卷五十七,《卢思道附卢昌期传》。
③ 《隋书》卷五十六,《卢恺传》。
④ 《隋书》卷六十二,《元岩传》。
⑤ 《隋书》卷五十四,《元亨传》。
⑥ 《隋书》卷五十六,《令狐熙传》。

号泣于路,将送数百里不绝"①;瀛州刺史侯莫陈颖去官时,"百姓将送者,莫不流涕,因相与立碑,颂颖清德"②;房彦谦因考绩为天下第一而超授鄀州司马,"吏民号哭相谓曰:'房明府今去,吾属何用生焉!'其后百姓思之,立碑颂德"③。这些事例,感人至深。所以,司马光在记述隋文帝选贤任能事迹后说道:"由是州县吏多称职,百姓富庶"。胡三省进一步注明:"开皇之治,以赏良吏而成"④。诚若斯言。

第五节　监察防范

隋朝吏治能有如此成就,还在于对官吏进行严格的监察,对非法行为严惩不贷。赏罚分明是吏治之本,赏不可滥,而罚必求其公正。仁寿三年(603)七月,文帝在对古代治乱经验进行反思之后总结道:

> 自王道衰,人风薄,居上莫能公道以御物,为下必蹠私法以希时。上下相蒙,君臣义失,义失则政乖,政乖则人困。盖同德之风难嗣,离德之轨易追,则任者不休,休者不任,则众口铄金,戮辱之祸不测⑤。

兴衰在于得人,得人务须"公道",赏罚不公会造成离心离德的恶果。对此,文帝给予高度重视,以身作则。

张威是隋朝开国功臣,曾任先锋入蜀,大破王谦叛军,深受文

---

① 《隋书》卷七十三,《循吏·刘旷传》。
② 《隋书》卷五十五,《侯莫陈颖传》。
③ 《隋书》卷六十六,《房彦谦传》。
④ 《资治通鉴》卷一百七十五"陈宣帝太建十三年(581)十月"条。
⑤ 《隋书》卷二,《高祖下》。

帝信任,官至河北道行台仆射,后转任青州总管。但他自恃功绩,在州大治产业,甚至派遣家奴四处兜售芦菔根,趁机侵扰百姓。文帝得报,并不偏袒宽宥,而是依据法令,深予谴责,罢免官职。后来,文帝祠泰山途经洛阳时,召见张威,仍对此记忆犹新,痛心地说道:"自朕之有天下,每委公以重镇,可谓推赤心矣。何乃不修名行,唯利是视?岂直孤负朕心,亦且累卿明德。"①

对于身边亲信触犯法规,文帝亦不宽贷。李圆通为其家奴出身,自幼侍奉左右,典宿卫,预朝政,最受宠信。但他随秦孝王出镇并州期间,不懂得奉公自律,故"孝王以奢侈得罪,圆通亦坐免官"②。

文帝身为表率,不偏袒亲信旧部,使得有关机构对百官的监察可以不必过多顾忌人事背景,执行得比较严格。

仁寿年间,杨素贵宠擅权,百僚震慑,大理卿梁毗直接上封事给文帝,指斥杨素"所私皆非忠谠,所进咸是亲戚,子弟布列,兼州连县。天下无事,容息异图,四海稍虞,必为祸始。夫奸臣擅命,有渐而来"。文帝阅后大怒,亲自诘问梁毗,梁毗非但不惧,反而慷慨陈词道:"素既擅权宠,作威作福,将领之处,杀戮无道"。引起文帝的警惕,不再专任杨素③。

苏威最受文帝重用。仁寿二年(602)春,文帝到仁寿宫休养,命苏威代理朝政。回京后,御史弹劾苏威不理职事,文帝大怒,颇加谴责。

宰相亦在宪官纠弹之列,则朝廷百官自不待言,平日言行举止,颇以宪官纠弹为意,不敢过于放纵。平陈后,文帝曾亲临晋王

---

① 《隋书》卷五十五,《张威传》。
② 《隋书》卷六十四,《李圆通传》。
③ 《隋书》卷六十二,《梁毗传》。

广府第,大宴群臣。虞庆则和杨素相互争功揭短,有失大臣之体,御史当场就要加以弹劾,为文帝所止。故文帝提议群臣宴射行乐时,虞庆则连忙告饶道:"臣蒙赉酒食,令尽乐,御史在侧,恐醉而被弹。"①只有在文帝将御史支走后,大臣们才敢放情尽欢。高级将领的庆功宴会尚且如此,则平时情形可想而知。

对于地方官吏,文帝则经常派遣中央官员外出巡省,考核黜陟。开皇元年(581)二月,隋朝建立伊始,文帝即发遣八使巡省风俗,此后在开皇二年(582)、三年(583),连年派出巡省大使,开皇六年(586)更以民部尚书苏威为大使,巡省山东各地。平陈以后的开皇十年(590)、十五年(595)、十七年(597)、仁寿元年(601),都曾遣使外出,巡察各地。

中央派出巡省大使,如柳彧、皇甫诞为治书侍御史、杨尚希为河南道行台兵部尚书②、长孙炽为吏部侍郎③,多为台省主官,甚至如虞庆则、苏威还以宰相出任巡省大使,可知职任颇重。他们代表中央行使权力,访察民情,救恤抚慰,充当皇帝的耳目,有时还负责专项要务,如并省州县等,一般则以黜幽陟明、举荐人才为主要职责,故朝廷有时径派黜陟大使,如开皇九年(589)以慕容三藏为"凉州道黜陟大使"④;仁寿元年(601)以辛公义为扬州道黜陟大使⑤,皆为其例。

---

① 《隋书》卷四十,《虞庆则传》。
② 《隋书》卷四十六本传载其"寻拜瀛州刺史,未之官,奉诏巡省淮南",则其本官仍为河南道行台兵部尚书。
③ 《隋书》卷五十一本传载其以太常少卿"持节为河南道二十八州巡省大使,于路授吏部侍郎",可知巡省大使职任颇重,故于途中授其吏部侍郎要职。
④ 《隋书》卷六十五,《慕容三藏传》。
⑤ 《隋书》卷七十三,《循吏·辛公义传》。据同书《高祖下》记载,仁寿元年(601)"遣十六使巡省风俗",在全国范围内开展行政监察,而上引《辛公义传》称其于该年任扬州道黜陟大使,则此黜陟大使当属十六员巡省大使之一。由此可知,巡省大使为一般通称,其中包含专司特使。

巡省或黜陟大使对于地方官员的升迁任免具有重大影响。赵轨任齐州别驾，连续四年考绩最优，持节使者梁子恭将其事迹上报，文帝大喜，予以褒赏，调任京官；公孙景茂同样因为巡省大使杨纪的美言而迁任淄州（今山东省淄博市淄川）刺史。对于不遵法度乃至为非作歹的官吏，巡省大使确实能够起到相当的抑制作用。皇甫诞在刑部颇有能名，迁治书侍御史，"朝臣无不肃惮"①，旋被委任为河南道大使；治书侍御史柳彧"持节巡省河北五十二州，奏免长吏赃污不称职者二百余人，州县肃然，莫不震惧"②，文帝知道后，大加奖励，仁寿初年再度委派他持节巡省太原道十九州。正因为有文帝撑腰，所以巡省大使敢于秉公监察，使得封疆大员甚至宗室亲王都有所顾忌，收敛避让。仁寿元年（601），辛公义被委任为扬州道黜陟大使，当时任扬州总管的豫章王暕深恐其部属犯法遭劾，赶在辛公义进入州境之前，远迎请托，希望他不要过于顶真，但辛公义断然拒绝道："奉诏不敢有私"③。入州后监察无所宽宥。文帝时代，不少贪官酷吏就是在监察官员的纠弹下受到法办的。

执法的官员同样受到其他官吏的监察。南陈降将萧摩诃在妻子病危时，奏请让其子回江南收取家产，御史见而不言。尚书左丞元寿立即上表纠弹，认为萧摩诃不顾妻子病重，让其子远出敛财，实在是重利忘义的行为，大亏名教，而监察官员竟然不加弹劾，断难饶恕，请将他们送交大理寺审判。文帝阅后，"嘉纳之"④。元寿在奏章里指出"御史之官，义存纠察，直绳莫举，宪典谁寄"，与文帝的见解大相吻合。有一次，有人向文帝检举御史监师在朝会上

---

① 《隋书》卷七十一，《诚节·皇甫诞传》。
② 《隋书》卷六十二，《柳彧传》。
③ 《隋书》卷七十三，《循吏·辛公义传》。
④ 《隋书》卷六十三，《元寿传》。

317

对衣冠剑佩不整的武官不加纠弹,文帝怒道:"尔为御史,何纵舍自由。"①当场就命令左右将监师拉出去斩了。显然,文帝视监察官员为耳目鹰犬,督励甚严。为了防止他们懈怠苟且,还允许百官对其进行监督,造成百官之间相互纠察的局面,以此保证国家机器稳固而高效地运转。

而且,隋朝还通过创建公文档案制度,对各级机关的行政过程进行全面监察。吏部尚书牛弘曾对政府部门吏员倍增而公务益烦现象大惑不解,向名儒刘炫咨询,刘炫作了一段饶有意思的回答:

> 古人委任责成,岁终考其殿最,案不重校,文不繁悉,府史之任,掌要目而已。今之文簿,恒虑覆治,锻炼若其不密,万里追证百年旧案,故谚云"老吏抱案死"。古今不同,若此之相悬也,事繁政弊,职此之由②。

不难看出,刘炫对以往地方官行政权力相对独立,能够专治一方的模式颇为向往,言语之间回荡着世族社会的流风余响,因此,他对眼前大力推行的官僚政治自然怀抱批评态度。客观地说,创建公文档案制度,和中央任命地方官僚佐制度相配套,都是为了克服长期的社会分裂而采取的新举措,并得到严格贯彻。开皇初年,文帝见尚书省文簿繁杂,觉得其中有鬼,令于仲文前往核查,果然揭发出不少奸伪③,故刘炫所谓官吏"恒虑覆治"文簿的心态,以及"老吏抱案死"的谚语,都真实反映出文档制度无形中对官吏依法行使权力起到相当的督察作用,使得行政过程更加规范化与合理化,为此而适当增加一些职能部门和办公人员,是社会管理更加精

---

① 《隋书》卷二十五,《刑法》。
② 《隋书》卷七十五,《儒林·刘炫传》。
③ 《隋书》卷六十,《于仲文传》。

密健全的表现,还谈不上机构臃肿人浮于事的问题。隋朝一系列加强中央集权的新举措,极大改变了国家政权的面貌,并规定了此后的发展方向。

隋朝对地方官吏有着种种限制。开皇四年(584)四月,文帝颁敕,规定"总管刺史父母及子年十五已上,不得将之官"①,到开皇十四年(594),此规定限制的对象进一步扩大到"外官九品已上,父母及子年十五已上,不得将之官",同时还规定:"制州县佐吏,三年一代,不得重任"。翌年规定"文武官以四考交代"。这些限制一是防止地方官员及其僚佐长期任职,年久生奸,沆瀣一气,盘根错节;二是防止官员作威作福,蠹政害民。此外,诸如"制刺史上佐每岁暮更入朝,上考课"②,"制县令无故不得出境"等等③,对官吏的纪律约束比较严格。

与此相适应,隋朝对官吏的监察就不限于行政执法、政风官纪、忠诚廉洁、仪容仪表等公务方面,还深入涉及到官吏的品行操守等私生活领域。前述上柱国郑译与母亲别居,为宪司所劾,除名为民。大司徒王谊的儿子尚文帝第五女,不久,其子病死,一年后,王谊以公主年少为由,奏请提前免其孝服,遭到御史大夫杨素的严词弹劾④。应州(今湖北省广水市)刺史唐君明母丧期间,娶雍州长史库狄士文堂妹,被治书侍御史柳彧纠弹,唐君明和库狄士文双双获罪入狱⑤。就连一代名相高颎之子高弘德被封为应国公时,申请门户列戟以示尊贵,也被柳彧严词驳回⑥。

---

① 《隋书》卷一,《高祖上》。
② 以上引文见《隋书》卷二《高祖下》和《高祖上》"开皇六年二月"条。
③ 《隋书》卷五十九,《齐王暕传》。
④ 《隋书》卷四十,《王谊传》。
⑤ 《隋书》,卷七十四《酷吏·库狄士文传》、卷六十二《柳彧传》。
⑥ 《隋书》卷六十二,《柳彧传》。

对伦理道德的强调,经常以提倡贞操和勤俭为开路先锋。文帝和独孤皇后过着近似清教徒般的俭朴生活,前已述及。在家庭伦理方面,他们共同起誓"无异生之子"①。皇帝带头立誓过一夫一妻的生活,已够朝野咋舌惊叹了,而独孤皇后甚至还以此作为鉴定人物品行的重要尺度,左右其对朝臣忠诚善恶的判断,并影响于文帝。她特别痛恨纳妾行为,每"见诸王及朝士有妾孕者,必劝上斥之"②,不少大臣深受其苦。前述库狄士文的堂妹颇有姿色,为北齐嫔妃,齐灭后,被赏赐给功臣长孙览为妾。长孙览兴高采烈,而被撇在一边的老妻却妒嫉得直咬牙。隋朝建立后,长孙览的妻子知道独孤皇后尤恨男人薄幸,忙不迭觐见皇后,哭诉一通,独孤皇后当即棒打鸳鸯,强令长孙览将爱妾逐出家门③。以后,搅得隋朝政情大乱的贬黜高颎和更换太子事件,均以纳妾为导火索,生活问题上纲上线,成为触发政治事件的催化剂。

官吏品行成为行政监察的重要对象。监察官员自然成为伦理道德的坚定捍卫者,开皇年间的治书侍御史李谔就是其典型。当时,妇女改嫁的情况颇为常见,特别是官僚家庭,子孙嫁卖父祖遗妾侍婢成风,李谔为之扼腕,以为大伤风化,上书痛陈,请予禁止。此事得到儒士刘炫的支持,《隋书·刘炫传》记载此事缘由为"风俗陵迟,妇人无节",可知所针对的不只是变卖父祖妾婢现象,应该还包括一般的改嫁。文帝读罢李谔奏文,大为赞同,遂于开皇十六年(596)六月,"诏九品已上妻,五品已上妾,夫亡不得改嫁"④,到炀帝时代,更编制为格,成为法律。此外,在提倡俭朴、力戒轻薄

---

① 《隋书》卷三十六,《后妃·文献独孤皇后传》。
② 《隋书》卷三十六,《后妃·文献独孤皇后传》。
③ 《隋书》卷七十四,《酷吏·库狄士文传》。
④ 《隋书》卷二,《高祖下》。

浮华、纠正文风和改变官吏自矜浮夸等方面,李谔都曾上书直言,大得文帝赞赏,并将其"前后所奏颁示天下,四海靡然向风,深革其弊"①。

以上事例,都反映隋朝对传统礼法的强调和向儒家伦理道德的回归。魏晋动乱,儒家伦常礼制土崩瓦解,加之少数族习俗大量涌入,北方社会道德观念发生剧变,乱世的精神苦闷使得颓靡成风,物欲横流。此中崛起的隋朝,必须祛此阴霾方能激励人心,造就统一的思想意识,故文帝高举儒家伦理的旗帜,激起道德理想主义,为构建新帝国造势,给整肃积弊已深的官场提供理论根据,用意深远。《隋书·柳彧传》说:"隋承丧乱之后,风俗颓坏,彧多所矫正,上甚嘉之。"其实,把伦理道德政治化以及对官吏进行严厉的行政监察,无不是针对分裂时代风俗颓坏而发,不仅为了救时厉俗,还因为激进的道德主义乃是实现集权的有力武器,其不近人情甚至泯灭人性的方面随道德主义的激昂而增大,并为统治者所赞同,史称:"高祖之世,以刀笔吏类多小人,年久长奸,势使然也"②,反映的正是道德光彩所掩盖的另一个侧面。

道德主义与行政监察相辅相成,铸就了既可用来救弊济世、也可为专制主义披荆斩棘的两刃利剑。开皇初年,文帝曾与安德王杨雄、上柱国元谐、长孙览、李充、左仆射高颎、内史监虞庆则及吴州总管贺若弼等新朝要员同宴,动情地说:"朕昔在周朝,备展诚节,但苦猜忌,每致寒心。为臣若此,竟何情赖?朕之于公,义则君臣,恩犹父子。朕当与公共享终吉,罪非谋逆,一无所问。"③北周时代,他曾备尝猜忌之苦,深知其涣散人心的恶果,故于登基之后,

---

① 《隋书》卷六十六,《李谔传》。
② 《隋书》卷七十五,《儒林·刘炫传》。
③ 《隋书》卷五十一,《长孙览传》。

思革前弊,乃与群臣相约推诚接物,共享终吉。实际上,由于北周派阀政治的遗俗和文帝相对软弱的权力根基,决定了这些话不可能真正做到。

开皇初,文帝在同旧势力斗争的同时,也时刻注视着自己阵营内部的动向。在专制集权体制内,君主最希望的是只存在君臣之间的纵向关系,最警惕的是群臣之间的横向联系,斥之为"交通"或"交关"等,后一种联系一增多,就会让君主寝食不安,视作威胁最高权力的"朋党"。因此,"交通"和"朋党"都被列为严加监察与处罚的对象,哪怕是自己的心腹大臣亦莫能外。

建隋当初,政治斗争异常激烈,高颎鞍前马后献计出力,引荐人才,帮助文帝迅速组建起一支忠于新王朝的官僚队伍。当时,出自原北周系统的元老重臣势力仍大,高颎等新朝政要必须依靠皇帝的权威才能在政坛上立足,这是文帝全力支持他们的一大关键。尽管如此,文帝从一开始还是严防高颎坐大,当有人向文帝密告高颎等人结为朋党时,文帝不假思索,便在朝中向杨雄盘诘,杨雄回答道:"臣忝卫宫闱,朝夕左右,若有朋附,岂容不知!至尊钦明睿哲,万机亲览,颎用心平允,奉法而行。此乃爱憎之理,惟陛下察之。"[①]连竭诚尽忠的高颎都受到怀疑,则文帝对于臣下防范之严,可想而知。

因此,"朋党"常被用作政治攻讦的手段,经常是无往不利。平陈后,文帝令太常卿牛弘主持制定乐律,参加修乐的宰相苏威之子苏夔和国子博士何妥意见相左,争执不下,文帝便让百官来表决,结果苏夔大获支持,何妥愤懑道:"吾席间函丈四十余年,反为

---

① 《隋书》卷四十三,《观德王雄传》。

昨暮儿之所屈也！"①为泄私愤，上书揭发苏威与礼部尚书卢恺、吏部侍郎薛道衡、尚书右丞王弘、考功侍郎李同和等结为朋党，尚书省内呼王弘为世子，李同和为叔，视他们为苏威的子弟等等，言之凿凿。对乐律的不同见解本属于正常的学术争论，而且，文帝也十分清楚苏威与何妥之间的矛盾。可是，一提到朋党，文帝就失去冷静，下令蜀王秀会同虞庆则等人一道追查。苏威为褊狭，又长期主政，对立面自然不小，而吏部铨选，失意不满者亦不在少数，几方面一同发难，深文巧诋，果然揭露出一个庞大的朋党集团，苏威等人罢官贬黜，被牵连的知名人士竟达百余人。

出于对政治阴谋的防范，朝臣之间的交往经常受到监视，动辄成罪。地方官之间相互来往，更在限制之列，前引"县令无故不得出境"的规定，可示其一斑。至于诸王与大臣的交往，最为犯忌。杨玄感作乱时，宇文述率军平叛，途经河阳（今河南省孟县南），致书时任河阳都尉的秦王浩，与之会合，结果秦王浩因此遭到弹劾，"以诸侯交通内臣，竟坐废免"②。由此可知，隋朝存在着诸侯王不得与内臣交往的条文。

开皇初年，文帝要树立太子杨勇的权威，特地向朝中大臣交代："朕亦知公至诚，特付太子，宜数参见之，庶得渐相亲爱。"③可是，当百官遵命向太子朝拜称臣时，文帝又暗生疑心，颇加讥讽，后来竟成为杨勇失宠的因素之一，以后甚至规定宫官都不向太子北面称臣④，以防止出现新的政治山头，从而对皇权构成威胁。因此，在现实生活中与亲王交往者罕不罹祸。侯莫陈颖在平陈时隶

---

① 《隋书》卷四十一，《苏威传》。
② 《隋书》卷四十五，《文四子·秦孝王传》。
③ 《隋书》卷五十一，《长孙览传》。
④ 《隋书》卷九，《礼仪四》。

属于秦王俊麾下,后来出任瀛州刺史,甚有惠政,却因为"坐与秦王俊交通,免官"①;蜀王秀得罪遭黜,牵连甚广,元胄虽然是文帝创业元勋,同样"坐与(蜀王秀)交通,除名"②;刚正耿直的治书侍御史柳彧曾得到博陵李文博所撰《治道集》十卷,传了出去,被蜀王秀知道,立即派人前来索要,柳彧只好将书献呈,蜀王秀回赠他奴婢十口。如此简单的一件小事,却在蜀王秀得罪后被安上"以内臣交通诸侯"的罪名,除名为民,配戍怀远镇③。与诸王"交通"者往往得罪,则王府属官更是难逃厄运,"多被夷灭"④,搞得当时人多视王府官属为畏途,辞谢求免。

打击危害国家政权的犯罪与实行专制主义,其界限不易划分清楚。早在开皇初年,文帝已经采取一些不大正常的做法,"恒令左右觇视内外,有小过失,则加以重罪",而且还经常在朝堂动手打人,"一日之中,或至数四"⑤,用恐怖手段来树立权威。只是当时新朝甫立,君臣励精图治,高颎、苏威、柳彧等朝臣还敢于当面直谏,使得这些行为在相当程度上得到控制,政治生活也比较正常。可是,对于官吏的违法犯罪,却依然采取并不光彩的侦察手段,如派人对官吏行贿,一旦得实,立马斩决等等。这种猜疑引诱的做法,似乎并没有人对此提出异议。实际上,这已经埋下日后专制主义泛滥的祸根。在此,我们不由想起唐初相似的事例。

贞观初年,有人上书太宗,请除佞臣,并密授发奸擿伏的高招

---

① 《隋书》卷五十五,《侯莫陈颖传》。
② 《隋书》卷四十,《元胄传》。
③ 《隋书》卷六十二,《柳彧传》。
④ 《隋书》卷七十六《文学·孙万寿传》载其:"仁寿初,征拜豫章王长史,非其好也。王转封于齐,即为齐王文学。当时诸王官属多被夷灭,由是弥不自安,因谢病免。"
⑤ 《隋书》卷二十五,《刑法》。

道:"请陛下佯怒以试群臣,若能不畏雷霆,直言进谏,则是正人,顺情阿旨,则是佞人。"太宗当场拒绝道:"朕欲使大信行于天下,不欲以诈道训俗,卿言虽善,朕所不取也。"后来,太宗又对封德彝说道:"流水清浊,在其源也。君者政源,人庶犹水,君自为诈,欲臣下行直,是犹源浊而望水清,理不可得。朕常以魏武帝多诡诈,深鄙其为人,如此,岂可堪为教令?"①

两相比较,隋文帝猜忌多疑和急功近利的缺点就突出地显现出来。

隋朝大臣中并不是没有真正有远见的政治家,看不出高压权术的深刻危害,可是,如前述李德林的事例所示,其稳健的政治主张不合文帝的口味,又受到苏威一类事务型官僚的排斥,这样,隋朝便处于高度集权下的激进状态中,固然取得空前的成就,却也付出沉重的代价。特别是在取得重新统一中国的辉煌胜利之后,文帝的个人权威如日中天,志得意满,日益把国家政权视为个人私有物。到了开皇后期,国家权力几乎垄断在少数宗室亲属手中,朝廷内部的权力斗争也随之激化,阴谋事件频频发生,文帝曾努力克制的猜忌毛病越发严重,几乎对所有的人都失去信任,连亲生骨肉也不能幸免,五个儿子,废黜其三,以高颎为代表的一批开国辅臣也都成了专制权坛的祭品,先后遭到整肃。政治蜕变,皇权独尊,监察机关日渐沦为君主独裁的鹰犬,顺风承旨,侦伺密告,"怨言"、"谤讪"皆成罪名,不同意见遭受弹压。唐太宗曾批评道:"有隋御宇,政刻刑烦。上怀猜阻,下无和畅。致使朋友游好,庆吊不通;卿士联官,请问斯绝。"②实际上,这种局面其来有自,开皇九年(589)

---

① 《贞观政要》卷五,《诚信第十七》。
② 《大唐新语》卷之十,《厘革第二十二》。

平陈胜利,是文帝由励精图治向骄傲自满转变的一大转折点,个人独裁与高压政治与日俱增。

然而,在君主独裁体制附着于国家肌体内部迅速滋生蔓延的时候,大多数人并没有察觉,甚至为之尽情讴歌,推波助澜,特别是当时整个社会正迎来几百年未曾经历过的辉煌,沐浴在国家统一的荣耀之中。

第九章 统一大业

第一节 平陈谋略

开皇八年(588)一开春,人们就隐隐感觉到这一年不同于往常,看样子,隋朝和南陈之间将有重大事件爆发,心里说不清是期盼、等待,还是不安,在关注事态发展的同时,默默地祝福祈祷。

从去年岁暮以来,形势就开始变得紧张。十月十九日,文帝离开京城到同州,回到他幼年的故居,瞻仰先父遗迹,追忆往事,流连盘桓了四天,才起身东巡。在这里,他可以独自向父亲的英灵直抒胸臆,透露心中筹划已久的宏伟计划,就像当年攀登仕途时征询父亲指点一般,他还想再到儿时生活过的佛寺进香,祈求神明佑助。总之,这次回省意义绝不寻常,实际上是变换形式的秘密告庙,文帝要在此下决心,作出最后的战略决断。

果然,在内心犹豫难决的时候,他想起了因病不能随从的内史令李德林来,连忙下敕,亲笔在敕书后面注道:"伐陈事意,宜自随也。"①追召李德林前来帮助决断。恰好高颎有事要回京城,文帝嘱咐他前去探望李德林,交代说:"德林若患未堪行,宜自至宅取

---

① 《隋书》卷四十二《李德林传》系此事于开皇八年(588),但据《高祖纪》记载,文帝出巡同州等地在开皇七年(587),且至开皇八年十月,隋朝已经全面动员部署,出师伐陈,进入战役实施阶段。故文帝追召李德林作最后决策事,当从帝纪纪年。

其方略。"李德林抱病应召,提出自己的伐陈设想,大受重视,文帝专门派人将其方略送给晋王广,让其参照制定行动计划。在巡视归途,文帝以马鞭南指,对李德林许诺道:"待平陈迄,会以七宝装严公,使自山东无及之者。"①

作出最后决断之后,文帝如释重负,心情十分开朗,他一路东去,来到蒲州,二十五日,宴请当地父老,纵情欢乐,举目四座,乡绅老农,皆可人意,高兴道:"此间人物,衣服鲜丽,容止闲雅,良由仕宦之乡,陶染成俗也。"②如此欢欣的光景,在文帝的生活中并不多见。

十一月二十三日,文帝再回到冯翊(今陕西省大荔县),亲祠故社,仪式完毕后,接见故乡父老,结果因父老应对不合圣意,惹得文帝勃然大怒,免其县官,起驾回京。

阴晴不定的情绪波动,说明伐陈一事实在重大,关系到整个国家的前途命运。曾几何时,前秦苻坚率百万雄师南下长江,企图投鞭断流一统江山,结果把好端端一个中原大国搞得灰飞烟灭。从此以后,尽管北强南弱,却没有一位君主敢再轻举妄动。北魏虽曾几度饮马长江,但也是雷声大雨点小。所以,眼前文帝决心虽下,仍费斟酌。诸般焦虑,直灼得他心烦意躁,肝火上升。

建国以来,文帝无时不在考虑统一中国的宏伟事业。开皇初年,朝廷就曾讨论过伐陈,具体内容虽然不得而知,但其结果是任命元寿为专使,前往淮浦监修船舰,显然是为渡江伐陈预作准备。这一工程似乎持续到开皇四年(584)元寿改督漕渠工役为止③。但是,从其他方面的情况综合来看,文帝并未真正准备伐陈。

---

① 以上引文均见《隋书》卷四十二,《李德林传》。
② 《隋书》卷一,《高祖上》。
③ 《隋书》卷六十三,《元寿传》。

当时,不少人向文帝建议伐陈,特别是一班武将,更是跃跃欲试,老将梁睿是其代表,他在平定益州王谦之乱后,就向文帝献策,请缨平陈。文帝回信婉拒,指出:"朕初临天下,政道未洽,恐先穷武事,未为尽善。……王者体大,义存遵养,虽陈国来朝,未尽藩节,如公大略,诚须责罪。尚欲且缓其诛,宜知此意。"①

文帝暂时搁置伐陈请求是有充分道理的,就内因而言,隋朝刚刚立国,人心不安,社会未稳,难以支持一场全国规模的战争;在军事上,渡江水战又非北军所长,贸然进兵,徒取其祸。而且,当时在位的陈宣帝亦非平庸之辈,隋朝无隙可乘。

就外因而言,隋朝当时四面受敌,不久即与突厥倾力相拼,国家安危系于北线作战,故文帝必须尽快缓解南线压力,非但不能寻衅,而且还必须克制忍耐。故开皇元年(581)九月对陈反击作战时,文帝一再严令诸将不得浪战,在恢复江北失地、给陈军教训之后,主动停战。

可是,将军们不完全了解内情,一味请战,加上对南军的藐视,更助长了其声势,给文帝造成不小的压力,就连规模不大的一次对陈反击战,都得派宰相高颎出马坐镇,以防诸将轻敌深入,造成难以收拾的后果。因此,为了顶住来自各个方面的压力和干扰,文帝把对陈朝关系事务严格置于自己的领导之下,倾注了大量心血。

实际上,隋朝在摆出了大举伐陈架势的同时,从未断绝与陈朝的关系,随时作好谈判修好的准备。同年十一月,隋朝在战场上取得胜利后,派遣兼散骑侍郎郑㧑到陈朝,作出善意的姿态。翌年正月,陈宣帝病逝,隋朝随即以"礼不伐丧"宣布停止军事行动,而后,又于六月派遣专使入陈吊唁,大大缓和了与陈朝的关系,为北

---

① 《隋书》卷三十七,《梁睿传》。

御突厥争取到平稳安定的南面形势。

在南方,还有一个蕞尔小国后梁,为梁朝侯景之乱的产物,早就成为北周的附庸。隋文帝登基后,迅速提升与后梁的关系。开皇二年(582),文帝为其子晋王广纳后梁明帝的女儿为妃,一度还打算将兰陵公主下嫁后梁皇子,而且,还因此罢江陵总管,让后梁明帝萧岿表面上能够专掌其国。尊崇后梁皇室,可用以同陈朝争南朝的正统地位,而罢江陵总管则可向陈显示和平意愿,后梁在对陈关系上的政治与宣传价值被充分利用起来,成为隋朝牵制绥抚陈朝的重要棋子。

开皇三年(583)四月,文帝再次派遣兼散骑常侍薛舒、兼通直散骑常侍王劭到陈朝。隋使频频而至,逼使陈后主不得不于十一月派遣散骑常侍周坟、通直散骑常侍袁彦前来回聘。此后,双方每年互派使节的形式固定了下来,文帝完全取得南北交往的主动权,巧妙地将陈朝纳入隋朝精心制定的长期战略之中。

自打败突厥之后,隋朝对陈关系便发生了根本变化,所有的交往都是为着实现统一中国的宏伟目标,而通过使节互访拉陈入局,不啻给隋朝提供了施展各种策略手段的机会,可谓初战告捷。此后,文帝迭施妙手,把陈后主耍弄于股掌之间,逐步促进平陈条件的成熟。

首先,拒降示好,制造和平气氛,松懈陈朝的警惕性。开皇三年(583)四月,"陈郢州城主张子讥遣使请降,上以和好,不纳";翌年八月,"陈将夏侯苗请降,上以通和,不纳"[①],一再拒绝陈将归降,以示隋朝对保持友好关系的高度重视与坚定立场,给陈朝以天下太平的幻觉。

---

① 《隋书》卷一,《高祖上》。

其次,保持交往中的低姿态,诱敌骄慢。开皇四年(584),文帝派遣名儒薛道衡出使陈朝,临行前特意叮嘱道:"朕且含养,置之度外,勿以言辞相折,识朕意焉。"在致陈朝国书中,文帝自称姓名顿首,卑辞厚礼,造成陈后主的错觉,不由得自大起来,回书竟称:"想彼统内如宜,此宇宙清泰"①。口气傲慢,其实早已坠入文帝彀中。文帝还将陈朝的回书传示朝臣,群情激愤,大收鼓舞士气之效。

再次,在边境采取守势,以麻痹敌军,滋长轻敌心理。自文帝登基以来,陈军屡屡寻衅犯边。隋陈通好之后,陈军仍不时越境进犯,开皇五年(585),陈将湛文彻进攻和州就是一例。对此,隋军只是坚守拒敌,并不主动出击,而且,每次捕获陈朝间谍,都厚给衣马,以礼遣还,造成陈军误解,浑然不把隋军当回事,麻痹轻敌。

文帝的一系列精心安排,营造了隋陈友好的太平表象,其实,在内部,文帝无时不在考虑平陈方案,为此,他积极向臣下密询计策。高颎献了一条长期耗损陈朝国力的计策,亦即根据北寒南暖、收成早晚不同的特点,在江南稻熟时,秣马厉兵,声言伐陈,迫使陈军屯兵守御,废其农时。待陈军聚集完毕,隋军随即解甲休息,如此再三,则陈军习以为常,不作战备,趁此良机突然过江,则陈军可破。而且,江南土薄,房舍多为茅竹所筑,粮食储藏亦非地窖,故可秘密派人因风纵火,待其修缮后,再放火烧之,不出数年,足可罄尽其财力。文帝闻言大喜,依计实行,果然把陈朝搞得困惫不堪②。

高颎计谋见用,杨素、贺若弼、高勋和崔仲方等人亦争相献策,虢州刺史崔仲方知道文帝迷信天命,便先引经据典阐述一通陈朝

---

① 《资治通鉴》卷一百七十六"陈长城公祯明元年(587)十一月"条。
② 《隋书》卷四十一,《高颎传》。

当灭的五行运历道理,然后笔锋一转,提出对陈用兵的军事部署道:

> 今唯须武昌已下,蕲、和、滁、方、吴、海等州更帖精兵,密营渡计。益、信、襄、荆、基、郢等州速造舟楫,多张形势,为水战之具。蜀、汉二江,是其上流,水路冲要,必争之所。贼虽于流头、荆门、延州、公安、巴陵、隐矶、夏首、蕲口、盆城置船,然终聚汉口、峡口,以水战大决。若贼必以上流有军,令精兵赴援者,下流诸将即须择便横渡。如拥众自卫,上江水军鼓行以前。虽恃九江五湖之险,非德无以为固,徒有三吴、百越之兵,无恩不能自立[①]。

崔仲方的方案,充分利用隋朝据有长江上游的有利条件,以上游水军牵制敌军,而在下游突破陈朝江防,批亢捣虚,直取建康。这一建议实是西晋灭吴之计的改版,根据历史的经验教训,陈人对此不应毫无防备。然而,此时的陈朝的统治集团已经腐败透顶,无可救药了。

开皇三年(583)十一月,登基近两年的陈后主在遣使入隋时,才想起要了解对手隋文帝的情况,命令使者将文帝相貌画下带回。当他见到画像时,大惊失色,神经质地尖叫:"吾不欲见此人!"急命左右将画像撤下。随着文帝画像的屏除,陈后主犹如鸵鸟把头埋进沙里一样,马上忘却了来自北方的威胁,又沉浸在醉生梦死的温柔乡中。太市令章华实在看不下去,上书极谏道:

> 陛下即位,于今五年,不思先帝之艰难,不知天命之可畏,溺于嬖宠,惑于酒色,祠七庙而不出,拜妃嫔而临轩,老臣宿将,弃之草莽,谄佞谗邪,升之朝廷。今疆场日蹙,隋军压境,

---

① 《隋书》卷六十,《崔仲方传》。

陛下如不改弦易张,臣见麋鹿复游于姑苏台矣①。

章华讲得相当克制,还不敢提及宫中丑行,陈后主已是忍耐不住,急令拉出去斩首,免得扫兴。

客观地说,陈朝的灭亡完全是咎由自取。从当时南北社会的比较上,并不能得出隋朝全面超过陈朝的结论。相反,在生产方式、商品流通和社会发达程度等许多方面,南方并不见得差,有些甚至还优于北方。而且,陈朝军队的规模亦不小,且占有地利,只要能组织起有效的抵抗,亦非轻易可以欺侮的,何况兵凶战危,大小强弱,在俯仰之间。关键的问题在于其政治太过腐败,生活糜烂且不论,朝政紊乱,忠良贬黜,佞邪当道,上下相蒙,危亡不恤,人心涣散,众叛亲离,如此荒淫王朝,不亡何待!

开皇五年(585)后梁发生的一系列变故,加速了中国统一的进程。这年五月,后梁明帝萧岿去世,其子萧琮即位。萧岿依附北周,不为朝廷所重,到隋文帝登基,才大受礼遇,故颇怀感激。萧岿一死,嗣胤年幼,叔父权重,其动向令人担忧,故文帝特地下玺书给萧琮,以长辈的口吻颇加开导:

> 负荷堂构,其事甚重,虽穷忧劳,常须自力。辑谐内外,亲任才良,聿遵世业,是所望也。彼之疆守,咫尺陈人,水潦之时,特宜警备。陈氏比日虽复朝聘相寻,疆场之间犹未清肃,唯当恃我必不可干,勿得轻人而不设备。朕与梁国积世相知,重以亲姻,情义弥厚。江陵之地,朝寄非轻,为国为民,深宜抑割,恒加饘粥,以礼自存②。

文帝担心的一是萧琮年少,缺乏主见,容易受周围影响;二是

---

① 《陈书》卷三十,《章华传》。
② 《隋书》卷七十九,《外戚·萧岿附萧琮传》。

警惕梁陈关系的走向,挑明隋陈友好仅为表面现象。考虑到后梁大臣的乡土与复国情绪,以及和隋朝没有深厚关系的现状,文帝还分别给他们玺书,劝诫慰勉,予以牵制。以后形势的发展,证明文帝确有先见之明。

萧琮上台后,大概是为了表示对隋朝的忠诚,轻率地采取军事行动,派遣大将军戚昕统率水军攻打陈朝公安县城(今湖北省公安县西北),遭到挫折。其实,这时候,梁朝内部亲陈势力已经抬头,大将军许世武以城秘密招引陈荆州刺史陈慧纪,阴谋泄露,被萧琮诛杀。许世武是萧琮任命的,故这一阴谋到底牵涉多广,无从追究。在这种不稳的形势下,文帝采取果断措施,征召萧琮的叔父萧岑入朝,拜为大将军,封怀义公,留在京城,不令归国。同时,复置江陵总管,加强对后梁的监视,控制住局面。

然而,让心怀贰意的后梁长期占据长江中游战略要地,终归夜长梦多。更重要的是,到了开皇七年(587),隋朝内外皆安,国势日盛,统一中国的条件趋于成熟。四月间,文帝于扬州开山阳渎,已经显露对陈用兵的意图。所以,到了八月,文帝决定彻底解决后梁问题,召萧琮入朝,同时,派遣以严酷出名的崔弘度为江陵总管,率军进驻江陵。诏令颁下,梁国震动,江陵父老送萧琮入京,无不相对悲泣道:"吾君其不反矣!"①萧琮的叔父萧岩及弟弟萧瓛等害怕遭崔弘度掩袭,抢先行动,招引陈荆州刺史陈慧纪率兵进至江陵城下,九月十九日,驱虏文武百姓十万人南奔陈朝。文帝闻讯,下令废除梁国,并派宰相高颎赶往江陵绥集遗民②。

细察事件的全过程,不能不让人感到其中存在重大嫌疑。首

---

① 《隋书》卷七十九,《外戚·萧岿附萧琮传》。
② 参阅《资治通鉴》卷一百七十六"陈长城公祯明元年(587)"条;《周书》卷四十八;《隋书》卷七十九《外戚·萧岿附萧琮传》;卷七十四《酷吏·崔弘度传》。

先,隋朝要废除附庸国后梁易如反掌,不应故张声势,打草惊蛇。其次,萧琮启程入朝,文帝即派骁将崔弘度率部挺进江陵,军至都州(今湖北省荆门市西北),距江陵仅七十余公里,沿途未遇抵抗,但隋军却在此裹足不前,坐视萧岩于八月二十三日派人招引陈军,至九月十九日才从容不迫地携十万军民缓缓入陈,宝贵的二十多天,就在无所事事中流逝,眼睁睁地看着敌人逃逸,而崔弘度不但未受处罚,反被委以平陈行军总管重任。显然,这是文帝设置的圈套,目的就在于引诱陈朝上钩,陷敌于不义,为平陈寻找理由。

果然,文帝接到陈朝出兵接应萧岩等叛逃的奏报后,勃然大怒道:"我为民父母,岂可限一衣带水不拯之乎!"①下令大规模制造战舰,进入紧张的战备状态。信州(今四川省奉节县东)总管杨素在永安(今白帝城)建造各种战舰。高百余尺的五层楼舰,上张旗帜,前后左右装备六拍竿,高五十尺,具有拍毁敌舰的作战能力,可载战士八百人,号曰"五牙";次一级的战舰可运载士兵百余人,号曰"黄龙";以下还有平乘、舴艋等小型战舰,组成一支颇具威力的水军舰队。

一场大战已经迫在眉睫。然而,陈朝君臣仍在花天酒地,浑浑噩噩,毫无警惕。陈慧纪出兵接应萧岩来降,给陈朝惹来大祸,可陈后主却视为喜事,因为它可以给百般无聊的偏安日子增加一点刺激和难得的吹嘘机会,所以,下令为陈慧纪庆功,加侍中、金紫光禄大夫、开府仪同三司、征西将军等一大堆官衔,还增邑至六千户②。酒肉满腹,笙歌再起,就是没有人想起陈慧纪接回的只是嗷嗷待哺的流民,失去的却是整个江陵军事要地,还招来了饮马长江

---

① 《资治通鉴》卷一百七十六"陈长城公祯明元年(587)十一月"条。
② 《陈书》卷十五,《陈慧纪传》。

的铁骑雄师。

此事的灾难性后果很快就显现出来。诸将见陈慧纪受赏,都想仿效,他们还以为隋军会像往常那样克制忍让,故可轻启边衅。翌年一开春,陈朝的使者按惯例入隋通好,紧跟着,陈将周罗睺就从峡口(今湖北省宜昌市西长江西陵峡口)屯兵地进攻隋硖州(今湖北省宜昌市西北)。这一事件不啻是火上加油,不仅再次向隋朝提供出兵的理由,更严重的是促成文帝痛下决心。

其实,就是在隋朝全面进入战备状态后,文帝似乎还没有最后决定伐陈的时间。当时有人劝文帝秘密备战,不料文帝答道:"吾将显行天诛,何密之有!"还命令将伐树造船削下的细木投入江中,有意暴露给陈人知道,冠冕堂皇地说道:"若彼惧而能改,吾复何求!"[①]大规模备战,陈朝总是会打探到的,无须掩耳盗铃,但有意张扬,其中必有文章。文帝显然是想试探陈朝的反应,相机决定进退。

大臣中也有人看出文帝的烦恼。刑部尚书皇甫绩借外任辞行之机,向文帝进言陈朝必亡的理由道:"大吞小,一也;以有道伐无道,二也;纳叛臣萧岩,于我有词,三也"[②],以增强文帝的必胜信心。

当然,对实施伐陈战略权衡再三的,并不只是文帝。高颎直到渡江前夕还感到不太踏实,月夜召来内史舍人薛道衡,问道:"今段之举,克定江东已不?君试言之。"

薛道衡款款为之分析道:"凡论大事成败,先须以至理断之。《禹贡》所载九州,本是王者封域。后汉之季,群雄竞起,孙权兄弟

[①] 《资治通鉴》卷一百七十六"陈长城公祯明元年(587)十一月"条。
[②] 《隋书》卷三十八,《皇甫绩传》。

遂有吴、越之地。晋武受命,寻即吞并,永嘉南迁,重此分割。自尔已来,战争不息,否终斯泰,天道之恒。郭璞有云:'江东偏王三百年,还与中国合。'今数将满矣。以运数而言,其必克一也。有德者昌,无德者亡,自古兴灭,皆由此道。主上躬履恭俭,忧劳庶政,叔宝峻宇雕墙,酗酒荒色。上下离心,人神同愤,其必克二也。为国之体,在于任寄,彼之公卿,备员而已。拔小人施文庆委以政事,尚书令江总唯事诗酒,本非经略之才,萧摩诃、任蛮奴是其大将,一夫之用耳。其必克三也。我有道而大,彼无德而小,量其甲士,不过十万。西自巫峡,东至沧海,分之则势悬而力弱,聚之则守此而失彼。其必克四也。席卷之势,其在不疑。"

薛道衡从历史到现状,对双方君主、将帅、军力和政情逐一进行比较,条分缕析,基本符合当时的现实,连文武双全的高颎也为之折服,胸中的疑虑顿然冰释,忻然赞叹:"君言成败,事理分明,吾今豁然矣。本以才学相期,不意筹略乃尔。"①

为伐陈而寝食不安的正是隋朝最高决策者,他们的焦虑来源于对个人、国家和历史高度负责的态度,表现出敢断慎行的务实的政治家作风。正是这种作风,成功地麻痹了陈朝统治者,引导统一中国的理想一步步迈向现实。多年的心血,终于迎来了历史性的关头。掩上前线送来的急报,走出烛火灼人的殿堂,透过夜幕,向南遥望,城里一片阒寂,只有星星在闪烁。日前,太史密报:"镇星入东井"②。文帝很想看清这冥冥中的天意,他目不转睛地盯着无垠的星空,不知不觉又浸入披阅奏章的世界,仿佛南方的天空红了起来,不知好歹的陈兵举着火把,冲向村庄、城池……文帝直觉得

---

① 《隋书》卷五十七,《薛道衡传》。
② 《隋书》卷二《高祖下》"开皇八年二月"。

血往上冲:"是时候了!"他挥拳击在自己的腿上,调头快步迈进宫中。

开皇八年(588)三月九日,文帝终于作出了历史性决断:下诏伐陈。

第二节　直下金陵

这天早晨,京城百姓一开门就感觉到外面世界变了,衢口城门都张挂檄文,前面聚集起越来越多的行人,有人大声诵读起来:

> 陈叔宝据手掌之地,恣溪壑之欲,劫夺闾阎,资产俱竭,驱逼内外,劳役弗已;穷奢极侈,俾昼作夜;斩直言之客,灭无罪之家;欺天造恶,祭鬼求恩;盛粉黛而执干戈,曳罗绮而呼警跸;自古昏乱,罕或能比。君子潜逃,小人得志。天灾地孽,物怪人妖。衣冠钳口,道路以目。重以背德违言,摇荡疆场;昼伏夜游,鼠窃狗盗。天之所覆,无非朕臣,每关听览,有怀伤恻。可出师授律,应机诛殄,在斯一举,永清吴越①。

檄文读来确实令人解气,不少人已是摩拳擦掌,跃跃欲试。为了达到最大的宣传效果,文帝命令书手彻夜赶工,抄写檄文三十万份,潜送至江南,四处散发,以期瓦解陈朝民心,打击其士气。另外,又给陈朝送去玺书,历数陈后主的二十大罪状,发起一场空前规模的宣传战,先声夺人。

从发布檄文的三月到十月,七个月间,长江两岸竟与平常无异,隋军毫无动静,一派和平景象。最初的震骇渐渐安定下来,看来隋朝又是虚声恫吓。陈后主又恢复故态,在宫中与宠妃张丽华

---

① 《资治通鉴》卷一百七十六"陈长城公祯明二年(588)三月"条。

追逐欢乐起来。

张丽华出生于卑贱的兵家,父兄靠编织草席为生,市井碧玉,倒也俏丽,被选入宫服侍龚贵嫔,因此能够接近陈后主。没有什么教养与拘束的性格,反倒让纤弱脂气的陈后主如获至宝,很快就生下始安王深,跃升为贵妃。陈后主贪色而懦弱,张丽华便教他偷香猎艳,并常聚巫女歌舞煽情,弄得陈后主神魂颠倒,无心理政。百司启奏每由宦官送入宫中,陈后主脱不开身,便将张丽华抱在膝上,共相参决。于是,艳情左右起政情来,织草席的纷纷登堂执笏,与直言敢谏的大臣易位而居。更有甚者,巴结孔贵嫔而飞黄腾达的孔范告诉陈后主说:"外间诸将,起自行伍,匹夫敌耳。深见远虑,岂其所知!"[①]其他近臣也同声附和,陈后主竟信而不疑,派人觇视诸将,纤微过失,即夺其兵,转交给文吏,搞得陈朝军政竟由一帮小白脸把持。

隋军既无渡江迹象,陈朝当然不需要在江防上多费心思,何况张丽华正忙着抢夺权位。她日夜吹起枕边风,要陈后主废沈皇后和太子。五月,陈后主抓紧宝贵的和平时间,先废太子,改立始安王深,并张罗着废黜沈皇后,册立张丽华,宫里宫外,一片忙乱。

在此期间,隋文帝却在为平陈而日夜操劳。他外示闲定,继续迷惑陈朝,观察其反应,内则紧锣密鼓地加强战备。

首先,为建国以来最大规模的军事行动进行全国总动员,征集五十余万精锐部队,开赴各个前线攻击地集结,完成对陈作战的兵力部署。

众所周知,隋承北周实行府兵制度。其府兵规模虽已难知,但

[①] 《资治通鉴》卷一百七十六"陈长城公至德二年(584)末"条。

若参酌唐朝的情况,则可推知其大概。唐初有兵府六百左右[1],若以平均每府千人计,则其总数约在六十万上下,隋朝与此相去不远。府兵要担负京城宿卫及戍守边疆等任务,可以调集出征者,远远不能满足平陈的需要。为此,文帝采取了一些重要措施加以解决。其一是在南边新增军府,扩充兵力。洛阳出土的《大隋帅都督故唐君故苏夫人墓志铭》记载:

> 泊开皇之初,将定江表,首置军府,妙选英杰。君以材雄入幕,豪胜知名,远近所推,特授都督。既而教兵不弃,治兵有典,富贵自取,仍领帅都督。兵至于跃马弯弓,吟猿落雁,贯之者七札,所敌者万人。俄属天下太平,四表无事,解甲卧鼓,散马休牛。君乃谢病言归,挂冠不仕[2]。

新置军府的将官乃选拔"材雄"者充任。唐该是洛阳人,以"豪胜知名,远近所推",可知北方的乡豪被选入军中,成为新兵府的骨干。这些兵府专为平陈设置,并参加平陈,战后解散。其二是将大批乡兵纳入战斗系列。张奫家住淮阴(今江苏省淮阴县甘罗城),隋时以大都督领乡兵,参加平陈[3];来护儿同样以大都督统广陵乡兵,平陈立功[4];此外如刘权、樊子盖等,也都是以乡帅参加平陈而成为隋朝高级官员[5]。把乡兵纳入正规部队,不但增加了军力,而且还收到吸收消化地方武装的效果,增进国家的内在统一。由于采取了得力的措施,所以隋朝得以在半年多的时间里迅速扩军,组

---

[1] 兵府数有一个变化的过程,参阅谷霁光:《府兵制度考释》第五章,上海人民出版社1962年版。
[2] 赵万里:《汉魏南北朝墓志集释》卷九,图版四八八,科学出版社1956年版。
[3] 《隋书》卷六十四,《张奫传》。
[4] 《北史》卷七十六,《来护儿传》。
[5] 刘权和樊子盖事迹均见《隋书》卷六十三本传。

成强大的攻击力量,在军力上占据优势。

其次,确定通盘作战方案。文帝认真听取了诸将的平陈建议后,博采众长,相互补充,经过反复斟酌,制定出一个更加缜密周全且规模宏大的作战计划,在此计划中,隋军西起永安,东至吴郡(今江苏省苏州市),在长达数千公里的长江全线向陈军发起进攻,主攻方向是直取建康,为了实现这一目标,分别在西面选择长江上、中游的宜都郡(今湖北省枝城市)、江陵、郢州(今湖北省武汉市武昌)、蕲州(今湖北省蕲春县北),以及东面的吴郡为主要攻击点,将陈军分割成三大段,令其顾此失彼,既不能组织起有效的抵抗,又无法回援京师,最终被各个击破。

第三,组建作战指挥系统,遴选参战将领。根据作战方案,文帝在十月设置淮南行台省于寿春,任命晋王广为尚书令,主持伐陈大局。又任命左仆射高颎为晋王元帅府长史,行台右仆射王韶为司马①,实际负责处理军务。其下分三大作战区域,以晋王广、秦王俊和清河公杨素三人为行军元帅,分别负责长江下、中、上游的作战指挥,另以燕荣偏师进攻吴郡,牵制长江上游敌军。行军元帅下辖行军总管,分路出击。行军总管共有九十人,他们是战场指挥员,直接关系到战役的成败,故文帝对其细加遴选,并于九月十一日接见并宴请"南征诸将,颁赐各有差"②,亲加勉励,以鼓舞士气。举行这次宴会,实际上表明平陈的各项准备已经就绪。

第四,策反敌人,安排内应。隋军的优势,在一定程度上可为

---

① 《资治通鉴》卷一百七十六"陈长城公祯明二年(588)十月"条记载:"以左仆射高颎为晋王元帅长史,右仆射王韶为司马,军中事皆取决焉。"但王韶并未担任过尚书省右仆射。《隋书》卷六十二《王韶传》记载:"晋王广之镇并州也,除行台右仆射,……平陈之役,以本官为元帅府司马。"可知王韶实为行台右仆射。

② 《隋书》卷二,《高祖下》"开皇八年九月"。

陈人据有的地利所抵消,所以,必须从内部瓦解敌军,通过内应发起突袭,攻破其防线,陷敌于混乱。间谍战的重要意义不言而喻,故文帝另辟专线,越过正常机构,亲自指挥高度机密的策反工作,甚至连宰相都无从预闻。

裴蕴祖上数代仕于南朝,父亲裴忌为陈朝开国元勋,官至都官尚书,后因北伐兵败,被虏往长安。文帝利用这一关系作裴蕴的工作。当时,裴蕴以功臣子弟而受陈朝信任,历任禁军直阁将军,镇兴宁陵(今江苏省镇江市)①,拱卫建康东北门户,其向背具有重要的军事价值。策反工作进行得极其秘密,且大获成功,裴蕴奉表于文帝,愿意充当内应。后来,贺若弼军就是从南徐州突破陈军江防进攻建康。平陈后,文帝召见江南衣冠人士,依次及于裴蕴时,称赞他夙有向化之心,超授仪同。高颎不明就里,反对道:"裴蕴无功于国,宠逾伦辈,臣未见其可。"文帝不便明说,便给裴蕴加授上仪同。高颎给弄糊涂了,再次进谏,于是,文帝再给裴蕴加品级,即日拜开府仪同三司,高颎这才不敢复谏②。由此可见秘密工作对隋军胜利平陈所作贡献之一斑。

为了确保上游大军突袭成功,文帝做了大量过细工作。他选择起用一批南朝降人,配属突击部队,以为向导。王颁是梁朝名将王僧辩之子,王僧辩被陈武帝袭杀,王颁流落北周,切齿报仇。隋朝建立后,他上书献平陈之策,为文帝所知,亲加慰抚。平陈之役,特让他率徒众数百人,为韩擒虎部队先锋,乘夜渡江,长途奔袭建

---

① 《隋书》卷六十七《裴蕴传》载其"在陈,仕历直阁将军、兴宁令"。裴蕴以直阁将军出镇兴宁,且因接应隋军而受重赏,故此兴宁既不应是在今云南省大姚县的兴宁郡,也不应是在今广东省兴宁市的兴宁县,而应是守卫建康下游门户的兴宁陵(即京陵。属南徐州,今江苏省镇江市)。

② 《隋书》卷六十七、《裴蕴传》。

康,首建奇功①。周法尚为陈朝骁将,为谮言中伤,亡命北投。文帝用之为黄州(今湖北省新洲县)刺史,密令他经略江南,伺候动静。平陈时,任秦孝王麾下行军总管,率舟师三万自樊口(今湖北省鄂城市西)出击,大破陈军②。

文帝君臣为平陈所作的准备周到而充分,几乎无懈可击。以后,整个平陈战役基本上就按照预定计划进行,甚至比预想的还顺利,这在战争史上并不多见。在此意义上,可以说决定平陈胜利的关键并不在于战场厮杀,而在于政治谋略的无声较量。

十月二十三日,隋朝终于打破七个多月令人捉摸不透的沉寂,于寿春成立淮南行省。再愚钝的人也能看出一场大战在即,陈后主这时似乎也感觉到什么,但他并没有真正体会到事态的严重,还幻想像以往那样通过外交活动敷衍了事。二十五日,陈朝使者兼散骑常侍王琬和兼通直散骑常侍许善心来到长安。这时,隋文帝已经犯不着再作周旋,便把他们软禁起来。

二十八日甲子,又是一个文帝深信不疑的革运吉日。天一亮,他已经率领文武百官伫立在太庙前面,举行庄严的告庙仪式,拜将出征。望着盔甲鲜明、精神抖擞的将士,他坚定地命令:东起沧海,西至巴蜀,在千里江面上全线出击,以晋王广出六合(今江苏省六合县),秦王俊出襄阳(今湖北省襄樊市),清河公杨素出信州,荆州刺史刘仁恩出江陵,宜阳公王世积出蕲春(今湖北省蕲春县北),新义公韩擒虎出庐江,襄邑公贺若弼出吴州,洛丛公燕荣出东海(今江苏省连云港市东南),合总管九十,兵五十一万八千,皆受晋王节度。

---

① 《隋书》卷七十二,《孝义·王颁传》。
② 《隋书》卷六十五,《周法尚传》。

十一月二日,文帝大犒士卒,下诏悬赏擒获陈后主者封上柱国、万户公,激励士气,以壮行色。十日,他亲率大军来到距潼关三十里的定城,隆重誓师。三军阵势严整,万众振臂高呼,激荡起排山倒海一往无前的气势,文帝激动了,满怀必胜的信心,跨上战马,一直把大军送出潼关,送过黄河,送走晚霞,一程又一程。当翌日朝阳冉冉升起的时候,他站在河东山冈上,目送大军随黄河滚滚东去。

在河东,在黄河之滨,文帝心潮澎湃,中华民族期盼了数百年的统一梦想,将要在自己的手中变成现实,他再也坐不住了,他要在这里就近等待前线的消息。在这里,他驻留了二十多天,直到长江中、上游的隋军如期发动攻势,他才于十二月五日回京城统筹全局。

十二月,秦王俊率三十总管,水陆十余万进屯汉口,大有渡江规取武昌的模样。陈朝急令驻扎峡口的周罗睺率上游诸军回防,以荀法尚部劲卒数万屯驻鹦鹉洲①。陈军一被调动,杨素旋由长江上游发动强大攻势,率舟师出三峡,揭开平陈战役的序幕。

杨素兵出峡口,在山高水急的狼尾滩被陈将戚昕所阻。司马李安建议:"水战非北人所长。今陈人依险泊船,必轻我而无备。以夜袭之,贼可破也。"②隋军战舰虽大,但真正打起来却没有必胜把握,所以,杨素采纳李安的夜袭建议,同时派出两路劲卒,沿南北江岸衔枚疾进,攻陷陈军大营,水陆呼应,一举冲出峡口。眼前,江面顿然开阔,浩浩荡荡,两岸平川,郁郁苍苍,隋军舟舻被江,旌甲曜日,杨素高坐舰首,容貌雄伟,陈人仰望,以为江神,望风披靡,沿

---

① 参阅《隋书》卷四十五,《文四子·秦孝王俊传》。
② 《隋书》卷五十,《李安传》。

岸镇戍,顺次陷落。陈朝在长江上游的兵力,完全被杨素和秦王俊所钳制,自顾不暇,无力回援建康。

杨素出蜀,是隋军具有战略意义的胜利。消息传来,文帝心花怒放,特别是水军获胜,堪称奇迹,有助于改变南船北马观念,对下游主力部队会有多大的激励!文帝当即厚赏水军先锋李安,进位大将军,封郢州刺史,以为全军榜样,并通令嘉奖道:

> 陈贼之意,自言水战为长,险隘之间,弥谓官军所惮。开府亲将所部,夜动舟师,摧破贼徒,生擒虏众,益官军之气,破贼人之胆,副朕所委,闻以欣然①。

狼尾滩一役,隋军主要是依靠陆战取胜的。对此,文帝是否清楚,已经无从得知。然而,事实真相并不重要,文帝所需要的只是以此激励下游部队,让他们增强信心,给陈朝以致命的一击。此时此刻,昏庸至极的陈后主平白送给隋军一个绝妙战机,一个稍纵即逝的历史性瞬间!

原来,后梁萧岩、萧瓛奔陈,陈后主表面上热情欢迎,心里却猜忌得很,所以,把他们带来的部众尽加解散,让萧岩当东扬州(今浙江省绍兴市)刺史,萧瓛当吴州(今江苏省苏州市)刺史,同时以将军任忠镇吴兴,监视二萧。时近年底,陈后主忙着大办新年元会,命二萧参加,同时命令缘江诸防的舰船也都相随回京,意在炫耀军威,震慑二萧。置强敌于不顾,而倾水军之力向两个行将就木的政治废人示威,造成江面没有陈朝战船的空隙,难道竟如薛道衡所言:陈朝气数已尽?!

天命乎?人事乎?不管怎么说,对于历代的亡国君主来说有一点却是共同的,那就是不顾一切地窝里斗。

---

① 《隋书》卷五十,《李安传》。

陈晋熙王叔文担任湘州（今湖南省长沙市）刺史，在职多年，政通人和，却因此遭到陈后主的猜忌，无缘无故被征还朝。而陈后主又没有合适的人选继任，便将此重任委派给其近宠施文庆，令他率精兵二千赴任。施文庆由中书舍人迁大州都督，自然高兴，但是，他的专长在于艳词拍马，哪里敢把一身细皮嫩肉往隋军虎口里送，而且，他还担心走马上任后，新当权者会揭短攻讦，故一面荐其党徒沈客卿自代，一面赖在京城不去就职，结果是湘州无人主持军务，而朝中二人共掌机密。护军将军樊毅见京都防御薄弱，提醒仆射袁宪要在京口（今江苏省镇江市）与采石（今安徽省当涂县北采石）两地派驻战船锐卒，满朝文武皆以为然，唯施文庆担心会触动配属于他的兵力，极力反对。至隋军压境，警报如潮，袁宪等人再三奏请加强江防，而施文庆竟以元会郊祭警卫为由，仍不同意，甚至还买通宰辅江总一道反对，巧舌如簧，说得陈后主深以为然，觉得加强江防等于向隋朝示弱，大言不惭地对侍臣说："王气在此，齐兵三来，周师再来，无不摧败，彼为何者邪！"都官尚书孔范在一旁附和道："长江天堑，古以为限隔南北，今日虏军岂能飞渡邪！边将欲作功劳，妄言事急。臣每患官卑，虏若渡江，臣定作太尉公矣！"[①]逗得陈后主哈哈大笑。君臣就像一对活宝，你一言我一语，好不开心。真是自作孽不可活。

陈朝的一举一动早就被飞报给隋军统帅，建康门户洞开，机不可失。开皇九年（589）元旦，陈后主精心准备的盛会才要开场，江面刮起大雾，入鼻皆酸，陈后主昏然入睡。就在此时，隋军主力根据文帝的命令[②]，从东西方向同时出击，贺若弼自广陵、韩擒虎自

---

① 《资治通鉴》卷一百七十六"陈长城公祯明二年（588）十二月"条。
② 《隋书》卷五十二《韩擒虎传》载其与贺若弼争功说："本奉明旨，令臣与弼同时合势，以取伪都。"可知此役是在文帝部署下进行的。

采石分别渡江,陈朝守军在醉中成了俘虏。隋军渡江成功,晋王广随即率大军跟进,在建康对岸的六合镇桃叶山建立指挥部。

翌日,从采石逃脱的戍主徐子建赶到建康告变,陈后主不知所措,第二天才想起召集公卿商量对策。大将萧摩诃主张趁敌立足未稳,急速反击。陈后主早已吓成一团,昼夜啼哭,朝中事务皆委施文庆处置。施文庆素与诸将不和,此时更是害怕武将立功,威胁到自己的地位,所以,凡有请战,皆予压制。朝议延宕到次日,才宣布戒严,命令水陆两军增援南豫州,同时颁布赏格,令和尚、尼姑及道士皆服兵役,算是有个交代。此时,距隋军渡江已是第四天了,而陈朝的援军还没个影。

六日,隋将贺若弼攻下京口;次日,韩擒虎再克姑熟(一作姑孰,今安徽省当涂县),两路隋军,南北钳击建康。十七日①,分别占领钟山和新林,建康已成囊中之物。与此同时,洛丛公燕荣率水师出东海,沿海岸线南下,入太湖,取吴郡;宜阳公王世积舰队亦出九江道,破陈将纪瑱于蕲口,史祥部攻拔江州(今江西省九江市)。

攻克江州具有重大军事意义。此役将陈朝江防截为数段,彻底断绝陈军之间的联络,将其分割在几个孤立的据点上,致其防御体系全线崩溃。这是一个振奋人心的胜利,文帝满怀喜悦在长安宴请群臣,宣布江南指日可下的消息,传令嘉奖史祥:

> 公亲率所部,应机奋击,沉溺俘获,厥功甚茂。又闻帅旅进取江州。行军总管、襄邑公贺若弼既获京口,新义公韩擒

---

① 《资治通鉴》卷一百七十七"隋文帝开皇九年(589)正月"条载:"辛未,韩擒虎进攻姑孰,半日,拔之。……辛未,贺若弼进据钟山,顿白土冈之东。晋王广遣总管杜彦与韩擒虎合军,步骑二万屯于新林。"辛未为七日,韩擒虎当日攻姑孰,决无推进至建康之理。《陈书》卷六《后主纪》载:"辛巳,贺若弼进据钟山。"可知《资治通鉴》所载后一"辛未"为"辛巳"之讹,即十七日。

(虎)寻克姑熟。骠骑既渡江岸,所在横行。晋王兵马即入建康,清荡吴、越,旦夕非远。骠骑高才壮志,是朕所知,善为经略,以取大赏,使富贵功名永垂竹帛也①。

胜利在即的时候,久战屡捷的前线将士最容易骄傲松懈,文帝表彰史祥,一方面是向全军通报战况,相互鼓舞,另一方面就是要勉励将士再接再厉,对陈最后一战。

最后的决战比预想来得更早。十五日,陈将任忠自吴兴郡(今浙江省湖州市)率军驰援建康,抢在隋军到达前入屯朱雀门。任忠赶到,建康甲士犹有十余万,陈后主的胆子又壮了起来,召诸将商议军事,任忠主张坚守宫城,等待上游周罗睺大军来援,分兵反断隋军联络,自己则率水军渡江奇袭六合隋军指挥部,截其归路。在当时的形势下,任忠的方案不失为积极防御的上策。可是,猛将萧摩诃极力主张趁贺若弼立足未稳,一战克之。陈后主不知所从,踌躇一夜。次日,他忽然决定出战,任忠叩头苦谏,那位自吹包克隋军的孔范又在一旁夸口,说是只要出战,必可勒碑纪功。后主大喜,命令萧摩诃统领诸将,决一死战。

二十日,陈军倾巢而出,布下南北亘二十余里的长蛇阵,由鲁广达打头阵,任忠、樊毅、孔范继之,萧摩诃居北指挥。阵势才布置停当,萧摩诃家人慌张来报,主母被陈后主接进宫中,再无音信。原来萧摩诃虽老,妻子却是妙龄国色。古时将军出征,家属为质。故萧摩诃妻子被陈后主撞个正着,诱入后宫,御驾亲征。萧摩诃得报,哪里有心接战。只有前锋鲁广达最为忠诚,奋力冲锋,贺若弼抵挡不住,一退再退,纵烟隐蔽,才稳住阵脚。陈军小胜,士兵纷纷提着敌人首级,回身找陈后主求赏去。贺若弼见势,分军反击,其

---

① 《隋书》卷六十三,《史祥传》。

中一路径向孔范兵阵扑来。孔范终于盼到了破敌升官的良机,却是面如土色,一转身就没影了,部下顿作鸟兽散。其他陈兵一看不妙,跟着四下溃逃,长蛇阵烟消云散,隋兵一下子涌到萧摩诃面前,把自伤妻离的老将军捆成粽子一般。

任忠见大势已去,率数骑投降韩擒虎,自为向导,引隋军直入朱雀门,守军欲战,任忠招呼道:"老夫尚降,诸军何事!"①于是,士卒弃械,百官皆遁。陈后主转眼成了光棍天子,只有平时不为所重的袁宪等寥寥几位文臣赶来陪伴。到了这光景,陈后主仍不悔悟,自嘲自慰道:"非唯朕无德,亦是江东衣冠道尽。"②扔下这句话,算是对亡国的交代,自己没命似的跑进后宫,只听里面传来咕咚一声,就再无声响了。

韩擒虎部众冲入宫中,到处找不到陈后主,仔细搜索,发现宫中井下隐然有声,便垂下绳索,勒令出降。井台上的隋兵,虎背熊腰,提绳而上,却是纹丝不动,不由觉得十分奇怪,众人合力,才将绳索拉了上来。一看,哄然大笑,只见陈后主与张丽华、孔贵嫔三人紧紧抱成一个大砣,浑身湿透。

隋军擒得陈后主,马上让他写招降书,急驿传送,宣示内外,陈军纷纷放下武器,停止抵抗。长江上游的周罗睺、陈慧纪各拥重兵,与杨素和秦王俊反复争夺长江控制权,相持逾月,接到陈后主手书后,遣散士兵,解甲投降。王世积在蕲口得悉建康已下,迅速派人分头告谕江南守军,诸郡相继归降。二十九日,文帝下诏,派遣使者持节巡抚陈朝州郡。二月一日,隋朝撤销淮南道行省,宣告平陈战役胜利结束。根据文帝的命令,隋军把建康城邑宫室夷为

---

① 《资治通鉴》卷一百七十七"隋文帝开皇九年(589)正月"条。
② 《资治通鉴》卷一百七十七"隋文帝开皇九年(589)正月"条。

耕地,移州治于石头城,名为蒋州。

此役概得州四十,郡一百,县四百,分裂数百年的南北王朝终于重新融为一体。如果说隋朝建立标志着民族融合的基本完成,那么,平陈则以政权归一宣告分裂时代的结束,由民族斗争而引发的社会崩溃,同样在民族的融合中迈向统一。从历史演进的过程上看,南北统一并不是简单的武力征服。所以,不管以后如何风云激荡,这个正在成长的新社会拥有坚强的联系纽带和巨大的发展潜力,一个统一、强大的世界性国家磅礴于世,中华民族的历史翻开了崭新的一页。

四月六日①,文帝亲自到长安东面的骊山,慰劳远征归来的大军。十二日,长安举行盛大的凯旋献俘仪式。三军健儿排成整齐的方阵,随高骑马上的晋王广和秦王俊阔步进城。后面,铁骑押着陈后主及其王公将相,还有缴获的天文图籍,沿街游行,最后献于太庙。翌日②,文帝高坐在广阳门城楼上,将陈后主及其太子、诸王二十八人,文武官员二百余人,押到城门前面,先令纳言传旨抚慰,再令内史令宣诏谴责,陈后主君臣愧惧交加,屏息无语。看到往日的对手匍匐在地,文帝再次痛快地感受到胜利者的喜悦与荣耀,他宽大地赦免了眼前这些俘虏,内心更涌起阵阵的满足。他决定要大张旗鼓地欢庆这历史性的胜利。

十七日这天,风和日丽,从广阳门到南郭,将士填衢而坐,布帛堆满两旁,文帝再次出现在宫城正南的广阳门上,举行盛筵。三军

---

① 《资治通鉴》卷一百七十七"隋文帝开皇九年(589)四月"条载:"辛亥,帝幸骊山,亲劳旋师。乙巳,诸军凯入。"辛亥为十八日,而乙巳为十二日,时间记载显然有误。"辛亥"当依《隋书》卷二《高祖下》作"己亥",为六日。

② 《资治通鉴》卷一百七十七"隋文帝开皇九年(589)四月"条记作"丙辰",即二十三日,但其后接"庚戌"(十七日),显然系有误,疑"丙辰"当为"丙午",则为十三日。

沸腾,举国同庆,立功将士,奖赏优渥,共颁赐布帛三百万段。会上,文帝还宣布:陈朝故境,给复十年,全国各州,蠲免今年租赋。次日,更宣布大赦天下。

平陈元帅晋王广进封太尉,赐辂车、乘马、衮冕之服、玄圭、白璧。杨素进爵为越公,并封赏其二子爵位,赐物万段,粟万石。高颎加位上柱国,进爵齐公,赐物九千段。贺若弼和韩擒虎争功,相互揭短,文帝俱加厚赏,进位上柱国,赐物八千段。自下将领加官进爵,各有封赏,皆大欢喜。

文帝还对陈朝降臣亲加甄别,颇予黜陟。陈尚书令江总授从三品的上开府仪同三司,仆射袁宪、骠骑萧摩诃、领军任忠等人授正四品的开府仪同三司。袁宪在危难关头,挺身入宫护卫陈后主,这种为臣尽忠的行为大得文帝称赞,下诏表彰,并授昌州(今湖北省枣阳市)刺史实职。周罗睺坚守长江上游,忠诚王事,受到文帝的亲切接见,许以富贵,授上仪同三司。散骑常侍袁元友因直言劝谏陈后主,被擢授吏部主爵侍郎职务。相反,对于奸邪佞臣,文帝则予以严厉的处罚。隋军攻克建康时,晋王广和高颎处斩了张丽华及施文庆、沈客卿、阳慧朗、徐析、暨慧景等五佞,却让孔范、王瑳、王仪、沈瓘等蒙混漏网,到了长安,他们的劣迹被揭露,文帝即予公布,流放边裔,以谢江南。赏忠黜邪是为了在隋朝鼓励事主尽忠的风气,故文帝颇为鄙视变节者。陈将任忠主动投降,还引导隋军进入宫城,可谓是为隋立了大功,但文帝鄙其为人,特引古代弘演为卫懿公殉死的例子与之相比,对群臣说:"平陈之初,我悔不杀任蛮奴。受人荣禄,兼当重寄,不能横尸徇国,乃云无所用力,与弘演纳肝何其远也!"①陈晋熙王叔文亦是降将,到长安后还将投

---

① 《资治通鉴》卷一百七十七"隋文帝开皇九年(589)四月"条。

降经过写成表文,邀功请赏。文帝虽然感到恶心,却还是用他为宜州(今陕西省耀县)刺史。超越个人好恶而表现出来的大度包容,明显具有怀柔江南的用意。

陈朝一灭亡,文帝立即撤销淮南道行省,命令晋王广率师凯旋,而以少不更事的秦王俊代之,任扬州总管四十四州诸军事,镇广陵。同时,调信州总管杨素任荆州总管,辅助秦王控制江南。可是,不到两个月,文帝又调杨素回京担任纳言。这些布置表明,由于江南各地顺利平定,文帝判断军事行动已经过去,今后将以怀柔为主,贯彻各项国家制度。就在废淮南道行省的第二天,文帝下令:"制五百家为乡,正一人;百家为里,长一人。"①选择这样的时机颁布重组乡村的政令,不能说没有统一全国乡村政权的意图,其中自然包括江南。正是基于这种形势判断,四月二十九日,文帝发布诏书,宣告天下太平,阐述文治方针道:

> 今率土大同,含生遂性,太平之法,方可流行。凡我臣僚,澡身浴德,开通耳目,宜从兹始。……内外职位,遐迩黎人,家家自修,人人克念,使不轨不法,荡然俱尽。兵可立威,不可不戢,刑可助化,不可专行。禁卫九重之余,镇守四方之外,戎旅军器,皆宜停罢。代(世)路既夷,群方无事,武力之子,俱可学文,人间甲仗,悉皆除毁。有功之臣,降情文艺,家门子侄,各守一经,令海内翕然,高山仰止。……官府从宦,丘园素士,心迹相表,宽弘为念,勿为躅促,乖我皇猷②。

这是一篇翘首等待了几百年的太平文告,从此以后,化干戈为玉帛,共享清平时光。人们欢欣鼓舞,奔走相告,朝野内外,颂声鹊

---

① 《隋书》卷二,《高祖下》。
② 《隋书》卷二,《高祖下》。

起,皆请封禅,希望将此丰功伟绩敬告天地,宣示神明。在一片欢呼声中,文帝倒显得相当冷静,七月十五日,他下诏说:"岂可命一将军,除一小国,遐迩注意,便谓太平。以薄德而封名山,用虚言而干上帝,非朕攸闻。而今以后,言及封禅,宜即禁绝"①,拒绝了封禅的请求。可是,封禅的请愿并没有就此停息,到了十一月,定州刺史豆卢通等人还在上表请封。这些请求并非虚情拍马,当时,文帝的声誉确实如日中天。就其本人而言,内心深处何尝不想登封泰山,歌功颂德。这年底,他下诏修乐。礼云:"王者功成作乐"。十分明显,文帝也陶醉在胜利之中,开始为太平盛世装点打扮。

第三节 再平江南

开皇十年(590)底,江南爆发了一场声势浩大的武装反抗,把隋朝君臣从一厢情愿的太平梦中唤醒。

偌大一个江南王朝,在一个多月的时间内就被击溃,仅就军事方面而言,靠的是隋军突如其来的强有力进攻,一下子把陈军给打懵了,而多路钳型攻势又迅速将其分割成数段,防御体系瓦解。但是,陈朝赖以维持的社会基础并没有改变,散兵游勇和地方武装仍潜伏于各地,在一般民众社会中,对外来统治者的不理解以及由此自然产生的抵触心理普遍存在。建康陷落后,地方上的零星反抗,已经表明把江南融入北方社会将是布满荆棘与陷阱的道路。

江南最为富庶的吴州地区,在建康被攻破后,立即推萧瓛为主,进行抵抗。萧瓛从后梁奔陈,在吴州时间不长,能够聚众而起,主要在于地方势力对北方统治的恐惧,故其登高一呼,远近迅速响

---

① 《隋书》卷二,《高祖下》。

应,永新侯陈君范自晋陵郡(今江苏省常州市)率部与之会合,对建康造成威胁。文帝得报,特地下诏给右卫大将军宇文述,令他率大军前往镇压,水陆并进,同时还将泛海入吴的燕荣部归其指挥,以绝对的优势迅速敉平反抗,生擒萧瓛、萧岩等,斩于长安①。

在内地,湘州刺史岳阳王叔慎及其僚佐刑牲结盟,"招合士众,数日之中,兵至五千人。衡阳太守樊通、武州刺史邬居业,皆请赴难。"②但最后寡不敌众,被杨素派出的重兵所镇压。

这些反抗倏忽而起,远近闻风响应,说明江南社会对隋朝统治颇有抵触。只是当时陈朝土崩瓦解,士气低落,新兵又不习战阵,所以,很快就被遍布各地的隋军所镇压。昙花一现的反抗,给隋朝造成陈人不堪一击的印象,反而掩盖了实质性的社会发展差异问题。

南北分治已久,从生活习俗到生产方式、制度文化都在各自发展过程中拉大差距,要把这样两个社会统一起来,必然会产生许多矛盾与冲突,需要周密计划,谨慎行事,而且还需要宽容与耐心。可是,隋军的迅速胜利,使得隋朝执政者把改造江南的任务想象得过于容易。他们把陈朝君臣带回京城,供养起来,示以怀柔,算是给江南树立榜样。同时,把"江南士人,悉播迁入京师"③,境遇凄凉,以此除却将来动乱的因素。在江南当地,则厉行北方制度,看不出对江南社会特点有所考虑,具有很大的强制性,这主要表现在以下几个方面。

第一,大量改变原南朝行政区划。在北方,隋朝早于开皇三年(583)实行了废郡的地方行政制度改革。现在,全国统一了,文帝

---

① 参阅《隋书》卷七十九《外戚·萧岿传》、卷六十一《宇文述传》。
② 《陈书》卷二十八,《岳阳王叔慎传》。
③ 《隋书》卷二十一,《天文下》。

立即将此项改革在南方推行。开皇九年(589)正月二十九日,也就是攻克建康不到十天,文帝就派出第一批使者前往江南巡抚。监察御史房彦谦奉诏安抚括州(今浙江省丽水市东南)、泉州(今福建省福州市)等十州①,可知使者足迹几乎遍及南方。肩负地方制度改革重任的有左领军长史长孙炽,"持节,使于东南道三十六州,废置州郡,巡省风俗。"②

根据北方实行的地方制度,南方的郡也基本予以废除。同时,还废省合并一些州和县,有些区划则予以调整改名,并增设一些州县③。地方制度的改革固然必要,但是,操之过急,则对于盘根错节的门阀世族利益打击太大,普通民众一时也难以适应,更何况有些变动纯粹是为了加强对江南的统治,例如将南朝古都荡平还耕,以及扬州、南豫州、吴州等中心地带行政建制的改变,都带有十分浓厚的征服色彩,自然引起反感。

第二,基本撤换南方地方长官。平陈以后,原陈朝上层地方官员不是被押往北方,就是被废黜于家,罕见留任,而代之以隋朝任命的官员。例如,韩洪、张奫和郭衍先后担任蒋州(今江苏省南京市)刺史;皇甫绩和刘权任苏州(今江苏省苏州市)刺史;杨昪和宇文敬任吴州总管;王世积任荆州总管;韦洸任江州总管;杜彦任洪州(今江西省南昌市)总管;侯莫陈颖和李圆通任饶州(今江西省波阳县)刺史;席世雅和杨荣任宣州(今安徽省宣州市)刺史;杨初任常州(今江苏省常州市)刺史;马敬和刘景安任杭州(今浙江省杭州市)刺史;韦冲检校括州事等等,这些官员无一例外的为北方

---

① 《隋书》卷六十六,《房彦谦传》。
② 《隋书》卷五十一,《长孙览附长孙炽传》。
③ 平陈后南方地方行政区划的变更,可参阅《隋书》卷三十一《地理下》,以及本书第五章第五节。

人,这种局面直到隋炀帝时代才逐步有所改变。显而易见,文帝对江南地方人事的安排也完全是征服式的。

第三,整顿乡村,推行户籍制度。上面,我推测平陈后立即公布推行的乡正里长制,应该包括江南地区。而且,隋朝还试图在江南实行北方的户籍制度。平陈后派到江南巡抚的使者回京后,"奏言江表依内州责户籍。上以江表初平,召户部尚书张婴,责以政急。"①乡正为政府在乡村的胥吏,检括户口则直接冲击大量荫占人口的世族社会,两项措施都是为了将政府权力贯彻到农村,却与江南世族社会的现状相去甚远,真正强制推行,势必引起激烈的反抗。

第四,强制灌输北方统治者的意识形态。文帝大力倡导孝治,并以儒家所谓"父义、母慈、兄友、弟恭、子孝"②的五教来宣传贯彻。这些纲常伦理并非泛泛空言,苏威曾将五教具体化,责成地方官每年进行检查处罚③。现在,苏威又将这一套搬到江南,强制灌输,令"无长幼悉使诵五教。威加以烦鄙之辞,百姓嗟怨"④。隋朝大力贯彻的儒家伦常不是要巩固世家大族的统治,恰恰相反,是要导孝为忠,提高中央集权,削弱豪族势力,与江南世族意识形态直接冲突。

---

① 《北史》卷六十三《苏绰附苏威传》。根据这段记载,平陈后,苏威迁尚书右仆射,持节巡抚江南,但《隋书·高祖纪》记其出使时间在开皇十五年(595),两相抵触。文帝遣使巡抚江南在正月,而苏威任尚书右仆射在闰四月十七日,时间上颇有差距。而且,苏威旋因母忧去职,后由文帝下诏夺情起复,综合起来看,苏威或未于开皇九年(589)初出使江南。然而,并不能因此而完全否定《北史》的上引记载,特别是记载中提到户部尚书张婴,查本书第八章第一节"民部尚书表",可知开皇七年至十年在任的户部尚书为张煚,故"张婴"为"张煚"之讹,与史实相符,可证隋朝确曾在江南推行户籍制度。
② 引文见《左传·文公》十八年条。《尚书·舜典》说:"汝作司徒,敬敷五教"。
③ 《隋书》卷六十六《郎茂传》记载:"时尚书右仆射苏威立条章,每岁责民间五品不逊。"
④ 《北史》卷六十三,《苏绰附苏威传》。

隋朝在江南推行的,不仅是中央集权化统治,而且是具有浓厚征服色彩的高压政治,企图从根本上动摇世族垄断乡村的社会基础,用北方农耕社会的模式来改造江南,谋求政治上的统一。但是,在推行这些政策的时候,确实存在无视江南社会特性与历史背景的倾向。唐朝及其后的历史学家都敏锐地指出:

> 江表自东晋已来,刑法疏缓,世族陵驾寒门;平陈之后,牧民者尽更变之。苏威复作《五教》,使民无长幼悉诵之,士民嗟怨①。

操之过急的后果很快显现了出来。开皇十年(590)年底,看似平静的江南,街头巷尾人们相互探询,听说隋朝要将他们都迁徙到北方去。平陈后隋朝曾把江南士人都迁入关中,这似乎给眼下的传言提供佐证,人们越发惶恐不安。就在这当口,婺州(今浙江省金华市)汪文进、越州(今浙江省绍兴市)高智慧和苏州沈玄懀等首先举起反旗,于是,一场声势浩大的反抗运动爆发了。兹将其基本情况整理如表十。

表十 平陈后南方复起基本情况表

领导人	组织形态	活动区域	资料出处
汪文进	自称天子,署置百官	婺州、宣州	《隋书》高祖下、杨素传、来护儿传。段达传
高智慧	自称天子,署置百官	越州、泉州、闽越	《隋书》高祖下、杨素传、来护儿传
沈玄懀	自称天子,署置百官	苏州一带	《隋书》高祖下、杨素传
朱莫问	自称南徐州刺史	京口	《隋书》高祖下、杨素传

---

① 《资治通鉴》卷一百七十七"隋文帝开皇十年(590)十一月"条。司马光的这段话,基本抄自《北史》卷六十三《苏绰附苏威传》而略有订正删减,代表了唐代以来历史学家对江南反叛原因的见解。

续表

领导人	组织形态	活动区域	资料出处
鲍　迁 顾世兴	自称晋陵都督 自称晋陵太守	晋陵	《隋书》高祖下、杨素传
叶　略		无锡	《隋书》高祖下、杨素传
陆孟孙		松江	《隋书》高祖下、杨素传
顾子元	响应高智慧	苏州	《隋书》皇甫绩传
蔡道人	自称大都督，属汪文进	乐安县	《隋书》高祖下、杨素传
李　棱	自称大都督，属高智慧	蒋山	《隋书》高祖下、麦铁杖传
沈雪 沈能		黝、歙	《隋书》高祖下、杨素传
吴世华	自称大都督	饶州	《隋书》高祖下、张奫传
沈孝彻	自称大都督	温州	《隋书》高祖下、杨素传
杨宝英	自称大都督	杭州	《隋书》高祖下
陶子定		东阳	《隋书》韦冲传
罗慧方		吴州	《隋书》韦冲传
陈正绪 萧思行		三吴地区	《隋书》陆知命传
王国庆	自称大都督	泉州	《隋书》高祖下、杨素传
盛道元		泉州	《隋书》来护儿传
李　春	自称大都督	交州	《隋书》高祖下
王仲宣	番禺夷	番禺	《隋书》韦洸传
徐　澄		江南（饶州？）	《隋书》柳庄传

这场反叛席卷南方，他们"攻陷州县。陈之故境，大抵皆反，大者有众数万，小者数千，共相影响，执县令，或抽其肠，或脔其肉食之，曰：'更能使侬诵《五教》邪！'"①表中列举的只是较有势力

---

① 《资治通鉴》卷一百七十七"隋文帝开皇十年（590）十一月"条。

与影响而能见诸史册者。其中,最主要的有汪文进、高智慧和沈玄憎三支,他们都自称天子,署置百官,而实力较小者则依附于他们,自称大都督等,尤其痛恨隋朝派来的地方官吏和强制灌输的《五教》。据此看来,他们起兵的目的不是要复辟陈朝。陈朝在江南之不得人心,在韩擒虎渡江时"江南父老素闻其威信,来谒军门,昼夜不绝"①的情况,得到充分的表现。所以,如此众多民众参加的反抗,不能视为对国家统一的反动,而是对隋朝统治的不满。

叛军首领的个人情况基本上已经无从考索,仅能知道其一鳞半甲,如"高智慧、汪文进等作乱江南,庐江豪杰亦举兵响应"②,"泉州人王国庆,南安豪族也,杀刺史刘弘,据州为乱,诸亡贼皆归之"③,由此推测他们大多为乡村豪族,当可成立。反叛被镇压之后,杨素家"有鲍亨者,善属文,殷胄者,工草隶,并江南士人,因高智慧没为家奴"④,可为佐证。正因为如此,所以他们具有很大的在乡势力和号召力,能够呼啸而起,得到广泛支持。就以高智慧为例,其党徒"往往屯聚,保投溪洞"⑤,史万岁镇压高智慧时,"率众二千,自东阳别道而进,逾岭越海,攻陷溪洞不可胜数,前后七百余战,转斗千余里"⑥,由此不难看出,高智慧集团的基础是遍布各地的村落坞堡之类组织,故史万岁仅二千军众就能长驱深入,但每前进一步,都要经过战斗。这场遍及南方的反抗,基本上属于豪族领导的反对隋朝统治的斗争,目的在于维持南方既有的生产生活方式与社会组织形态,其背后是世族政治与中央集权政治、地主经济

---

① 《隋书》卷五十二,《韩擒虎传》。
② 《隋书》卷六十四,《陈稜传》。
③ 《隋书》卷四十八,《杨素传》。
④ 《隋书》卷四十八,《杨素传》。
⑤ 《隋书》卷五十五,《杜彦传》。
⑥ 《隋书》卷五十三,《史万岁传》。

模式与国家垄断经济模式的斗争。

江南如此大规模的反抗,确实是文帝始料未及。消息传来,他冷静地判断形势,丝毫不敢疏忽大意。十一月,他作出一个正确的决断,派遣刚回京升任内史令的杨素率大军出征。杨素是隋朝最具谋略也最为冷酷的军事家,治军极严,赏罚分明,每逢战阵,令士兵出击,不能克敌而退还者尽加杀戮,故战无不胜。派遣杨素前往江南镇压,并为他配属崔弘度、史万岁、来护儿等骁将,表明文帝对江南乱事的高度重视,决意以迅雷不及掩耳之势,迅速予以扑灭,不使蔓延成势。

杨素率水军出杨子津,克京口,破晋陵,发动强大的攻势。刚开始,战事进展比较顺利,经过几场苦战,击溃大股叛军的抵抗,扭转了江南的局势。但是,如表十所见,南方反叛的区域很广,响应者众多,所以,杨素的军队不久就像进入泥潭一般,必须与敌军逐个溪洞进行争夺,他亲自率领的部队在击破温州沈孝彻后,挺进天台,"逐捕遗逸寇,前后百余战"[①];上述其部将史万岁亦是"前后七百余战,转斗千余里",艰难地向南推进。

在江浙地区,隋军固然取得进展。但是,南方的情况却相当糟糕。泉州王国庆围攻泉州百余日,杀刺史刘弘,占领州城。番禺夷人王仲宣聚众造反,岭南首领多响应之,遂引兵进攻广州,广州总管韦洸勒兵出战,为流矢所中,战死军中。

显然,一味进行军事镇压,并非长远良策。文帝又作出了一项具有战略意义的决定,任命并州总管晋王广率师增援江南,仍任扬州总管,调秦王俊回任并州总管。

晋王广曾是平陈统帅,又娶后梁公主为妃,与江南关系颇深。

---

① 《隋书》卷四十八,《杨素传》。

由于这些缘故,晋王广喜爱江南文化,在隋朝中央,他对江南最有感情。派他回到江南,表明文帝在这期间对其江南政策有所反思,并开始进行战略性调整。亦即注意统治江南的策略,修正以往的高压政策,采取一些怀柔手段。

这种政策性的修正,可以从具体的事例反映出来。晋王广到达江都之后,双管齐下,一方面加强军事进攻,命令行军总管郭衍率精兵万人屯京口,与叛军接战,大破之,乘胜进"讨东阳、永嘉、宣城、黟、歙诸洞,尽平之。"①另一方面则招降纳叛,进行招安。陆知命是吴郡富春人,陈灭后,废黜在家,"晋王广镇江都,以其三吴之望,召令讽谕反者。知命说下贼十七城,得其渠帅陈正绪、萧思行等三百余人。"②

江南的这场战争究竟持续了多长时间,史无明文,只知道战争进行到一半时,文帝因为杨素"久劳于外,诏令驰传入朝"③,厚加赏赐,下诏予以表彰,鼓励他再接再厉,彻底消灭残余的反叛势力。以后,杨素再度出征,由海路入泉州,大破王国庆,诱其捕斩高智慧,这才大致平息江南的反叛。杨素也因功取代苏威,升任尚书右仆射。苏威被免职,在开皇十二年(592)七月,杨素继任则在同年十二月。由此推测,江南的反抗大约坚持到这年年中,亦即至少持续了一年半以上④。佛教文献记载:"开皇十一年,江南叛反,王师临吊,乃拒官军,羽檄竞驰,兵声逾盛。时元帅杨素整阵南驱,寻便瓦散,俘虏诛剪三十余万"⑤,证明战事在开皇十一年(591)仍在进

---

① 《隋书》卷六十一,《郭衍传》。
② 《隋书》卷六十六,《陆知命传》。
③ 《隋书》卷四十八,《杨素传》。
④ 参阅气贺泽保规:《论隋代江南的异动》,《鹰陵史学》第2号,1976年。
⑤ 《续高僧传》卷三十,《隋杭州灵隐山天竺寺释真观传》。

行,而决非如文献记载的那样,似乎在开皇十年(590)底就被镇压下去。①

当时,江南人口约为六十万户,竟有三十余万人参加这场反抗,不难想象当年战事之惨烈。南方社会如此广泛参加的反隋斗争,不可能完全被军事力量所镇压。实际上,杨素回京后,南方的反抗斗争仍时起时伏地进行着。开皇十二年(592),刘权被任命为苏州刺史,"于时江南初平,物情尚扰,权抚以恩信,甚得民和"②;韦冲受命检校括州事时,还遇上陶子定和罗慧方聚众围攻婺州永康、乌程诸县,被他率部镇压下去③。所以,杨素回京仅仅表明大规模的军事镇压告一段落。此后,江南大局由晋王广主持,绥抚政策占了上风。岭南的事例典型地反映出文帝态度上的变化。

陈朝一灭亡,文帝立即命令韦洸进军西南。其时,岭南数郡共尊洗夫人为"圣母",保境拒守,而陈豫章(今江西省南昌市)太守徐璒也退据南康(今江西省赣州市),阻断韦洸进路。后来,晋王广令陈后主致书洗夫人,使之归隋,韦洸得以进入广州,说谕岭南,诸州皆定。一年后,番禺夷王仲宣起兵,杀总管韦洸。其造反的主要原因在于隋朝的高压政策。后来隋朝改变策略,夷、越溪洞渠帅前后对比道:"前时总管皆以兵威相胁,今者乃以手教相谕,我辈其可违乎?"④即可证明这一点。

---

① 《隋书》卷二《高祖下》和《资治通鉴》卷一百七十七"隋文帝开皇十年(590)"均将平叛战事记于开皇十年底,似乎十一月爆发的江南反叛在翌月就被轻而易举地镇压了。
② 《隋书》卷六十三,《刘权传》。
③ 《隋书》卷四十七,《韦世康附韦冲传》。据岑仲勉《隋书求是》第240页考证,韦冲任括州刺史在开皇十二年以后。
④ 《隋书》卷五十六,《令狐熙传》。

王仲宣造反,岭南首领多起而响应。但洗夫人却支持隋朝,她派遣其孙冯暄率兵增援广州,但冯暄与叛军通气,故意逗留不前,洗夫人闻讯大怒,派人将冯暄抓起来,改派另一位孙子冯盎统军出击,与文帝派来增援的裴矩会师,共同讨平王仲宣。洗夫人披甲骑马,护卫裴矩巡抚诸州,苍梧(今广西省梧州市)首领陈坦、冈州(今广东省新会市北)冯岑翁、梁化(今广西省鹿寨县)邓马头、藤州(今广西省藤县东北)李光略、罗州(今广东省化州市)庞靖等都前来参谒。值得注意的是文帝授权裴矩便宜行事,使他能"承制署其渠帅为刺史、县令。及还报,上大悦,命升殿劳苦之"①。由于裴矩让当地首领"还令统其部落",故"岭表遂定"。而且,文帝还因为洗夫人拥隋立功,册封她为谯国夫人,得以"开谯国夫人幕府,置长史以下官属,给印章,听发部落六州兵马,若有机急,便宜行事"②,同时,还封其孙冯盎为高州(今广东省阳江市西)刺史,赦免冯暄,任罗州刺史。任用当地人,甚至允许地方署置官员,这与隋朝人事任免权尽归中央的基本原则大相径庭,是文帝专门针对南方社会而采取的特殊政策。

显然,席卷南方的反抗运动使文帝深刻认识到南北社会的巨大差异,开始承认江南社会的特点,在维护国家统一和政治服从的前提下,适当作出让步,允许南方地区在一定程度上保持其原有的生产生活方式,甚至组织形式,容忍多样性社会的存在。由于贯彻怀柔政策,文帝还约束和制裁中央派往南方官吏的不法行为。番州(广州)总管赵讷为官贪虐,致使俚、獠多有亡叛。洗夫人专门派遣长史给文帝上封事,论安抚之道,列数赵讷罪状。文帝得报,

---

① 《隋书》卷六十七,《裴矩传》。
② 《隋书》卷八十,《列女·谯国夫人传》。

法办赵讷,并下敕委托冼夫人招慰亡叛。

文帝对南方的怀柔并非权宜之计,终文帝之世均可看到他对南方吏治与怀柔的高度重视,以下几个事例足以说明这一点。

乞伏慧、令狐熙和侯莫陈颖都是文帝激赏的清官,他们先后被派往南方任职。乞伏慧任荆州总管,"又领潭、桂二州总管三十一州诸军事。其俗轻剽,慧躬行朴素以矫之,风化大洽。……百姓美之"①。开皇十六年(596),文帝"以岭南夷、越数为反乱",特派令狐熙为桂州总管十七州诸军事,"许以便宜从事,刺史以下官得承制补授。……熙至部,大弘恩信"②,当地溪洞渠帅相率归附,以前不敢赴任的州县长吏终于能够走马上任,政府权力得以贯彻。令狐熙还在各地建设城邑,开设学校,大阐文教,深得华夷各族爱戴。仁寿年间,朝廷发现"岭南刺史、县令多贪鄙,蛮夷怨叛",决定认真选拔清官前往治理,邢州(今河北省邢台市)刺史侯莫陈颖考绩为山东第一,因此成为最佳人选,应召入朝,文帝专门接见他,交谈考察后,任命他为桂州总管十七州诸军事。侯莫陈颖到任后,果然不负重托,"大崇恩信,民夷悦服,溪洞生越多来归附"③。

炀帝时代,文帝的怀柔政策得到继承并有发展,江南的地位大有提高。在怀柔政策下,江南社会的特质在相当程度得到保存,隋朝在北方实行的政策制度,例如与江南社会生产方式相去甚远的均田制等,看不到有在南方实施的迹象与证据。江南的这场反抗及其对隋朝江南政策转变的影响,使我们在隋朝严厉的集权统治体制中,首次看到对异质社会的宽容。形成这种结果,从客观上说,是江南反抗运动的深厚社会基础,而从主观上说,是文帝在平

---

① 《隋书》卷五十五,《乞伏慧传》。
② 《隋书》卷五十六《令狐熙传》,其任职时间据《金石萃编》卷五十六《令狐熙碑》。
③ 《隋书》卷五十五,《侯莫陈颖传》。

陈后威望隆重以及由此而来的政治自信。他表现出令人意外的耐心,务实地把南北两种社会的磨合作为长期任务,逐步加以解决。

第四节　迈向世界

"中国统一了。"人们奔走相告,迅速把消息带往四面八方,传向世界。为此而激动的远远不只是中国人,整个世界都在关注并估量着这一事件。当这位巨人重新站立起来,世界的面貌就因此而改变,以往建立在中国内部分裂基础上的国家、民族间关系秩序与势力平衡被彻底打破,从今以后,隋朝的每一个动向,都会对周边世界产生巨大影响。远在南方的林邑国(在今越南中南部)听说隋朝平陈,立即派遣使者进献方物①,就是很好的说明。

平陈带来的冲击,对于隋朝的敌人或潜在的对手更加猛烈。

西北地区的吐谷浑自隋建立以来,屡屡进犯,虽然经过开皇初期几次军事较量而遭受重创,但仍蠢蠢欲动,伺机侵扰。陈朝灭亡的消息传来,年迈的国王吕夸不由得大惊失色,唯恐隋朝前来报复,忙率部远遁,据山保险,再也不敢寇边。

开皇十一年(591),吕夸在忧惧中死去,其子伏继立。伏急于打开与隋的关系,以改善窘迫的处境,派遣侄子无素奉表称藩,请献美女充实后宫。文帝一眼看穿伏的心思,对滕王瓒说:"此非至诚,但急计耳。"②婉言加以拒绝。开皇十六年(596),突厥与隋朝的关系以及其内部势力平衡发生微妙变化,隋朝有必要巩固同吐谷浑的关系以牵制突厥,稳定西北边疆,遂将光化公主嫁与伏。然

---

① 《隋书》卷八十二,《南蛮·林邑传》。
② 《隋书》卷八十三,《西域·吐谷浑传》。

而,次年,吐谷浑发生内乱,国人杀伏,立其弟伏允为王,遣使入朝,谢专擅之罪,请求依俗尚公主,文帝同意所请。这样,从平陈以后,吐谷浑每年朝贡,西北获得安宁。

需要注意的是,吐谷浑使者入朝,"常访国家消息,上甚恶之"①。由此可知,透过隋朝与吐谷浑的友好景象,其背后起稳定作用的是实力的关系,是因平陈而确立的国势强盛。文帝充分认识到这一点,并巧妙加以运用,大大增强了隋朝在东方世界的中心地位。

平陈时,隋军缴获陈后主宫内珍宝无数,文帝特地挑选出一具屏风,派人送给突厥大义公主。大义公主当年穷鸟投人,改作杨姓,内心实不甘愿。文帝送屏风,无非是向突厥炫耀武功,令其勿起异心。可是,大义公主睹物伤情,联想起北周覆灭的往事,一腔幽怨,化作诗篇,恨恨地写在屏风上:

盛衰等朝暮,世道若浮萍。
荣华实难守,池台终自平。
富贵今何在? 空事写丹青。
杯酒恒无乐,弦歌讵有声!
余本皇家子,飘流入虏庭。
一朝睹成败,怀抱忽纵横。
古来共如此,非我独申名。
唯有《明君曲》,偏伤远嫁情。

其时,突厥和隋的关系正在发生微妙的变化。都蓝可汗看似懦弱,实际上完全不是那么回事。他不但勇敢善战,而且很有心计。上台后,他每年遣使朝贡,显得对隋朝忠心耿耿,赢得隋朝的

---

① 《隋书》卷八十三,《西域·吐谷浑传》。

大力支持,逐步向西拓展。开皇十年(590),都蓝的势力已经深入到天山,攻破高昌国四城,有两千多名不愿屈服的高昌国人归附隋朝;尔后,又逼迫高昌改依突厥习俗,沦为其附庸①。都蓝西征取得进展,高兴地将战利品于阗玉杖派人送给文帝。眼看都蓝的势力日益坐大,文帝不由地警惕起来,把缴获的陈后主屏风送给大义公主,不无试探突厥态度的含义。结果,大义公主在屏风上题诗抒怀,流露出对隋朝的不满,证实了文帝的怀疑。

都蓝随着势力增大,内心隐藏的背离隋朝念头逐渐显现。开皇十一年(591)②,有一个名叫杨钦的隋朝人流亡到突厥,神秘兮兮地告诉都蓝说,彭国公刘昶和宇文氏合谋造反,派他前来通知大义公主,届时请突厥发兵响应。都蓝信以为真,便对隋朝摆起架子。大义公主接见隋使长孙晟时,更是出言不逊,还派遣与其有染的胡人安遂迦找杨钦计议,尽力诱煽都蓝。其实,文帝派遣长孙晟出使突厥,就是专门来观察其内情与动向,所以,都蓝和大义公主的一举一动,早就被长孙晟所侦知,报告给文帝。

刘昶是北周驸马,位望俱隆,且与隋文帝旧交,故在隋朝也吃得开,官至左武卫大将军、庆州(今甘肃省庆阳县)总管。可是,此时的他已是耆耄之人,在家由儿子供养,说他图谋造反,确实有点不可思议。事件的真相已经无从知道,只晓得他有一个被宠坏的儿子,叫作刘居士,自恃门第,与一帮公卿子弟成日在长安为非作歹。后来,有人告发刘居士纠集党羽共游长安故城,自己爬上未央

---

① 《隋书》卷八十三,《西域·高昌传》。
② 《隋书》卷五十一《长孙览附长孙晟传》记载此事于开皇十三年(593),但据同书《突厥传》记载,此事与都蓝遣其弟褥但特勤献于阗玉杖同年。据同书《高祖下》记载,开皇十一年四月"突厥雍虞闾可汗遣其特勤来朝",则《长孙晟传》叙事时间有所混淆,杨钦事件时间当依《高祖纪》。

殿故基,南面而坐,列徒党于两侧,大有称孤道寡的味道;还有人进一步揭发他曾遣使招引突厥南下,准备在京城充当内应等等。豪门恶少胡作非为,做什么坏事都有可能。文帝把刘居士抓起来,本不想重办,故派人将刘昶召来,问道:"今日之事,当复如何?"没想到刘昶自恃与文帝故交,不但不谢罪求饶,反而顶撞道:"黑白在于至尊。"惹得文帝勃然大怒,将刘昶父子赐死①。据《隋书·高祖纪》记载,刘昶赐死于开皇十七年(597)三月,距离上述刘昶暗通突厥事件整整过了六年,而且,刘昶敢于顶撞文帝,亦从侧面说明他心中无鬼。因此,所谓刘昶勾结都蓝谋反事件,不能不叫人满腹疑团,至少是有人利用刘昶为北周驸马的特殊身份在做文章。

且不管刘昶事件的真相如何,总之,文帝确认都蓝有异心,而都蓝也在暗作准备。从突厥内部传来消息说大义公主正在与西面突厥泥利可汗联结,文帝深忧其串通生变,决意除去主谋大义公主,破坏其阴谋。开皇十三年(593),他派遣长孙晟赴突厥,索要杨钦,都蓝推托说:"检校客内,无此色人。"谁知长孙晟早已买通突厥达官,乘夜捕获杨钦,出示都蓝。同时,当众揭露大义公主和胡人安遂迦私通的丑闻,说得突厥国人满面通红,深以为耻。文帝还担心都蓝不肯杀大义公主,特地挑选四位娇滴滴的美妓,派牛弘携往突厥,送给都蓝。这四位美妓一进入帐篷,顿时四壁生辉,都蓝喜不自禁,手舞足蹈起来,回首大义公主,已是人老珠黄,哪里还记得她作为军师的重要作用。恰在此时期,突厥北方的突利可汗向隋求婚,文帝开出条件,让裴矩对其使者说:"当杀大义主者,方许婚。"于是,突利也赶来劝说都蓝,多管齐下,引得都蓝一时性

---

① 《隋书》卷八十,《列女·刘昶女传》。

起,杀大义公主于帐内,为隋朝除去心腹之患①。

杀了大义公主之后,都蓝遣使入朝进贡,一方面修补关系,另一方面则请求再续和亲。此时,文帝已经不再信任都蓝,并且已在边境作好防御准备,先后任命老将贺若谊为灵州总管②,调平陈功臣杜彦担任云州总管。杜彦到任后,"突厥来寇,彦辄擒斩之,北夷畏惮,胡马不敢至塞"③,可知这时边境已不太安宁。在此情况下,文帝当然不会同意都蓝所请。朝议时,长孙晟出谋划策道:

> 臣观雍闾,反覆无信,特共玷厥有隙,所以依倚国家。纵与为婚,终当必叛。今若得尚公主,承藉威灵,玷厥、染干必又受其征发。强而更反,后恐难图。且染干者,处罗侯之子也,素有诚款,于今两代。臣前与相见,亦乞通婚,不如许之,招令南徙,兵少力弱,易可抚驯,使敌雍闾,以为边捍④。

长孙晟话语透露,都蓝(雍闾)在隋朝支持下,已经取得对西部突厥达头(玷厥)和北部突厥突利(染干)的优势。而隋朝也已经预见到都蓝将来强而更反的前景,根据扶弱抑强的基本原则,隋朝准备以和亲公主为工具,在都蓝和达头这两位强大而相互敌对的人物以外,培育新的亲隋势力。长孙晟建议扶持弱小的突利,令其南迁以逐步取代都蓝,在隋朝北边建立缓冲地带,抵御草原敌对势力南下侵扰。这一建议符合确保以隋朝为中心的周边地带安宁的国家利益,马上被文帝所采纳,并让长孙晟答应突利的求亲。

---

① 《隋书》卷五十一《长孙览附长孙晟传》;卷八十四《北狄·突厥传》。
② 《金石萃编》卷三十九《贺若谊碑》记载:"十二年,除灵州总管、灵州刺史",可补正《隋书》卷三十九本传记载。
③ 《隋书》卷五十五,《杜彦传》。查同书《高祖下》开皇十三年记载,可知云州总管贺娄子干卒于该年七月,而杜彦继任于九月。
④ 《隋书》卷五十一,《长孙览附长孙晟传》。

然而,这门亲事还要再等几年才实现。换言之,隋朝并不急于遣嫁公主,而是想利用各方都来求亲,待价而沽,进一步加深突厥内部矛盾,静观其变。

在此期间,隋朝一方面积极培养突利势力,加强文化输出。突利为迎娶公主,前后遣使入朝三百七十余人次,隋朝将这些使者安置于太常,教习六礼①,通过文化传播,增强亲近感,力图达到"以夏变夷"的目的。另一方面则在突厥内战中持中立态度。都蓝失去隋朝支持,攻势顿挫,与达头之间的战事转为拉锯状态,双方都遣使向文帝控诉,请求支持。文帝并不偏袒那一方,只是派遣工部尚书长孙平持节到突厥调停,劝其各自罢兵。都蓝为了感谢隋朝的调停,送给长孙平马二百匹。从主动西征到请求隋朝调停,可知都蓝处境日趋窘促,正在走向衰亡。

以上事例表明,平陈以后,隋朝的地位大大提高,左右着周边局势的发展变化。站在这样一个中心地位上,隋朝积极扩大对外交往,排除敌对势力,致力于营造并规范由其主导的东亚世界。

陈朝曾经是牵制隋朝的关键,因其存在,隋朝便有后顾之忧,在这种相互牵制的世界格局中,如第六章第四节所述,随着隋朝日益强大,朝鲜北部的高句丽也就逐渐与隋疏远,转而密切同陈朝的关系。在陈朝遭到隋军大举进攻的时候,滞留于江南的朝鲜人自然而然地站到陈朝一边。陈都官尚书曾在建康募兵抵抗,军士无一响应,"唯负贩轻薄多从之,高丽、百济、昆仑诸夷并受督"②,从而拼凑起一支杂牌军,投入与隋军的决战。这些高句丽人的行动,从一个方面表明了其国家支持陈朝的立场。所以,平陈之后,高句

---

① 《隋书》卷八十四,《北狄·突厥传》。
② 《南史》卷七十七,《恩幸·孔范传》。

丽国王"汤大惧,治兵积谷,为守拒之策"①。

百济对隋朝平陈的态度和高句丽颇不相同。当时,有一艘隋朝的战船飘流到百济,百济威德王昌抓住机会,资送甚厚,并遣使奉表入贺平陈。文帝大喜,下诏给百济使者,褒奖道:

> 百济王既闻平陈,远令奉表,往复至难,若逢风浪,便致伤损。百济王心迹淳至,朕已委知。相去虽远,事同言面,何必数遣使来相体悉。自今以后,不须年别入贡,朕亦不遣使往,王宜知之。

从文帝婉转拒绝百济每年朝贡来看,双方另有重要交涉。在朝鲜半岛,百济与高句丽世代为仇,屡相攻伐。但其军力不及高句丽,故经常处于守势,勉力支撑。为此,百济屡次遣使到中国来控诉高句丽,揭露其称霸东亚的野心,希望获得支持。开皇末,百济王还遣使请求充当向导,共同讨伐高句丽。高句丽对其敌手与隋朝的交往当然十分警惕,经常派兵阻断水陆通道。这又给隋朝同高句丽的矛盾加入东亚的因素。只是文帝对百济的真诚尚怀疑虑,况且百济与刚刚灭亡的陈朝关系很深,所以,他不愿意对百济承诺些什么,还想对其进行考察。但是,平陈以后内外形势的发展,都使得文帝必须正面处理东北亚政治关系。

开皇十年(590)②,文帝给高句丽平原王汤送去措辞强烈的玺书:

---

① 《隋书》卷八十一,《东夷·高丽传》。
② 《隋书》卷八十一《东夷·高丽传》将此玺书的时间记为"(开皇)十七年",紧接着记载"汤得书惶恐,将奉表陈谢,会病卒。"同书《高祖下》开皇十年(590)七月记载:"高丽辽东郡公高阳卒",可知平原王卒于此年,则文帝给其玺书也必须在这一年。韩国《三国史记》卷十九明载平原王死于开皇十年十月,且将文帝赐玺书事系于该年,显然是正确的。由此推测,《隋书·高丽传》的"十七年",或为"十年七月"之脱落误记。亦即文帝七月发玺书,平原王十月病死。

朕受天命,爱育率土,委王海隅,宣扬朝化,欲使圆首方足各遂其心。王每遣使人,岁常朝贡,虽称藩附,诚节未尽。王既人臣,须同朕德,而乃驱逼靺鞨,固禁契丹。诸藩顿颡,为我臣妾,忿善人之慕义,何毒害之情深乎?太府工人,其数不少,王必须之,自可闻奏。昔年潜行财货,利动小人,私将弩手逃窜下国。岂非修理兵器,意欲不臧,恐有外闻,故为盗窃?时命使者,抚慰王藩,本欲问彼人情,教彼政术。王乃坐之空馆,严加防守,使其闭目塞耳,永无闻见。有何阴恶,弗欲人知,禁制官司,畏其访察?又数遣马骑,杀害边人,屡骋奸谋,动作邪说,心在不宾。

朕与苍生悉如赤子,赐王土宇,授王官爵,深恩殊泽,彰著遐迩。王专怀不信,恒自猜疑,常遣使人密觇消息,纯臣之义岂若是也?盖当由朕训导不明,王之愆违,一已宽恕,今日以后,必须改革。守藩臣之节,奉朝正之典,自化尔藩,勿忤他国,则长享富贵,实称朕心。……

这道近乎檄文的玺书列举了高句丽的种种罪状,主要有侵扰边疆、整军备战和恃强凌弱、阻止周边民族或国家与隋朝交往等,这些行为明显与隋朝为敌,颇有称雄东北亚之势,是隋朝断难容忍的。所以,文帝进行一番声讨后,要高句丽改过自新,其基本要求在于不得欺压邻国和对隋严守藩臣礼节两点。也就是要高句丽服从以隋为中心的天下秩序。

在玺书中,文帝巧妙地只字不提领土问题。实际上,当时和高句丽之间解不开的结是两晋时代高句丽占领的辽东领土,这一地带不收复,则隋朝连恢复汉代疆域都做不到,还谈什么天下秩序?可是,如果抓住领土问题不放,则与高句丽的矛盾便成为两国之间的问题,等于承认高句丽为对等国家,自降身份。所以,文帝用

"委王海隅,宣扬朝化"、"赐王土宇,授王官爵"两句话,把高句丽描述为中国的封疆大吏,则高句丽现有的土地自然属于中国,而且,隋朝还具有以天子讨逆臣、救邻国于水火的大义名分。此后,文帝以威胁的口吻说道:

> 往者陈叔宝代在江阴,残害人庶,惊动我烽候,抄掠我边境。朕前后诫敕,经历十年,彼则恃长江之外,聚一隅之众,惛狂骄傲,不从朕言。故命将出师,除彼凶逆,来往不盈旬月,兵骑不过数千。历代逋寇,一朝清荡,退迩乂安,人神胥悦。闻王叹恨,独致悲伤,黜陟幽明,有司是职,罪王不为陈灭,赏王不为陈存,乐祸好乱,何为尔也?王谓辽水之广何如长江?高丽之人多少陈国?朕若不存含育,责王前愆,命一将军,何待多力!恳勤晓示,许王自新耳。宜得朕怀,自求多福。

玺书犹如最后通牒,读得高句丽平原王胆战心惊。文帝决非虚声恫吓,他代表着隋朝的舆论主流,迫使平原王不能不认真考虑隋朝乘平陈之势大举进军辽东的后果。

南方统一后,许多人都把注意力转向了高句丽。陆知命曾向文帝请求出使高句丽,上表奏道:"陛下当百代之末,膺千载之期,四海廓清,三边底定,唯高丽小竖,狼顾燕垂。王度含弘,每怀遵养者,良由恶杀好生,欲谕之以德也。臣请以一节,宣示皇风,使彼君臣面缚阙下。"[①]陆知命的话确实道出了隋朝的外交形势和国内民情。而且,随着四面捷报频传,要求讨伐高句丽的呼声还在不断高涨,"开皇之末,国家殷盛,朝野皆以辽东为意"[②]。因此,我们不能简单地将隋朝以至后来的唐朝坚持征讨高句丽视作由皇帝好大喜

---

① 《隋书》卷六十六,《陆知命传》。
② 《隋书》卷七十五,《儒林·刘炫传》。

功之类个人意志所决定的,而是具有相当的社会基础。

平原王越想越怕,急火攻心,旋即死去。其子婴阳王元继位,派人向隋告哀,文帝照例遣使册封婴阳王为上开府仪同三司,袭爵辽东郡公。婴阳王赶忙恢复朝贡,于开皇十一年(591)正月遣使朝贺,奉表谢恩,采取措施缓和与隋朝的紧张关系。此后,在开皇十二年(592)及开皇十七年(597)都遣使朝贡①,双方关系表面上趋于正常。然而,要高句丽退出辽东是不可能的,而要隋朝承认现状同样办不到,只要梗在双方之间的领土问题不解决,其他问题都无从谈起。因此,双方的交往无非是缓兵之计。但是,文帝毕竟逼使高句丽低头,在东北亚取得优势地位。

这时期,文帝登上了其政治生涯的顶峰,他开始感到内心的满足,并将目光投向显示太平盛世的文化事业。

---

① 《三国史记》卷二十,《高句丽本纪·婴阳王》。

第十章　偃武修文

第一节　寓兵于民

开皇九年(589),农历属鸡,经过猴年天翻地覆的大变化,迎来了鸡年的欢乐祥和。新年的钟声还在京城缭绕回响,前方就传来了平陈的捷报,给文帝的本命年献上一道厚礼,光是完成统一这件事,就足以让他名垂青史,更何况在不到十年之间,隋朝臣服了突厥、吐谷浑等强敌,招来靺鞨、契丹归顺,还在社会生活的许多方面创规立制,管理得井井有条,把一个外受强敌欺凌,内部军勋豪族跋扈、政令难以贯彻的国家带上统一强大的道路。

回首建隋以来的历程,一切都按照他的计划进行,真可谓心想事成。因此,他完全有理由相信,今年的巨大成就预示着在他领导下,又将迎来另一个崭新的纪元,武功已盛,文治再臻,天下大洽,他将屹立于历史的凌霄绝顶。

陈朝一灭亡,文帝旋即发表和平诏告,宣布:"代路既夷,群方无事,武力之子,俱可学文,人间甲杖,悉皆除毁"①,表明他已经决定适时地将国家的中心任务由军事领域转移到文化建设上来。这一庄严的宣告很快就变成具体的行动。开皇十年(590)五月九日,文帝下诏:

---

① 《隋书》卷二,《高祖下》。

> 魏末丧乱,宇县瓜分,役军岁动,未遑休息。兵士军人,权置坊府,南征北伐,居处无定,家无完堵,地罕苞桑,恒为流寓之人,竟无乡里之号,朕甚愍之。凡是军人,可悉属州县,垦田籍帐,一同编户。军府统领,宜依旧式。罢山东、河南及北方缘边之地新置军府①。

这道命令对北周以来的府兵制度进行具有根本意义的改革。

以往,府兵由军府管理,其户口田地,地方官府均无法掌握。府兵可免赋役,所以百姓相率挂名兵籍,再加上随营家属,其数量是十分庞大的,北周末年,户数与口数之比为 1∶2.5②,如此不合理的比例,说明军人及其荫庇人口在社会总人口中所占比重之大。由此造成国家财政的巨大损失。在国家处在军事或准军事时期,经济利益只好服从于国家安全的需要。可是,当大规模军事行动结束以后,国家恢复正常形态,继续维持军队的特权,不但社会发展大受阻碍,而且,社会不公还将带来腐败和奴役,危害国家的近期与长远利益。

文帝断然进行的府兵制度改革是大胆而彻底的。根据上述诏令,军府掌握的所有人口户籍一律移交地方政府管理,通过军人在当地入籍,使得大量随军的寄居浮游人口无从隐匿,成为当地居民,自此以后,社会上不再存在军户这样一个特殊的阶层。这一改革还使得军役与户籍分开,军人必须履行的职责及其生活训练等军事方面的事务,仍属军府按照既有条例管理,丝毫不影响军队的性质与其战斗力,而兵士则作为一个实在的人登记在籍,有利国家对人口的控制,这是比较合理的。

---

① 《北史》卷十一,《隋高祖纪》。
② 参阅岑仲勉:《府兵制度研究》,上海人民出版社 1957 年版,第 36 页。

和户籍一道移交地方的还有军府所属的垦田。军队平战结合,其粮食军需很大程度上要自给自足,而为数众多的随军人口,更使得军队必须拥有大量田地。由于资料的匮乏,我们无法说明这些田地上的具体生产形态,但是,府兵免赋免役则是明确的,隋朝在平陈后也重申"军人毕世免徭役"①,足以为证。把军队耕垦的田地交给地方,兵士及其家属同于编户,则他们及其拥有的土地也就一道纳入均田体制,受田纳租,既消除军府的经济特权,又大量增加国家掌握的户口和财税,一举两得。

　　而且,诏令还宣布废除山东、河南以及北方缘边的新置军府。山东、河南军府,或是齐亡之后增设,或是为了平齐而新立,都出于一时的军事需要,至于北方缘边军府,完全出于防御突厥的需要。现在三方俱平,其新置军府没有继续保留的需要,裁撤势在必然。前一章曾介绍过,隋朝在新设军府时,把乡兵等地方豪族武装大量吸收到府兵体制内,成为国家武装力量的一部分。现在,国家裁撤这些军府,将士解甲归田,无形中取消了豪族地方武装。因此,这些军府一置一废,国家趁机吸收消化掉许多乡村豪强势力,对国家的统一和社会的安定大有裨益。

　　自隋朝建立以来,文帝一直想方设法消除私人武装。开皇三年(583)正月,他曾下诏:"禁大刀长矟"②。但是,当时严峻的内外军事形势决定了这一措施难以彻底贯彻。平陈以后,偃武修文的内外条件均已具备,这时候,文帝能够迅速调整国家战略方针,立即裁汰军队,寓兵于民,表现出他在历史转折关头具有洞察力和卓越的领导能力。此后,隋朝在全国加紧取缔非法武装,开皇十五

---

① 《北史》卷十一,《隋高祖纪》"开皇九年四月"。
② 《隋书》卷一,《高祖上》。

年(595)二月,下令除关中和缘边地带,国内私人拥有的兵器一律上缴,如敢私造,绳之以法。开皇十八年(598)正月,又针对江南屡生民变的情况,发布禁令:"吴、越之人,往承弊俗,所在之处,私造大船,因相聚结,致有侵害。其江南诸州,人间有船长三丈已上,悉括入官。"①这些措施与精兵政策相辅相成,起到维护国家稳定、促进经济发展、防范武装反抗、削弱地方势力的作用,为发展文教事业创造了良好的环境。

第二节 崇文兴教

开皇十年(590)十一月七日,文帝亲临国子学主持隆重的释奠仪式,学礼完毕后,命国子祭酒元善讲演《孝经》。元善体察上意,把忠孝之义渲染铺陈,古今事例,信手拈来,头头是道。文帝听得龙颜大悦,大加称赞,当场赐绢百匹,衣一袭。接着,太学博士马光升座讲《礼》,同样是条分节解,剖析疑滞,听众莫不推服。这些讲座把隋朝的治国伦理阐述得如此透彻,文帝高兴极了,他亲予慰劳,还根据各人身份分别给予赏赐②。

这是整个隋朝唯一的一次由皇帝亲自主持的释奠仪式,因而具有特别的意义,象征着今后国家将大力阐扬文教的方针。

由重视武功向文治的转变,包括偃武和修文两个方面。上节谈到府兵管理制度的改革,属于偃武的方面。军队精简之后,如何发挥武将在和平时代的作用呢?文帝在去年发布的和平诏书中号召:"武力之子,俱可学文"③。这决不是一句套话,而是要认真加

---

① 《隋书》卷二,《高祖下》。
② 综参《隋书》卷二《高祖下》及卷七十五《儒林传》之元善、马光、刘焯等传。
③ 《隋书》卷二,《高祖下》。

以贯彻的新政策。骠骑将军崔彭是文帝的心腹,一直负责宫中宿卫。文帝曾对他说:"卿弓马固以绝人,颇知学不?"崔彭回答道:"臣少爱《周礼》《尚书》,每于休沐之暇,不敢废也。"文帝让他试讲一段,崔彭当即讲了君臣戒慎的道理,文帝颇予赞赏,不久即予提拔①。

北周尚武,朝贵几乎都出自行伍,形成蔑视文人的传统。隋朝虽然有所变革,但积习难去,而且,内外形势也不允许国家从容取士,故其用人多为应付各级政府处理公文急需,注重实用,即所谓"近代左右邦家,咸取士于刀笔"②。急功近利则其学必浮躁,所谓儒士,罕见通人。因此,文化知识仍只是一种从属性的行政技能,而孔武少文的武将依然居官场主流。因此,再造这类官员至为重要,也十分艰巨。

要根本改变这种局面,从积极的方面则必须确立崇尚文化的风气,大力培养新人。推行文治,兴教为先,在这方面,文帝付出了不少努力。

开皇二年(582)十二月,文帝在指挥抗击突厥的紧张斗争中,仍不忘发展文教事业,专门赐给能通儒经的国子学生束帛,给予亲切的鼓励。这一举动,同样给主张文治的朝臣儒士以鼓舞。圣眷正隆的潞州(今山西省长治市北古驿)刺史柳昂抓住机会,上书文帝,指斥动乱造成的社会风气败坏,请求在全国劝学行礼。柳昂出身河东望族,素有家学,其建议得到文帝的重视和采纳。开皇三年(583)四月十八日,朝廷为此下诏:

> 建国重道,莫先于学,尊主庇民,莫先于礼。……朕受命

---

① 《隋书》卷五十四,《崔彭传》。
② 《隋书》卷七十五,《儒林传序》。

于天,财成万物,去华夷之乱,求风化之宜。……古人之学,且耕且养。今者民丁非役之日,农亩时候之余,若敦以学业,劝以经礼,自可家慕大道,人希至德。岂止知礼节,识廉耻,父慈子孝,兄恭弟顺者乎?始自京师,爰及州郡,宜祗朕意,劝学行礼①。

前面曾经介绍过,隋朝建立后,文帝一直设法改变官吏的文化成分,这道诏令亦是与之相配合的。可是,当时北方缘边烽火连天,国家正需要动员成千上万民众上阵御侮,所以,只能一般性地动员社会民众业余就学,遵礼守法。不过,这道诏书也提出具体措施,据记载,诏书发布后,"自是天下州县皆置博士习礼焉"。

从具体事例来看,这道诏书对于推动兴学习文大有裨益。开皇五年(595)四月,文帝诏征山东义学之士马光、张仲让、孔笼、窦士荣、张黑奴和刘祖仁等六人同至京师,被委任为太学博士。北周的文化底子薄弱,必须从原北齐地区招揽人才,以建立或充实各级学校,发展文化事业。所以,这次征召人才的范围相当广泛,不止限于上述六儒。原北齐南阳王博士房晖远为太常卿何妥所推重,经吏部尚书韦世康推荐,被任用为太学博士②,即是一例。而且,征召的地域也不限于山东。梁宗室萧该大约也在此时被任命为国子博士而同是南梁出身的王颋则明确在"开皇五年,授著作佐郎。寻令于国子讲授"③。文献称"隋开皇初,文帝搜访逸隐",说明征召的对象相当广泛,不限于儒士。隐居于华山的冯翊武乡人杨伯

---

① 《隋书》卷四十七,《柳机附柳昂传》。
② 《隋书》卷七十五,《儒林·房晖远传》。同书卷七十七《隐逸·张文诩传》记载:"高祖引致天下名儒硕学之士,其房晖远、张仲让、孔笼之徒,并延之于博士之位。"据此可知房晖远与六儒一道成为太学博士。
③ 萧该事迹见《隋书》卷七十五《儒林·萧该传》;王颋见同书卷七十六《文学·王颋传》。

丑因文帝闻其有道而被征至京师,颇予礼遇,但他对人说:"我曾受羲皇所教之易,与大道玄同,理穷众妙,岂可与世儒常谈,而测神仙之旨乎?"①可知他是位道士,与主流文化并不合拍,故几年后重归山中。

中央开风气,地方也起而效之。梁彦光任相州刺史,见当地人情险薄,欺诈成风,下决心革除其弊,出资延聘山东大儒,每乡立学,非圣哲之书不得教授。自己常在季月召集学生,亲加策试。有聪明好学、成绩优异者,升堂设馔,其余并坐廊下。如有好诤讼、偷懒无成者,则令其坐于庭中,设以草具。当学生学业大成时,他亲自举行宾贡之礼,又于郊外设宴饯行,资助其上考。于是,"人皆克励,风俗大改"②。

由此看来,劝学行礼诏发布后,"天下州县皆置博士习礼"是真实的。当然,这需要有个过程,当时最受制约的恐怕是师资问题。长期动乱对文化事业的巨大破坏与歧视,以及实用主义的急功近利风气,都严重压抑学术的成长,以至"逮乎近古,巨儒必鄙俗"③。

政治家直接领导学术,则条条框框必多,御用味道浓厚。被文帝抬上国子祭酒高位的元善就是很典型的御用文人,其实学问并不高明。国子博士何妥对元善的学界领袖地位很不以为然,知道元善集诸儒讲《春秋》,便去参加。元善见来者不善,私下对何妥说:"名望已定,幸无相苦。"④可是,何妥不吃这一套,等元善开讲后,专门挑些古今疑义的问题提问诘难,害得元善高座台上,张口

---

① 《太平广记》卷十八,《杨伯丑》。
② 《隋书》卷七十三,《循吏·梁彦光传》。
③ 《隋书》卷七十五,《儒林传序》。
④ 《隋书》卷七十五,《儒林·元善传》。

结舌,面红耳赤。如果说《春秋》不是元善的专长,那么,他为迎合文帝而专攻的《孝经》就应该有所称道了。可是,即便是讲解《孝经》,元善也被一个小小的著作佐郎王颁问得无言以对①。

特地从山东延聘而来的六儒也不怎么样,"皆鄙野,无仪范",文帝见后难免失望,故"朝廷不之贵也"②。窦士荣不久病死;孔笼、张黑奴和刘祖仁遭谴褫职;张仲让请归乡里,著书十卷,自诩将因此荣登相位,不料被州县列状上告,换了个身首异处;仅存马光,但几年后也因为母丧归乡。

如果以平陈以前作为隋朝发展文教事业的第一阶段,则此阶段属于恢复性建设,中央与地方兴教办学,逐步积累,初具规模。但其显著的发展有待于平陈之后国家文治政策的推行。

开皇九年(589),隋朝把"江南士人,悉播迁入京师"③,不少人充实到中央学术机构中去。没有迁到京城的学者亦多任地方教官,如吴郡的潘徽"及陈灭,为州博士"④,就是一例。任用江南文士的规模颇为可观,隋炀帝曾说:"自平陈之后,硕学通儒,文人才子,莫非彼至。"⑤在文帝文治政策的积极推动下,隋朝的文教事业迎来一个蓬勃发展的新时期,唐朝魏征曾给予很高的评价:

> 高祖膺期纂历,平一寰宇,顿天网以掩之,贲旌帛以礼之,设好爵以縻之,于是四海九州强学待问之士靡不毕集焉。天子乃整万乘,率百僚,遵问道之仪,观释奠之礼。博士罄悬河之辩,侍中竭重席之奥,考正亡逸,研核异同,积滞群疑,涣然

---

① 《隋书》卷七十六,《文学·王颁传》。
② 《隋书》卷七十五,《儒林·马光传》。
③ 《隋书》卷二十一,《天文下》。
④ 《隋书》卷七十六,《文学·潘徽传》。
⑤ 《敕责窦威、崔祖濬》,收于严可均辑《全上古三代秦汉三国六朝文》第四册《全隋文》卷五。

冰释。于是超擢奇隽,厚赏诸儒,京邑达乎四方,皆启黉校。齐、鲁、赵、魏,学者尤多,负笈追师,不远千里,讲诵之声,道路不绝。中州儒雅之盛,自汉、魏以来,一时而已①。

在学制方面,隋朝也颇有建树。首先,隋将书学和算学置于传统教育机构国子寺之下,与经学并立,表现出国家对应用学科的重视,同时也有助于学校的归口管理,加强其独立地位。这样在国子寺下统辖国子、太学、四门、书、算五学。后来,唐朝又将律学由大理寺移至国子监下,完成六学格局。但学校体系的形成,实肇源于隋朝。其次,随着学校体系的形成和教育的长足发展,有必要独立进行管理。开皇十三年(593),"国子寺罢隶太常,又改寺为学"②。唐朝杜佑从历史的沿革说得更加清楚:"凡国学诸官,自汉以下,并属太常,至隋始革之。"③这一改革把学术教育机关从宗教事务管理部门的太常寺下解放出来,自成系统,国子祭酒成为国家最高教育行政长官,打破了宗教统辖学术的传统,有利于学术的独立④。

发展文化事业,必须从基础性的文献图籍收集整理做起。在这方面,隋朝面对的是一个满目疮痍的惨状。开皇初,秘书监牛弘在给文帝的表文中辛酸地讲述中国图书先后遭受秦始皇焚书、王莽覆灭、东汉崩溃、"五胡乱华"和萧绎自焚图籍的五大厄运,饱受摧残。北周曾略加收集,勉强有书万卷,尔后又收取北齐图书,也仅增加五千种,故隋朝建立时,总共才有书一万五千余卷,但部帙

---

① 《隋书》卷七十五,《儒林·传序论》。
② 《隋书》卷二十八,《百官下》。
③ 《通典》卷二十七,《职官九·国子监》。
④ 参阅高明士:《唐代东亚教育圈的形成——东亚世界形成史的一侧面——》,台湾"国立"编译馆中华丛书编审委员会 1984 年版。

之间,颇有残缺,与梁朝图书旧目相比,仅有其半。因此,他大声疾呼:"昔陆贾奏汉祖云'天下不可马上治之',故知经邦立政,在于典谟矣。为国之本,莫此攸先!"①

文帝披阅牛弘的奏章,为之动容,深感忧虑,虽然当时百废待兴,国家财政十分紧张,但是,他还是痛下决心,批准牛弘的请求,诏遣使者分赴各地,用高价收购天下异本,献书一卷,酬缣一匹,秘书省校写完毕后,再将书籍归还原主。当时,均田制下的农民一户一年交纳调绢一匹。也就是说,国家以一户农民一年的调来购求一卷书,可见文帝对搜访图籍的高度重视。重赏之下,民间收藏的珍本异书纷纷呈献出来,经过一两年的收集,国家图籍才得稍备。

东汉时,曾让著名书法家蔡邕书写七经,刻为石碑。以后,曹魏时又立三字石经,弥足珍贵。北齐高欢曾将石碑自洛阳船运至邺都,途中因河岸塌方,损失近半。开皇六年(586),文帝下令将石碑运到长安,置于秘书内省。可是,这些石碑历经沧桑磨难,文字漫漶,已经难以辨认了。为此,文帝敕令名儒刘炫和刘焯加以考订,并将石碑移至国子学,计划进行修补,以挽救这批文化遗产。

南北统一无疑给图书文物事业带来大好的发展机会。隋军攻入建康时,高颎立即派专人封存陈朝图籍,尽数运回长安。至此,图书流散于南北各地的局面终告结束,经籍渐备,荟萃于京师。在此基础上,隋朝在宫内和秘书省建立皇帝与国家图书馆,对搜集到的图书进行整理修缮工作。

南北朝时代,文化在南方曾经辉煌过。南朝历代注重图书的收集整理,到梁武帝时,藏书三万余卷,诗文灿烂,震烁当世,北齐奠基人高欢就曾深怀忧惧道:"江东复有一吴儿老翁萧衍者,专事

---

① 《隋书》卷四十九,《牛弘传》。

衣冠礼乐,中原士大夫望之以为正朔所在"①。侯景乱后,萧绎据有江陵,广收公私典籍,藏书多达七万余卷。中国的政客军阀有恶癖,自己不学无术,却拿图书泄恨,使得图书事业屡遭摧残。像萧绎在动乱中仍醉心典籍,实属少见,可见南方文风之盛。可是,不久周军攻破江陵,萧绎竟迁怒于图书,尽付一炬,成为千古文化罪人。所以,隋朝收得陈朝图籍,珍本、善本罕存,多为陈宣帝时代抄本,纸墨不精,书写低劣。为了抢救整理这批图书,文帝下令征召天下工于书法之士,于秘书省内补续残缺,编制目录,分为正、副二本,藏于宫中和秘书内、外之阁。经过这番整理,藏书达到三万余卷,恢复到梁朝水平,重新奠定了图书文化事业的基点。

此后,图书事业更有长足的发展。许善心是为江南名儒,开皇八年(588)作为陈朝使节入隋,被文帝所扣留。开皇十六年(596),有雀降于含章闼,文帝以为神明,大宴百官,许善心当场写下《神雀颂》,文不加点,一气呵成,文帝大为赞叹。翌年,因其才华而任命他为秘书丞,成为国家文化事业的主要负责人。许善心见秘藏图籍尚多混淆,便仿效梁朝目录学家阮孝绪的七类分法,将图籍分门别类,编制《七林》,"各为总叙,冠于篇首。又于部录之下,明作者之意,区分其类例焉"②。而且,他还奏请延聘李文博、陆从典等学者十余人,在秘书省考订校正经史图书的错谬,把国家图书事业由征购收集、抄写复本推进到分类整理、校勘研究的新阶段。

唐初,国家曾将隋朝图籍搜集运往长安,在黄河底柱路段遇险,损失惨重,仅存十分一、二,汇总分为四部,在唐太宗时代见在

---

① 《北齐书》卷二十四,《杜弼传》。
② 《隋书》卷五十八,《许善心传》。

图书14,466部,89,666卷①,从开皇中期的三万卷到贞观时期的近九万卷,从中亦可窥见隋朝的图书事业蓬勃发展之一斑。且不论隋炀帝及唐朝对此作出的贡献,从隋初图籍残缺到颇具规模的成就,则是在文帝的大力支持和直接领导下取得的。

在图籍整理的基础上,文帝关心并积极推进修史事业。

开皇十三年(593)五月二十四日,文帝下诏:"人间有撰集国史、臧否人物者,皆令禁绝。"②私人修史属于中国的文化传统,自古如此。开皇初年,对此尚未严禁。国子博士萧该与何妥一道"正定经史",后因意见相左而遭谴,回家撰写《汉书》,"咸为当时所贵"③。可是,随着岁月推移,对私人撰述的控制日渐严格。文帝在开皇六年(586)亲加招揽的山东名儒张仲让辞官归乡后,著书十卷,逢人自吹此书若上奏皇上,他马上就会被请回京中当宰相,说得摇头晃脑,神色飞扬。结果州县将此事上报,朝廷立刻命令将他处斩。此例足见文化统制之一斑,同时也说明民间私人修史的情况仍相当普遍。然而,随着中央集权加深,隋朝从各个方面加强对社会生活的管制,自然要让精神文化屈从于政治需要,尤其要严格管制经常被利用为政治斗争工具的史书编撰。

上述禁令得到严格地贯彻,即使是政府史官,也不准私人撰写史书。王劭是秘书省著作佐郎,因母忧去职,在家编修《齐书》,被人上告,文帝大怒,专门派人没收其著,亲自审读。王劭逢迎的功夫还在学问之上,也不知书里写了些什么,就晓得文帝读后,不但转怒为喜,而且还如获至宝,连忙提拔他为门下省员外散骑侍郎,

---

① 《隋书》卷三十三,《经籍一》。
② 《隋书》卷二,《高祖下》。
③ 《隋书》卷七十五,《儒林·萧该传》。

连升三级。王劭因祸得福当然是例外,这件事说明任何人私撰史书都将受到查办。

在此政策下,修史传统发生了根本性变化,即由过去的史家修史向政府史馆主持修史转变。开皇中,具体负责编修史籍的就是上述王劭,他自从私撰史书为文帝所知后,颇得宠信,任著作郎,出掌秘书省著作曹。其下有学者组成的班子,如刘焯"举秀才,射策甲科。与著作郎王劭同修国史,兼参议律历,仍直门下省,以待顾问"①;刘炫"奉敕与著作郎王劭同修国史。俄直门下省,以待顾问"②;王孝籍应召"入秘书,助王劭修国史"③。这时,修史已完全属于国家事业,受到高度重视,其具体事务经常处于文帝的直接领导之下。这表现在以下两个方面:

首先,编撰史书的人员都由文帝钦定。上述刘焯、刘炫和王孝籍无须再赘,此外如侯白"举秀才,为儒林郎……高祖闻其名,召与语,甚悦之,令于秘书修国史"④。甚至秘书省长官要安排著作曹的人选也需要得到文帝的批准,如"秘书监牛弘以(辛)德源才学显著,奏与著作郎王劭同修国史"⑤。

其次,所修史书由文帝亲自指定,以诏书形式下达任务。例如,文帝平日阅读魏收所撰《魏书》,认为褒贬失实,"诏(魏)澹别成《魏史》"⑥;"姚察为秘书丞,开皇中,别敕成梁、陈二代史"⑦。

在文帝的关心与领导之下,隋朝的修史事业取得了一定的成

---

① 《隋书》卷七十五,《儒林·刘焯传》。
② 《隋书》卷七十五,《儒林·刘炫传》。
③ 《隋书》卷七十五,《儒林·王孝籍传》。
④ 《隋书》卷五十八,《陆爽附侯白传》。
⑤ 《隋书》卷五十八,《辛德源传》。
⑥ 《隋书》卷五十八,《魏澹传》。
⑦ 《册府元龟》卷九七,《帝王部·礼贤》。

绩。据《隋书·经籍志》记载,在唐初尚有著录的隋修史书有姚察撰《梁书帝纪》七卷,魏澹《后魏书》一百卷,牛弘《周史》十八卷,崔子发《齐纪》三十卷,王劭《齐志》十卷、《隋书》六十卷和《隋开皇起居注》六十卷等。这些史书无疑为唐朝官修南北朝历代正史提供素材与参考,功不可没。

然而,隋朝所修史书毕竟没有流传下来,这恐怕与其编修质量不无关系。魏澹在写成《魏书》后上表文帝,强调修史中尊君卑臣、劝善惩恶等微言大义原则。由此推测,隋朝官修史书过于强调历史的现实政治功能。而且,王劭本来就是一个投机钻营的御用文人,由他长期主持修史,则迎合政治需要的附会影射在所难免。唐人对王劭著述的评价颇资参考:

> 劭在著作,将二十年,专典国史,撰《隋书》八十卷。多录口敕,又采迂怪不经之语及委巷之言,以类相从,为其题目,辞义繁杂,无足称者,遂使隋代文武名臣列将善恶之迹,埋没无闻。……然其采摘经史谬误,为《读书记》三十卷,时人服其精博①。

王劭采"迂怪不经之语及委巷之言"的杰作,如其本传所录《皇隋感应志》之类,都是为赞颂文帝、附会天命而作。因此,隋修史书的缺陷,应由文帝负主要责任,王劭则是品格不高的悲剧人物。

上述刘焯、刘炫的事例还可看出,隋朝修史由秘书省著作曹负责,有门下省官参加,亦即中枢机要部门参预其事。以后,唐朝在贞观初年设立史馆,专掌国史,置于中书省之下。由中枢部门总领修史的史馆制度,突出以史为鉴的现实功能,乃承袭隋朝官修史书

---

① 《隋书》卷六十九,《王劭传》。

之真谛发展而成。

第三节　铨选改制

发展文化教育事业,从根本上说就是要开辟风气,培养新人,提升国家社会的品质。这对于隋朝尤为紧迫。

改朝换代需要有一代人的支持,特别像隋朝是由分裂迈向统一,由勋贵世族分割部分国家权力走向中央集权化统治,其间发生具有深远意义的变革,因此就不能依赖原有的制度来选拔人才,必须另辟蹊径,以打破世族把持选举的局面。

开皇三年(583),隋朝断然进行地方行政制度改革,在废郡的基础上,又将地方人事任免权力收归中央,和以往相比,"旧周、齐州郡县职,自州都、郡县正已下,皆州郡将县令至而调用,理时事。至是不知时事,直谓之乡官。别置品官,皆吏部除授,每岁考殿最"[①]。吏部要考选全国大小官吏,就需要有大量的后备人才,而这在九品中正制度下却难以实现。直到平陈前后,李德林还说:"今时吏部,总选人物,天下不过数百县,于六、七百万户内,铨简数百县令,犹不能称其才"[②]。足见合适人才之不足。

造成这一局面的症结在于原有的九品中正制度。在此选举制度下,人才的铨选首先掌握在州郡县三级的中正官手里,由他们来品评人才,再送吏部铨叙。而担任各级中正的是地方大族,这样,国家选拔官吏就只能在世族划定的范围内进行,其客观程度固然随政治的清明与否而变化,难以一概而言,但总的来说,被选举者

[①] 《隋书》卷二十八,《百官下》。
[②] 《隋书》卷四十二,《李德林传》。

一般不会是无权无势的布衣子弟,正所谓"下品无高门,上品无贱族",九品中正制成为世族政治的支柱。现在,隋文帝要改革的正是侵夺部分国家权力的世族,自然不能期望世族会向国家输送自己的掘墓人。所以,文帝在废郡时,已令主掌地方吏选的"州都"、"郡、县正"不理时事,黜为"乡官"①。而废郡本身也使得北朝州举秀才、郡举孝廉的制度残缺不全,九品中正制已是奄奄一息。

为了缓解国家急需大批官吏的局面,文帝在隋朝建国后,即采取制举的办法来选拔人才。开皇二年(582)正月二十九日,文帝下诏:

> 朕受天命,四海为家,关东关西,本无差异,必有材用,来即铨叙,虚心待之,犹饥思食。彼州如有仕齐七品已上官及州郡悬(?)乡望、县功曹已上,不问在任下代,材干优长堪时事者,仰精选举之。纵未经仕官,材望灼然,虽乡望不高,人材卓异,悉在举限。或旧有声绩,今实老病;或经犯赃货枉法之罪,并不在举例。凡所举者,分为三番,具录官历、家状、户属、姓名,送尚书吏部曹。……今令举送,宜存心简选,送名之后,朕别遣访问,若使被举之人有不及不举者,罪归于公等,更不干余等官司。公等宜将朕此敕宣示于人,令知朕意。此事专委于公等,必不得滥荐,复勿使失材也②。

诏令规定,推荐的依据是"材干优长堪时事者",即使"乡望不

---

① "州都"、"郡、县正"为地方首长辟署的属吏,主掌选荐本州郡县之寮吏。见严耕望《中国地方行政制度史》乙部卷下第七章。
② 《文馆词林》卷六九一《隋文帝令山东卅四州刺史举人敕》。《隋书》卷一《高祖上》"开皇二年正月"记载:"甲戌,诏举贤良"。据敕文中提及"郡"和"河南道行台"证之,河南道置废于开皇二年正月到翌年十月之间,郡废于开皇三年底,可知此敕与帝纪所载诏举贤良事相符,则此次举贤良或以山东地区为主要对象。岑仲勉《隋书求是》第7页怀疑"帝纪所书,于事实不尽符。"

高"亦在举荐之列,被推举者须提供"官历、家状、户属、姓名"材料,并未提到中正的品第。而且,诏令还规定举荐之事"专委于"刺史,中央将派人前来察访,如有才不举,则只追究刺史的罪责。那么,撇开既有的中正系统,直接由地方长官主持吏选的用意十分明显。

翌年十一月十四日,文帝再次下诏制举:"如有文武才用,未为时知,宜以礼发遣,朕将铨擢。"①由地方长官根据指定条件推举,中央吏部考选,皇帝亲自铨擢,这完全是政府主持的铨选,没有地方世族的介入。开皇初年频频进行制举,是出于政治形势的需要,也预示着旧的选举制度行将变革。

制举不能取代正常的选举,其道理不言而喻。因此,变革既存的选举制度势在必然。开皇七年(587)正月十九日,文帝下令:"制诸州岁贡三人。"②从前面的诏敕已经明了,隋初举荐人才已不通过中正,现在又进一步固定下来,而且规定为"岁贡",亦即常举,则将此新规定视为科举制的嚆矢是十分自然的。

各州贡士集中在京城,参加朝廷举行的分科考试。当时比较明确的科目有秀才和明经科。

韦云起"隋开皇中明经举,授符玺直长"③,可知明经科在开皇中业已存在。隋朝事迹可考的秀才,现已知有十一人,分别是李宝、王贞、杜正玄、杜正藏、刘焯、仲孝俊、侯白、杜正伦、许敬宗、赵孝钧、赵构④。举秀才最早者为李宝和王贞二人,推测在开皇七年

---

① 《隋书》卷一,《高祖上》。
② 《隋书》卷一,《高祖上》。
③ 《旧唐书》卷七十五,《韦云起传》。
④ 参阅张荣芳:《隋唐秀才科存废问题之检讨》,《食货》复刊10—12,1971年;高明士:《隋代的教育与贡举》,收于《唐代研究论集》第四辑,台北新文丰出版公司1992年版。

(587)①,则此时已有秀才科,可以无疑。秀才是传统科目,受到尊崇,隋代亦是如此,杜正玄举秀才,宰相杨素曾说:"周、孔更生,尚不得为秀才"②,故"隋代举秀才止十余人"③。

在唐朝成为科举主科的进士科,在隋朝已经创立。"如侯君集、孙伏伽,皆隋之进士也"④。然而,至关重要的进士科设置时间,却意见纷纭。唐代文献一般以为进士科出现于隋炀帝大业年间,但具体年份不能确言。当代学者的研究取得重要进展,韩国磐根据石刻资料考证"进士科在开皇十五或十六年时已经出现"⑤。大约同期,日本宫崎市定也依据文献记载认为进士科早在开皇七年已经成立⑥。前者提出进士科成立的时间下限,后者为其上限,则进士科在此其间成立基本明确,并日益得到学界的支持⑦。

进士科开皇说最直接的证据是《房玄龄碑》所载:"公讳玄龄,……年十有八,俯从宾贡"⑧,恰与《旧唐书·房玄龄传》之"年十八,本州举进士"一致,故清代学者陆增祥指出:"至碑云年十有八,俯从宾贡,言举进士也"⑨。房玄龄七十岁(《新唐书》本传载

---

① 高明士:《隋代的教育与贡举》。
② 《北史》卷二十六,《杜铨附杜正玄传》。
③ 《旧唐书》卷七十,《杜正伦传》。
④ 五代王定保撰:《唐摭言》卷一"述进士上篇",上海古籍出版社1978年版。
⑤ 韩国磐:《隋朝中央集权势力与地方世族势力的斗争》注34,《历史教学》1955年第2期;《关于科举制度创置的两点小考》(1955年未刊稿),后文收入其著《隋唐五代史论集》。
⑥ 宫崎市定:《九品官人法研究——科举前史——》,东洋史研究会1956年版。
⑦ 岑仲勉:《隋唐史》(中华书局1982年新1版,原由高等教育出版社1957年出版)第195页注10曾反对进士科开皇说,随后即于1964年出版的《通鉴隋唐纪比事质疑》(中华书局1964年版)之"进士科之始"中支持开皇七年说,并作了补充考证。
⑧ 《金石萃编》卷五十。
⑨ 陆增祥:《八琼室金石补正》卷三十五。

为七十一岁)死于贞观二十二年(648),据此推算,则其举进士在开皇十五(595)或十六年(596),而碑文称"州",恰是文帝时代地方政制,炀帝时改州为"郡",由此证明隋文帝创置进士科是十分有力的。

"进士科与俊、秀同源异派,所试皆答策而已"①,考对策比较切合实际,文帝曾经因为田地不足,均田制实施困难,而将此课题作为策问让四方贡士作答。可知其对官吏的铨选,颇注意实际能力。

由于进士科是新设科目,所以不如秀才、明经科荣耀。唐朝贞观年间发生州长官因所举之人考试落第而被追究罪责的事件,地方官不再举秀才,而唐朝文学繁荣,又驱使应试者竞集于注重文辞的进士科,这才形成进士科一枝独秀的局面。但在隋朝,最为显耀的仍是秀才科,开皇十五年(595)贡举考试,"时海内唯正玄一人应秀才,余常贡者,随例铨注讫"②,足可证明。

杜正玄敢于应秀才考试,说明地方贡士可以投试不同科目。而且,还说明当时各科并考,则科举制度的雏形已具。从前述隋朝秀才中选的情况看,除两人为开皇七年(587)秀才外,都是开皇十五年(595)以后中举的。参考平陈之后国家崇文兴教的背景,可以肯定,分科举人乃是与文治政策同步,蓬勃发展于国家统一之后。

各地贡士会考于京城,贡举及第后,还必须参加吏部铨选考试,合格后方予授官。资格考试与选官考试分离的规定,一直为后世所继承,唐朝还进一步将吏部考试完善为身、言、书、判四项。

---

① 《唐摭言》卷一"试杂文"。
② 《北史》卷二十六,《杜铨附杜正玄传》。

尽量用具有可比性的客观标准来代替主观性的人物品评,明显要公正得多。更重要的是地方选举过程减少了世族的干预,而考试铨叙更掌握在中央。开皇三年(583),中央收回地方官吏的任免权,平陈以后教育与选举制度的发展,又使得中央掌握了人才的培养与官吏的选拔,至此,人事制度方面的中央集权制完全确立。

国家主持人才的考选,则世族把持的九品中正制度成为多余。开皇十五年(595),文帝下令"罢州县乡官"①。前已述及,文帝废郡时,将主持地方吏选的州都、郡正之流,连同地方僚佐都黜为不理时事的"乡官",现在又进一步将其废除。中央系统的中正官也在此期相应地废除,唐朝杜佑指出:"九品及中正至开皇中方罢。"②自曹魏创立以来沿用数百年的九品中正制度终于被废除,科举制度成为不可阻挡的历史潮流,隋文帝又完成了一项划时代的变革。

当然,开皇时代的选举制度和唐朝发展成熟的科举制度还有所不同,它固然具备了科举制的许多特征及其功能,但仍处在演变之中,具体的差别不去细说,其间一个重要的差别在于隋朝的选举不是投牒自进,而是采取地方长官荐举与中央考试铨叙相结合的形式,其考试的范围限于地方贡士,仍保存《周礼》层层推举之遗意。

唐玄宗开元年间,左监门卫录事参军刘秩批评隋朝废除中正制,说:"隋氏罢中正,举选不本乡曲,故里闾无豪族,井邑无衣冠,人不土著,萃处京畿,士不饰行,人弱而愚。"③九品中正制固然是

---

① 《隋书》卷二十八,《百官下》。
② 《通典》卷十四,《选举二》。
③ 《通典》卷十七,《选举五》。

维持世族社会的台柱,但是,如果说废除中正就使得门阀政治坍塌,则未免言过其实。隋文帝力图改革世族政治是毫无疑问的,其作法在相当程度上是对北周的继承,即所谓"隋承周制,官无清浊"①。

北周尚武少文,军人执政,不但"公卿类多武将"②,而且,"诸功臣多为本州刺史"③。隋朝虽然比较注意官员的文化成分,但其文化取向于实用主义,故有"高祖之世,以刀笔吏类多小人"之讥④。而且,直到炀帝时代,"武夫参选,多授文职"⑤,大业八年(612)才下诏改为授勋官,可知隋朝铨选的主流非但清浊不分,且无文武殊途。故以北周以来铨选的源流考察,文帝废除九品中正制亦属必然。

平陈当年,配合文治政策的实施,文帝任用大世族出身的卢恺主持吏部。卢恺与吏部侍郎薛道衡、陆彦师等人力图扭转隋朝选官不论出身的局面,"凡所任人,颇甄别于士庶"⑥,他们得到宰相苏威的暗中支持。但是,其作法毕竟与既存的选举制度相抵触,招来许多非议和不满。开皇十二年(592)七月,因为修订乐律的争吵,国子博士何妥控告苏威在朝中勾结朋党,事件涉及卢恺,朝中平时对铨选的不满顿时爆发出来,卢恺被罢黜为民,薛道衡配防岭表,牵连百余人,甄别士庶的铨选自是夭折。唐朝杜佑引用礼部员外郎沈既济对此事的评论,以为选人自古难事,"盖非英明之君,

---

① 《隋书》卷七十二,《孝义・陆彦师传》。
② 《隋书》卷四十六,《张煚传》。
③ 《周书》卷三十六,《令狐整传》。
④ 《隋书》卷七十五,《儒林・刘炫传》。
⑤ 《通典》卷十四,《选举二》。
⑥ 《隋书》卷七十二,《孝义・陆彦师传》。

不可以语焉。……卢、薛值隋文而身坠。时难,不其然乎?"①说明否定卢恺、薛道衡等人铨选办法的实为隋文帝。显而易见,重视个人才能的考试选人是文帝的基本思想。

当此之时,靠武力起家的军将势力,以及门阀世族都从不同的方面对新选举制度的健康发展发生不利的影响,而文帝的心思在于强化中央集权,对于文治并无深刻的认识与充分的领导资质,这一切都制约着贡举考试制度的发展限度。然而,门资选人的坚冰已经打破,新航道将由此向前伸延,并日益显示出强大的生命力和高度的优越性。

第四节 功成修乐

隋军攻破建康,尽获南朝乐器和乐工,车载以归。文帝闻讯大喜,命令当廷演奏,听罢,感叹道:"此华夏正声也,非吾此举,世何得闻。"②于是,调和五音作成五夏、二舞、登歌、房中等十四个乐调,供宴享和祭祀时使用。至此,隋朝才有雅乐,文帝特地命令在太常寺置清商署加以管理,并诏求陈朝太乐令蔡子元、于普明等人,官复原职。

其实,文帝并不喜好南朝音乐。他曾在犒赏平陈将士时下令演奏陈朝女乐,语重心长地对公卿百官说道:"此声似啼,朕闻之甚不喜,故与公等一听亡国之音,俱为永鉴焉。"③文帝斥南朝音乐为亡国之音并非罕事。开皇二年(582),著名学者颜之推针对太

---

① 《通典》卷十四,《选举二》。
② 《旧唐书》卷二十八,《音乐一》。
③ 《北史》卷十一,《隋本纪上》。

常演奏的雅乐并用胡声的现状,建议文帝参照梁朝音乐,制定隋乐。文帝当场拒绝道:"梁乐亡国之音,奈何遣我用邪?"①表现出对南朝音乐的厌恶。显然,文帝在音乐上并不想沿袭旧规,而是想要有所作为。因此,采陈音以定乐自有其苦衷。

开皇初,文帝就让乐工齐树提校定乐章,改换音律声调,变革周乐。可是,齐树提音乐修养有限,折腾多时,越发不通。不久,上柱国郑译上奏,请求重新修正。于是,文帝将此事交给太常卿牛弘、国子祭酒辛彦之和国子博士何妥等人讨论修订。

修订乐律在当时是一件十分困难的事情。由于南北长期分裂,各自的音乐发展道路大相异趣。在南方,经过魏晋名士对传统儒学的猛烈冲击,天人感应的音乐理论开始崩溃,嵇康的《声无哀乐论》犹如春雷,宣告音乐春天的降临,对美的追求和对"郑声"的肯定成为时代的潮流,民间音乐得到长足发展,佛教音乐也大为盛行,民歌"吴声"和"西曲"吸收继承汉代以来的相和歌传统,结晶为"清商乐"②,光芒四射。在北方,各种少数民族音乐纷纷传入中原,百花齐放,异彩纷呈。"陈、梁旧乐,杂用吴、楚之音;周、齐旧乐,多涉胡戎之伎"③,南北音乐,不仅风格迥异,而且乐律也颇相径庭。因此,综参南北音乐,重新确定音律尤为不易,即所谓"沦谬既久,音律多乖",牛弘等人"积年议不定"④。

文帝是个性急之人,到开皇七年(587),见乐律尚未修成,不

---

① 《隋书》卷十四,《音乐中》。
② 《魏书》卷一百九《乐志》载:"初,高祖讨淮、汉,世宗定寿春,收其声伎。江左所传中原旧曲,《明君》《圣主》《公莫》《白鸠》之属,及江南《吴歌》,荆楚《四声》,总谓《清商》。"文中"《四声》"当依《通典》卷一百四十二《乐二》作"《西声》"。
③ 《旧唐书》卷二十八,《音乐一》。
④ 《隋书》卷十四,《音乐中》。

禁勃然大怒，责问道："我受天命七年，乐府犹歌前代功德邪？"①下令将牛弘等人治罪，幸亏治书侍御史李谔出来讲了几句公道话，才将此事带过。前已述及，隋朝的立国政策是要变革北周而恢复汉魏之旧，建国七年，国家还没有自己的音乐，乐府仍在吹奏赞扬前朝的乐章，难怪文帝要生气。

然而，光是生气也无补于事。所以，文帝下诏访求懂得音乐之士，令郑译参预其事。北周武帝时，有位名叫苏祇婆的龟兹人随突厥皇后入朝，精于琵琶音律，郑译曾跟他学习，得七声之正。在此基础上，又以琵琶推演音律，每律有七音，以某一律为宫音，则十二律和七音相乘，可得十二宫、七十二调，合为八十四宫调。其所定之乐与太乐所奏相校，则多有乖越，以林钟之宫为例，可表示如下：

十二律	黄钟	大吕	太簇	夹钟	姑洗	仲吕	蕤宾	林钟	夷则	南吕	无射	应钟
林钟之宫	清角		徵		羽		变宫	宫		商		角
太乐所奏	宫		商		角		变徵	徵		羽		变宫

两者相差颇大。然而，细加考察，可以看出郑译所定音阶恰好和当时流行的俗乐相符。换言之，传统俗乐林钟均的七音，恰巧与雅乐黄钟均的七音完全相符。显然，郑译采用俗乐八十四调来改订雅乐，而其乐理来自印度②，由西域转传到关中。郑译既以西域七调与中原七声相符，取印度乐理与俗乐乐理综合运用，故其所定之乐左右逢源于胡、汉音乐之间，"旋转相交，尽皆和合"③。且不论郑译对胡乐汉化的贡献之巨，其定乐的方法正代表着本土与外来、俗

---

① 《隋书》卷十四，《音乐中》。
② 参阅林谦三：《隋唐燕乐调研究》，商务印书馆 1936 年版；张世彬：《中国音乐史论述稿》，香港友联出版社有限公司 1975 年版。
③ 《隋书》卷十四，《音乐中》。

乐与雅乐之间融合提高的潮流。

郑译不用传统的雅乐音阶来定乐,自然招来守旧乐律家的反对。伶人万宝常出身梁朝,精通钟律,历经北齐、北周各朝,至隋初定乐,郑译常召他一起讨论,但所持乐理迥异,故其言多不被采用。郑译所定乐成,万宝常听太常演奏,止不住泫然泪下。文帝以郑译之乐征求其意见,他批评说:"此亡国之音,岂陛下之所宜闻?"①极言乐声哀怨淫放,非雅正之音,请求以水尺为律,以调乐器。他的话虽然不中听,但要以《周礼》定乐的建议,倒是合乎文帝的心意。所以,文帝同意让他来试试。于是,万宝常采用传统的"三分损益法"来确定音高,其所用的是雅乐的七音音阶,故"其声率下郑译调二律",得出雅乐八十四调,"其声雅淡,不为时人所好,太常善声者多排毁之"②。显然,在音乐大有进步的时代,完全复古是行不通的。

郑译和万宝常的争论尚未见分晓,这边又惹恼了一同修乐的国子博士何妥。何妥虽为西域胡人后代,但自幼生长在南朝,号称神童。他对音乐究竟有多少修养,不得而知。眼见郑译的主张日益获得朝臣的支持,连持有异议的苏夔也渐渐与之靠拢,何妥坐立不安起来,自己虽称宿儒,却比不过郑译,甚至连苏威之子苏夔都不如,不由觉得颜面无光,决定要破坏其事,于是跳了出来,攻击七调之义及十二律旋相为宫(转调)之法。主持修乐的牛弘对音律并不专精,难作裁决。故修乐班子"竞为异议,各立朋党,是非之理,纷然混淆"③,只好放任各家自行修订,准备等到乐律制成后再择善而从。这样一来,何妥可就紧张了,他害怕乐律一成,优劣立

---

① 《隋书》卷七十八,《艺术·万宝常传》。
② 《隋书》卷七十八,《艺术·万宝常传》。
③ 《隋书》卷十四,《音乐中》。

判,连忙把文帝请来,根据儒家以乐律附会人事的理论,先讲一通"黄钟者,以象人君之德"的道理,造成先入为主的印象,再张乐演奏黄钟之调,果然听得文帝大悦,赞叹道:"滔滔和雅,甚与我心会。"①何妥趁机建议只用黄钟一宫,余律皆不假用。文帝赏赐何妥一班修乐者,满意而归。显然,何妥的话给他印象深刻。

文帝虽然有所倾向,但并未作出最后裁决,因此,修乐之事翻来覆去还是定不下来。平陈缴获南朝乐工乐器,正好给修乐工作以新的刺激和转机。

于是,牛弘适时上奏,请求根据以前缴获的梁朝雅曲和平陈所得正乐,修订雅乐,取代"杂有边裔之声"的北周乐,改变"戎音乱华"的局面。文帝假意推辞道:"制礼作乐,圣人之事也,功成化洽,方可议之。今宇内初平,正化未洽。遽有变革,我则未暇。"②从字里行间不难看出,文帝把修乐作为粉饰太平、歌功颂德的政治行为。开国当初,他就急于修乐,现在取得平定天下的丰功伟绩,岂有不修乐告成之理。晋王广看出乃父的心思,再度上表恳请,文帝这才感到满足,勉强予以同意。开皇九年(589)十二月五日,又是一个甲子日,他颁布诏书:

> 朕祗乘天命,清荡万方。百王衰敝之后,兆庶浇浮之日,圣人遗训,扫地俱尽,制礼作乐,今也其时。朕情存古乐,深思雅道。郑、卫淫声,鱼龙杂戏,乐府之内,尽以除之。今欲更调律吕,改张琴瑟。且妙术精微,非因教习,工人代掌,止传糟粕,不足达神明之德,论天地之和。区域之间,奇才异艺,天知神授,何代无哉!盖晦迹于非时,俟昌言于所好,宜可搜访,速

---

① 《隋书》卷十四,《音乐中》。
② 《隋书》卷十五,《音乐下》。

以奏闻,庶睹一艺之能,共就九成之业。
诏令太常卿牛弘、通直散骑常侍许善心、秘书丞姚察和通直郎虞世基等议定作乐①。

诏书有两点值得注意,一是规定此次乃是改定律吕,也就是全面制定新的音律制度,进而统一南北既存的古今中外各种乐制,成就千秋事业。儒家认为:"王者功成作乐,治定制礼;其功大者其乐备,其治辩者其礼具。"②文帝雄心勃勃的修乐计划,颇有功高盖世的自负。二是给修乐律定下基调,亦即摈弃"郑、卫淫声,鱼龙杂戏",严格遵照儒家乐理来修订。显然,这项事业的政治意义是高于一切的。

有点学究气的牛弘没有完全领会文帝的深意,他根据多数意见,折中郑译之说和古典五声六律理论,提出每一宫只用一调,只有迎气乐用五个调,而缦乐则用七调,用于祭祀时演奏。他还根据乐律与季节月令对应到玄学理论,定各调尊卑先后秩序,批评只用黄钟一宫和七律之说,以为如此则无法与自然相对应,主张依照《周礼》取互相转调之义。

文帝阅后,想起何妥以前对他说的话,批示道:"不须作旋相为宫,且作黄钟一均也"③。于是,牛弘和秘书丞姚察、通直散骑常侍许善心、仪同三司刘臻、通直郎虞世基等人,再作详议。

文帝坚持己见有他自己的道理。

古代传统有五音,亦即宫、商、角、徵、羽,后来又加上变宫和变徵二音,成为七音,与现代乐谱的七音相当。归纳这些基本的音而组成的音列,称作调式,我国古代有十二律吕,前已列示。这十二

---

① 《隋书》卷二,《高祖下》。
② 吉联抗译注:《乐记·乐礼篇》,人民音乐出版社1958年版。
③ 《隋书》卷四十九,《牛弘传》。

律吕以黄钟声最低,以上递高半音阶,与西洋音乐的十二调相当。儒家以音律附会自然人事,如以五音象征土、金、水、木、火五行,对应中、秋、冬、春、夏,以为"宫为君,商为臣,角为民,徵为事,羽为物"①,还以十二律对应十二月,作十二月均,各应其月气,达到天人感应,从而赋予音律以政治谶纬的意义。

在实际音乐里,宫、商、角、徵、羽等音的音高要用律来确定。十二律中,任何一个音都可以作宫。这样,在理论上,十二律与五音可以组合出六十宫调;十二律和七音可以组合出八十四宫调。可是,如此一来,则无法保证黄钟宫始终居于首位,那么,与之对应的君臣关系就会错位,这是文帝绝对不能容许的。不允许转调的道理也在于此。这样,文帝完全从政治的角度,将音乐和政治毫无限制地混为一谈,把音高绝对化,不但要把政治贯彻到音乐的内容方面,还要贯彻到乐器物理性质的音高方面,以便将君臣政治秩序在社会生活的各个方面都固定下来,不能有丝毫动摇。在其君臣音律铁则下,修乐就不是世间凡人所能完成的。

就内因而言,文帝对修乐直接干预、指手画脚,还出于他本人对音乐的自负。他年轻时,喜好音乐,弹得一手琵琶,曾经谱写过《地厚》《天高》二曲,用以表现夫妻之义。这两首歌曲早已失传,仅从标题来看,其对家庭伦理的抒发恐怕只是汉儒伦常学说的老调重弹。这种宣传性音乐能有多高的艺术造诣,姑且不论。重要的是会写小曲不见得就真懂音乐,就算晓得音乐,却未必懂得音律,因为前者属于感性的艺术,后者属于物理的技术。问题是人无自知之明,会弹琴写曲便自以为是,以为这就是懂得音乐、懂得音律,以专家自居,实际上却是个外行。

---

① 《乐记·乐本篇》。

政治教条和浅近的音乐修养交杂在一起,不但把修乐带上死胡同,而且,以此为标准去衡量各种乐曲,更把音乐关进幽暗的牢笼。开皇初制定律令时,置国伎、清商伎、高丽伎、天竺伎、安国伎、龟兹伎和文康伎七部乐。其中,龟兹乐为西域音乐的代表,配器完整,富于表现力。北魏时传入中原,深受欢迎。"开皇中,其器大盛于闾闬。时有曹妙达、王长通、李士衡、郭金乐、安进贵等,皆妙绝弦管,新声奇变,朝改暮易,持其音伎,估炫公王之间,举时争相慕尚。"可是,文帝却从伦理教化的角度对此轻松欢快的音乐提出尖锐的批评,对朝官说:

  闻公等皆好新变,所奏无复正声,此不祥之大也。自家形国,化成人风,勿谓天下方然,公家家自有风俗矣。存亡善恶,莫不系之。乐感人深,事资和雅,公等对亲宾宴饮,宜奏正声。声不正,何可使儿女闻也![1]

文帝对"新声"的厌恶固然有其沉默内向性格和幼时生活环境等因素的影响,但更多是出于政治的考虑,其中有两点尤为重要。

第一是居安思危观念。从以上话语中清楚看出,文帝以南朝为鉴,深恐公卿纵情声乐而重蹈覆辙,故提醒他们天下初定,千万不可松懈。可是,他的劝说似乎见效甚微,"帝虽有此救,而竟不能救焉"[2]。这种情况也促使文帝矫枉过正,对修乐的态度愈加严厉。开皇十一年(591)正月元宵的前一天,文帝特地下令将平陈所得古器尽行销毁,以其"多为妖变"[3]。居安思危的思想是十分重要的,可是,中国的政治家在处理政治与学术、主体与客体关系

---

[1] 《隋书》卷十五,《音乐下》。
[2] 《隋书》卷十五,《音乐下》。
[3] 《隋书》卷二,《高祖下》。

时,经常将两者混淆。

儒家的音乐经典《乐记·乐论篇》早就发现:"乐者,天地之和也;礼者,天地之序也。和,故百物皆化,序,故群物皆别。"音乐特有的原素就在于讲究调和(和谐),其特性越发展,则其性质就越纯粹,越独立,越是音乐的、艺术的,越是挣脱人们附加于其上的有形的东西,而越发动听,越发完美。这是音乐发展的自身规律,它不为人们强加的伦理说教所改变,而以美为追求的目的。听觉美感的增强和音乐表现力的丰富,即所谓的"新声奇变",必然远胜于深受儒家伦理说教束缚的传统"正声",而日益为人所喜爱,这是健康的发展。至于作为音乐欣赏主体的人耽迷于乐舞之中,则完全属于另一个范畴的问题,并非音乐之罪。可是,人们不去研究和解决造成纵欲的原因,却把自身的堕落迁怒于客体,犹如中国古代传统上不去谴责贵族的腐朽却对被玩弄的妇女大加鞭笞一般。主体与客体的混淆,摧残思想艺术的发展,严重阻碍中国社会的发达。结果是根本的问题没有解决,而禁区四设,防不胜防。

第二是夸大音乐的社会功能,以审善取代审美。儒家认为,音乐起源于人对外界自然的感受,"情动于中,故形于声。声成文,谓之音"。此见解固然合理,但是,由此得出"声音之道,与政通矣";"乐者,通伦理者也";"是故审声以知音,审音以知乐,审乐以知政,而治道备矣"①,却大有问题。

音乐的产生与情感的传播是完全不同的两个过程,情绪激起的音声,亦即抽象无形的音乐,要在听众体内还原鼓动起相同的情绪,是不可能的。这就是音乐不同于语言、文字、绘画、雕塑等的道理。三国时代,嵇康振聋发聩的名篇《声无哀乐论》直接向儒家

---

① 引文均见《乐记·乐本篇》。

"审乐知政"的音乐传播的社会功能说发起猛烈冲击,他认为主体与客体、音乐与感情之间并不存在因果关系,人先于心中有哀乐的情感,音乐才能起到诱导和媒介的作用,使之表现出来。然而,各人的情感不同,故对音乐的感受自然各异。区分主体与客体的关系,当然就不能随便给音乐安上"亡国之音"、"淫乐"之类的罪名,淫邪亡国的根本原因在于人本身,"上失其道,国丧其纪,男女奔随,淫荒无度"。

嵇康所论,动摇了儒家把音乐贬为政治的奴隶与宣传工具的理论根据,音乐得以冲破牢笼获得长足的进步,对美的追求和对"郑声"的肯定成为时代的潮流。在北方,胡乐的大量传播,同样出现音乐的春天。嵇康的乐论每每成为反对限制音乐发展的有力武器。唐初定乐之时,御史大夫杜淹因袭旧说,认为:"前代兴亡,实由于乐。陈将亡也为《玉树后庭花》,齐将亡也而为《伴侣曲》,行路闻之,莫不悲泣,所谓亡国之音。以是观之,实由于乐。"唐太宗当即反驳道:"不然,夫音声岂能感人?欢者闻之则悦,哀者听之则悲,悲悦在于人心,非由乐也。将亡之政,其人心苦,然苦心相感,故闻之则悲耳。何乐声哀怨,能使悦者悲乎?今《玉树》《伴侣》之曲,其声具存,朕能为公奏之,知公必不悲耳。"[①]在唐太宗本于嵇康的音乐思想指导下,唐朝的音乐获得空前的发展,灿烂于世。

与此成为鲜明对照的,是隋文帝对音乐的见解实在陈旧,上引音乐乃"存亡善恶,莫不系之"的说法,无限夸大音乐的社会作用,完全是儒家老调的重弹,表明他想把音乐重新作为政治的工具。在这种思想之下,政治审查成为唯一的标准,音乐领域充斥政治标

---

① 《贞观政要》卷七,《礼乐第二十九》。

签。开皇初,颜之推劝文帝据梁朝之旧修乐时,文帝以梁乐为亡国之音加以拒绝。这样,魏晋以来南北音乐的发展在理论上遭到否定,修乐很快演变为政治迫害。

修乐班子里意见对立最为尖锐的是苏夔与何妥,苏夔少有盛名,加上其父苏威的背景,自然成为朝中瞩目的人物,海内文人宾客趋之若鹜。在音乐理论上,他持五音调式之说,和大胆吸收民间及外来音乐的郑译相比,他显得保守。但是,在从音乐艺术的角度来修乐这点上,两人的意见则是一致的,所以,经过研讨商榷,苏夔似乎颇采郑译之说,两人还准备一道核定尺量,计算律长,确定乐制。开皇十一年(591)八月郑译死后,苏夔成为修乐的主要成员。

苏夔的意见经常与何妥相左。在当时南北中外各种乐制并存的情况下,异议纷呈本是正常现象。然而,何妥与苏威本来就有矛盾,这就使得问题变得复杂。就出身地域而言,何妥来自南方梁朝,对于关中苏氏颇掌朝务很是不满,曾多次在文帝面前力言苏威不可信任,甚至上书指斥苏威在朝中结纳朋党。他们之间是否存在地域之争,尚难断言。但两人形同水火则是事实。开皇十二年(592),苏威主考文学,又与何妥发生激烈冲突,苏威勃然怒道:"无何妥,不虑无博士!"何妥亦不相让,对骂道:"无苏威,亦何忧无执事!"[①]两人大吵一顿。

何妥与苏威的矛盾,自然扩大到苏夔身上。修乐时,何妥经常有意抬杠,苏夔有所建议,他总要挑其短处,大加批评。可是,上下左右如果不是苏夔的人,也要看苏威的面子,纷纷赞同苏夔,闹得何妥越发恼火,眼见得苏夔占尽上风,其意见势将通过,何妥恨道:

---

① 《隋书》卷七十五,《儒林·何妥传》。

"吾席间函丈四十余年,反为昨暮儿之所屈也!"①愤然上书:

> 臣闻乐有二,一曰奸声,二曰正声。夫奸声感人而逆气应之,逆气成象而淫乐兴焉。正声感人而顺气应之,顺气成象而和乐兴焉。……故郑、卫、宋、赵之声出,内则发疾,外则伤人。……案圣人之作乐也,非止苟悦耳目而已矣。欲使在宗庙之内,君臣同听之则莫不和敬;在乡里之内,长幼同听之则莫不和顺;在闺门之内,父子同听之则莫不和亲,此先王立乐之方也②。

何妥的表文充斥政治说教的陈词滥调,其关于奸声和正声的区分,更是令守旧腐儒瞠乎其后。而且,何妥还使出杀手锏,揭发苏威伙同礼部尚书卢恺、吏部侍郎薛道衡、尚书右丞王弘、考功侍郎李同和等人结为朋党。这已经远远超出学术论争的范畴,沦为极端无聊的政治攻讦。然而,他的话,文帝听起来十分顺耳。

前面一再说过,文帝修乐完全是出于政治目的,而且,他也三番五次吩咐牛弘只用黄钟一宫,不得转调,其突出皇权的意思已经十分明显了。可是,苏夔等人竟然还固执己见,分明是有恃无恐?这么一想,文帝决定严厉追究,给那些阳奉阴违、顽固坚持以音乐艺术为重的儒士、还有主张选举要甄别士流的文官一个教训。

于是,文帝让蜀王秀和上柱国虞庆则主持审理此案。其结果可想而知,苏威一干人轻则废黜于家,重则配防边裔,知名之士惨遭荼毒,牵连百余人。

---

① 《隋书》卷四十一,《苏威传》。
② 《隋书》卷七十五,《儒林·何妥传》。

经过这番整顿,再没有人敢聒噪什么音律相配旋相为宫的话,修乐事业扯起顺风大帆,很快就功德圆满。开皇十四年(594)三月,由牛弘领衔,秘书丞姚察、通直散骑常侍许善心、兼内史舍人虞世基、东宫学士刘臻等人共上新乐,并撰歌辞三十首。在此之前,文帝已命内史侍郎李元操、直内史省卢思道等撰清庙歌辞十二曲。这些歌辞已经文帝钦定,牛弘等人当然不敢妄改,只是变换成新律奏上。

新乐律是承风顺旨修订的,很快就获得钦准。同年四月一日,文帝下诏颁行新乐:

> 在昔圣人,作乐崇德,移风易俗,于斯为大。自晋氏播迁,兵戈不息,雅乐流散,年代已多,四方未一,无由辨正。赖上天鉴临,明神降福,拯兹涂炭,安息苍生,天下大同,归于治理,遗文旧物,皆为国有。比命所司,总令研究,正乐雅声,详考已讫,宜即施用,见行者停。人间音乐,流僻日久,弃其旧体,竞造繁声,浮宕不归,遂以成俗。宜加禁约,务存其本①。

根据这道诏令,民间流行的音乐凡不合于"旧体"者,都被禁止,南北朝音乐春天的风光不再,新声奇变都被统一起来,举国上下,"唯奏黄钟一宫,郊庙飨用一调,迎气用五调。旧工更尽,其余声律,皆不复通"②。单调、低沉、缓慢、严肃的音乐取代了往日的轻松欢快,时刻提醒着人们皇权的庄严。

肃穆萧瑟的乐曲总让人感到不对劲。唐人评价隋文帝修乐道:"高祖素不悦学,不知乐"③。平心而论,文帝还是略知音乐皮毛的,可是,正是这一点蒙蔽了他自己。自视过高还真不如外行,

---

① 《隋书》卷二,《高祖下》。
② 《隋书》卷十五,《音乐下》。
③ 《隋书》卷十四,《音乐中》。

毕竟外行只能倾听专家的意见。修乐的过程已经显露出平陈之后文帝身上发生的变化,往日的锐气正在消失,代之是居功自傲、刚愎自用和专制主义的加深。就文化素养而言,要他继续站在历史前头去领导潮流,确实过于吃力了。

第十一章 太平志逸

第一节 仁寿宫

平陈以后，隋朝的高层人事悄悄地发生一些变化。高颎从江南回到京城，文帝亲自慰劳他说："公伐陈后，人言公反，朕已斩之。君臣道合，非青蝇所间也。"高颎听后，心里暗惊，回家后即刻上表逊位，经过文帝慰留，高颎虽然仍居原职，但经常遭到周围的攻讦，不得不小心翼翼，如履薄冰。有一次，文帝和他及贺若弼一起谈论平陈往事，他连忙说道："贺若弼先献十策，后于蒋山苦战破贼。臣文吏耳，焉敢与大将军论功！"①身为宰相，又是平陈军实际的前线统帅，却自抑如此，说明朝廷气氛发生了微妙的变化。

变化来自两个方面，一是平陈之后，一批军勋功臣的势力得到加强，朝廷中滋长起居功自傲的不良风气，评功摆好，争权夺利的现象日益严重。

这种风气的形成，文帝负有直接责任，自建国以来，他常喜欢让大臣聚集一起，饮酒摆功，以为乐事。如开皇初年，他"尝大集群下，令自陈功绩，人皆竞进"②。平陈后，文帝临幸晋王邸，

---

① 以上引文均见《隋书》卷四十一《高颎传》。
② 《隋书》卷五十七，《卢思道附卢昌衡传》。

置酒宴请群臣。举杯庆道："高颎平江南，虞庆则降突厥，可谓茂功矣。"杨素不服，说道："皆由至尊威德所被。"巧妙地将高颎和虞庆则的功劳一笔勾销。虞庆则当然不答应，反击道："杨素前出兵武牢、硖石，若非至尊威德，亦无克理。"①群臣当下就在文帝面前相互揭短攻讦，犹如市井之徒。文帝对此非但不予制止，反而推波助澜。在他的鼓励下，大臣自然汲汲于个人名利，矜功伐善。

右武侯大将军贺若弼位望隆重，兄弟俱封郡公，并任刺史列将，家中珍玩不可胜计，婢妾曳绮罗者数百，自以为功高盖世，常以宰相自许。然而，文帝任命杨素为右仆射，与高颎并为宰相，贺若弼愤恨不平，怒形于色，大骂高颎和杨素为饭桶，因此免官。但在文帝的庇护下，不久又恢复爵位。贺若弼毫无悔改，甚至在酒宴上作诗泄愤，文帝视而不见，听之任之。开皇初年群臣同心治国的景象正在迅速消逝。

二是文帝本人在盛名之下，心骄志逸，惟我独尊，失去以往励精图治的锐气。

隋朝大臣中，足智多谋又敢于坚持自己立场者，首推李德林。然而，正因为他个性鲜明，所以不为文帝所喜，虽然身为开国元勋，却十年官位不加。平陈以前，国家正是用人之时，故李德林还有一席之地。文帝曾专门派高颎探望病中的李德林，征求平陈之计，发誓："待平陈讫，会以七宝装严公，使自山东无及之者"②。可是，后来封赏功臣时，宣布授李德林郡公、柱国，实封八百户，赏物三千段。此待遇远不能和高颎、杨素、贺若弼、韩擒虎等人相提并论，大

---

① 《隋书》卷四十，《虞庆则传》。
② 《隋书》卷四十二，《李德林传》。

约只能和行军总管相埒①,与文帝所许诺已经大打折扣了,但还有人不满,到高颎处诉说一通,高颎随即劝说文帝,收回成命。如此出尔反尔。可知李德林这种敢于直言的人已经不被官僚所容忍了。

失去利用价值的李德林很快就被整得浑身是伤。当年,文帝曾将逆人王谦宅第赐予李德林,公文已下,突然又改赐他人,令李德林另选一宅。李德林选逆人高阿那肱的市店以为替代,获得同意。开皇九年(589),文帝巡视晋阳时,店人诉称此店乃高阿那肱强夺民田所造。这本是小事一桩,故文帝令有关部门折价偿还,不料苏威揪住不放,硬说李德林故意欺瞒,窃据赃物。李圆通等人在一旁添油加醋,说此店获利堪比食封千户,请计日追赃。文帝给挑拨得火起,把李德林叫来,劈头盖脸就是一通斥责,李德林请求查验逆人文簿及换宅事实,但文帝毫不理会,竟将市店全部追还给原住者,对李德林越发生厌,虽然还让他继续担任内史令,却不让他参与决策讨论。

遭此中伤,李德林还是不肯明哲保身。翌年,虞庆则从关东巡视归来,上奏农村设乡正,蠹政扰民。李德林本来就反对每五百家设乡正,所以,顺势劝谏文帝不要朝令夕改,应注意维护法律的权威性。结果又触怒文帝,被臭骂一通。左右趁机密告李德林的父亲在北齐时代只是第九品的校书郎,李德林却谎报为第四品的公府谘议参军,使得文帝对其人品心生嫌疑。不久,朝廷议事时,李德林的意见又与文帝不合,文帝新怨旧账一起清算,数落道:"公

---

① 例如,行军总管杜彦率部增援韩擒虎,渡江进逼建康,因功赐物五千段,粟六千石,进位柱国,赐其子昌阳县公爵位,封赏还优于李德林,见《隋书》卷五十五《杜彦传》。

为内史,典朕机密,比不可豫计议者,以公不弘耳。宁自知乎?朕方以孝治天下,恐斯道废阙,故立五教以弘之。公言孝由天性,何须设教。然则孔子不当说《孝经》也。又冈冒取店,妄加父官,朕实忿之而未能发。今当以一州相遣耳。"将他贬到遥远的湖州(今浙江省湖州市)去当刺史。李德林请以散官留居京城,文帝不准,只是让他转任略近一点的怀州刺史。

李德林名满天下,又敢于进谏,实在让文帝倍感难受,所以非将他贬出京城不可。然而,他的下台使得隋朝中央人事结构失去平衡,集思广益的决策方式被打上终止符,不同政见遭到禁锢。秋风起于青萍之末,此事件的征兆意义在当时并未引起人们警觉,鼠目寸光的官僚甚至还为挤走政敌而弹冠相庆。可是,这些人很快就将尝到专制主义的滋味。当后人回顾这段历史时,便能清楚地看出平陈之后到李德林下台的渐变,实际上标志着开皇前期朝气蓬勃时代的结束。唐太宗总结这段历史教训道:"朕观古来帝王,骄矜而取败者,不可胜数。不能远述古昔,至如晋武平吴、隋文伐陈已后,心逾骄奢,自矜诸己,臣下不复敢言,政道因兹弛紊"①,实为卓见。

然而,政治上的微妙变化被沉浸于胜利喜悦的社会和良好的国家财政经济形势所掩盖。开皇十二年(592),财政部门上奏:"府藏皆满,无所容,积于廊庑。"文帝有点不敢相信,慎重地问道:"朕既薄赋于民,又大经赐用,何得尔也?"财政官员为他计算道:"入者常多于出,略计每年赐用,至数百万段,曾无减损。"②隋朝曾修造不少官仓,现在诸仓皆满,只好另辟左藏院以供收纳。这使人

---

① 《贞观政要》卷一,《政体二》。
② 《资治通鉴》卷一百七十八"隋文帝开皇十二年末"条。

不由得联想起汉武帝初期"都鄙廪庾皆满,而府库余货财。京师之钱累巨万,贯朽而不可校。太仓之粟陈陈相因,充溢露积于外,至腐败不可食"①,从那时起,整整经过七百多年,才重见这般富庶景象。两相比较,汉代整整积蓄了七十多年,而隋文帝却只用了十余年时间,如此成就不能不让"思迈前主"的文帝深深地陶醉在喜悦之中。

于是,他下诏宣布:"既富而教,方知廉耻。宁积于人,无藏府库。河北、河东今年田租,三分减一,兵减半,功调全免。"藏富于民当然是自我吹嘘的讲法,减免租调不无节约储藏费用与损耗的考虑。我们暂且不去讨论国家骤富与农民"衣食不给"之间的必然关系②,如此巨大的财政盈余必然刺激消费的欲望。

这时,文帝已经五十三岁,从当时人的寿命来衡量,已经步入老年,这些年的辛劳锻造出如此锦绣江山,他很想停下来休憩一番,好好欣赏一下眼前如画风光。说实在的,近来他不时会感到一种说不清的茫然。早年的愿望都已经成为现实,激励他努力拼搏的政治对手尽皆降伏,反倒使得他失去奋斗的目标,顿时觉得累了下来。

开皇十三年(593)正月十一日,文帝亲自祭祀感生帝。二十一日,他来到长安西面的岐州。这里的山水让他心旷神怡,身体得到很好的修养。于是,他决定在此修建一座行宫,供他和独孤皇后颐神养寿。

---

① 《史记》卷三十,《平准书》。
② 《隋书》卷二十四《食货志》在上引减免租调诏书后紧接着记载:"时天下户口岁增,京辅及三河,地少而人众,衣食不给。"

二月六日①,文帝诏令杨素负责在岐州北边修建仁寿宫。杨素推荐著名的建筑专家宇文恺检校将作大匠,并举其堂妹夫封德彝为土木监,文帝皆予批准。在这里,文帝一直修养到十七日才回到京城。如此长时间优闲静养,在以前似乎从未有过。

杨素在战场上是让敌人丧胆的将军,在生活上则是奢侈好手,拥有"家僮数千,后庭妓妾曳绮罗者以千数。第宅华侈,制拟宫禁"②,由他来主持工程,规模场面自可想象,何况这又是博取文帝欢心的良机,自然加倍尽心,宫殿设计得极尽富丽,高台亭榭,层叠而起,依山筑殿,宛转相连。只苦了服劳役的丁夫,在严厉的督责下,星夜赶工,疲惫不堪,体力一不支,便被推下坑谷,覆以土石,充作基址。两年下来,一座金碧辉煌的仁寿宫拔地而起,其下却掩埋了万余民夫的尸骨。

开皇十五年(595)三月,仁寿宫竣工,文帝让高颎前往视察,高颎回来报告,认为太过华丽,文帝心里不高兴。杨素闻知,深感忧惧,密启独孤皇后道:"帝王法有离宫别馆,今天下太平,造此一宫,何足损费!"③请皇后为他开脱。二十九日,文帝亲自来到仁寿宫。其时天暑,民夫不堪苦役,死者相继于道,杨素令部下焚尸清扫,匆匆掩埋。文帝沿途听说,暗暗生气,待到仁寿宫一看,顿时火起,怒道:"杨素竭百姓之力,雕饰离宫,为吾结怨于天下!"杨素不知所措,如坐针毡。倒是封德彝沉得住气,悄悄对杨素说:"公勿忧,待皇后至,必有恩赏。"④

---

① 《资治通鉴》卷一百七十八是年二月条作"二月丙午",查该月无"丙午"日,当依《隋书·高祖下》作"二月丙子",即二月六日。
② 《隋书》卷四十八,《杨素传》。
③ 《隋书》卷四十八,《杨素传》。
④ 《大唐新语》卷六,《举贤第十三》。

次日,文帝召见杨素。杨素不知是喜是忧,心里七上八下,待入宫一见,文帝与皇后并坐高位,一颗心总算放下。果然,独孤皇后对他颇加慰劳,赞扬说:"大用意,知吾夫妻年老,无以娱心,盛饰此宫室,岂非孝顺。"①结果,杨素不但没有受到责罚,反而受赐钱百万,锦绢三千段。当然,这些都是枝节小事,重要的是文帝最后一道勤俭忧民的心理防线被攻破了,这对以节俭著称的夫妇已经变得乐于安逸了。

在建造仁寿宫期间,朝廷发生了几件事。

开皇十四年(594),旱灾降临关中,从五月起,赤日炎炎,长空无云,烤得黄土龟裂,庄稼干枯。而且,京城又发生地震,更是雪上加霜。到了八月,农民颗粒无收,仅以豆屑杂糠充饥。文帝见到农民的食物,涕流满面,传示朝臣,并宣布不食酒肉,与民同忧。可是,才八月农民就断粮,这年头明显熬不过去。九日,文帝宣布率领百姓到洛阳就食,一路上,他让卫队扶老携幼,保护饥民,体恤备至,表现得十分仁慈。

然而,文帝的悲悯是廉价的。如前所述,这时中央掌握着充足的粮食,只要开仓赈灾,已经饿得头昏眼花的百姓便可以免去长途跋涉。唐太宗曾评论说:

> 隋开皇十四年大旱,人多饥乏。是时仓库盈溢,竟不许赈给,乃令百姓逐粮。隋文不怜百姓而惜仓库,比至末年,计天下储积,得供五六十年。炀帝恃此富饶,所以奢华无道,遂至灭亡。②

文帝的节俭已经变为吝啬,他越来越渴望集权,人事权、物权、

---

① 《大唐新语》卷六,《举贤第十三》。
② 《贞观政要》卷八,《辩兴亡第三十四》。

财权……把各种资源都紧紧抓在自己手中。打败对手,失去目标的落寞无形中使他把权力作为目的。权力的大小以及对权力的需求,本应根据要实现的目标的规模与艰难程度来规定,这种权力表现为实现目标的能力。然而,当权力失去目标而以自身的增殖为目的时,那便沦落为专制主义,这种权力是对社会利益最大限度的攫取,对这种权力的追求便是人们常说的权力欲或权力狂。一旦陷入这一怪圈,对权力的享受和对失去权力的恐惧,会让权力拥有者孤独、高傲、冷酷、虚伪、猜忌和渴求荣耀,性格变态而焦躁欲狂。

在洛阳安顿下来后,闰十月,文帝下了道诏书,令高仁英、萧琮和陈叔宝依时修祭齐、梁、陈宗祀,所需器物由有司供给。让这三位政治废人祭祀其宗,显现文帝的宽宏大量,颇起粉饰太平的作用。而且,随身携带亡国旧君出游,何其风光。

文帝带着陈叔宝登上洛阳郊外的邙山,当年几度惨烈的鏖战,为北周政权立足关中奠基,今日故地览胜,四海已成一家。陈叔宝当过皇帝,最晓得文帝的心思,他十分凑趣地赋诗赞颂:

日月光天德,山河壮帝居。

太平无以报,愿上东封书。①

此时此刻,文帝最希望的便是歌功颂德,而其极致自然非东封泰山莫属。陈叔宝深谙此理,特意投其所好,上表请求封禅。文帝心里喜悠悠,温言慰答,不无赞许。

官僚政客,特别是一心向上爬的野心家何等精明,见文帝这般态度,顷刻洞悉其意。晋王广立即率百官抗表,固请封禅。他的这番表演,大得文帝欢心。此时的文帝已经颇有些飘飘然,对人的看法更多根据个人喜恶来决定,这就给投机营钻者打开方便之门。

---

① 《资治通鉴》卷一百七十八"隋文帝开皇十四年(594)闰十月"条。

晋王广因为不惜余力请求封禅而显得格外孝顺可爱,从此一天天亮丽起来,家门灾祸悄然萌生。

要求封禅的呼声在晋王广的鼓动下迅速高涨,文帝便让牛弘、辛彦之、许善心、姚察和虞世基等儒臣创定封禅仪礼,着手准备。不久,仪注撰成,送文帝审阅。这时,他又谦虚起来,说道:"此事体大,朕何德以堪之。但当东狩,因拜岱山耳。"[①]也许是关中大饥荒的阴影,使他不愿太过招摇吧。

十二月五日,文帝起驾东巡,一行人浩浩荡荡,十分风光。开皇十五年(595)正月初三,他们来到齐州,安顿休整,沐浴斋戒。十一日,文帝服衮冕,乘金辂,备法驾,率百官登上泰山,于山顶设坛,柴燎祀天,并因干旱而谢愆咎。礼毕,他又来到青帝坛前,祭祀一通,宣布大赦天下。

祭过泰山,实现多年秘藏心头的愿望,文帝心满意足地打道回返。途中,他重申收缴并禁止私造武器的命令。三月一日,回到京城后,又举行仪式,遥祭五岳海渎。一系列祭祀典礼,是大功告成的宣示。歌舞升平,天下无事,站在巍峨的宫城上极目俯瞰,空前的成就令他陶醉,群山耸立,天地同在! 年轻时代改天换地的内心冲动已经随岁月流逝,无限的满足和无比的自豪,使他感到应该好好地坐享江山啦,这些年来殚精竭虑、焚膏继晷的生活确实够他累的。

二十九日,文帝携独孤皇后前往刚刚落成的仁寿宫。宫殿确实奇巧方便,与皇宫的庄严刻板大相异趣,处处充满生活的气息,没有政务的烦恼,一夜高枕无忧,文帝真正尝到生活的欢乐。四月一日,他再度宣布大赦天下。

---

① 《隋书》卷七,《礼仪二》。

在仁寿宫,文帝一直住到七月二十二日才回长安。他已经喜爱上仁寿宫,渐渐习惯于舒适的生活。他还派人将北周权臣宇文护建造的骊山温泉修葺一新,加盖屋宇,种植松柏。回长安仅三个多月,他又到温泉修养。在享受生活的同时,他对朝政越来越不耐烦,越来越喜欢在离开朝臣的修养胜地发号施令。因此,仁寿宫成为开皇后期政治舞台的中心,成为一个时代的象征。

第二节 醉心宗教

在仁寿宫修养的时候,晋王广呈献一只象征长寿吉祥的毛龟,让文帝格外开心。

文帝喜好祥瑞是出了名的。当初夺天下的时候,他深恐人心不服,所以,经常编造天象符瑞的故事,大加宣传,以证明自己确是真命天子。一帮方术道士见此情形,纷纷炮制祥瑞进呈,无不受到褒奖。在修乐论争时,有和尚教万宝常道:"上雅好符瑞,有言征祥者,上皆悦之。先生当言就胡僧受学,云是佛家菩萨所传音律,则上必悦。先生所为,可以行矣。"①由此可知,符瑞图谶甚至能够左右文帝对事物的判断,因此成为野心家进身的法宝。

图谶符瑞所言有时似灵验,久而久之,文帝对此道深信不疑,尤其在功业隆盛之时,他更加耽迷符瑞,一日不可或缺,每听到符瑞消息,如闻空中梵音,通体舒泰。由制造天命到深信天命,开皇中期以后,对文帝的歌功颂德发展到造神运动的迷信程度。

这年五月,文帝正在仁寿宫静养,山间跑出鹿群,一直来到宫门前,徘徊不去。仁寿宫所在山地,本来就有鹿群出没,但百官知

---

① 《隋书》卷七十八,《艺术·万宝常传》。

道文帝的脾气,趁机上表庆贺,文帝也兴奋不已,下诏称庆道:"朕自受灵命抚临天下,遵行圣教,务存爱育,由王公等用心助朕宣扬圣法,所以山野之鹿今遂来驯。"①翻经学士费长房大加发挥说,宫门卫士威风凛凛,人见到了都要害怕,而胆小的鹿群却敢接近他们,充分说明皇上膺天命行圣化,仁寿宫门,譬如佛影,仁寿山乃国之神灵所在。说得文帝欣喜异常。

如此一件小事都要附会神迹,吹嘘一通,那么,朝廷中的迷信气氛,可想而知。

王劭是北齐文士,入周后郁郁不得志,隋文帝喜好符瑞不啻给了他再生之道。于是,他利用编修皇帝起居注的机会,屡屡上表,细说五行符瑞征应,得到文帝青睐,他也更加卖力地宣传。上朝时,他本无说话资格,却十分神气地立于朝堂之上,对着文帝的脸比划起来,向大臣们指点龙颜戴干之表,就像在讲授解剖图谱,说得活灵活现,不由得大臣不信。

文帝被说得高兴起来,提拔他当著作郎。这下子他越发来劲,不知从哪里搜集来一大堆奇谈异事,掺杂民间歌谣,引图书谶纬之说,附会佛经之义,篡改文字,曲加诬饰,编撰成《皇隋灵感志》三十卷,奏上。文帝大喜,令宣示天下。王劭又获得表演的机会,他召集各州朝集使,洗手焚香,闭目诵读,抑扬顿挫,有如歌咏。足足念了十来天才功德圆满,犹如宗教法事一般。

文帝虽然是佛教徒,但他"素信鬼神"②,所以,非但不排斥道教,甚至在其人生事业的紧要关头还更加依赖于方术道士的符瑞图谶之说。

---

① 《历代三宝纪》卷十二。
② 《隋书》卷二十五,《刑法》。

从社会思想发展的阶段而言,经过魏晋儒家礼崩乐坏而至南北朝,古今中外各种哲学思想相互碰撞,逐步形成儒、佛、道三教合流的大趋势。北魏和北周对佛教的镇压,从反面促进佛教在社会基层的普及而日益深入人心。因此,当意识形态随着社会演进而走向统一的时候,必定会循着三教合流的轨道前进。这既是思想发展的趋势,也是政治发展之所需。所谓"隋文承周武之后,大崇释氏,以收人望"①,说明隋文帝的宗教政策是根据政治需要制定的,故奖掖道教亦属必然,"至隋室道教复振,文帝开皇中诏重修二庙,精择羽流,累致墨词,以祈景福。于是朝野宗奉焉"②。

开皇三年(583),"隋高祖文皇帝迁都于龙首原,号大兴城,乃于都下畿内造观三十六所,名曰玄坛,度道士二千人"③,而且,文帝还亲自到楼观台宗圣观沐芳礼谒,下令重修楼观宫宇,度道士一百二十人。"开皇间已诏两京及诸州各置玄元皇帝庙"④,在全国范围内修复或建置老子庙,经常征召有名望的道士到京城讲论玄理,并在京城安善坊设立玄都观,延聘楼观道"田谷十老"之一的王延为观主,成为全国道教学术中心,深具影响。此外,文帝还建造了一批道观,如开皇二年(582)在益州建至真观;开皇七年(587),为道士孙昂和吕师分别修建清都观和清虚观,为秦王俊建立会圣观等⑤,为道教的发展奠定良好的基础。

然而,文帝对于道教的兴趣主要在于五行图谶,着眼于现实政治的利用,因此,他对道教的态度颇为微妙。《隋书·经籍志》谈

---

① (宋)宋敏求:《长安志》卷七,"右皇城·南靖善坊"条。
② (元)赵道一:《历世真仙体道通鉴》卷三十《严达传》,收于《正统道藏》第8册。
③ (唐)杜光庭:《历代崇道记》,收于《正统道藏》第18册。
④ 《雍录》卷十引《礼阁新仪》。
⑤ 卿希泰主编:《中国道教史》第二卷,四川人民出版社1992年版,第11页。

到,道教于"开皇初又兴,高祖雅信佛法,于道士蔑如也";《集古今佛道论衡》卷乙也说:"至于道观,羁縻而已"。这不仅是个人对宗教的态度,而且还牵涉到敏感的政治问题。

文帝利用图谶夺取北周政权,以后又"多说符瑞以耀之"①,因此,他深知图谶在政治斗争中的作用,自然对之十分敏感,一方面要充分加以利用,另一方面则要严格加以控制,不能为他人所染指,"及高祖受禅,禁之逾切"②。前些年诛王谊时,作为谋反的重要证据,就是与宗教的勾结,诛王谊诏称:"然性怀险薄,巫觋盈门,鬼言怪语,称神道圣。朕受命之初,深存诫约,口云改悔,心实不悛。乃说四天王神道,谊应受命,书有谊谶,天有谊星,桃、鹿二州,岐州之下,岁在辰巳,兴帝王之业。密令卜问,伺殿省之灾。又说其身是明王,信用左道,所在诖误,自言相表当王不疑。此而赦之,将或为乱,禁暴除恶,宜伏国刑。"③图谶巫觋与政治的结合被视为对皇权的严重挑战,是不能容忍的,如后所述,即使是皇子亲王亦在所不赦。

开皇中后期,外部的敌人基本消灭,太平岁月反倒滋长了文帝的猜忌心,专制主义日甚一日,最高统治集团内部的斗争趋于激烈。这时,文帝对于图谶更加警惕,开皇十三年(593)二月二十七日,专门下令"私家不得隐藏纬候图谶",以后,对政治目的的宗教迷信活动禁令愈严,开皇十八年(598)五月,"诏畜猫鬼、蛊毒、厌魅、野道之家,投于四裔"④。这些禁令在文帝去世之后仍然得到遵循,甚至愈加严厉,"炀帝即位,乃发使四出,搜天下书籍与谶纬

---

① 《隋书》卷六,《礼仪一》。
② 《隋书》卷三十二,《经籍一》。
③ 《隋书》卷四十,《王谊传》。
④ 《隋书》卷二,《高祖下》。

相涉者,皆焚之,为吏所纠者至死。自是无复其学,秘府之内,亦多散亡"①。

道教图谶与政治家相互利用,使得道教始终处于既受利用又受限制的尴尬境地,被视为实用工具,这就决定它不能成为意识形态的主流。隋朝名士李士谦曾对当时的三教关系概括道:"佛,日也;道,月也;儒,五星也"②。王劭以儒士身份而不得不编造图谶符命取宠,说明李士谦的生动比喻确实道出隋代宗教的实际情况。

隋朝宗教主流是佛教。如前所述,隋文帝出生于佛寺,十三岁以前一直在佛寺接受教育。登基之后,更是致力于兴隆佛教。

开皇元年(581),文帝下令恢复北周武帝所废诸寺,各地民户计口出钱,营造经像,听任百姓自由出家。同时,令京师、并州、相州和洛州等大都市官府出资抄写佛经,置于寺内,副本藏于秘阁。"天下之人,从风而靡,竞相景慕,民间佛教,多于六经数十百倍"③。还命令于五岳各置僧寺一所,为其父杨忠于襄阳、隋郡、江陵和晋阳等地立寺各一所,建碑颂德。一年之中四颁诏令④,为佛教的兴隆大造声势。

大规模的造寺写经,为佛教迅速繁荣打下物质基础,而文帝从政治上扶持佛教的政策,更使得佛教从一开始便占据了中心地位,其他各种宗教、甚至传统的儒家政治学说都无法与之比肩。

隋朝建立之后,文帝即以僧人充任顾问,二十余年间,"每日

---

① 《隋书》卷三十二,《经籍一》。
② 《隋书》卷七十七,《隐逸·李士谦传》。
③ 《隋书》卷三十五,《经籍四》。
④ 这年分别于二月、闰三月、七月和八月颁布兴建佛寺诏令,详见《历代三宝纪》卷十二。

登殿,坐列七僧,转经问法,乃至大渐"①。律宗灵藏和尚为文帝布衣之交,隋迁都之际,文帝为他营造大兴善寺,并令左右仆射每两日前往参见,而且,还让他自由出入皇宫,"坐必同榻,行必同舆。经纶国务,雅会天鉴。有时住宿,即迳寝殿"②。开皇四年(584),文帝在给灵藏的手敕中说:"弟子是俗人天子,律师为道人天子,有欲离俗者任师度之";"律师化人为善,朕禁人为恶,意则一也"③。由此看来,文帝承认在俗世之外存在着一个佛教的世界,这两个世界殊途同归,因此,他要和佛教共同治理天下。

承认两个世界的存在,文帝并不打算将国家神权化,也不准备将宗教贬为政治的奴隶,他要在梁武帝和周武帝之间走出一条平衡宗教与俗世的道路,尽可能发挥佛教在意识形态上的巨大作用。因此,他对佛教采取鼓励的政策,这表现在以下几个方面。

第一,听任度僧与出家。《隋书·经籍志》说:"开皇元年,高祖普诏天下,任凭出家。"此诏的宣传意义远重于实际效果④。《续高僧传·昙延传》说:"隋文创业,未展度僧"。有鉴于此,昙延于当年奏请度僧,以应一千二百五十比丘、五百童子之数,获得文帝的批准,"此开皇释化之开业也"。

此后,文帝又批准不少高僧度人出家的名额,故僧人大增,而民间私随僧尼出家者为数更多。开皇十年(590),文帝以此事咨询昙迁,昙迁建议尽予承认,文帝经过反复思考,采纳其议,"因下敕曰:自十年四月已前,诸有僧尼私度者,并听出家。故率土蒙度

---

① 《集古今佛道论衡》卷乙。
② 《续高僧传》卷二一,《隋京师大兴善寺释灵藏传》。
③ 《佛祖统纪》卷三九。
④ 如后所述,开皇十年以前,出家需要申请,未申请者则为"私度",故出家仍受一定的限制。

数十万人"①;"敕僚庶等,有乐出家者,并听"②,完全开放出家度僧的限制。受此鼓励,在文帝统治的二十四年间,正式剃度的僧尼就达二十三万人。

第二,广建寺塔,修造佛像。继上述开皇元年(581)五岳建寺令之后,开皇三年(583),文帝下诏修复北周所废诸寺,并令京兆尹苏威在新都选形胜之地安置伽蓝,"于是合京城内无问宽狭,有僧行处,皆许立寺,并得公名"③。翌年,下令在其诞生地及其父杨忠曾经任职的随州创建大兴国寺,在京城造大兴善寺,敕令各地将现存佛像交附近寺庙安置,不得损毁。把修建寺庙佛像作为官方事业大力推行。

而且,文帝还积极鼓励民间修建寺塔。按照隋朝规定,兴建伽蓝必须向官方申请寺额,缴纳一定的费用④。然而,为了鼓励民间立寺,文帝采取了特殊的措施,如迁都大兴城时,"便出寺额一百二十枚于朝堂,下制云:有能修造,便任取之"⑤,免除申请寺额的手续及其费用。平陈以后,文帝更加热心于佛教事业,开皇十一年(591),下诏取消营建佛事的公私区别,规定:"自今已后,凡是营建功德,普天之内,混同施造,随其意愿,勿生分别"⑥。开皇十四年(594),又进一步取消寺额限制,敕令"率土之内,但有山寺一僧

---

① 《续高僧传》卷十八,《昙迁传》。
② 《续高僧传》卷十,《靖嵩传》。
③ 《辩正论》卷三。
④ 《释门自镜录》卷下"隋冀州僧道相见灵岩寺诸僧受罪苦事"条记载:"开皇五年,众僧遣法回向京师请灵岩寺额。将绢百匹、驴两头,除粮食。回至京师,逢通事舍人,是灵岩檀越。为奏得额,不费一钱。法回自思惟,此寺额因此而得。于寺有恩,应销三十匹绢。"此故事生动地记述了开皇前期申请立寺的官方手续,并可了解申请寺额的费用约为绢三十匹左右。
⑤ 《长安志》卷十,"颁政坊"。
⑥ 《历代三宝纪》卷十二。

已上,皆听给额。私度附贯"①。在其奖励下,王公勋贵、官吏世族闻风响应,寺塔如雨后春笋,纷纷建立。

对于佛寺,文帝还从经济上予以支持。例如,开皇十二年(592),敕赐宣州稽亭山妙显寺"水田二顷五十亩,将充永业。寺侧近封五十户民,以充洒扫"②;开皇十三年(593),诏令五岳及名山各置僧寺一所,并赐予田庄等等。

值得注意的是,平陈以后迅速升温的造寺之风,与全面否定北周武帝的灭佛紧密联系,不无政治意义。据说,开皇十一年(591),内太府寺丞赵文昌突然暴死,数日后又活了过来,自称到阎罗殿走了一趟,见到周武帝颈铐三重钳锁,对其灭佛行为悔恨不已,要赵文昌回去向隋文帝请罪,请文帝为他营修功德,让他早日超度。赵文昌复苏后,将此事具奏文帝。文帝因此敕令国内"人出一钱,为周武帝转《金刚般若经》,兼三日持斋。仍敕录此事入于隋史"③。

开皇十三年(593)春,文帝巡幸岐州时,与蜀王秀等一道围猎,在南山破窑里见到许多北周灭佛时残存的佛像,大为感伤。回京后,旋即诏令各地:"诸有破故佛像,仰所在官司,精加检括,运送随近寺内。率土苍生口施一文,委州县官人检校庄饰。"④到了年底,文帝又于佛像前发露忏悔,与皇后各施绢十二万匹,修缮北周时毁损的佛像经书。在他带动下,王公百官、京畿百姓纷纷捐款助修,数至百万。翌日,他还主持斋会,奉庆经像,参加者多达十万人。

---

① 《续高僧传》卷十八,《昙迁传》。
② 《全隋文》卷二十八,《宣州稽亭山妙显寺碑铭》。
③ 《法苑珠林》卷七十九,《十恶篇》。
④ 《续高僧传》卷十八,《昙迁传》。

否定周武帝也是为了神化隋文帝。文帝常对朝臣追忆童年,谈到七岁时,抚育他的神尼智仙曾经预言他"当大贵,从东国来,佛法当灭,由儿兴之"①。后来,他果然自东方入关,代周而立。说得神乎其神,俨然以救世主自居。而且,他还让王劭为神尼智仙作传,并在他登基前足迹所至的四十五州同时兴建大兴国寺,让其诞生神话扬播四海。

在日益高涨的建寺造塔热潮中,开皇二十年(600),文帝下令:"沙门道士坏佛像天尊,百姓坏岳渎神像,皆以恶逆论。"②把破坏佛、道塑像列入"十恶"重罪之中,给予宗教最高等级的保护。

佛教信仰越来越多地介入社会生活,日渐绝对化而越发沦为迷信,并与对文帝的崇拜和政治上的专制集权互为表里,同步增长,至文帝晚年达到登峰造极的地步。后面还将介绍,在文帝最后的四年里,建造寺塔再掀高潮,"前后建塔百有余所,随有塔下皆图神尼,多有灵相"③。显然,此期的造寺建塔更加突出对文帝的崇拜。

文帝时代屡建寺塔,数量之巨,足可惊人。初唐僧人道世曾对文帝时代的兴佛功行统计道:

> 隋高祖文皇帝开皇三年周朝废寺,咸乃兴立之。名山之下,各为立寺。一百余州,立舍利塔。度僧尼二十三万人,立寺三千七百九十二所,写经四十六藏,一十三万二千八十六卷,修故经三千八百五十三部,造像十万六千五百八十区。自余别造,不可具知之矣④。

---

① 《续高僧传》卷二十六,《道密传》。
② 《隋书》卷二十五,《刑法》。
③ 《续高僧传》卷二十六,《道密传》。
④ 《法苑珠林》卷一百,《传记篇》。

以上罗列的还只是官方的数据。在整个隋朝的佛教功行中,度僧立寺几乎都发生在文帝时代,极可注目,表现出该时代佛教崇拜的特点。而营造和维持这些寺庙的费用由国家承担①,糜费亦巨。

第三,广集天下名僧,把京师建成佛教教育与研究的中心。隋朝一建立,文帝就开始延揽天下名僧入京。当年以玺书延请北天竺僧那连提黎耶舍来隋译经,就是有名的一例。这种个别延聘的例子还有许多,难以枚举。开皇七年(587)秋,文帝作出一项深具影响的决定,诏请徐州昙迁、洛阳慧远、魏郡慧藏、清河僧休、济阴宝镇、汲郡洪遵等"六大德"各率门人弟子十人入京,安置于大兴善寺弘法②。这"六大德"为当时佛教界领袖,他们的到来,奠定了长安为天下佛教中心的地位。平陈以后,又陆续延揽南方高僧入京,更使得各地名僧荟萃京城,南北学说融于一炉。

当时,京城内有寺百余所。据说,文帝以大兴郡公起家,"因即城曰大兴城,殿曰大兴殿,门曰大兴门,县曰大兴县,园曰大兴园,寺曰大兴善寺"③,可知以"大兴"命名者,皆为中心。故大兴善寺亦不例外,不仅位于都城中心,而且"尽一坊之地,寺殿崇广,为京城之最。号曰大兴佛殿,制度与大庙同"④,地位之高,无与伦比,是文帝有意创建的全国佛教中心。因此,从各地征选而至的高僧,大多安置于此。

大兴善寺僧人定员一百二十名,半数姓名事迹可考,足见寺僧对弘扬佛法贡献之大。这六十名僧人当中,文帝时召聘的就达五

---

① 兹举一例为证。《续高僧传》卷十八《昙崇传》记载:"(昙崇)以佛法颓毁,私愿早隆,谨造一寺,用光末法,因以奏上。帝乃立九寺以副崇愿,皆国家供给,终于文世。"
② 《续高僧传》卷十八,《昙迁传》。
③ 《历代三宝纪》卷十二。
④ 《长安志》卷七,"靖善坊"。

十三名,占绝对多数。若按《续高僧传》的分类加以统计,则六十名僧人可分为义解科十五人,译经科十三人,感通科十三人,习禅科六人,明律科三人,护法科二人,杂科六人。不难看出,文帝时代,大兴善寺在译经、编纂经录、佛学研究与教育等方面,起着领导示范作用,而且,中央僧官也主要从大兴善寺产生①。

在此基础上,开皇十二年(592),文帝进一步决定在京师设置"二十五众"和"五众"两种特殊的佛教组织。前者是弘扬佛法的团体,后者则是专门的僧人教育组织,其人选皆由文帝敕任,受到官方的保护和资助②。由政府出面来组织佛教一般弘法与专门教育的团体,向社会和僧界全面系统地进行佛法教育,这是前所未闻的,它本身已经暗示隋朝的文教政策正在悄悄发生变化。

据现存佛教资料可知,"二十五众"是从众多僧人中选拔出来的二十五位"三学(戒、定、慧)"优长的高僧组成的僧众组织,其中设众主、第一摩诃衍(Mahā—yanā 大乘)匠和教读经法主等职,其弘法的对象为一般民众,主要传授戒定慧三学和大乘佛法,属于佛教的传教组织。这二十五位高僧分布于长安,以各自住寺为中心,领徒授业,教化海内。

"五众"则是佛教专门的教育组织,根据佛学经、律、论分别组成大论、讲论、讲律、涅槃、十地五种僧伽组织,其名称反映出当时

---

① 参阅山崎宏:《隋唐佛教史研究》第三章,法藏馆,1967年版。
② 《续高僧传》卷十五"论曰":"隋高荷负在躬,专弘佛教。开皇伊始,广树仁祠,有僧行处,皆为立寺,召诸学徒,并会京辇,其中高第自为等级,故二十五众峙列帝城,随慕学方,任其披化";《续高僧传》卷十九《法应传》记载:"开皇十二年,有敕令搜简三学业长者,海内通化,崇于禅府。选得二十五人,其中行解高者,应为其长。敕城内别置五众。各使一人,晓夜教习,应领徒三百,于实际寺相续传业。四事供养,并出有司";并请参阅山崎宏:《支那中世佛教的展开》第六章。

佛教思想传播的主流。"五众"众主为该领域最有声望又具有行政组织能力的高僧,目前可知有九名,分别出自开皇七年(587)文帝诏请入京的"六大德"门下,并为文帝所崇敬,执佛教界之牛耳。"五众"根据所专攻的五种佛教经典相区分,故不止于五个团体,同名者可以有多个,如开皇十六年(596)左右同时存在两个大论众主和三个涅槃众主。每个团体"各使一人,晓夜教习",众主一般受敕任后移居新寺,主持该寺的佛教经论义理的传授。

"五众"组织的设立,对于佛教法脉的继承与发扬,以及推动佛学经义的研究与提高,都具有极其重要的意义,成为培养佛教人才的基地。

在文帝的积极倡导下,佛教广为流行,特别是在上层统治者当中拥有莫大的影响力。文帝夫妇固不待言,诸子无不崇信佛教。长子杨勇以释昙安为门师;次子杨广与天台智𫖯的师徒关系,以及他在扬州延揽高僧,于洛阳开设慧日道场等事迹,广为人知;秦王俊"崇敬佛道,请为沙门,上不许"[1];蜀王秀拜昙迁为师,关系极为亲密;汉王谅镇守晋阳时,供养志念等僧众四百余人。皇室第三代亦为佛教信徒,如炀帝之子元德太子为善惠、元懿诸尼建造慈和寺;齐王暕拜保恭和静琳为师等等。

而且,隋朝大臣亦多信佛,宰相高颎、苏威、虞庆则和杨素等人造寺礼佛,尤为虔诚。至于重臣元勋为诸寺檀越(施主)的例子,不胜枚举。满朝文武,无一反对佛教,只有散骑侍郎卢思道对佛教妨碍国家礼仪略有微辞,但他在其他地方对佛教颇进颂词[2],可知

---

[1] 《隋书》卷四十五,《文四子·秦王俊传》。
[2] 《广弘明集》卷二十八和卷三十分别载有卢思道早年所撰的《辽阳山寺愿文》与《从驾经大慈照寺诗序》,以及《太平广记》卷二五三载其以《观世音经》与陈主应对的故事,都说明他对佛教颇有所知。

并不排佛。君臣上下皆崇信佛教,故文帝时代一系列崇佛的政策得以顺利推行。

受文帝如此厚遇的僧徒,自然感恩戴德,效忠卖力。开皇初,应文帝玺书邀请而来的天竺沙门那连提黎耶舍在翻译《德护长者经》时,擅自窜入如下一段佛陀的预言:

> 汝今见此德护长者大儿月光童子(Candraprabha Kumara)不?唯然已见。佛言此童子者,能令未信众生,令生净信,……我涅槃后,于未来世护持我法,供养如来,受持佛法,安置佛法,赞叹佛法。于当来世佛法末时,于阎浮提大隋国内,作大国王,名曰大行。能令大隋国内一切众生信于佛法,种种善根①。

这段预言赤裸裸地鼓吹隋文帝的君权来自神授,肯定文帝篡夺北周政权的合法性,直接服务于当时尖锐的政治斗争。因此,《德护长者经》一经译出,隋朝君臣便大加宣传,并添加上文帝诞生神话,使得"圣迹"传说广为流传。

开皇十七年(597),翻经学士费长房在其《历代三宝纪》书中,采《德护长者经》之说,宣称文帝为月光童子化身,故于北周灭佛之后,"天启我皇,乘时来驭。……既清廓两仪,即兴复三宝。"

仁寿年间,安德王雄率百官共上《庆舍利感应表》,吹捧文帝是积数劫修行而来的国王,说道:"伏惟皇帝,积因旷劫,宿证菩提,降迹人王,护持世界。"②

于是,投机取巧的僧人造假取宠。文帝旧交沙门明诞奏称:佛

---

① 烈维(Sylvain Levi):《大藏方等部之西域佛教史料》(Quelques documents sur le bouddhisme indien dans l' Asie centrale),收于冯承钧译:《西域南海史地考证译丛九编》第221页,商务印书馆1962年重印。
② 《广弘明集》卷十七。

寺内掘得舍利与石碑,铭文记载:"大同三十六年已后,开仁寿之化"。以梁武帝大同年间推算,恰好相符①。仁寿二年(602),中天竺摩竭提国僧阇提斯那言称:其国忽然地震,出石碑一方,上有铭文云:"东方震旦,国名大隋,城名大兴,王名坚意,建立三宝,起舍利塔。"②

这场造神运动虽然始于隋初,但却泛滥于开皇中,愈演愈烈,一发不可收拾。其中,缁徒的推波助澜使得面对空前成就而心骄志逸的文帝迅速走向歧途。

开皇十四年(594)七月,法经上呈《众经目录》,奉表尊文帝为"法轮王"③。此时期,"文帝御寓盛弘三宝,每设大斋,皆陈忏悔,帝亲执香炉,(彦)琮为宣导,畅引国情,恢张皇览,御必动容竦顾,欣其曲尽深衷"④。翌年,他又敕请沙门法纯到皇宫,为皇后举行授戒仪式⑤。不仅夫妇二人耽佛日深,甚至将僧徒请上朝堂,把宗教规定作为国家法令。

推行佛教治国的政策,其来已久。早在开皇五年(585),文帝就曾大张旗鼓地延请法经入内,在庄严的大兴殿为他授菩萨戒,诏告天下,赦免流罪以下狱囚二万四千九百余人,减死罪三千七百余人。同时,还规定今后每月召请僧人于大兴殿读一切经⑥。翌年,关中亢旱,文帝恭迎沙门昙延于正殿作法祈雨,昙延高踞御座,文帝与百官规规矩矩地席地念佛,受八关斋戒,朝堂内外,香烟缭绕。

平陈以后,宗教活动越发流于迷信。开皇十年(590),长安

---

① 《续高僧传》卷二十六,《明诞传》。
② 《续高僧传》卷二十六,《阇提斯那传》。又见《佛祖统纪》卷三十九。
③ 《众经目录》卷七。
④ 《续高僧传》卷二,《彦琮传》。
⑤ 《续高僧传》卷十八,《法纯传》。
⑥ 《辩正论》卷三。

发生疾疫,文帝不是积极组织医疗救治,而是招来陈朝出身半儒半僧的徐孝克,令其于尚书都堂讲《金刚般若经》,辟邪攘灾[①]。早些年,文帝曾令京城及诸州官寺于每年正月、五月和九月八日至十五日期间做法事,禁止远近民庶杀生[②]。至其晚年,更普诏全国,在其诞生的六月十三日为其父母断屠[③],直接把佛法提升为国法。

综观文帝时代的佛教政策,大致可以分为三个时期,第一个时期在平陈以前,文帝利用佛教给其政权披上神权的合法外衣。第二个时期为开皇后十年,以平陈为标志,构建宏伟帝国的事业取得空前胜利,文帝把佛教用作自我神化的工具,迅速走向专制主义。第三个时期为后述的仁寿年间,接踵而至的政治变故,使得自我绝对化的文帝成为孤家寡人,只好依赖奢靡铺张的宗教行为来慰藉心灵的空虚与焦躁,此期的宗教活动缺乏理性,与文帝人生岁暮构成双重的变态。

然而,就政治与佛教的关系而言,或者就宗教观来说,文帝始终承认此世与彼世各自的存在与区别,他在给佛教高僧的书函,或者是关于佛教的政令,一般都以佛弟子自称。他只是想把彼岸的精神引入此岸,以此统一大分裂造成的思想混乱,并不想把两个世界混为一体。他还企图把一些儒家观念与佛教义理相结合,强调宗教虔诚般的忠孝观念。这种对纵向关系的片面强调,也是他晚年迅速滑向专制集权的思想渊源。面对重新统一意识形态的艰巨任务,文帝显露出理论的贫乏,缺少宽容、远见和耐心。

开皇十年(590)二月,也就是刚刚赢得统一战争伟大胜利后

[①] 《陈书》卷二十六,《徐陵附徐孝克传》。
[②] 见《历代三宝纪》卷十二所载开皇三年(583)诏。
[③] 《隋书》卷二,《高祖下》。

迎来的第一个春天,文帝兴高采烈地巡幸并州,与秦王俊等人宴饮,即席赋诗:

> 红颜讵几,玉貌须臾。
>
> 一朝花落,白发难除。
>
> 明年后岁,谁有谁无?①

这首颇带感伤情调的四言诗,反映出文帝世事无常的思想,哪怕是面对巨大的胜利,他还是感到世事沧桑,难以把握。正因为如此,所以他要努力通过建功立业去把握未来,用外在的"有为"来克服内在的空无。这是个人对苍茫世界的无奈与焦躁。其思想与其行为的背离,说明他并没有真正领悟佛学的真谛。所以,他虽然处处表现出佛教崇拜,但根子却是陈旧的伦理道德。思想上的悖论随着老年偏执与事业成就而日益加深,内心焦躁更使得文帝失去把握平衡的自制力,为排遣空虚而日益耽迷于佛事。

开皇二十年十二月二十六日,文帝下诏:

> 佛法深妙,道教虚融,咸降大慈,济度群品,凡在含识,皆蒙覆护。所以雕铸灵相,图写真形,率土瞻仰,用申诚敬。其五岳四镇,节宣云雨,江、河、淮、海,浸润区域,并生养万物,利益兆人,故建庙立祀,以时恭敬。敢有毁坏偷盗佛及天尊像、岳镇海渎神形者,以不道论。沙门坏佛像,道士坏天尊者,以恶逆论②。

诏书发布在废太子勇的巨大政治冲击之后,文帝越来越依赖神灵崇拜与迷信作为精神支柱。此诏令为新一轮大规模造寺建塔运动揭幕,把宗教迷信活动推向顶峰。

---

① 《隋书》卷二十二,《五行上》。
② 《隋书》卷二,《高祖下》。

第三节 文化统制

就在文帝于全国轰轰烈烈地开展送舍利、造佛塔的时候,仁寿元年(601)六月十三日,文帝发布了一道具有震撼性的诏令:

> 儒学之道,训教生人,识父子君臣之义,知尊卑长幼之序,升之于朝,任之以职,故能赞理时务,弘益风范。朕抚临天下,思弘德教,延集学徒,崇建庠序,开进仕之路,伫贤俊之人。而国学胄子,垂将千数,州县诸生,咸亦不少。徒有名录,空度岁时,未有德为代范,才任国用。良由设学之理,多而未精。今宜简省,明加奖励①。

这道诏令犹如强烈地震,顷刻之间就令有隋以来惨淡经营的学校教育体制土崩瓦解。根据此令,中央仅保留国子学一所,学生七十二人②,其余的太学、四门学及州县学校统统废除。大批师生被遣散还乡,一步一回头,挥泪告别复兴不久的学校。

同日,还下达了另一道命令:派遣专使向各州颁布舍利。和佛教的蒸蒸日上相比,儒学教育江河日下,惨不忍睹。文帝废学的理由,仅有"设学之理,多而未精"一条,而这也是强词夺理。

隋朝致力于发展教育,主要是平陈以后的事,哪怕往前追溯到开皇三年(583)的劝学诏令,也不过十余年。"十年树木,百年树人",造就一代人材,短短的十来年,充其量不过开了个头,而仅此

---

① 《隋书》卷二,《高祖下》。
② 《隋书》卷七十五《儒林传·序论》记载:"暨仁寿间,遂废天下之学,唯存国子一所,弟子七十二人",《封氏闻见记校注》(封演撰、赵贞信校注,中华书局1958年版)卷一亦载:"复以诸生多不精励,遂废州县学,京师惟留国子生七十二人"。只有《隋书》卷二《高祖下》作"于是国子学唯留学生七十人"。七十二人乃仿孔子门徒之数,故《高祖纪》或有脱字?

就对学校横加指责,实在无理。而且,中国古代的学校本为素质教育的场所,若刻意以实用知识衡量之,则迹近吹毛求疵。有文化的学生从毕业到担任国家要职,需要几十年的磨炼,这几乎属于常识,无须赘论。而此人才积累过程,正是改变隋朝"儒罕通人,学多鄙俗者"的唯一途径。文帝无视教育与人才培养的规律,强行解散学校,无疑是专制主义的恶政。唐朝魏征等人对此分析批评道:"及高祖暮年,精华稍竭,不悦儒术,专尚刑名,执政之徒,咸非笃好"。至为公允。①

冰冻三尺,非一日之寒。如果对隋朝的文化体制及文人境遇略加考察,就不难发现文帝废学并非毫无来由。

我们不妨把视野放开些,对比以下隋唐两代的学官品秩。

表十一 隋唐两代学官品级对照表

隋 开 皇 学 制		唐学制
学 官	品 阶	品 阶
国子学博士 助教	正五品上 从七品	正五品上 从六品上

---

① 引文见《隋书》卷七十五《儒林传·序论》。然而,到宋代,儒士叶水心为隋文帝辩护,认为废学是由于学校空设,未足以得人,亦即完全认同隋文帝的说词(见马端临:《文献通考》卷四一《学校考》)。这种"欲加之罪,何患无辞"的道理,本文已略加批判。大概由于宋代学校书院林立,教育普及,生徒多有不精,故叶水心有感而发,但以此推论隋代,则是未遭文化专制主义荼毒而作的空论。犹如饱人不知饿人饥。近代学者吕思勉更以文帝开皇前期兴学业绩为其废学作辩,以为此乃文帝"务求实际"的表现(见其著《隋唐五代史》下,第1262页)。吕氏没有看到文帝当政前后期思想作风的重大变化,不承认个人的内在矛盾,实为失察。若以"务求实际"论之,则文帝晚年劳民伤财,铺张佞佛又作何解释? 至于废学是将养士教育交给民间等见解(高明士:《隋文帝"不悦学"、"不知乐"质疑》,台湾大学历史学系学报第十四期),不敢苟同。隋承乱后,民生凋敝,百废待兴,各地仰赖官府兴学除弊,前已述及。当此民生无力之际,要把高投入而少有经济回报的教育转给民间,恐怕不现实。其实,文帝的废学政策,连炀帝都看不下去,故一继位就宣布予以废止。

续表

隋开皇学制		唐学制
学官	品阶	品阶
太学博士 助教	从七品 正九品上	正六品上 从七品上
四门学博士 助教	从八品上 从九品	正七品上 从八品上
书学博士	从九品	从九品下
算学博士	从九品	从九品下

表十一清楚地表现出隋文帝时代中央诸学教官（国子学博士除外）的品级至少要比唐朝低二级以上，尤其是太学助教，相去甚多。而文帝于六月废学之后，次月又将仅存的国子学改为太学，教育机构的地位更是低下。

国家最高学官的国子博士为正五品上，约莫相当于大州副职，而一般的助教则只能勉强挤进国家官吏行列，聊充殿军。

官品低不仅是地位低，还直接关系到经济待遇。根据隋朝官俸规定，正五品二百石，日子过得差强人意。从七品七十石，从八品五十石，持家维艰。而助教和书、算二学博士最为可怜，据"食封及官不判事者，并九品，皆不给禄"①的规定，虽有官品，却无薪俸。唐朝书、算博士虽为从九品下，但有俸禄，与隋迥然不同。

更可悲凉的是学官无权无势，衣食所在的乡村本家，不能享受官人的经济特权，常被胥吏上门课税，窘态毕露，投诉无门。这种情况还不限于学官，大凡文职儒士，概莫能外。刘炫在炀帝时擢升太学博士，"岁余，以品卑去任"。文帝时代，他任职秘书、内史和

---

① 《隋书》卷二十八，《百官下》。

门下三省,却"为县司责其赋役"①。虞世基在陈朝灭亡后,被迁入京,"为通直郎,直内史省。贫无产业,每佣书养亲"②。王孝籍入秘书省参修国史,"在省多年,而不免输税",不得已向吏部尚书牛弘投诉,牛弘虽然同情,却无可奈何③。贫寒所迫,便顾不上廉耻了。名儒刘炫伪造古代逸书百余卷,送官请赏,为人告发,竟至死罪,后来虽免死除名,却已是斯文扫地了。无怪乎当时的"巨儒必鄙俗"。唐朝史官为之鸣不平道:"古之学者,禄在其中,今之学者,困于贫贱,明达之人,志识之士,安肯滞于所习,以求贫贱者哉?"④贱待学人,则谁肯皓首穷经以求贫贱?问题的症结就在于此,文帝不自反思,却怪罪于学校空设,错上加错。

学官社会地位低,文人经济待遇差,根本原因还在于统治者内心深处看不起文人。刘焯在当时被誉为"数百年已来,博学通儒,无能出其右者"⑤,文帝令他服侍蜀王秀,他不愿意,迁延不肯就任。蜀王大怒,派人将他枷锁擒来,罚执兵役。刘炫也曾因为不肯奉诏服侍蜀王而被铐送至蜀,被迫执杖充当门卫,饱经羞辱。动不动就捆绑枷铐文人,还故意逼迫他们从事非其所长的军役,在隋朝几乎是司空见惯的事。卢太翼被强征为太子勇从官,太子遭黜,他竟坐死罪,文帝"惜其才而不害,配为官奴"⑥;孙万寿被征为王府文学官,只因衣冠不整,就被配防江南。温文尔雅的一介书生,在那瘴气弥漫、禽兽出没的戍地,悲愤地控诉道:

---

① 《隋书》卷七十五,《儒林·刘炫传》。
② 《隋书》卷六十七,《虞世基传》。
③ 《隋书》卷七十五,《儒林·王孝籍传》。
④ 《隋书》卷七十五,《儒林·序论》。
⑤ 《隋书》卷七十五,《儒林·刘焯传》。
⑥ 《隋书》卷七十八,《艺术·卢太翼传》。

如何载笔士,翻作负戈人!

　　飘飘如木偶,弃置同刍狗①。

隋朝上层统治者瞧不起文人,或许与他们源出北周的文化环境有关。前面一再提到,北周政权是由一群剽悍的塞上武将建立的,经常性的战争培养起社会极度尚武的风气,文弱书生不能驰骋于疆场而被勇士们所轻视,这种时代烙印,文帝等将门出身的统治者恐怕终生难以消除。

或许就因为北周文化底子薄,所以,隋朝在思想文化领域一领风骚者几乎都出自北齐或南朝,"时之文人,见称当世,则范阳卢思道、安平李德林、河东薛道衡、赵郡李元操、钜鹿魏澹、会稽虞世基、河东柳䛒、高阳许善心等,或鹰扬河朔,或独步汉南,俱骋龙光,并驱云路"②。在这些人面前,北周军将出身的统治者有意无意之间不免会有相形见绌的压力感,而缺乏自信往往会通过自我抬高的文化歧视来表现。其实,在上一章所述修乐过程中,文帝的种种无理干预就不无此因素作怪。

然而,无论是什么原因,从开皇中期开始,对思想文化的钳制确实是大大加强了。这里,有两个因素不能不予以高度的重视。其一是上节所述的宗教迷信,尤其是佛教崇拜的极大加深,而且,越到文帝晚年,宗教活动越趋于偶像崇拜的迷信,越发失去理性。国内太平无事,皇权日益加强,文帝更需要的是宗教信徒式的集权人才,而疏远的是颇具理性的士人,因此,开皇末年的废学具有转换文化政策的意义。

其二是专制主义的高度膨胀。自平陈以后,文帝大大加强了

---

① 《隋书》卷七十六,《文学·孙万寿传》。
② 《隋书》卷七十六,《文学·传序论》。

对思想文化的统制。开皇十三年(593)上半年,文帝连发两道诏令,一是规定"私家不得隐藏纬候图谶";二是"人间有撰集国史、臧否人物者,皆令禁绝"。翌年,再禁民间俗乐。开皇十八年(598),加重对巫蛊的惩处,规定:"畜猫鬼、蛊毒、厌魅、野道之家,投于四裔"①。这些禁令其实就两类,一是禁止非法宗教活动;二是禁止非官方的文化活动。这两条看似平行之线延伸至开皇末年而交汇,其结果就是废学与颁舍利于天下。换言之,宗教崇拜是为了现世的领袖崇拜,而非理性的迷信必然辅以愚民政策,迷信与愚民双重变奏,鸣锣开道,乃是为了抬出专制集权的森然轿舆。这几乎可以成为中国专制政治的一条规律了。

在古代,历史从来是被作为活生生的政治学课本的。因此,文化统制往往以禁止私人随意编撰史书与评论时事人物的形式出现。隋朝开始了官撰史书的尝试,因此,私家修史早有所禁。开皇早年,王劭曾因私人修史而险遭大难,幸亏他一贯以投机见长,反而因祸得福。别人就没有他那么幸运了。文帝征召的"山东六儒"之一的张仲让回乡著书,为州县所劾,状子到了中央,张仲让便被开刀问斩了,时在开皇中。既然已有禁令,则开皇十三年之令,则只是益峻其法,士子自当一叶知秋了。

第四节 政情异动

避实击虚,避强击弱,这不仅是指导战争的法则,而且也是政治斗争常用的手段。当专制主义以迷信和愚民的形式出现,以重拳猛击在文士学子脊梁的时候,不少贱视文人的官吏们还幸灾乐

---

① 《隋书》卷二,《高祖下》。

祸,隔岸观火,有些甚至推波助澜,乐成其祸。然而,他们没有意识到,专制主义只允许绝对的盲从,它将扫荡理性与良知,不管是学术的还是政治的。因此,命中注定他们将成为下一个目标,另一出悲剧正在悄然揭幕。

人事的变动在不知不觉中进行。平陈以后,三省六部的掌权者正逐步替换上皇室或弘农杨氏。开皇十二年(592),杨素当上尚书右仆射,开始了揽权主政的历程。

杨素出身于弘农杨氏,祖上数代为官,其父有功于北周。他虽然以军功显赫,但文学亦佳,"性疏而辩,高下在心,朝臣之内,颇推高颎,敬牛弘,厚接薛道衡,视苏威蔑如也。自余朝贵,多被陵轹。其才艺风调,优于高颎,至于推诚体国,处物平当,有宰相识度,不如颎远矣"①。从唐人对他的评论还可明了,杨素除了高颎等极个别大臣外,在朝廷目空一世,八面威风,喜欢揽权,颇为专横,"百僚慑惮,无敢忤者"②。他和高颎之间地位的荣枯消长,可视为文帝时代的一把政治尺度,而以其取代高颎独掌朝柄为标志,揭开文帝晚年政治紊乱的一页。

当然,文帝更多是利用杨素的专横跋扈来进行集权,内心则对他防范甚严。当杨素在仁寿元年(601)登上尚书左仆射宝座时,文帝即将其密友薛道衡调离内史侍郎要职,出任襄州总管,不让他掌握机密。而后,更颁敕道:"仆射国之宰辅,不可躬亲细务,但三五日一度向省,评论大事"③,外示优崇而内夺其权。

开皇十二年(592)以后,史籍可考的中书令为杨素(弘农杨氏)、蜀王秀(皇子)、齐王暕(皇孙)和晋王昭(皇孙)。门下省由

---

① 《隋书》卷四十八,《杨素传》。
② 《隋书》卷六十二,《柳彧传》。
③ 《隋书》卷四十八,《杨素传》。

文帝最为信任的苏威掌管,到了仁寿二年(602),还是换上皇族出身的杨达。吏部在仁寿年间控制在文帝女婿柳述手中,而其本职为兵部尚书。自开皇中起,礼部就由弘农杨文纪负责,而刑部则由文帝家将李圆通掌管,连工部尚书都由皇族杨达出任。仁寿年间,文帝为其孙齐王暕纳韦冲女为妃,因此任命韦冲为民部尚书,于是文帝宗族集团囊括三省六部最高职位,皇权达到登峰造极的地步。

在皇权极度增强的过程中,开皇十一年(591),文帝的亲弟弟滕穆王瓒突然死亡,一时百官当中传言纷纷。

滕穆王是个美男子,被招为北周武帝妹婿,感情甚笃。可是,他和文帝的关系并不融洽。文帝篡周时,他的立场倾向于妻家,批评说:"作隋国公恐不能保,何乃更为族灭事邪?"①不肯应召入宫支持其兄。政变成功后,文帝大诛北周宗室,独孤皇后记起滕穆王瓒的妻子是北周公主,意甚不平。于是,文帝逼迫其弟休妻,但一再遭到拒绝,愤恨在心。这年八月二十三日,滕穆王瓒奉召随文帝游栗园,当天就不明不白地死去,年仅四十二岁。两天后,文帝从栗园回宫。好端端一位亲王就这样无声无息地死去,难免引人猜疑。据传出来的消息说,滕穆王是被文帝毒死的。

选择在全国统一、天下无事之时下手,对宗亲百官都是一个暗示、一个警告:顺我者昌,逆我者亡,皇权至上!不管是什么人,胆敢挑战皇权,必遭灭顶之灾。这岂能不让百官胆战心惊,好自为之。

此后,意在增强威吓恐怖的高压政策陆续出台。开皇十五年(596)②,因为发生合川仓官监守自盗仓粟七千石的事件,文帝下

---

① 《隋书》卷四十四,《滕穆王瓒传》。
② 《隋书》卷二《高祖下》系于"开皇十五年十二月",《资治通鉴》卷一百七十八据此系年;但《隋书》卷二十五《刑法志》载为"开皇十六年",两说并存。姑按前者叙述。

令:"盗边粮一升已上皆斩,并籍没其家。"文帝于法律常随意修改,量刑又偏重,故当时名士李士谦就曾批评道:

> 帝王制法,沿革不同,自可损益,无为顿改。今之赃重者死,是酷而不惩也。语曰:"民不畏死,不可以死恐之。"①

律外加刑,法重无度,结果是酷而不惩,反而激化社会矛盾。而且,具体执行的地方官也实在为难,特别是在南方和边疆地区。潭州(今湖南省长沙市)总管权武治理边人,"常以南越边远,治从其俗,务适便宜,不依律令,而每言当今法急,官不可为"②,结果被文帝闻知,险些掉了脑袋。

听不得不同意见,几乎是文帝一贯的作风。开皇中,有人告发大都督邴绍诋毁朝廷为愦愦者,文帝大怒,下令将邴绍斩首,工部尚书长孙平劝谏道:"川泽纳污,所以成其深,山岳藏疾,所以就其大。臣不胜至愿,愿陛下弘山海之量,茂宽裕之德。"文帝仔细一想,为了一句牢骚就杀人,确实说不过去,于是,他灵机一动,不仅赦免了邴绍,还向群臣宣布:"诽谤之罪,勿复以闻"③。借机显示自己的雅量。

可是,过不多时,他又忍耐不住,不仅故态复萌,甚至变本加厉。开皇十七年(597)三月九日,他下了一道诏令称:

> 分职设官,共理时务,班位高下,各有等差。若所在官人不相敬惮,多自宽纵,事难克举。诸有愆失,虽备科条,或据律乃轻,论情则重,不即决罪,无以惩肃。其诸司论属官,若有愆犯,听于律外斟酌决杖④。

---

① 《隋书》卷七十七,《隐逸·李士谦传》。
② 《隋书》卷六十五,《权武传》。
③ 引文均见《隋书》卷四十六《长孙平传》。
④ 《隋书》卷二,《高祖下》。

文帝喜欢于殿廷打人,轻重姑且不论,这种惩罚的效果更在于对人格的羞辱。平日威仪堂堂的官员当众挨打,哭喊求饶,丑态毕露,直恨入地无门,让高高在上的皇帝获得无上尊严的心理满足,在举朝屏息中展示皇权的雷霆威力。所以,文帝对廷杖简直着迷,动辄用刑,一日竟达数次。而且,为了达到最佳的立威效果,廷杖制作得特别大,打一下足足抵得上一般杖刑三下,而文帝还不甚满意,行杖必令重打,曾因为行刑者出手不够重而当场斩之。有时性起,甚至亲自行刑。

这种蔑视人的尊严的廷杖,最为百官所深恶痛绝。开皇十年(590),宰相高颎和治书侍御史柳彧等人藉天下太平之机进谏,请求撤除廷杖,甚至以辞职相恳。文帝虽然很不高兴,但迫于情势,勉强将廷杖撤去。

现在,文帝不但公开宣布恢复廷杖,而且还推广到各级官府。更严重的是以诏令的形式将此暴行合法化、固定化,成为中国专制主义的一项专利。法令颁布之后,"上下相驱,迭行捶楚,以残暴为干能,以守法为懦弱"①,血雨腥风中,公堂化为刑堂,专制主义空前肆虐。

刑罚固然加重许多,但是,犯罪行为并没有因此被遏止住,京城发生大白天公然抢劫的恶性案件。十月,甚至发展到"京师大索"的地步②,社会治安状况相当严峻。而地方上也是"人间强盗,亦往往而有"③。

对此,文帝深以为虑,向朝臣询问良策,宰相杨素还来不及答

---

① 《隋书》卷二十五,《刑法》。
② 《隋书》卷二,《高祖下》。
③ 《隋书》卷二十五,《刑法》。

腔,文帝已有所悟,自己答道:"朕知之矣。"①下令有能检举纠告者,查抄盗贼家产以赏之。刚开始,这一招颇显灵验,罪犯销声匿迹。可是,才过不久,犯罪案件又频频发生。更糟糕的是无赖之徒利用这道法令,每伺富家子弟出门,故意将财物失落于路,俟其拾取之时,立即扭送官府,取赏而去。这类案件屡屡发生,殷实而守本分的人家往往遭殃,一时间黑白颠倒,贼喊捉贼,搞得官府一筹莫展。

高招失灵,文帝不由得大怒,干脆下令"盗一钱已上皆弃市。……此后又定制,行署取一钱已上,闻见不告言者,坐至死。"这完全是任情的酷法,实行之后,甚至出现四人共盗一桶、三人同窃一瓜而被处决者,天下悚然,人心惶惶。有人劫持官员,明言为受枉者申冤,要其转告文帝说:"自古以来,体国立法,未有盗一钱而死也。"②大概苛法实在太不得人心了,所以文帝只好中止实施。

显然,在专制主义的浸染下,文帝已经越发变得专横而粗暴,习惯于使用残酷的高压手段,并作为快刀斩乱麻的治世法宝。然而,天下的事情就是那么奇妙,政治权力和行政效率以及社会关系之间有一定的合理平衡点。当你任意打破这个平衡点时,过度集权往往产生适得其反的效果,下权上夺造成行政紊乱和效率下降,于是,为了激起效率而进一步集权,又加剧了情况的恶化,并引起社会矛盾尖锐化,陷入恶性循环之中而不能自拔,从而导致重大的政治危机。社会关系一紧张,内外祸乱随之而来,开皇末年的形势正是如此。

开春以来,南方就出现紧张的情况,南宁州羌族酋帅反叛。其

---

① 《隋书》卷二十五,《刑法》。
② 《隋书》卷二十五,《刑法》。

原因不明,但规模颇大,西南震动。

南宁州在汉代为牂牁,以后分置为兴古、云南、建宁和朱提四郡。户口殷众,金宝富饶。南朝后期,国家衰弱,当地酋帅爨瓒趁机崛起,割据一方,中央只好承认现实,遥授刺史以羁縻之。隋朝初年,梁睿镇蜀,请乘胜平定南宁羌,但文帝审视全局,形格势禁,故仍持羁縻政策。以后,随着隋朝日益强大,爨玩率南宁羌归附,被封为昆州(今云南省昆明市西郊马街附近)刺史。到此时,爨玩突然又举起反旗。

二月,文帝派著名将军史万岁率军出征。史万岁根据当年梁睿的献策,率部从蜻蛉川亦即今大姚、姚安县境龙川江支流苴宁河进入云南,沿途击破羌人据点,越过当年诸葛亮建立的纪功碑,渡西洱河(今云南西部洱海),入渠滥川城(今云南省下关市东),深入千里,破羌人三十余部,虏获男女二万余口,迫使爨玩出降。史万岁原拟带爨玩回朝,后因收受其金宝而作罢,待他凯旋之后,翌年,爨玩再起。一场耗费巨大的军事行动功亏一篑。爨玩反叛似乎只开了个头,预告今后将是多事之秋。

同月,桂州(今广西省桂林市)俚帅李光仕也称兵反叛,文帝派遣柱国王世积发岭北兵[①]、前桂州总管周法尚发岭南兵,俱会尹州(今广西省贵港市东南郁江南岸),一同镇压。王世积部为瘴气所阻,顿兵衡州(今湖南省衡阳市),而周法尚单独进击,包围李光仕于白石洞(今广西省桂平市南),以虏获的李部家属招降,凡出降者,还其妻子,李光仕军溃被斩,岭南告平。

可是,没多久,桂州人李世贤又于七月起兵造反。文帝派遣右

[①] 《隋书》卷四十《王世积传》明确记载,王世积出征时为柱国,凯旋后进位上柱国,故《资治通鉴》卷一百七十八所载"帝遣上柱国王世积……"应为"柱国"。

武侯大将军虞庆则亲自出讨,才将李世贤镇压下去。

一年之内,西南数叛,这其间,民族融合过程中的矛盾固亦有之,但隋朝地方大员欺压少数民族也是不容忽视的因素。鱼肉当地百姓的贪官污吏且不论①,高压政策也会激成其变②。看来,一味军事镇压绝非长治久安之计,而且还会带来官吏腐败的副产品,隋朝是应该认真反思回顾其政策得失的时候了。

南方的反叛甫平,北方狼烟又起。

自文帝答应突厥突利可汗亲事以后,已经过去数年,安义公主终于要出嫁了。为了进一步离间突利和都蓝的关系,文帝特意将喜事操办得十分隆重,派太常卿牛弘、纳言苏威和民部尚书斛律孝卿相继为使,大吹大擂,好不热闹。同时,还让长孙晟劝突利南徙于度斤旧镇(今蒙古国杭爱山)。这片沃野原是沙钵略旧居,突利迁居于此,背依隋朝,经济利益是眼见得着的,况且还获得隋朝的许多赏赐。对于隋朝而言,势力较弱的突利迁居塞下,可以为隋朝提供消息,保卫边疆。这门亲事对双方都有益。

隋朝扶持突利无异于宣告野心勃勃的都蓝最终被抛弃。所以,都蓝接到消息,怒道:"我,大可汗也,反不如染干!"③遂绝朝贡,抄掠边境。可是,其动静早就被突利侦知,预先通知隋朝,故隋军早有准备,无隙可乘。

这时,都蓝的处境十分窘迫,南有隋朝、西有达头两大势力夹击,立足维艰,反复掂量,只好忍辱屈尊,投靠宿敌达头,共谋对付

---

① 《隋书》卷五十五《侯莫陈颖传》记载,此时期,朝廷也发现"岭南刺史、县令多贪鄙,蛮夷怨叛"的问题。
② 后来,文帝改派清官令狐熙为桂州总管十七州诸军事,大崇惠政,深得民望,西南溪洞渠帅感动道:"前时总管皆以兵威相胁,今者乃以手教相谕,我辈其可违乎?"
③ 《隋书》卷八十四,《北狄·突厥传》。

隋朝和突利①。

开皇十八年(598)春天,达头可汗的兵锋抵达漠南,与都蓝一道对隋朝边境构成威胁。而且,整个北方的形势还要更加复杂。平陈以后慑于隋朝国威的高句丽又出现不稳的态势,一开春,其婴阳王元突然率靺鞨兵万余骑袭击辽西(今辽宁省朝阳市),被营州总管韦冲击退。高句丽的行动不是孤立事件,或与突厥达头势力东扩并与隋为敌的新动向有关②。文帝对此事件的反应也说明问题并不简单。

二月五日,文帝命令汉王谅、王世积为行军元帅,统领水陆三十万大军讨伐高句丽。隋朝建立以来,虽然与高句丽时有冲突,但都没有发展到爆发大战的地步。因此,这是自北魏以来首次大规模的征伐,表明双方的矛盾已经白热化,此后到唐高宗灭高句丽为止,隋唐两代都不惜以武力收回辽河流域,可知隋文帝讨伐高句丽具有里程碑意义,后人把征辽东怪罪于隋炀帝好大喜功或一时冲动的行为,显然难以成立。

六月二十七日,文帝下诏罢黜以前册封高句丽王元的官爵。这时,汉王谅统率的大军才到达临渝关(今河北省抚宁县东榆关镇),不知什么原因,夏季最佳作战时机给耽搁了。此时,辽东已经下起雨来,水潦路滑,馈运不继,军中乏食,又遇上疫病流行,显然,这支部队已经丧失作战能力了。水军传来的消息更糟,周罗睺自东莱(今山东省龙口市东)越海进攻平壤,结果遭遇风浪,船多

---

① 参阅薛宗正:《突厥史》第四章。
② 《隋书》卷八十一《东夷·高丽传》记载,开皇十七年(597)文帝赐高句丽王汤玺书,汤惶恐而死,其子元即位,翌年率靺鞨万余骑寇辽西。似乎"寇辽西"是由于文帝的玺书所致。文帝赐玺书,事在开皇十年(590),本书第九章第四节已作了考订,则"寇辽西"的背景似应从突厥的新动向中去理解。

漂没。水陆两军出师不利,到了九月,隋军只得撤退,尚未接战,军队已自减员大半。好在高句丽王元也感到害怕,遣使谢罪,上表自称"辽东粪土臣元"①,表示悔过,总算给足隋朝面子。当时,隋朝还有更加严重的突厥必须对付。所以,文帝见势收篷,宣布罢兵。当然,引起双方兵戎相见的根本问题依然没有解决。

大约同期,文帝任命蜀王秀为另一路大军的统帅,出灵州道讨伐都蓝;任命杨素为行军总管同出灵州道以抵御达头②。

杨素一反隋军布阵的战术,不是将战车围成方阵以抵挡突厥骑兵的冲锋,而是让各军结为骑阵,构成攻击态势。驰骋沙场,野战杀敌,这本是游牧民族之所长。所以,达头一看隋军阵势,庆幸道:"此天赐我也!"滚下马来,仰天而拜,然后一跃而起,亲率十余万精骑狂涛巨浪般地猛扑过来。

可是,达头并不知道,杨素简直是战魔,他不仅多谋善断,而且治军极严,每逢大战,必先找些犯过失的士兵斩首示威,多时一次杀百余人,血流至前,依然谈笑自若,毫不眨眼。打仗时,他经常先派出一、二百名士兵冲锋,如果无功而返,不论回来多少,一律处斩。然后再派三、二百人出战,一如前法。随他出征的将士,微功必录,赏罚分明。所以,士兵无不畏惧,怀必死之心,一往无前。突厥士兵固然长于奔驰,但他们打仗是为了掳掠,遇上不要命的对手死拼狠斗,锐气顿消,被打得一败涂地,号哭而遁,达头身负重伤,手下伤亡惨重。

翌年二月,突利通过长孙晟向文帝报告,都蓝准备进攻大同城(今内蒙古乌拉特前旗东北)。于是,文帝诏发六总管分道迎击,

---

① 《隋书》卷八十一,《东夷·高丽传》。
② 见《隋书》卷八十四《北狄·突厥传》、卷四十八《杨素传》和卷五十《李安传》记载,但卷二《高祖纪》和《资治通鉴》卷一百七十八均漏载。

听汉王谅节度。但是,汉王谅因去年伐辽东失败,竟不敢赴任,故全军实际由高颎指挥。

这次,达头和都蓝吸取去年惨败的教训,避开隋军,直扑突利,大战于长城下。突利力弱,哪里挡得住如狼似虎的达头,兄弟子侄被杀,部落亡散,仅率五骑趁夜南逃,至天明,才收拢散亡数百骑,好不凄惨。突利自忖兵败入朝,只不过是个降人而已,哪里会受到文帝的礼遇,而达头与己素无冤仇,投靠他或许还能获得保存。随行的长孙晟看出突利的犹豫,偷偷派人跑回蔚州(今山西省灵丘县)伏远镇,令镇兵大举烽火。这一头,长孙晟诳骗惊疑不定的突利说,烽火四举是达头追兵大至的信号,吓得突利不及细想就赶忙入塞。长孙晟深怕夜长梦多,立即带着突利驰入长安。

突利的到来,给了隋朝进一步分化瓦解突厥的良机。文帝十分高兴,厚赏突利,并封长孙晟为左勋卫骠骑将军,持节护突厥。到了十月,文帝册封突利为意利珍豆启民可汗,突厥部众归依者男女万余口。文帝命令长孙晟率五万人于朔州筑大利城以安置他们。而且,鉴于安义公主已经去世,故文帝再许以宗女义成公主嫁给启民可汗。这样,在隋朝的大力扶植下,建立起东突厥汗国。

在前线,高颎令上柱国赵仲卿率三千人为前锋,至族蠡山,与突厥相遇,激战七日,大破之,追奔至乞伏泊(今内蒙古察哈尔右翼前旗东北黄旗海),再破之。这时,突厥援军蜂拥而至,赵仲卿令部众结为方阵,四面拒战,整整坚持了五天,直到高颎主力部队赶来,内外合击,大败突厥,乘胜追击,越秦山(今内蒙古黄河东北大青山)七百余里而还。

十二月,文帝派遣杨素出灵州,行军总管韩僧寿出庆州,史万岁出燕州(今河北省涿鹿县),姚辩出河州,准备给予都蓝以最后一击。但是,都蓝已经不行了,未等隋军出塞,已被部下所杀,其国大乱,达头自立为大汗①。隋军临境招降,突厥归附者甚众。雄踞大漠的突厥大汗国的灭亡送走了激荡的六世纪。

扶持启民,灭亡都蓝,表明隋朝已由操纵突厥内部争斗转变为亲自出马,直接介入突厥内战。作此转变的原因主要在于达头势力坐大和都蓝企图叛隋,亦由于隋朝在各方面对突厥居于优势。支持弱小的启民取代都蓝,则隋朝必须以武力彻底制服达头,完成臣服整个突厥的战略目标,从而根绝来自北方的威胁。这一切早已注定七世纪将在暴风骤雨中揭开序幕。

一开春,南方就传来烦人的消息,熙州(今安徽省潜山县)李英林造反,而且规模似乎还不小,所以,三月,文帝派遣扬州总管张衡任行军总管,率步骑五万人前往镇压,不久宣告敉平。

内部的反叛甫平,北边烽火再起。启民可汗抵挡不住达头新的攻势,四月,达头的兵锋已经进至长城沿线,雁门(今山西省代县)、马邑等要塞遭到攻击。文帝命令晋王广和杨素为一路,兵出灵武道,令长孙晟率降人为秦州行军总管,受晋王指挥;以汉王谅和史万岁为另一路,兵出马邑道,全力抗击达头。

长孙晟熟悉突厥情况,献计在河水上流下毒,结果,突厥人畜多死,还以为是遭到天谴,惊慌失色,连夜远遁。长孙晟趁机追击,颇有斩获,"突厥之内,大畏长孙总管,闻其弓声,谓为霹雳,见其走马,称为闪电"②。晋王大获全胜,凯旋而归。

史万岁率部出塞,在大斤山(今内蒙古黄河东北大青山)于突厥相遇。达头问来将何人,当他听说是史万岁时,即刻引兵退去。

---

① 薛宗正《突厥史》第166、170页据狄奥菲拉特《历史》记载,认为达头早在598年已自立为大可汗,故599年都蓝灭亡是被达头所吞并,并称达头政权为僭主统治。
② 《隋书》卷五十一卷,《长孙览附长孙晟传》。

史万岁纵兵大击,追奔百余里,大破之,斩数千级,逐北入沙碛数百里,不及而还。

不久,达头又遣其弟子俟利伐从碛东攻击启民,文帝发兵帮助启民,俟利伐退走。经过这几场大战,启民得以立足,对隋文帝感激不尽,指日誓心,上表陈谢道:

> 大隋圣人莫缘可汗,怜养百姓,如天无不覆也,如地无不载也。诸姓蒙威恩,赤心归附,并将部落归投圣人可汗来也。或南入长城,或住白道,人民羊马,遍满山谷。染干譬如枯木重起枝叶,枯骨重生皮肉,千万世长与大隋典羊马也①。

得到启民可汗诚心归附,是隋朝确保北边长久和平的重要一步。

仁寿元年(601),隋朝派遣上明公杨纪等诸将率万骑护送义成公主到突厥②。达头闻讯,倾全力于恒安(今山西省大同市东北)邀击,代州(今山西省代县)总管韩洪率蔚州刺史刘隆、大将军李药王拒战,但寡不敌众,为突厥所包围。韩洪身受重伤,诈和突围,部下伤亡累累,极为惨烈,后来隋炀帝北巡时还见到战场白骨遍野,令人收埋,特命五沙门为战亡将士超度。

消息传来,文帝大怒,将韩洪与李药王除名为民,处刘隆以死刑。年底,长孙晟上表称:"臣夜登城楼,望见碛北有赤气,长百余里,皆如雨足下垂被地。谨验兵书,此名洒血,其下之国必且破亡。欲灭匈奴,宜在今日。"③长孙晟一定是侦知达头的什么消息,故作望气之言以鼓动沉浸于宗教符瑞的文帝下决心给予达头以致命的一击。果然,文帝对长孙晟的话听得很顺耳,任命杨素为云州道行

---

① 《隋书》卷八十四,《北狄·突厥传》。
② 《隋书》卷六十五《李景传》明记隋军护送义成公主到突厥而遭达头攻击,为其他各传所未见。
③ 《隋书》卷五十一卷,《长孙览附长孙晟传》。

军元帅,长孙晟为受降使者,携启民可汗北伐,以助其统治大漠。

次年三月,达头部阿勿思力俟斤突然渡河南下,掩袭启民部,掳掠男女六千人、杂畜二十余万而去。杨素得报,即率大军追击,转战六十余里,大破俟斤,夺回人畜以归启民。初战告捷,杨素又遣张定和、刘昇别路邀击,斩获甚众,旋师渡河。不料突厥卷土重来,蹑后袭击启民部落。于是,杨素回马奋击,骠骑范贵于窟结谷东南大破突厥,追奔八十余里,"自是突厥远遁,碛南无复寇抄"①。

另一方面,长孙晟教启民分遣使者往北方铁勒等部招慰。仁寿三年(603),铁勒、思结、伏利具、浑、斛萨、阿拔、仆骨等十余部背达头来附隋,东北方面,奚、霫五部内徙,达头众叛亲离,西奔吐谷浑。隋与达头历时四年的大较量以达头的崩溃宣告结束,从此,启民尽有达头之众,与隋朝和平相处,长城内外,笙歌牧笛。而这一切,文帝已经见不到了,他以毕生精力臣服突厥,为帝国赢得北边的安定,却在胜利后不久病逝。

如上所述,从开皇十七年(597)起,隋朝内外形势都趋于紧张,南方反叛此起彼伏,北边鏖战兵马岁动。与开皇初最大不同的,是面对内外敌对势力时,朝廷内部不是更加团结,而是猜忌陡增,罅裂加深。因此,打败突厥的胜利并没有带来多少精神振奋,相反,每次用兵带来的是新的清洗,统治集团上层危机四伏,人心惶惶。造成这种局面的主要原因当然在于个人权力欲恶性膨胀下文帝晚年心理的变态。

"是时,帝意每尚惨急","用法益峻,帝既喜怒不恒,不复依准科律。时杨素正被委任,素又禀性高下,公卿股栗,不敢措言"②,

---

① 《资治通鉴》卷一百七十九"隋文帝仁寿二年(602)三月"条。
② 《隋书》卷二十五,《刑法》。

朝廷气氛,可见一斑。而文帝晚年的苛酷更多是针对朝中文武大臣,视他们为专制集权的绊脚石。

御史于元日朝会没有举劾武官衣剑不齐,即被斩杀。谏议大夫毛思祖看不过去,上前劝了几句,也被拉下去砍了。衣剑不整被视为对皇权不尊,而不弹劾则被视为包庇勾结,罪行更重。细微琐事都被上纲夸大,为的是制造对皇帝诚惶诚恐的尊敬,因此,恐怖成为有效的树威手段。将作寺丞以课麦秆迟晚、武库令以署庭荒芜、地方官因收受朝廷使者故意送给的马鞭、鹦鹉,都在文帝亲临监督下被斩决。更令人悚然的事情是亲卫大都督屈突通被派往陇西清点牧群,检查出被隐匿的马两万匹,文帝知道后,竟下令处斩太仆卿及诸监官员一千五百人!幸好屈突通冒死苦谏,这千余官人才被减死论罪。显然,文帝对百官猜忌已极,总觉得属下有意欺瞒,结党营私,图谋不轨,因此,越是身处权位,越招猜疑,其结果必定是忠正者退,邪佞者进。

前述开皇十七年(597)桂州李世贤造反时,诸将请缨,文帝皆不许,亲点宰相身份的虞庆则出征。这些年来,虞庆则虽然韬光养晦,但他怎么也不会想到自己已被文帝盯上了,而且,其原因实在不堪挂齿。

事情出于虞庆则任用小舅子赵什柱充当大将军府长史,谁料赵什柱竟与虞庆则的爱妾勾搭上,两人作下好事,既想时常厮混,又怕事情败露,情急生歹心,赵什柱透过通天的管道散布虞庆则的谣言,而虞庆则还蒙在鼓里。按照惯例,朝臣出征,文帝总要设宴送行,可这一次由于文帝早已听赵什柱传言说虞庆则不愿此行,所以当虞庆则前来告别时,颜色冷峻,搞得虞庆则莫名其妙,心情沉重。平叛凯旋时,虞庆则路过潭州临桂镇,眺望山川形势,军人的习性不觉流露出来,脱口说道:"此诚崄固,加以足粮。若守得其人,攻不可拔。"①讲得高兴,不由得指点比画起来。在一旁的赵什柱全听到心里去,便借进京奏事之机,密告虞庆则图谋造反。于是,文帝派人调查,罪名成立,虞庆则竟遭诛杀,而赵什柱则因功受奖,封为柱国。

此事件看似偶然,其实不然,是文帝集权到寡头政治的必然产物。而且,它还是一个信号,表明对上层的清洗开始了。

翌年年底,另一位文帝的佐命功臣上柱国、夏州总管、任城郡公王景又"以罪伏诛",死得不明不白,连事迹都没有留下②。其他大臣唇亡齿寒,惶惶不安。上柱国王世积"见上性忌刻,功臣多获罪,由是纵酒,不与执政言及时事"③。

可是,人在威望在,正所谓"是祸躲不过",越是躲避则祸发越快。王世积的亲信皇甫孝谐犯罪,为了逃避追捕而跑来投奔,但王世积不敢私藏罪犯,故拒而不纳,结果皇甫孝谐被捉拿,发配桂州,在总管令狐熙手下服役。令狐熙是有名的清官,执法严明,所以,皇甫孝谐日子过得相当辛苦。为了摆脱困境,他迎合时势,投机取巧,侥幸上告,称王世积曾请道人看相,说他贵为国君,夫人当为皇后;在凉州总管任上,其左右亲信劝他说:"河西天下精兵处,可以图大事也。"王世积竟然回答道:"凉州土旷人稀,非用武之国",足见其狼子野心。状子递上去,文帝立即征王世积入朝,交有司审查。不久,审查结果出来,称:"左卫大将军元旻、右卫大将军元胄、左仆射高颎,并与世积交通,受其名马之赠。"④开皇十九年(599)夏,王世积坐诛,案子还牵连到一批开国元勋,尤其是堪称

---

① 《隋书》卷四十,《虞庆则传》。
② 见《隋书》卷五十四《田仁恭传》、卷二《高祖下》。
③ 《隋书》卷四十,《王世积传》。
④ 《隋书》卷四十,《王世积传》。

中流砥柱的高颎,看来背景很不简单。

虞庆则和王世积都曾受高颎提携,其罪状是罗织出来的,清洗他们的真正目标恐怕还在于高颎。据称,在审查王世积时发现宫禁中的物事,说是得自高颎。当时,上柱国贺若弼、吴州总管宇文㢸、刑部尚书薛胄、民部尚书斛律孝卿、兵部尚书柳述等一大批朝臣站了出来,证明高颎无罪。但是,"上欲成颎之罪",所以将这些敢于说话的大臣全都交给胥吏讯问,"自是朝臣莫敢言者",这样,高颎终于被揪出来,撤职回府。不久,文帝夫妇到秦王府,召高颎侍宴,相见之下,高颎悲不自胜,文帝对左右说道:"我于高颎胜儿子,虽或不见,常似目前。自其解落,瞑然忘之,如本无高颎。不可以身要君,自云第一也。"[1]高颎功高望重,早已成为文帝的一块心病,至于更加复杂的内幕,且待下章叙述。

高颎倒台,隋朝的政治迫害达到疯狂的高潮。柱国李彻因为和高颎有交情而不被任用,难免口出怨言,这边话音刚落,那边已经传入文帝耳中。为此,文帝特地召他进宫,于卧内赐宴款待,畅谈平生,李彻受宠若惊,哪里想到酒中有毒,竟被鸩死。次年春,另一位功高震主的勋臣贺若弼也被投入监狱,文帝数落他道:"公有三太猛:嫉妒心太猛,自是、非人心太猛,无上心太猛。"[2]还斥责他在平陈后屡次向高颎索要高官,还说太子对自己言听计从,要高颎将来依靠他,大有不轨之心。说来说去,文帝颇恨老臣们目中无人,不肯俯首帖耳,还与高颎关系太深,让他隐然感到威胁。

要消除高颎的影响,就须要有威望的人取而代之,文帝看中了令百官恐惧的杨素,利用他来清除异己。这样,开皇末年的政治清

---

[1] 引文均见《隋书》卷四十一,《高颎传》。
[2] 《资治通鉴》卷一百七十九"隋文帝开皇二十年(600)二月"条。

洗还具有派别斗争的性质,其中不乏公报私仇,如杨素与鸿胪少卿陈延有隙,便向文帝报告蕃客馆庭中有马粪,众人在毡上玩樗蒲,激起文帝愤怒,下令将主客令及樗蒲者杖杀,陈延差点也被打死。

权武随虞庆则平定桂州李世贤,颇立战功。凯旋后,由于虞庆则被诛而受到排挤,"功竟不录,复还于州"①。这明显是因人画线。更典型的事例莫如史万岁案。

史万岁是一员令突厥闻风丧胆的虎将,前述开皇二十年(600)隋讨突厥一役,史万岁率部大破突厥,将达头逐入碛北,战功卓著。但是,他与杨素不是一路,杨素深嫉其功,向文帝汇报说:"突厥本降,初不为寇,来于塞上畜牧耳。"有意掩盖史万岁功绩。史万岁当然不服,屡屡上表争辩,但文帝正全力对付太子,对此事未深留意,引起史万岁部群情激愤,数百人在朝称冤。

文帝从仁寿宫回到京师,宣布废黜太子,询问史万岁所在。当时,史万岁正在朝堂,而杨素却故意谎称:"万岁谒东宫矣。"以激怒文帝。文帝果然不悦,传史万岁上朝,史万岁并不知情,对朝堂前的将士说:"吾今日为汝极言于上,事当决矣。"昂然而入,力陈将士有功,为朝廷所抑制。文帝正恼恨太子,哪里有心听史万岁诉说,只听见史万岁言辞激愤,简直是火上浇油,命令左右痛打史万岁,竟把一代名将活活打死。史万岁死后,文帝干脆将错就错,完全根据杨素所言下诏列数史万岁罪状,"天下士庶闻者,识与不识,莫不冤惜"②。而其部将的功绩自然也随之冤沉茫茫沙漠,在大斤山大破达头的杨义臣也因此冤案而"功竟不录"③。

党同伐异最没有是非原则,派阀利益代替了国家利益,爱憎感

---

① 《隋书》卷六十五,《权武传》。
② 引文均见《隋书》卷五十三,《史万岁传》。
③ 《隋书》卷六十三,《杨义臣传》。

情和权力欲望使得人事斗争变得格外残酷,没有规则,没有理性,只有不断激化的矛盾和不断升级的斗争手段。尤其是在文帝将国家大权几乎都集中于其家庭之后,朝廷倾轧就以家族纷争的形式爆发,演出了文帝晚年最悲惨的一幕。

第十二章　家族纷争

第一节　独孤皇后

当朝廷的权力与斗争都集中在文帝的家庭时,我们不能不随之将目光转向皇室。

这个家庭有一个坚强的主心骨,不是在朝廷上发号施令的文帝,而是经常陪伴在文帝身边的独孤皇后。

独孤氏出生于西魏大统十年(544),父亲是北周宇文泰创业集团的核心成员独孤信,他给女儿起了个佛教名字叫"伽罗"。她开始记事时,就已经习惯过着父亲骑高头大马不时出征的日子,知道战争的紧张不安以及胜利所带来的喜悦和荣耀。又过了几年,父辈们尊敬的英雄宇文泰去世,这世道仿佛跟着发生变化,父亲经常拉长着脸,沉默不言。幸好在此之前,父亲作了一项重要的决定,把她嫁给老部下杨忠之子杨坚。从随后发生的事件来看,独孤信的决定实在太及时了,因为在第二年开春,他就被大权独揽的宇文护害死了。如果独孤氏不是已经出嫁,她大概只能随家人一道被押送入蜀,流于边地,不仅是她个人,恐怕北周后来的历史都要改写。

从受人崇敬的家族位置上跌入深渊,家门不幸留下的心灵创伤何等深刻。独孤氏虽然由于杨家的佑庇而得免灾难,但往日的风光已经不再,她只能全心全意辅助丈夫在政坛上崛起,才能有重新出头之日,洗刷家门耻辱。

可是,杨家这条船似乎也不太稳固,宇文护那阴沉的目光不时瞥了过来,森然可怖。更让独孤氏心寒如冰的是世态炎凉,当年围在父亲鞍前马后效忠卖力的人非但避去唯恐不及,甚至表现得义愤填膺,落井下石,以证明自己对当朝新贵的一贯忠诚。气愤无济于事,冷静下来仔细想想,看起来荒唐滑稽的事情也有其道理,他们趋之若鹜的是炙手可热的权力,而不是某个权力的体现者,后者是令人眼花缭乱的走马灯,只有前者才是永恒不变的,为了它,官僚们可以把良心、知见、理性、人格……把灵魂奉献于祭坛。看不透这一切是后者,荒唐滑稽的也是后者,因为一旦坐上权力的宝座,便误将别人对权力的奉献当作对自己的效忠,开始讨厌起体国忠公的贤良,提携左右近幸,因此,下台后的凄凉只能是自作自受。对权力的反思,只有从权力高峰上跌落下来的人才最有切身体会,问题是为时已晚矣。在这点上,独孤氏是幸运的,她还不到十四岁,人生才刚刚起步,就受到如此深刻的启蒙教育。

不久,丈夫入宫宿卫。在宫中舞台,政治最隐秘与黑暗的一面都在这里充分展示。所以,杨坚有机会就近观察宇文护攫取政权、废立孝闵帝、毒死明帝的内幕,回家悄悄告诉独孤氏,夫妻相互鼓舞,共思良策以逃避宇文护怀疑的目光。直到武帝清除宇文护,他们才松了一口气。由于杨氏的声望与地位,武帝将他们的长女纳为太子妃,仿佛往后前程似锦,可不久他们就明白,周室君臣对杨坚始终怀疑,并不重用。宣帝上台后,杨坚虽然跻身最高政治阶层,但是,他们的宝贝女婿行为乖张,凶狠残暴,杨坚及其女儿好几次都险些丢命。可以说,至此为止,独孤氏的人生都在政治的惊涛骇浪中度过的,积累下丰富的政治斗争经验。屡遭迫害使她对周室没有感情,女人的务实使她更加精明,更不带幻想。

周宣帝的突然病逝,几乎是命中注定他们的出头机会。多年的观察研究,他们早已在宫中拉拢了一批心腹,现在,这些人发挥作用,矫诏令杨坚入宫辅政,让他轻而易举地控制了权力中枢,把年幼的周静帝玩耍于掌心。杨坚初临大事,就遇到个人与国家命运的生死抉择,他可以保存周帝,作一个掌握实权的权臣,减少北周旧臣的反对;也可以再作冒险,篡周自立。就在这关键的时刻,独孤氏派心腹入宫对他进言:"大事已然,骑兽之势,必不得下,勉之!"①独孤氏很可能吸取了宇文护的教训,与其作权臣遭后人唾骂,不如一不作,二不休,干脆自己当皇帝,改朝换代,亦足为一世之雄。独孤氏的忠告让杨坚顿下决心:开隋立业。关键时刻,独孤氏巾帼不让须眉,表现出果敢善断的政治家气魄。

从隋朝草创到强大的过程中,独孤皇后也倾注了毕生精力与心血。每次文帝上朝,她必定与之相携同行,至殿阁而止,让宦官跟随而进,沟通联络,"政有所失,随则匡正,多所弘益"。待到文帝下朝,她早已等候在外,两人一同回宫。在宫中,她一有闲暇便手不释卷,学识不凡,文帝对她"甚宠惮之"②,几乎是言听计从,"宫中称为二圣"③。所以,隋朝的政治决策,很难分得清哪些是独孤皇后的主意。而她对隋朝政治的作用,远不止于影响文帝而已。

高颎原是独孤信家客,在独孤家落难时,依然忠心耿耿,故其为人和才干很得独孤氏赏识,大力推荐给文帝,所以,文帝"素知颎强明,又习兵事,多计略",建隋当初即委以重任。而高颎位居首辅十余年,经历多少次政治风浪,均履险如夷,毫不动摇,一个十分重要的原因是他有独孤皇后这一坚强的靠山,以至文帝直把他

---

① 《隋书》卷三十六,《后妃·文献独孤皇后传》。
② 引文见《隋书》卷三十六,《后妃·文献独孤皇后传》。
③ 《北史》卷十四,《后妃下·隋文献皇后传》。

当作家人看待,"朝臣莫与为比,上每呼为独孤而不名也"①。高颎地位的稳固,对隋朝的意义不言而喻。

独孤皇后虽然热心于政治,但是,她并不属于爱出风头、锋芒毕露的类型。从伦理道德的层面来看,她倒是相当保守的类型。她随丈夫上朝,却不进入正式的朝堂。在她心中,这里存在一条不可逾越的界线。有一次,某部门提出,根据《周礼》之义,百官之妻,命于王后,故请依古制。但独孤皇后不以为然,说道:"以妇人与政,或从此渐,不可开其源也"。予以拒绝。在恢复传统伦理道德以治理天下问题上,她和文帝的观点如出一辙。文帝提倡孝治,她则每见到公卿有父母者,都要特别致礼。她经常告诫各位公主说:"周家公主,类无妇德,失礼于舅姑,离薄人骨肉,此不顺事,尔等当诫之"②。要求公主孝顺,其长女、北周宣帝杨皇后就以柔顺著称。

在生活上,独孤皇后颇能以身作则。她起居俭朴,不尚华丽。突厥与隋交易,有明珠一箧,可值八百万。幽州总管阴寿劝她买下,她回答道:"非我所须也。当今戎狄屡寇,将士疲劳,未若以八百万分赏有功者。"③百官听后,深受感动。

这些性格,与文帝十分合拍,两人情投意合,结婚时,发誓不再拥有其他异性。如此彻底的一夫一妇主张,实属少见。但由此也可看出,独孤皇后偏激、冷酷与心胸狭隘的一面。她不但严于律己,同时也以己律人,对于娶妾者尤其痛恨。雍州长史库狄士文有位堂妹,国色天姿,为齐帝嫔妃,齐灭后被赏赐给薛国公长孙览为

---

① 引文见《隋书》卷四十一,《高颎传》。
② 《隋书》卷三十六,《后妃·文献独孤皇后传》。
③ 《隋书》卷三十六,《后妃·文献独孤皇后传》。

妾。长孙览的妻子郑氏善妒,告到独孤皇后那里,独孤皇后当即命令长孙览与妾离绝。纳妾在古代社会是合礼合法的行为,但它不但不为独孤皇后所容许,甚至成为官吏仕途沉浮的一个不成文标准,史称独孤皇后"见诸王及朝士有妾孕者,必劝上斥之"①,由此演出大大小小许多悲剧,给隋朝留下致命伤,此点且待后述。

独孤皇后缺乏宽容的性格,与文帝的褊狭猜忌相结合,是他们夫妇组合上最大的疵瑕。而这一缺点也表现于家族内部。

独孤信先后娶了三个妻子,早年随魏武帝入关时,妻与长子独孤罗沦入敌手,成为阶下囚。入关后,他又娶二妻,郭氏生善、穆、藏、顺、陀、整六子,崔氏生独孤皇后。除了长兄独孤罗外,独孤皇后与其他兄弟的关系似乎并不融洽。独孤罗早年遭囚禁,幸得生存。待到北齐灭亡,杨坚出任定州总管,独孤氏派人把这位长兄找着,带回京城,但诸弟见他贫贱,压根儿就瞧不起他。文帝登基后,追尊岳父。独孤家众兄弟以为独孤罗与其母没于北齐,无夫人封号,只能算是庶出子,不能承嗣。但独孤皇后坚持以独孤罗为长子,让他承袭父爵。独孤罗是个老好人,又无资本与诸弟竞争,独孤皇后非要他出头,恐怕更多是为了挫折一下其他兄弟。

独孤皇后诸兄弟事迹不明,记载较为详细的是独孤陀。他曾因为父亲受诛而被流于蜀地十余年,周武帝时才回京城。在蜀地艰难的岁月里,他似乎随妻家学会左道,装神作法,驱使猫鬼。隋朝建立后,他们几个同母兄弟没能承袭父爵,只封个县公,大失所望,难免对独孤皇后心怀不满。

既然独孤皇后不念亲情,那么就别怪兄弟不义。据记载,独孤陀施展法术,常令猫鬼作祟,搅得独孤皇后与杨素妻子一起病倒,

---

① 《隋书》卷三十六,《后妃·文献独孤皇后传》。

医生诊断出是猫鬼疾。文帝一想,独孤陁既是皇后的异母弟,其妻又是杨素的异母妹,因此,必定是他在捣鬼,曾当面劝他罢手,但他矢口抵赖。文帝很不高兴,将他贬为迁州(今四川省宣汉县西南)刺史。独孤陁当然更加不满,口出怨言。话传到文帝耳中,犹如火上浇油,令左仆射高颎、纳言苏威、大理正皇甫孝绪和大理丞扬远等审理此案,结果水落石出,独孤陁婢女徐阿尼供称:驱使猫鬼杀人,可将被害人的财产潜移于自家,故独孤陁曾多次让她驱使猫鬼向杨素和独孤皇后处,索取财物。文帝将案件交由公卿讨论,拟赐死独孤陁夫妻于其家。独孤陁的弟弟独孤整赴阙苦苦哀求,请恕其兄一命。这时,一直在幕后注视案情进展的独孤皇后走上前台,为其弟求情,表现得宽宏大量。于是,文帝作出让步,免除独孤陁死罪,除名为民,将其妻杨氏送入寺庙为尼。开皇十八年(598)四月十一日①,文帝为此案专门下诏禁止畜猫鬼、蛊毒、厌魅、野道之家,一旦发现,流于四裔。利用隋唐之际民间颇为流行的猫鬼迷信泄恨害人,足见当时斗争的尖锐复杂。

独孤皇后的表兄弟大都督崔长仁不知犯了什么罪,有司拟处以死刑。文帝考虑到独孤皇后的关系,打算赦其一死。独孤皇后知道后,说道:"国家之事,焉可顾私!"坚持判处崔长仁死刑②。

在夫家,独孤皇后与文帝诸弟媳的关系也相当紧张。前面曾经介绍过,文帝的亲弟弟滕穆王瓒,其妻宇文氏"先时与独孤皇后不平",这或许也加剧了文帝与其弟的矛盾,以至在平陈后痛下杀手,将他鸩死。其子杨纶因此之故,"当文帝之世,每不自安"③。

---

① 《隋书》卷二《高祖下》将时间记载为"五月辛亥",查五月无"辛亥",四月有辛亥日,即十一日,故《资治通鉴》卷一百七十八径改为四月辛亥,当从之。
② 《隋书》卷三十六,《后妃·文献独孤皇后传》。
③ 引文见《隋书》卷四十四,《滕穆王瓒传》。

文帝的另一位弟弟蔡王整,生前与文帝不睦,"其太妃尉氏,又与独孤皇后不相谐"。杨整随周武帝平齐,战死沙场。但他们夫妇与文帝的关系,却苦了其子蔡王智积,他"常怀危惧,每自贬损",不治产业,唯教其五子"读《论语》、《孝经》而已,亦不令交通宾客。……其意恐儿子有才能,以致祸也。开皇二十年,征还京第,无他职任,阖门自守,非朝觐不出"。他最后死于隋炀帝大业十二年(616),临终前如释重负地说道:"吾今日始知得保首领没于地矣"①。为了躲避伯父母的猜忌,一生唯唯诺诺,犹如行尸走肉,何其悲惨。

观德王雄曾是文帝起家的得力助手,他为文帝网罗人才,赴汤蹈火,功勋卓著。隋朝建立后,他以右卫大将军参预朝政,为高颎等撑腰,待人宽厚,为朝野所倾瞩。正因为此,故文帝"恶其得众,阴忌之,不欲其典兵马",特地下诏褒奖他,同时将他提升到司空高位,外示优崇,实夺其权。杨雄心知肚明,从此"闭门不通宾客"②。

当然,文帝夫妇并非与所有兄弟关系都不和睦。卫昭王爽是文帝的异母弟,六岁丧父,由独孤皇后抚养成人,故于诸兄弟中,特受文帝宠爱,出将入相,十分荣耀。开皇七年(587)七月病死,年仅二十五岁。

河间王弘是文帝的另一位堂弟,经历颇似独孤皇后的长兄独孤罗。其堂伯杨忠随宇文泰创建关中政权时,他人在邺城,害怕遭高欢集团残害,改从外家姓。北周灭齐,杨弘才得以入关,甚得文帝怜爱,为之购置田宅,而杨弘也对文帝竭尽忠诚。隋朝建立后,官拜右卫大将军,率部大破突厥,后任蒲州刺史,大业六年

---

① 引文均见《隋书》卷四十四,《蔡王智积传》。
② 《隋书》卷四十三,《观德王雄传》。

(610)去世。

由此看来,文帝与诸弟宗亲的关系,似乎有着共同的一面,也就是与年龄较大的诸弟不和,而与年幼或受其扶助的诸弟关系亲密。关系不好的诸弟媳必与独孤皇后不和,由此家族关系来看,文帝夫妇对待弟妹恐怕不甚宽容友爱,应该说还是比较霸道,以我为中心,要求兄弟无条件顺从。其实,从观德王雄的事例已充分表现出文帝为了权力而对自家亲人无端猜忌、自私狭隘的一面。也就是说,即使是在家族内部,权力关系也始终高于亲情。尤其到了文帝夫妇权力欲极度膨胀的晚年,政治清洗更是把最后一点骨肉感情也涤荡无遗。

第二节 废黜二王

开皇初年,文帝曾经自豪地对大臣们说道:"前世皇王,溺于嬖幸,废立之所由生。朕傍无姬侍,五子同母,可谓真兄弟也。岂若前代多诸内宠,孽子忿诤,为亡国之道邪!"[①]

在第一章里,我们曾经看到动乱年代帝王家庭内部丧心病狂的相互残害,这种血淋淋的教训,引起后世帝王的认真思索。文帝当然不会例外,他以为造成此类悲剧的原因在于君王生活糜烂,嫔妃宠幸过多,以至诸子异母,骨肉亲情淡薄,相互敌视。因此,他把奢靡与腐化视为家族失和的万恶之源,经常告诫其子。

太子杨勇勤奋好学,平日交接一批文士,切磋学问,以为宾友。有一次,他弄到一副蜀铠,十分高兴,装饰一通。文帝看到后,很不高兴,深怕儿子染上奢侈恶习,语重心长地告诫道:

[①] 《隋书》卷四十五,《文四子·房陵王勇传》。

> 我闻天道无亲,唯德是与,历观前代帝王,未有奢华而得长久者。汝当储后,若不上称天心,下合人意,何以承宗庙之重,居兆民之上?吾昔日衣服,各留一物,时复看之,以自警戒。今以刀子赐汝,宜识我心①。

显然,文帝把节俭作为家教的重要方面,希望儿子自强不息,强悍果决,时刻以一个政治家自律,所以特地把象征权力的刀子赐给他。

提倡勤俭颇可赞赏,然而,必须承认,一个时代有一个时代的风气、个性和人格。相同的名词有着不尽相同的内涵,不能以一成不变的尺度和眼光去要求。文帝夫妇出生于物资匮乏的战乱年代,养成难能可贵的艰苦朴素的生活作风,哪怕居人尊之位亦不曾改变,宫中找不到一丝多余的东西,即使是胡粉一两、衣领一袭,节俭的程度就像清教徒一般。可是,以自己作尺度,要求所有的人在和平发展的年代都刻意追求清贫,那就未免过于苛求和脱离现实。换言之,超出合理的度,则其所倡导的俭朴也就走样变形,不仅不为时代所接受,反而由于这种提倡失效而使得无节制的奢靡更快滋长,新时代所必须的道德精神难以建立。

文帝共有五个儿子,依次为太子勇、晋王广、秦王俊、蜀王秀和汉王谅,诚如文帝所言,五子皆为独孤皇后所生,家庭自应十分和睦。开皇初年以来,文帝以诸子出镇各地,兄弟同心,国运日隆。然而,平陈以后,这个幸福的家庭也开始出现危机。

秦王俊仁恕友爱,颇得父母欢心。小时候受父母影响,打算出家为僧,不为文帝所许。隋朝建立时,他十一岁,被封为秦王,翌年出任河南道行台尚书令,加右武卫大将军,领关东兵。平陈时,任

---

① 《隋书》卷四十五,《文四子·房陵王勇传》。

山南道行军总管,完成阻断长江上、下游陈军相互联络的战略任务。后转任并州总管二十四州诸军事,颇有治绩,文帝专门下书奖励他。

随着天下太平,皇权加强,秦王俊也日益追求享乐,生活逐渐奢侈。为了增加财路,他放钱收息,被人告到中央。文帝遣使追查,抓了一百余人。但秦王俊并不当回事,依然故我,盛修宫室,穷极侈丽。他本人心灵手巧,经常亲持斤斧,制作工巧之器。还为妃子修造水殿,香涂粉壁,玉砌金阶,雕梁画栋,好不壮丽。水殿落成,他邀来宾客艺妓,载歌载舞,十分快活。哪想惹恼了王妃崔氏。崔氏是酷吏崔弘度的妹妹,崔弘度在长安可是个让人谈虎色变的人物,时人称:"宁饮三升酢,不见崔弘度"①。因此,崔氏性妒如火也就不足为奇了。她见秦王成天穿梭于石榴裙中,当然愤恨不平,一怒之下,竟在瓜中下毒,略施薄惩,让秦王卧病在床,乖乖听她照顾。

可是,这一闹,却把事情闹大闹糟了。开皇十七年(597)秋,文帝听说儿子被媳妇下毒,立即把他们召回京城,崔氏毒害丈夫,下诏废绝,赐死于其家;秦王奢纵,免官,以王回府。左武卫将军刘昇为秦王求情道:"秦王非有他过,但费官物营廨舍而已。臣谓可容。"文帝拒绝道:"法不可违。"刘昇还想劝说,见文帝愤然作色,只好作罢。后来,杨素也劝文帝道:"秦王之过,不应至此,愿陛下详之。"文帝同样予以拒绝,说:"我是五儿之父,若如公意,何不别制天子儿律?以周公之为人,尚诛管、蔡,我识不及周公远矣,安能亏法乎?"②

---

① 《隋书》卷七十四,《酷吏·崔弘度传》。
② 《隋书》卷四十五,《文四子·秦孝王俊传》。

文帝的处理,有其道理。但他平时威严惯了,子女对他心存畏惧,秦王病中遭谴,赶忙派人向父亲悔过认错,可是,文帝并不原谅,对其使人斥责道:"我戮力关塞,创兹大业,作训垂范,庶臣下守之而不失。汝为吾子,而欲败之,不知何以责汝!"①吓得秦王一病不起。大都督皇甫统上表,请恢复秦王官职以安慰他,但文帝不同意。就这样拖了一年多,到开皇二十年(600)六月二十日,秦王终于忧惧而病。

其时,文帝正谋划废太子,心情不好,听说秦王病死,携独孤皇后前往探视一下,哭数声而已,并吩咐将秦王生前所作奢丽器物统统烧毁,丧事从简,以为后世成例。秦王府僚佐请求为秦王俊立碑,但文帝一口拒绝道:"欲求名,一卷史书足矣,何用碑为?若子孙不能保家,徒与人作镇石耳"②。

秦王的子女虽然无辜,但朝官观言察色,以为其母以罪废,儿子不当承嗣,文帝深以为然,故其子女被剥夺了承袭父爵的权力,连丧事也都以秦王府官为丧主。秦王的女儿时仅十二岁,哀恸尽礼,绝食鱼肉,让人看了可怜。秦王平时善待部下,故其卧病时,侍卫官王延日夜服侍,衣不解带,秦王死后,他数日不食,哀毁骨立,下葬之日,号恸而死,最后陪葬于秦王俊墓旁,让他多少感受到一点人间亲情的慰藉。

秦王被废黜是否还有其他复杂背景已经不得而知了,但他死后,蜀王秀很快就成为新的目标。

蜀王秀比秦王俊小两岁,长大后,相貌堂堂,体格魁梧,美须髯,有胆气,武艺出众,甚为朝臣所畏惮。文帝早就对独孤皇后预

---

① 《隋书》卷四十五,《文四子·秦孝王俊传》。
② 《隋书》卷四十五,《文四子·秦孝王俊传》。

言道:"秀必以恶终。我在当无虑,至兄弟必反。"①由此看来,蜀王秀性情刚猛,不为文帝所喜。

隋立以来,他被封为蜀王,长期镇蜀,颇事经营。兵部侍郎元衡出使于蜀,他殷勤款待,为的是请元衡回京帮忙增益王府属官,但被文帝否决。后来,大将军刘浍出讨西爨,文帝令上开府杨武通率兵继进,而蜀王秀却让嬖人万智光为杨武通的行军司马,文帝认为蜀王任非其人,颇加责备,并公开对群臣说:"坏我法者,必在子孙乎?譬如猛兽,物不能害,反为毛间虫所损食耳。"②看来文帝对他成见已深。

蜀王秀落难在于太子勇遭黜之后。长子杨勇无故被废,而搞阴谋的晋王广继立为太子,蜀王秀当然很不服气。这一切,新立的太子十分清楚,他担心四弟迟早会公开反对自己,不如先下手为强,让杨素罗织蜀王秀罪状上呈文帝。文帝已经亲手废黜了两个儿子,把一个好端端的家庭搞得乱糟糟,自己也变得神经兮兮,疑神疑鬼,加上本来就对杨秀有偏见,于是,在仁寿二年(602)将他征还京师。杨秀入朝觐见,文帝板起面孔,一句话都不说。次日,他派遣使者切责杨秀,杨秀磕头谢罪,太子及诸王亦在一旁赔罪。文帝厉声斥道:"顷者秦王糜费财物,我以父道训之。今秀蠹害生民,当以君道绳之。"下令将杨秀交给执法部门论罪。

开府庆整不忍看文帝家庭惨剧继续演下去,出来劝道:"庶人勇既废,秦王已薨,陛下儿子无多,何至如是?然蜀王性甚耿介,今被重责,恐不自全。"不料,一席话惹得文帝勃然大怒,差点就将他的舌头剜了下来,群臣哪里还敢多嘴。文帝丢下一句话:"当斩秀

---

① 《隋书》卷四十五,《文四子·庶人秀传》。
② 《隋书》卷四十五,《文四子·庶人秀传》。

于市,以谢百姓"①。愤然而去。杨秀的案子交由杨素、苏威、牛弘、柳述和赵绰审理。当时,政治清洗风火正猛,杨素当朝用事,所以,案件自然是杨素说了算数,这也就等于由太子广来操办了。

太子广唯恐四弟不死,派人暗中制作木偶人,上书五弟汉王谅名字,缚手钉心,埋于华山之下,再让杨素前往发掘,当然是罪证确凿。而且,杨素还发现蜀王秀作的反叛檄文,宣称将统帅雄兵,"指期问罪"云云②。于是,文帝下令将杨秀废为庶人,幽禁于内侍省,不得与妻子儿女相见。而且,还派遣酷吏赵仲卿"奉诏往益州穷按之。秀宾客经过之处,仲卿必深文致法,州县长吏坐者太半"③,一时愁云密布,冤声四起,而文帝却以为赵仲卿办事干练,赏奴婢五十口,黄金二百两。

身遭囚禁的杨秀实在不清楚自己到底犯了什么弥天大罪,上表作检讨,说自己"九岁荣贵,唯知富乐,未尝忧惧。轻恣愚心,陷兹刑网",同时请求文帝让他与爱子相见,"请赐一穴,令骸骨有所"④。这一检讨与其罪名相去实在太远了,也许杨秀经过反思,能检讨的就是这些了。但此时文帝完全是以"君道绳之"的态度来对待儿子,自然大为不满,干脆下诏公布其谋反罪状,足足列了十条,无非是把父子兄弟不和的琐事怨言上升到政治的高度,其中包含太子广的栽赃,所以,很难辨别这些罪状哪条是真,哪条是假。唯一表现出一点人道的是一段时间以后终于允许杨秀之子陪禁。就这样,杨秀被长期关押,直到隋朝灭亡时,为宇文化及所残害。

然而,杨秀的案子比起被废黜的太子杨勇来,算是相当不错的

---

① 《隋书》卷四十五,《文四子·庶人秀传》。
② 《隋书》卷四十五,《文四子·庶人秀传》。
③ 《隋书》卷七十四,《酷吏·赵仲卿传》。
④ 《隋书》卷四十五,《文四子·庶人秀传》。

了。如后述,文帝引以为豪的五个儿子,除了晋王广得以继承皇位外,其余四子都在家族残害中遭到不幸,显然,文帝自以为牢不可破的血缘关系无助于皇室的团结。如果能够摆脱中国古代宗法道德观的偏见,从家庭教育、子女性格的培养与父母对家庭关系的处理等方面冷静去反思,则一个家庭闹到如此令人发指的地步,其为父母者首先难辞其咎。

首先,父母在家族关系中的言传身教是子女性格成长过程中潜移默化的榜样。前已述及,文帝夫妇与其兄弟的矛盾相当尖锐,而且,他们当权之后,把政治权力导入家族内部,动不动就"绳之以法",进行肉体的摧残或消灭。开皇中,文帝亲侄子蔡王智积请葬其母,文帝愤恨说道:

> 昔几杀我。我有同生二弟,并倚妇家势,常憎疾我。我向之笑云:"尔既嗔我,不可与尔角嗔。"并云:"阿兄止倚头额。"时有医师边隐逐势,言我后百日当病癫。二弟私喜,以告父母。父母泣谓我曰:"尔二弟大剧,不能爱兄。"我因言:"一日有天下,当改其姓。夫不爱其亲而爱他人者,谓之悖德,当改之为悖。"父母许我此言。父母亡后,二弟及妇又谗我,言于晋公。于时每还,欲入门,常不喜,如见狱门。托以患气,常锁阁静坐,唯食至时暂开阁。每飞言入耳,窃云:"复未邪?"当时实不可耐,羡人无兄弟。世间贫家兄弟多相爱,由相假藉;达官兄弟多相憎,争名利故也[①]。

也许是文帝语出惊人,故史官特地记载了下来。不管是什么原因,我们都为此感到庆幸,因为这段弥足珍贵的自白,让我们得以了解文帝家族关系的一鳞半甲及其内心世界。

---

① 《北史》卷七十一,《隋宗室诸王·蔡景王传》。

显然,文帝三兄弟各自成家后关系就不和,诸弟开始反抗他,相互间冷嘲热讽。为了这么点事,文帝就发誓一旦掌权要把弟弟逐出家门,改为悖姓。后来,他也差不多就是这么做的,大弟早逝倒好,二弟便被他毒死,而且诸侄都遭受迫害,连埋葬死去的母亲,文帝都要控诉一通。这种言传身教,子女们自然看在眼里,记在心上。父母对亲人冷酷,子女接受的教育自然也就缺乏亲情。

其次,兄弟之间的争执,只要父母立场公正,调解得当,也就消弭于无形。然而,文帝夫妇对子女的偏心是相当明显的,如对蜀王秀总是带着偏见,对子女之间的事不作调查,偏听偏信,非但不加以调解,反而公开支持一方,后述晋王广夺嗣就是突出的例证,这些作法都极大地促进子女间矛盾的激化。

第三,最根本的一点,诚如文帝在叙述自己兄弟争吵时所说的:"达官兄弟多相憎,争名利故也"。帝王之家多相残,问题就在于争夺权力。因此,父母如果不是态度明确地支持太子,就一定会引起其他子女的觊觎之心。此点留待后述。这里要指出的另一点是文帝对子女的放纵,使得他们从小就惯于滥用权力,目空一切,肆无忌惮,由此自然滋长起对攫取权力的野心。

文帝子女待人粗暴专横,如前所述,蜀王秀动不动就捆绑捉拿文士儒生,甚至让他们执戈服役以羞辱他们,颇有其父风格。此外劣迹还有不少,这里只说一件事,以见其家教之一斑[①]。

唐贞观十年(636),有人向太宗诉称,朝中三品以上达官轻蔑

[①] 蜀王秀是相当残暴的,《隋书》卷六十二《元岩传》记载:"蜀王性好奢侈,尝欲取獠口以为阉人,又欲生剖死囚,取胆为药。岩皆不奉教,排阁切谏,王辄谢而止,惮岩为人,每循法度。……岩卒之后,蜀王竟行其志,渐致非法,造浑天仪、司南车、记里鼓,凡所被服,拟于天子。又共妃出猎,以弹弹人,多捕山獠,以充宦官。僚佐无能谏止。"可是,这些事文帝并非一无所闻,却未见有所管教,在废黜杨秀的诏书中也不曾提及。

其宠儿越王,引得太宗大怒,将三品达官召至齐政殿,作色斥责道:以前隋皇室诸王,欺凌朝中百官,而今我约束子女,你们却轻蔑我儿,难道以前天子的儿子是天子的儿子,现在天子的儿子就不是天子的儿子了吗? 魏征当即加以反驳,并语重心长地劝谏道:"隋高祖不知礼义,宠树诸王,使行无礼,寻以罪黜,不可为法,亦何足道?"①

文帝骄纵子女,目无法纪,晚年又怀疑他们奢侈僭越、有政治野心,"以君道绳之",责之以"不忠不孝",从而推卸掉自己的所有责任。在这种思维模式下,父母永远是正确的,因此,家庭的悲剧就只能不断地重演。

第三节 改立太子

杨勇早在隋朝建立当初就被立为太子,"军国政事及尚书奏死罪已下,皆令勇参决之"。而杨勇"颇好学,解属词赋,性宽仁和厚,率意任情,无矫饰之行"②,对于国家大事经常能够提出很好的建议,颇补文帝苛酷之失。开皇初,文帝以山东百姓多游离于农业之外,户籍不实,决定遣使检括,把他们迁徙到北方充实边塞。杨勇得知后,连忙上书进谏道:

> 窃以导俗当渐,非可顿革,恋土怀旧,民之本情,波迸流离,盖不获已。有齐之末,主暗时昏,周平东夏,继以威虐,民不堪命,致有逃亡,非厌家乡,愿为羁旅。加以去年三方逆乱,赖陛下仁圣,区宇肃清,锋刃虽屏,疮痍未复。若假以数岁,沐

---

① 《贞观政要》卷二,《纳谏第五》。
② 引文均见《隋书》卷四十五,《文四子·房陵王勇传》。

浴皇风,逃窜之徒,自然归本。虽北夷猖獗,尝犯边烽,今城镇峻峙,所在严固,何待迁配,以致劳扰①。

从表文可以看出,杨勇善于体谅民情,特别是其"导俗当渐,非可顿革"的治国思想,更加注重文治,主张对老百姓怀柔安辑,在急功近利的世道,难能可贵。显然,杨勇颇有主见,遗憾的是其政治主张与文帝差距不小,在文帝励精图治的开皇前期,他的一些主张尚能被接受,"时政不便,多所损益"②。但是,随着文帝后期日益专制独裁,他与文帝思想上的歧异便被视为离经叛道。

杨勇逐渐被文帝所疏远,在开皇中已可找寻到蛛丝马迹。平陈之后,文帝完全沉浸在欢呼声中,飘然欲圣。此时,已经长大的晋王广适时地一再请求封禅,最后,文帝换个形式,基本予以采纳。于是,杨广在文帝心中的地位扶摇直上,相比之下,不善于阿谀奉承的杨勇开始黯然失色。

杨广善于博取父母欢心,平日对父母的言行举止无不留心观察,仔细揣摩,满门心思都用在矫情饰行、塑造自己在父母心中的形象,平日接待朝臣,也总是礼极卑屈,从而钓得虚名,与专横跋扈的诸弟相比,更显得"鹤立鸡群"。他知道父母崇尚俭朴,便刻意将王府修整得异常朴素,文帝临幸时,见到乐器弦多断绝,上面布满灰尘,便以为他不好声妓。有一次,在观猎的时候,遇到下雨,左右送上雨衣,他慨然说道:"士卒皆沾湿,我独衣此乎!"③听者无不感动。每进皇宫,他都轻车简从,十分朴素。他深知父母对权力与服从的无限渴望,便装得极其恭顺,每次有宫中使者到来,哪怕身份再低微,他都要奔出门外,招呼迎接,曲承颜色,一说到不能在父

---

① 《隋书》卷四十五,《文四子·房陵王勇传》。
② 《隋书》卷四十五,《文四子·房陵王勇传》。
③ 《隋书》卷三,《炀帝上》。

母身边侍奉,必定泪流满面,让那些受宠若惊的宫使看了心里跟着发酸,忘不了回去夸奖他仁孝。

在加紧攻心的时候,他轻重有序,十分正确地选择独孤皇后为主攻方向。宫中一些婢女心胸狭隘,饶舌多嘴,杨广深谙此理,所以,遇到独孤皇后派遣婢女前来探访,总是让萧王妃屈尊就下,与之同寝共食。独孤皇后最痛恨内宠,他便在人前只与萧妃厮守,而将后庭生下的子女悄悄弄死,如此"不好女色",让独孤皇后赞不绝口,对杨广满心欢喜,事事顺眼。独孤皇后的态度,对文帝和朝臣都起着微妙的影响。

南陈有一人,名叫韦鼎,当年曾作为陈朝使者来到北周,见到杨坚,大异道:"观公容貌,故非常人,而神监深远,亦非群贤所逮也。不久必大贵,贵则天下一家,岁一周天,老夫当委质。公相不可言,愿深自爱。"后来,文帝果然得天下,因此,对韦鼎十分信服,平陈后,专门派人驰召入京,待遇甚厚,经常访以家事。其时,兰陵公主寡居,文帝为她择婿,请韦鼎前来看相,似乎漫不经心地问道:"诸儿谁得嗣?"太子之位早已确定,文帝此问非同一般,韦鼎何等聪明,回答得十分圆滑中听,说道:"至尊、皇后所最爱者,即当与之,非臣敢预知也。"[①]显然,文帝不但对杨勇不满,而且已对太子地位心怀犹豫。

促成文帝对太子勇不满的因素是多种多样的,单就他们两人的关系而言,不满恐怕主要来自文帝的猜忌,还是那个让人心智变态的老问题:权力。

这一切虽然在杨勇垮台后被掩盖得严严实实,但是,在礼制上还是留下了清晰的痕迹,我们不妨随便看上几个事例。

---

① 引文均见《隋书》卷七十八,《艺术·韦鼎传》。

一年冬至,百官俱至东宫,杨勇按惯例奏乐受贺。往年,文帝对此并无异议,可这些年来,他越来越惟我独尊,深怕权位受到丝毫的损害或可能构成的挑战。因此,他对这件事大为光火,在朝中发问:"近闻至节,内外百官,相率朝东宫,是何礼也?"太常少卿辛亶答道:"于东宫是贺,不得言朝。"文帝于是发作道:"改节称贺,正可三数十人,逐情各去。何因有司征召,一时普集,太子法服设乐以待之?东宫如此,殊乖礼制。"就这样,文帝专门下诏,禁止百官冬至往贺东宫,而太子勇"自此恩宠始衰,渐生疑阻"①。

开皇初,太子勇依据前代"故事",张乐受朝,宫臣及京官,北面称庆。文帝看了很不高兴,颇加讥讽。定《仪注》时,特地改为仅宫臣称庆,台官不复总集。可是,即便如此,文帝仍然觉得不舒服。杨广继任太子后,十分乖巧地"奏降章服,宫官请不称臣"②,文帝不但马上予以批准,而且在开皇二十年(600)十二月专门"诏东宫官属不得称臣于皇太子"③。

按照隋朝仪礼规定,皇太子冕同天子,贯白珠。杨广继任太子的次年,即"以白珠太逼,表请从青珠。于是太子衮冕,与三公王等,皆青珠九旒"④。杨广无疑是吸取杨勇的教训而作出一系列自我贬抑的改制。那么,文帝嫉视杨勇的真实原因,据此正可露出冰山之一角。

粗心的杨勇哪曾注意到这些微妙的变化,他没有什么变化并不等于父母兄弟没有变化,所以,他对父母脸色日益严峻百思不得其解,宅心仁厚更使他意想不到二弟向父母频献的殷勤竟是从背

---

① 《隋书》卷四十五,《文四子·房陵王勇传》。
② 《隋书》卷九,《礼仪四》。
③ 《隋书》卷二,《高祖下》。
④ 《隋书》卷十二,《礼仪七》。

后射向他的毒箭。而且,他不久前还因为媳妇的事,和母亲不甚愉快。

杨勇的结发妻子元氏是北周时代父亲亲自为他选定的。元氏出身于北魏宗室,门第十分高贵,文帝最看中的就是这一点。元氏过门之后,大概因为和独孤皇后同为胡族之裔,习俗相同,故关系融洽,可就是不得杨勇欢心,夫妻相当冷淡。杨勇喜欢的是位为昭训的云氏。云氏的事迹不详,其父云定兴有巧思,精于音乐和制作服饰,其设计的帽子头巾,流行京城,皆成时髦。由此推测,云氏性格应该比较活泼柔媚,不会是刻板严肃的类型。然而,这正是独孤皇后视为轻薄者,故家庭关系顿然紧张。

开皇十一年正月,皇太子妃元氏突然心痛起来,两天工夫,就在二十三日身亡。心脏病本来就死得快,没有什么可奇怪的。可是,独孤皇后一直看不惯杨勇与云氏亲密的样子,很为元妃打抱不平,所以,她认定必是杨勇下毒害死元妃的,颇加谴责,耿耿于怀。身处疑地,杨勇再怎么也解释不清楚。

这件事很快就被杨广侦知,他借着回扬州任上之机,入宫向母亲辞行,颇为伤感地说道:"臣镇守有限,方违颜色,臣子之恋,实结于心。一辞阶闼,无由侍奉,拜见之期,杳然未日。"言罢,哽咽流涕,伏地不起,差点就瘫了过去。

独孤皇后被深深打动,泫然泣下,说道:"汝在方镇,我又年老,今者之别,有切常离。"

杨广见机会成熟,便装得像行将就屠的羔羊一般求哀道:"臣性识愚下,常守平生昆弟之意,不知何罪,失爱东宫,恒蓄盛怒,欲加屠陷。每恐谗谮生于投杼,鸩毒遇于杯勺,是用勤忧积念,惧履危亡。"

一席话,勾起独孤皇后满心妒火,愤然作色道:"睍地伐(杨勇)渐不可耐,我为伊索得元家女,望隆基业,竟不闻作夫妻,专宠阿云,使有如许豚犬。前新妇本无病痛,忽尔暴亡,遣人投药,致此夭逝。事已如是,我亦不能穷治,何因复于汝处发如此意?我在尚尔,我死后,当鱼肉汝乎?每思东宫竟无正嫡,至尊千秋万岁之后,遣汝等兄弟向阿云儿前再拜问讯,此是几许大苦痛邪!"①

杨广见目的已经达到,便不再言语,只是一边抽泣。偷眼上瞧,母后泪眼含恨,显然心意已决。

出宫后,杨广一溜烟回到王府,召来心腹部属张衡密谋。张衡献计,让上柱国宇文述去拜访杨约,设法争取到其兄杨素支持。

宇文述是塞外胡人,老家在武川镇,本姓破野头,后从其主改姓宇文。文帝篡周时,他率部击破尉迟迥,军功卓著,超拜上柱国,进爵褒国公,旋任右卫大将军。平陈之役,隶属于杨广麾下,兵出六合,直下吴地,战后出镇安州。杨广与宇文述关系甚好,为了拉拢他,特地奏请他转任寿州刺史总管,以靠近扬州,便于联络。

杨约是杨素的异母弟,少时顽皮,不幸爬树坠地,通体别无大伤,就是那么不偏不斜地把他摔成个宦官。从此变得内向,性情沉静,内多谲诈,杨素与他兄弟情笃,有事必先找他商量计议。而他也因为杨素的军功,屡受封赏,时任大理少卿。

杨广采纳张衡的建议,回扬州后即向宇文述问计。宇文述分析朝廷形势道:"皇太子失爱已久,令德不闻于天下。大王仁孝著称,才能盖世,数经将领,深有大功。主上之与内宫,咸所钟爱,四海之望,实归于大王。然废立者,国家之大事,处人父子骨肉之间,诚非易谋也。然能移主上者,唯杨素耳。素之谋者,唯其弟约。述

---

① 以上对话见《隋书》卷四十五,《文四子·房陵王勇传》。

雅知约,请朝京师,与约相见,共图废立。"①宇文述与张衡所见略同,他们都看出在朝廷上,杨素圣眷正隆,只有他才能说动文帝。故杨广听后大喜,送给宇文述许多金银珍宝,让他进京帮忙打点。

宇文述找个机会入朝,拜访杨约,两人既是同僚,又是赌友,久别重逢,自有一番玩乐。宇文述邀请杨约到家中,盛陈器玩,与之酣饮,酒发豪兴,便以眼前珍器相赌,宇文述显得手法生疏,很快就输得精光。如此再三,杨约也有点不好意思,向宇文述致谢。这时,宇文述开门见山地对杨约说道:"此晋王之赐,命述与公为欢乐耳。"

杨约故作惊讶,问道:"何为者?"②

宇文述不容杨约装聋作哑,即以其兄弟的利害关系说服道:"夫守正履道,固人臣之常致,反经合义,亦达者之令图。自古贤人君子,莫不与时消息,以避祸患。公之兄弟,功名盖世,当涂用事,有年岁矣。朝臣为足下家所屈辱者,可胜数哉!又储宫以所欲不行,每切齿于执政。公虽自结于人主,而欲危公者,固亦多矣。主上一旦弃群臣,公亦何以取庇?今皇太子失爱于皇后,主上素有废黜之心,此公所知也。今若请立晋王,在贤兄之口耳。诚能因此时建大功,王必镌铭于骨髓,斯则去累卵之危,成太山之安也。"③

一朝天子一朝臣,文帝年岁已老,性情也已变态,其死亡已是时间的问题。一旦皇位更替,朝中权力必将重新分配。大臣们都在为自己的出路着想,各股势力分化组合。此变动的突出特点是后起势力集团要求打破既成政治现状,取得主导地位,其代表就是

---

① 《隋书》卷六十一,《宇文述传》。
② 以上对话见《隋书》卷六十一,《宇文述传》。
③ 《隋书》卷四十八,《杨素附杨约传》。

杨广,而其盟友也都具有这一特色。例如,杨素固然在平陈之后升任尚书右仆射,但是,朝政毕竟还是以开国元勋、尚书左仆射高颎为主导。

高颎已经担任宰相十几年,可以说隋朝的所有政策制度都与他息息相关,他是现行体制的坚定支持者,其子高表仁又娶太子勇的女儿,于公于私,他都会毫不犹豫地维护以杨勇为代表的继承体制,成为所有野心家不可逾越的障碍。因此,皇太子的变动必将导致人事大变动,演变为让王朝元气大伤的政治斗争。

然而,这些深层的问题,是企图篡权谋私的野心家不会考虑的。杨约听了宇文述的一番游说,深以为然,同意说服其兄杨素。于是,他把杨广等人的阴谋告诉了杨素,杨素早就想专擅朝政,故闻言大喜,抚掌说道:"吾之智思,殊不及此,赖汝起予。"杨约想得更加细致,说道:"今皇后之言,上无不用,宜因机会,早自结托,则匪唯长保荣禄,传祚子孙;又晋王倾身礼士,声名日盛,躬履节俭,有主上之风,以约料之,必能安天下。兄若迟疑,一旦有变,令太子用事,恐祸至无日矣。"[①]

堂堂国家将相大臣,竟无一句为国着想的话,这场政治斗争的性质已经昭然若揭了。野心家已经在私利的驱动下,磨刀霍霍,要将文帝的家庭化为血肉战场。平心而论,太子勇并无政治上的过失,而其怀柔的政治主张恰为当时之所需。

治国之道,一张一弛。文帝以铁腕创规立制,把分裂混乱的社会导向统一、秩序和制度化的轨道。然而,长期对峙争战积累下来的仇恨、不驯、好斗等偏激的心理定势,一方面被文帝的高压手段所抑制,另一方面又与因社会变革而引起说不清、数不尽的新的社

---

① 《隋书》卷四十八,《杨素附杨约传》。

会矛盾相结合,蓄势待发。在这种形势下,国家最好的对策就是从宏观方面进一步整顿和加强法制,创造良好的社会发展环境,而在微观上尽量从具体的利益和矛盾中脱身,站在公平的立场上来进行调解裁决,既不引火上身,又提高政府的威信。因此,当务之急乃是大事不糊涂的怀柔,以极大的耐心,让时间去消化矛盾,让文化去重新塑造人的品格,所谓的王道,其真谛就在于此。

遗憾的是,文帝缺乏政治远见,他只看到强制政策的一时成功而没有看到其隐患,因而一味强调专制高压,不允许社会多样化发展。其后的炀帝又与文帝的思路和作法基本一致,隋朝这把好弓,硬生生地被他们父子合力将弦给拉断了。唐太宗君臣批评隋文帝不学无术,并无大过。隋文帝确实太没有历史知识了,在其眼前,强大的秦朝就是有张无弛而崩溃于一旦的,而汉朝汲取其教训,在高祖之后,曾经有过惠帝、文帝和景帝三代半个多世纪的休养生息,才有绵长的国祚。隋朝之后的唐朝,同样以隋为鉴,出现唐太宗的"贞观之治",奠定了唐朝三百年基业。如果汉朝在高祖之后紧接着是武帝的统治,则其灭亡大概是立马可待的。文帝不悦学,轻视文人,特别是到了晚年,完全凭经验和喜怒好恶办事,无端把王朝较为理想的继承人杨勇废黜,终于酿成隋朝二代过于有为而亡的悲剧。

话题扯得略远了一点,我们还是回到这场不忍心看下去的悲剧上来吧。

杨素毕竟是久经政治风浪的政客,他对皇后支持杨广这一重大的问题不敢只听一面之词,他得亲自确认,才能押下事关身家性命的政治赌注。正巧,数日后,他奉命入宫侍宴,席间,他在进颂词时,顺便提到晋王孝悌恭俭,颇似文帝。对此不露痕迹的试探,独孤皇后当即给予明白无误的回应,她哭诉道:"公言是也。我儿大孝顺,每闻至尊及我遣内使到,必迎于境首。言及违离,未尝不泣。又其新妇亦大可怜,我使婢去,常与之同寝共食。岂若睍地伐(杨勇)共阿云相对而坐,终日酣宴,昵近小人,疑阻骨肉。我所以益怜阿㦬(杨广)者,常恐暗地杀之"①。杨素跟着愤慨起来,痛斥杨勇无才无德。独孤皇后知道杨素可用,便拿出黄金送给他。家里朝内,对杨勇的合击之势已经形成。

据史籍明确的记载,文帝铁下心来向太子动手在开皇十八年(598)②,当时陆续将东宫得力的属官调往地方任职,以削弱其势力。扫清外围之后,核心阵地的攻防战旋即展开。有一天,文帝十分露骨地问高颎说:"晋王妃有神凭之,言王必有天下,若之何?"事关重大,高颎立即跪倒在地,口气坚决地回答道:"长幼有序,其可废乎!"高颎提出继承制度的根本性问题,文帝一时语塞,"默然而止"③。

这一回合,文帝没有占到上风。朝廷内的野心家当然也看出,不扳倒高颎就难逞其计。于是,有关高颎的流言蜚语开始散布开来。突厥犯塞,高颎率军出白道,破敌入碛,请求增援。这时,"近臣缘此言颎欲反,上未有所答"④。文帝对长期辅佐自己的功臣高颎还是信任的,看来,一时三刻还伤害不了高颎。

然而,事情很快就发生戏剧性的变化。

文帝对独孤皇后固然一往情深,但暮年花心,有时也觉得老守着一个黄脸婆,皇帝当得有点索然无味。恰好在此时,早年被籍没

---

① 《隋书》卷四十五,《文四子·房陵王勇传》。
② 《隋书》卷四十六《苏孝慈传》记载:"开皇十八年,将废太子,惮其在东宫,出为浙州刺史。太子以孝慈去,甚不平,形于言色。"
③ 《隋书》卷四十一,《高颎传》。
④ 《隋书》卷四十一,《高颎传》。

入宫的逆人尉迟迥的孙女不知不觉中长大成人,尉迟家本来就多美女,其孙女更是出落得风韵绰约,楚楚动人。文帝有次在仁寿宫与她撞见,一见钟情,百般怜爱,大有晚霞满天的意气风发。

面对换了个人似的丈夫,独孤皇后大觉蹊跷,略一探听,原来如此,气得她七窍生烟,等一天文帝上朝的时候,带人进入文帝寝宫,当场就把尉迟氏给活活整死。文帝从朝中兴冲冲奔了回来,进门看时,早已是香消玉殒。文帝欲哭无泪,从苑中牵了匹马,单骑出宫,直往山中疾驰而去,看得左右胆战心惊。高颎和杨素赶忙飞身上马,一路穷追,足足追了二十多里地才追上。高颎扣马苦谏,文帝长叹道:"吾贵为天子,而不得自由!"高颎劝道:"陛下岂以一妇人而轻天下!"①说得文帝多少听得进去。如此劝了大半夜,才把文帝劝回宫中。高颎和杨素又为文帝夫妇和解半天,才算把此事摆平。

然而,高颎万万不会想道,他劝解文帝的话被人传到独孤皇后那里。独孤皇后听说高颎称她为"一妇人",恨得心里直发火,高颎是她一手提拔的,竟敢如此无礼。而且,还公然支持太子勇,简直是不识好歹。毫不相干的事件都被她搅在一起了,她决定不顾一切地进行报复,让高颎知道"一妇人"的厉害。

此时,高颎也上了年纪,夫人又已去世。独孤皇后觉得这是一个绝好的机会,她故作关心地对文帝说道:"高仆射老矣,而丧夫人,陛下何能不为之娶!"文帝觉得有理,便把皇后的美意转告高颎,但高颎婉言谢绝道:"臣今已老,退朝之后,唯斋居读佛经而已。虽陛下垂哀之深,至于纳室,非臣所愿。"②文帝也就作罢。

---

① 《隋书》卷三十六,《后妃·文献独孤皇后传》。
② 《隋书》卷四十一,《高颎传》。

高颎不纳新妻是有道理的。因为如果正式纳妻,就要生出嫡庶之分,把好端端一个家庭鼓捣得四分五裂,所以,他宁愿将就着与侍妾安度晚年。不久,其妾产子。这下子独孤皇后像是抓到狐狸尾巴一般,对文帝说道:"陛下当复信高颎邪? 始陛下欲为颎娶,颎心存爱妾,面欺陛下。今其诈已见,陛下安得信之!"①说得文帝不得不信,高颎的地位发生动摇了。

这年发生高句丽侵犯边塞事件,朝廷讨论大举讨伐,高颎以为不可,文帝不但不予采纳,而且还命令高颎出任元帅长史,实际主持军务,辅佐元帅汉王谅。汉王谅年少,没有经验,提出许多不合理的主张,都被高颎所否决,因此记恨在心。此次出征遇到霖潦疾疫,无功而返。独孤皇后便向文帝说道:"颎初不欲行,陛下强遣之,妾固知其无功矣。"汉王谅也在一旁帮腔道:"儿幸免高颎所杀。"②真是个欲加之罪,何患无辞。文帝决定要罢免高颎了。

上一章曾经介绍过,自开皇十七年(597)年底的虞庆则事件以来,高颎任用的朝中大臣正一步步遭到清洗,尤其是此后发生的王世积案,明里暗里都将追查的矛头指向高颎。形势已经相当险恶了,但高颎还在做最后的抗争。

另一方面,杨勇已经深深陷入天罗地网当中。他本人也嗅到危险,惶恐不安,请术士帮他避邪。文帝听说后,派杨素前往探视。杨素来到东宫,迟迟不进,故意让杨勇着装等待半天,等得性起,怒形于色。于是,杨素回去奏报杨勇怨望,要提防他情急生变。独孤皇后和文帝都分别派人侦察杨勇的动静,如临大敌;杨广更是深入"敌后",派段达威胁利诱东宫幸臣姬威,要他把杨勇的一举一动

---

① 《隋书》卷四十一,《高颎传》。
② 《隋书》卷四十一,《高颎传》。

都秘密报告给杨素。

开皇十九年(599),文帝决定将东宫卫士名簿交由禁卫诸府管理,抽调东宫卫士勇健者宿卫皇宫。高颎上奏:"若尽取强者,恐东宫宿卫太劣。"文帝作色驳道:"我有时出入,宿卫须得勇毅。太子毓德春宫,左右何须壮士!此极弊法。如我意者,恒于交番之日,分向东宫,上下团伍不别,岂非佳事!我熟见前代,公不须仍踵旧风。"①文帝知道高颎与杨勇为儿女亲家,所以影射以堵高颎之口。

其实,堵高颎之口已经没有意义了。八月,王世积的案子终于牵连到高颎,尽管朝中大臣、封疆大吏们为他喊冤,但文帝还是坚持将他罢免。

不久,高颎身边有人揭发道,高颎的儿子高表仁对其父说:"司马仲达初托疾不朝,遂有天下。公今遇此,焉知非福!"妇孺皆知,曹魏末年司马懿称病发动政变夺取政权。用如此粗浅的故事来栽赃高颎,足见政敌之不择手段。而文帝竟然信以为真,把高颎抓进内史省审问。结果,罪证又多了几条,诸如僧真觉曾经对高颎说:"明年国有大丧。"尼令晖也说:"十七、十八年,皇帝有大危,十九年不可过"云云②。

文帝大怒,对朝臣说道:"帝王岂可力求。孔子以大圣之才,作法垂世,宁不欲大位邪?天命不可耳。颎与子言,自比晋帝,此何心乎?"审查部门拟议处斩高颎,文帝权衡后说:"去年杀虞庆则,今兹斩王世积,如更诛颎,天下其谓我何?"③原来近年大案连连,文帝也觉得太过分了,因而恕高颎一死,除名为民。

---

① 《资治通鉴》卷一百七十八"隋文帝开皇十九年(599)六月"条。
② 《隋书》卷四十一,《高颎传》。
③ 《隋书》卷四十一,《高颎传》。

高颎下台标志着一个时代的终结,开皇初年热情澎湃的建国理想已经变质,政治建制与社会重构的合理化进程被打断,从此进入了君主独裁的时代。

高颎似乎对眼前巨变颇能泰然处之,他不是心胸狭隘恋栈不去的人,几十年念佛诵经,在年岁增长中潜移默化地培育了他一颗不为功名利禄所羁绊的平常心。当年出任尚书左仆射时,其母对他说:"汝富贵已极,但有一斫头耳,尔宜慎之!"①高颎始终牢记母亲的告诫,常恐祸变。而且,文帝晚年的所作所为,不但让他无从施展才能,还经常感到寒心。现在倒好了,一切都解脱了。

可是,朝廷内却闹开锅似的,高颎亲近的大臣噤若寒蝉,也不一定能够避祸。就连没有什么权力的国子祭酒元善,因为曾经对文帝说过"杨素粗疏,苏威怯懦,元胄、元旻,正似鸭耳。可以付社稷者,唯独高颎"②,也受到牵连,被文帝痛责一通,忧惧而死。这些事都不去说它。高颎垮台无疑对太子勇的打击最大,他遭到废黜几乎成了定局。

这时,惯于看风使舵的术士们又找到升官发财的大好机会,他们总是能与政治野心家配合得丝丝入扣。杨勇曾请萧吉到东宫驱邪,他出来后,向文帝汇报说:太子当不安位。文帝正需要有天意支持,闻言大喜,萧吉"由此每被顾问"③;太史令袁充见文帝正在穷治东宫官属,乃上言称:"比观玄象,皇太子当废"④。显然,"上天"也认为太子当废,现在问题更加简单,就是几时动手了。

在地方上,杨广也作好了万一的准备。他早就遣其心腹宇文

---

① 《隋书》卷四十一,《高颎传》。
② 《隋书》卷七十五,《儒林·元善传》。
③ 《隋书》卷七十八,《艺术·萧吉传》。
④ 《隋书》卷六十九,《袁充传》。

述把夺宗之计转告洪州总管郭衍,郭衍态度很坚决,说道:"若所谋事果,自可为皇太子。如其不谐,亦须据淮海,复梁、陈之旧。副君酒客,其如我何?"①杨广大喜,召郭衍前来密谋。为防他人怀疑,杨广向文帝报告说,郭衍的妻子患瘿(甲状腺瘤),王妃萧氏会治此病。于是,文帝批准郭衍夫妻到扬州治疗。不久,郭衍诈称桂州俚人造反,杨广也上书推荐郭衍领兵镇压,文帝一并照准,郭衍得以大修甲仗,阴养士卒,作好武装起事的准备。

开皇二十年(600)九月二十六日②,在仁寿宫休养了大半年的文帝回到京城。翌日上朝,文帝突然发问:"我新还京师,应开怀欢乐,不知何意,翻邑然愁苦?"文帝最近不断接到有关太子欲图不轨的密报,以为在京朝臣都清楚,但这究竟是捏造出来的假情报,朝臣们还真的不知道。吏部尚书牛弘回答说:"由臣等不称职,故至尊忧劳。"这与文帝希望听到的简直是风马牛不相及,故他板起脸来,严厉斥责东宫属官道:"仁寿宫去此不远,而令我每还京师,严备仗卫,如入敌国。我为患利,不脱衣卧。昨夜欲得近厕,故在后房,恐有警急,还移就前殿。岂非尔辈欲坏我国家邪?"当场把太子左庶子唐令则等数人拘押付审。同时,令杨素向近臣宣布东宫罪状。

杨素便说起前年追查上柱国刘昶之子刘居士聚集公卿子弟横行京城案件时:"臣奉敕向京,令皇太子检校刘居士余党。太子奉诏,乃作色奋历,骨肉飞腾,语臣云:'居士党尽伏法,遣我何处穷讨?尔作右仆射,委寄不轻,自检校之,何关我事?'又云:'若大事不遂(指隋文帝篡周事——作者),我先被诛。今作天子,竟乃令

---

① 《隋书》卷六十一,《郭衍传》。
② 此据《隋书》卷四十五·文四子·房陵王勇传》。同书卷二《高祖下》作"九月丁未",即二十一日。从时间衔接上,或以前者更紧凑。

我不如诸弟。一事以上,不得自由。'因长叹回视云:'我大觉身妨。'"①

文帝忍耐不住,直截了当地说道:"此儿不堪承嗣久矣,皇后恒劝我废之。我以布衣时所生,地复居长,望其渐改,隐忍至今。勇尝指皇后侍儿谓人曰:'是皆我物。'此言几许异事!其妇初亡,我深疑其遇毒,尝责之,勇即怼曰:'会杀元孝矩(太子妃元氏之父——作者)。'此欲害我而迁怒耳。长宁(杨勇长子——作者)初生,朕与皇后共抱养之,自怀彼此,连遣来索。且云定兴女,在外私合而生,想此由来,何必是其体胤!昔晋太子取屠家女,其儿即好屠割。今俍非类,便乱宗祐。我虽德惭尧、舜,终不以万姓付不肖子!我恒畏其加害,如防大敌;今欲废之以安天下!"②

文帝与杨素君臣如唱双簧般地列数太子罪状,说来说去,还真举不出什么可以服人的东西,尤其是文帝说的尽是家庭屑事,颇似独孤皇后向他吹的枕边风,甚至说到杨勇要抱回儿子、孙子是野种等等,已是口不择言,大失国君人父的风度。

左卫大将军元旻实在为太子勇感到冤枉,犯颜进谏:"废立大事,诏旨若行,后悔无及。谗言罔极,惟陛下察之。"

这时,早就被杨广收买的东宫属官闪了出来,揭发太子勇大兴土木,不听劝谏,还扬言要杀秉公执法的朝官等等。如此周密布置,罗织罪状,还是揭发不出什么致命的问题。文帝大概看着发急,流着泪插话道:"谁非父母生,乃至于此!朕近览《齐书》,见高欢纵其儿子,不胜忿愤,安可效尤邪!"③言罢,命令将太子勇及其

---

① 以上对话见《隋书》卷四十五,《文四子·房陵王勇传》。
② 《资治通鉴》卷一百七十九"隋文帝开皇二十年(600)九月"条。
③ 以上对话见《资治通鉴》卷一百七十九"隋文帝开皇二十年(600)九月"条。

诸子禁锢起来,逮捕部分东宫官属,由杨素主持此案。

这一日,文帝虽然费了好大气力,但结果却不尽人意。显然,朝中还有不少人同情太子勇,必须给他们颜色看看。

不几天,司法部门秉承杨素意思,奏称左卫大将军元旻身居禁卫,却依附于杨勇,在仁寿宫时,杨勇派遣裴弘转交信函给他,题封"勿令人见"。文帝作恍然大悟状说:"朕在仁寿宫,有纤小事,东宫必知,疾于驿马,怪之甚久,岂非此徒邪!"①令卫士将元旻和裴弘拿下。杨广的另一名党羽右卫大将军元胄下班后迟迟不去,文帝怪而问之,他答道:"臣不下直者,为防元旻耳。"②以激怒文帝,下决心诛除元旻。

搜索东宫库房时,发现火燧数千枚,艾数斛。原来,杨勇曾从仁寿宫请安回府,途中见到一棵盘根错节的枯槐,便问卫士枯木有何用途,卫士告诉他用于取火尤佳。于是,杨勇让人作成火燧,准备分发给左右使用。办案人员当然不知内情,所以找姬威来问,姬威卖主求荣,唯恐太子勇不除,便捏造事实,把东宫养马千匹的情况扯在一起,说是杨勇图谋围困仁寿宫。杨素命令将东宫凡有装饰的服玩都陈列于庭中,让文武百官前往参观。文帝夫妇屡遣使者诘问杨勇,如此诬枉,杨勇哪里肯服。

十月九日,文帝派人召唤杨勇。是亮底的时候了。

武德殿布列甲兵,百官肃立东面,宗室立于西面,身穿军服的文帝威严地来到殿上,令人将杨勇及其诸子带入殿庭,由内史侍郎薛道衡宣读废太子勇诏书,谴责杨勇"性识庸暗,仁孝无闻,昵近小人,委任奸佞"。审查了许久,还是找不出确实的罪证,只好含

---

① 《隋书》卷四十五,《文四子·房陵王勇传》。
② 《隋书》卷四十,《元胄传》。

糊其辞道:"前后愆衅,难以具纪"。决定将杨勇"及其男女为王、公主者,并可废为庶人"。到了这地步,杨勇也没有什么可说的了,他拜谢父亲仁慈,使他能苟存性命,衣襟泪湿,叩拜而下。左右观者,"莫不悯默"①。

杨勇退下后,又颁布了另一道诏令,宣称破获以元旻为罪魁祸首的奸邪集团,造成今日朝危国乱的局面,故处元旻、唐令则等七人死刑,妻妾子孙皆悉没官;车骑将军阎毗等四人免死决杖,身及妻子、资财、田宅悉可没官。此外涉案人员,各有处罚。宣诏完毕,集百官于广阳门外,亲睹对七名要犯的杀戮。之后,宣布立晋王广为新太子,将杨勇交由杨广囚禁于东宫,并对杨素、元胄、杨约等审案有功者颁发奖品。

对杨勇余党的追查显然远远超出上述范围。平时的交往言行都被翻了出来,重新审视。太子洗马陆爽曾向文帝建议:"皇太子诸子未有嘉名,请依《春秋》之义更立名字"。被欣然采纳。到了此时,文帝又想起这件事来,怒道:"我孙制名,宁不自解,陆爽乃尔多事!扇惑于勇,亦由此人。其身虽故,子孙并宜屏黜,终身不齿。"②陆爽虽已亡故多年,但惩罚还是难免,权且由其子孙来承担吧。小小一个改名建议都不能放过,其余则可想而知。

废立太子案至此告一段落,隋朝的专制独裁与政治迫害也达到高潮。就在此时,得罪杨素的骁将史万岁又被打死在朝廷。"顺我者昌,逆我者亡",一个凄厉的旋律在皇城上空低回盘旋。

然而,公道自在人心。文帝切责东宫官属的时候,太子洗马李纲站了出来,说道:"今日之事,乃陛下过,非太子罪也。太子才非

---

① 引文均见《隋书》卷四十五,《文四子·房陵王勇传》。
② 《隋书》卷五十八,《陆爽传》。

常品,性本常人,得贤明之士辅之,足嗣皇业。奈何使弦歌鹰犬之徒,日在其侧。乃陛下训导之不足,岂太子罪耶!"①

文林郎杨孝政上书谏道:"皇太子为小人所误,宜加训诲,不宜废黜。"文帝怒挞其胸;贝州长史裴肃上表称:"庶人罪黜已久,当克己自新,请封一小国。"请求释放杨勇,文帝也"知勇之黜也,不允天下之情,乃征肃入朝,具陈废立之意"②。

杨勇在整个废立过程中,始终不曾对其父有怨言,哪怕是对陷害他的二弟杨广,也无只言片语的批评,他默默地以自己的牺牲来承受家庭的悲剧。但他无论如何不能接受对他的诬陷,故频频上书请见父皇,但都被杨广压下,无可奈何,他只好爬在树上,对着皇宫竭力呼叫,希望父皇能听到,场面极为凄惨。然而,这一切都是徒劳的,杨素轻描淡写的一句话便把他的所有苦心化为泡影。史书记载:"(杨)素因奏言:'勇情志昏乱,为癫鬼所著,不可复收。'上以为然,卒不得见"③。

当然,如此巨大的冤案,其影响决不是当权者所能预料和控制的。文帝晚年的一系列冤案,使得官员和百姓对隋朝心寒齿冷。正如国家日益丧失公共职能会刺激个人团体自行其是一样,领导人不再公正会造成团体离心离德、涣散瓦解。有识之士已经看出隋朝正在走向危险的深渊。

监察御史房彦谦早在废太子事件之前就偷偷对其密友说:"主上性多忌克,不纳谏争。太子卑弱,诸王擅威,在朝唯行苛酷之政,未施弘大之体。天下虽安,方忧危乱。"④其子房玄龄也对其

---

① 《大唐新语》卷五,《节义第十》。
② 引文均见《隋书》卷四十五,《文四子·房陵王勇传》。
③ 《隋书》卷四十五,《文四子·房陵王勇传》。
④ 《隋书》卷六十六,《房彦谦传》。

父说道:"主上本无功德,以诈取天下,诸子皆骄奢不仁,必自相诛夷,今虽承平,其亡可翘足待。"①

二十多年后,唐太宗评论这段历史道:"高颎有经国大才,为隋文帝赞成霸业,知国政者二十余载,天下赖以安宁。文帝惟妇言是听,特令摈斥,及为炀帝所杀,刑政由是衰坏。又隋太子勇抚军监国,凡二十年间,固亦早有定分,杨素欺主罔上,贼害良善,使父子之道一朝灭于天性。逆乱之源,自此开矣。隋文既混淆嫡庶,竟祸及其身,社稷寻亦覆败。古人云'世乱则谗胜',诚非妄言。"②

---

① 《资治通鉴》卷一百七十九"隋文帝开皇二十年(600)十二月"条。
② 《贞观政要》卷六,《杜谗邪第二十三》。

第十三章　苍凉晚景

第一节　企盼"仁寿"

废立太子的事情终于办完了,可文帝似乎感觉不到胜利的喜悦,他兴奋不起来,心头若有所失,连儿子都反对他,说明这些年的政治清洗是正确的。可是,越清洗敌人越多,而且都是他以前最亲密的战友,这到底是怎么回事?为什么这些人都变了,变得心怀叵测,变得对他不理解而离他远去?他对所有的人都充满疑虑,感到无比的孤独寂寞,这种阴郁的心情挥之不去。

还是太史令袁充乖巧,他不断及时地报告天象,太子勇废后,他又上奏:"隋兴已后,昼日渐长,开皇元年,冬至之景长一丈二尺七寸二分,自尔渐短,至十七年,短于旧三寸七分。日去极近则景短而日长,去极远则景长而日短。行内道则去极近,行外道则去极远。谨按《元命包》曰:'日月出内道,璇玑得其常。'《京房别对》曰:'太平,日行上道;升平,行次道;霸代,行下道。'伏惟大隋启运,上感乾元,景短日长,振古希有。"[①]

[①] 《资治通鉴》卷一百七十九"隋文帝开皇二十年(600)十二月"条。此奏章分别见于《隋书》卷六十九《袁充传》和卷十九《天文上》,前者未系年,后者似乎系于开皇十九年(599),但其后又载:"是时废庶人勇,晋王广初为太子,充奏此事,深合时宜"。则明显是开皇二十年(600)之事,《隋书》卷十八《律历下》记载:"开皇二十年,袁充奏日长影短",足以为证。

袁充的奏章让他无比快慰,看来凡人不能理解的事自有上天明白,并呈祥瑞以告示人间:时运最是太平上道。文帝据此奏章向满朝文武发出指示:"景长之庆,天之祐也。今太子新立,当须改元,宜取日长之意,以为年号。"①

文帝另外还有一个心思,明年又是他最迷信的辛酉年,而且是他的本命年,金鸡啼晓,六十华甲,太子新立,万象更始,确实应该好好改个年号,庆祝一番,以驱散阴霾,营造祥和气氛。

前年,他曾对双林寺惠则等沙门写下:"尊崇三宝,情深救护。望十方含灵,蒙兹福业,俱登仁寿"②。自从建造仁寿宫之后,他越来越喜欢上这座行宫,不仅舒适,名字也起得好。"仁寿"二字,象征着太平盛世,又包含佛教无量寿国的意思,与他晚年的心境十分吻合。于是,文帝作出决定,明年改元"仁寿"。

和"开皇"年号相比,"仁寿"颇有功成享福的味道,表明文帝锐意进取的远大抱负已经消蚀殆尽,代之是自我陶醉的沉沉暮气。

因此,他特别渴望寻得精神上的满足,以慰藉日益空虚的心灵,这种需要不仅是政治的,而且还是生理的。十一月三日举行皇太子广继立仪式时,京城刮起大风雪,四处发生地震,搞得他内心暗暗发毛,难以安宁。后来,袁充上奏昼日变长,顿时使他兴奋起来,特地转告屡有灵验的术士庾季才,希望得到证实。没想到庾季才也变得不识好歹,竟说袁充荒谬,害得文帝老大不高兴,当场免其官职,念在他是开国元从的份上,赏他一半俸禄,回家养老去了。现在唯一能让他感到兴奋、觉得充实、获得力量的便是佛教和祥瑞了。

---

① 《隋书》卷十九,《天文上》。
② 《释氏通鉴》卷六,"开皇十八年条";《释氏稽古略》卷二。

在这种气氛中,颇含宗教祈愿的"仁寿"元年(601)降临了。

元旦朝会,文帝隆重宣布改元,大赦天下,任命杨素为尚书左仆射,取代被罢免的高颎;起用苏威复任尚书右仆射;改封杨广长子河南王昭为晋王,担任内史令、兼左卫大将军。前几年政治斗争的结果以人事大变动的形式肯定了下来,文帝深望这番改组能够巩固高度集权的体制,并使得朝政焕然一新,尤其是在思想意识形态方面。

十七日,他专门就战亡将士造墓祭祀问题发布诏书,借题发挥,大谈特谈"君子立身,虽云百行,唯诚与孝,最为其首"云云①。还是开皇初年提倡以孝治国的那一套,丝毫没有新意,所不同者,在于权力的制衡机制失灵了。因此,理论上固然贫乏无力,但更具有强制与威压的气势。

善于揣摩上意的御前文人术士号准了文帝这把脉,又纷纷出动,为其灌输君主独裁的意识形态造势助威,掀起一场声势浩大的神化文帝运动,冲在前头摇旗呐喊的是袁充和王劭。

袁充将文帝的生平与阴阳律吕排比详参,发现两相合者多达六十余处,赶忙向文帝报喜道:"皇帝载诞之初,非止神光瑞气,嘉祥应感,至于本命行年,生月生日,并与天地日月、阴阳律吕运转相符,表里合会。此诞圣之异,宝历之元。今与物更新,改年仁寿,岁月日子,还共诞圣之时并同,明合天地之心,得仁寿之理。故知洪基长算,永永无穷。"②吹嘘得文帝龙颜大悦,厚加赏赐。

袁充的附会本事,比起王劭还颇有不如。王劭不仅能圆梦测字,还擅长诠释图谶,引经据典,舌灿莲花。他把文帝生平事迹与

---

① 《隋书》卷二,《高祖下》。
② 《隋书》卷六十九,《袁充传》。

道家经书细加对照,诸条道来,竟如天衣无缝,仿佛这些经书都是预先为文帝而作,以证明其乃天神下凡。例如,《河图皇参持》中有这样几句话:"立皇后,翼不格。道终始,德优劣。帝任政,河曲出。协辅嬉,烂可述"。王劭用开皇末年的政治事件来对照,解释为:"立皇后、翼不格者,至也,言本立太子以为皇家后嗣,而其辅翼之人不能至于善也。道终始、德优劣者,言前东宫道终而德劣,今皇太子道始而德优也。帝任政、河曲出者,言皇帝亲任政事,而邵州河滨得石图也。协辅嬉、灿可述者,协,合也,嬉,兴也,言群臣合心辅佐,以兴政治,烂然可纪述也。所以于《皇参持》、《帝通纪》二篇陈大隋符命者,明皇道帝德,尽在隋也。"①说得丝丝入扣,竟无一句多余,叫人岂能不信!

有人在黄凤泉洗澡时,捡到两块白石,觉得纹理颇异,赶忙当作祥瑞呈献邀赏。这两块石头到了王劭手中,顿时点石成金,化腐朽为神奇。他摇头晃脑地指给文帝看,那是天神地祇,那是风师雨伯,文帝如何端坐南面,而"杨"字正好排在"万年"之前,"隋"字恰巧与"吉"字相并,正是长久吉庆之兆也!说到激动时,他把石纹组成文字,用这些文字作诗二百八十首奏呈。真让文帝分不清自己是神是人。

在上下一片赞颂声中,文帝华甲寿辰的隆重庆典已是呼之欲出了。

进入六月,文帝作了几件事,一是在三日派遣十六使到各地巡省风俗,访察治绩。二是在十三日宣布废除中央及地方学校,仅保留国子学七十二名学生。看来,文帝对迂缓的儒家教育失去了耐心。做完这两件事后,压轴好戏终于登台了,那就是在废学的同一

---

① 《隋书》卷六十九,《王劭传》。

天宣布向全国三十州颁送舍利,表明文帝新的治国理念。

其实,此事早就作了精心的准备。此前,文帝专门让人造了六座释迦等身像,安置于释法藏所住寺院①。又与其信任有加的高僧昙迁谈到登基前曾有一位天竺僧人送给他一裹舍利,说道:"此大觉遗身也,檀越当盛兴显,则来福无疆。"②言讫,飘然不见。这明显是与其出生神话中神尼预言他日后登基兴佛一脉相承的故事,但这一次,文帝拿出舍利实物为证,并与昙迁共数,数来数去,总是数不清,于是,文帝若有所悟,决定派遣三十名高僧前往各州颁赐舍利。显然,此举是与佛教界共同筹划后进行的,其目的不言自明。为了增加送舍利的权威,文帝还因舍利大放光明而与皇后及宫女一道用锤子敲击舍利,结果舍利丝毫无损,众以为神。其实,这种锤击舍利以服众的事例,在中国乃至东亚佛教传播中屡见不鲜③。因此,仁寿年间的崇佛并非单纯的宗教行为,而是有目的的神化文帝运动。

文帝寿辰的六月十三日,内史令晋王昭宣读诏书道:

> 朕归依三宝,重兴圣教,思与四海之内一切人民俱发菩提,共修福业,使当今现在爱及来世永作善因,同登妙果。宜请沙门三十人谙解法相兼堪宣导者,各将侍者二人,并散官各一人,薰陆香一百二十斤,马五匹,分道送舍利往前件诸州起塔;其未注寺者,就有山水寺所起塔依前山;旧无寺者,于当州内清静寺处建立其塔,所司造样送往当州。僧多者三百六十人,其次二百四十人,其次一百二十人,若僧少者,尽见僧,为

---

① 《续高僧传》卷十九,《法藏传》。
② 《续高僧传》卷十八,《昙迁传》。
③ 《辩正论》卷三。早期佛教传播中的锤击舍利,如东吴之康僧会、日本之司马达等,难以枚举。

朕、皇后、太子广、诸王子孙等及内外官人、一切民庶、幽显生灵,各七日行道并忏悔。起行道日打刹,莫问同州异州,任人布施,钱限止十文已下,不得过十文。所施之钱以供营塔,若少不充,役正丁及用库物。率土诸州僧尼普为舍利设斋,限十月十五日午时,同下入石函。总管刺史已下、县尉已上,息军机、停常务七日。专检校行道及打刹等事,务尽诚敬,副朕意焉,主者施行①。

根据这道命令,有三十名高僧偕同朝廷官员被派往三十州佛寺颁赐舍利,至于未开列的各州亦须在当地起舍利塔,限十月十五日造毕,全国于当日安放舍利入石函,各寺僧尼作七日道场,为文帝及皇室宗亲等忏悔,为舍利设斋会,所需费用,由百姓"布施",不足者由官仓支出。

这三十个州分别是:岐州凤泉寺、雍州仙游寺、嵩州嵩岳寺、泰州岱岳寺、华州思觉寺、衡州衡岳寺、定州恒岳寺、廓州连云岳寺、牟州巨神山寺、吴州会稽山寺、同州大兴国寺、蒲州栖岩寺、苏州虎丘山寺、泾州大兴国寺、并州无量寿寺、隋州、益州、秦州、扬州、郑州、青州、亳州、汝州、瓜州、番州、桂州、交州、相州大慈寺、襄州大兴国寺、蒋州。就其分布而言,遍及全国,甚至远达交州之类边远地区。

实际上,颁赐舍利的范围并不仅限于中国,"高丽、百济、新罗三国使者将还,各请一舍利于本国起塔供养,诏并许之"②。与朝鲜三国关系密切的倭国曾于开皇二十年(600)遣使入隋,其后于

---

① 《广弘明集》卷十七,诏书末署"内史令豫章王臣暕",然据《隋书·高祖下》记载,是年正月任命晋王昭为内史令,三月,豫章王暕出任扬州总管,故宣诏之内史令当为晋王昭。
② 《广弘明集》卷十七。

隋炀帝大业三年(607)再次入隋时,其使者称:"闻海西菩萨天子重兴佛法,故遣朝拜,兼沙门数十人来学佛法"①。可知文帝敬佛,蛩声遐迩。

这天,颁赐舍利的仪式进行得庄严肃穆。清晨,文帝来到仁寿宫之仁寿殿,从内里捧出盛舍利的七宝箱,缓缓走上大殿,置放于御案。被挑选出来的三十名僧人焚香礼拜,起誓赞颂,取出三十支金瓶琉璃,分别装进舍利,薰陆香为泥,封盖加印,然后启程前往各州。

送舍利使抵达各州之前,家家预先打扫,清除秽物,道俗士女,倾城远迎。使者进入州治,总管刺史率全体官吏夹道先导,四部大众仪容齐肃,打起宝盖幡幢,抬着佛帐佛舆,焚香奏乐,进入庙宇后,沙门宣读忏文,大众齐声发誓:"请从今以往,修善断恶,生生世世,常得作大隋臣子!"②

起塔之日,文帝执珽立于大兴殿西面,迎请佛像及沙门三百六十七人,同唱梵呗,文帝焚香礼拜,徐降东廊,亲率文武百官素食斋戒。整个京城停止一切活动,各地政府部门也停止办公七天,同奉法事。实际上,从六月到十月,全国都沉浸在佛教的虔诚气氛中,深深感到佛陀的神圣、皇帝的崇高和作为其子民的无限幸福。于是,人们的精神仿佛得到净化而升华,新的宗教现实世界开始展现,肉身神性的领袖形象深深烙在万民的心头。

仿佛这世界彻底变貌,草木含情,山水禀灵,一切都变得具有神性,四面八方传来令人喜悦而肃然起敬的灵验报告:

岐州凤泉寺起塔时,东北二十里忽见文石四段,石函顿生天国

---

① 《隋书》卷八十一,《东夷・倭国传》。
② 《广弘明集》卷十七。

图像,佛像放光……

秦州起塔时,雪霁日出,瑞云满天,草木花开;舍利入函之际,神光远照,空中传来梵音,有如赞叹之声……

同州起塔时频有灵验,其后,夜中有五色圆光从塔基遍照城内,明如白昼……

蒲州起塔时地动山吼,岩上有钟鼓之声,舍利将入函,千人登山参拜,忽有神风自下而起,送众人至山顶佛堂。其后,塔放光明,闪耀夜空,流光中有佛像显现,异香飘溢,十几位妇人手抱的死婴,见光顿然更生,一州病人,照光病愈……

…………

满朝惊异,诚心悦服。安德王杨雄率百官进献《庆舍利感应表》,衷心赞颂:"自非至德精诚,道合灵圣,岂能神功妙相,致此奇特!臣等命偶昌年,既睹太平之世,生逢善业,方出尘劳之境,不胜抃跃,谨拜表陈贺。"①

如此立竿见影的轰动效应,岂是儒家说教所能比拟的。京城大兴善寺也建起高塔,神圣舍利供奉于尚书都堂,政教相辅相成,如虎添翼。十一月九日,文帝把各地上报的符瑞用版文详加记述,祭于南郊,其礼犹如封禅,以敬谢上天。十二月二日,京城举办无遮大会,僧家记下了这一天的盛况:"是时天色澄明,气和风静,宝舆幡幢、香花音乐,种种供养,弥遍街衢,道俗士女,不知几千万亿,服章行位,从容有叙。上柱国司空公安德王雄已下皆步从至寺,设无遮大会而礼忏焉。有青雀狎于众内,或抽佩刀掷以布施,当人丛而下,都无伤害"②。

---

① 《广弘明集》卷十七。
② 《广弘明集》卷十七。

文帝欣然下诏,劝谕官民一体诚心向佛,更宣布再颁舍利于五十三州,令天下普沾法喜①。

仁寿二年(602)正月二十三日,送舍利使又上路了,天下百姓再次解囊布施,建立灵塔,并于四月八日佛诞节同时安置舍利。又是停止公务、夹道欢迎,又是颂声四起、灵验频现,传说更加神奇,圣迹更加绚丽,地方呈报的祥瑞长篇累牍,绘声绘色,却已是常套,了无新意。

然而,这些都没有关系,教化贵在持之以恒,所以故事还得延续下去。

翌年五月,文帝下诏:"哀哀父母,生我劬劳,欲报之德,昊天罔极。但风树不静,严敬莫追,霜露既降,感思空切。六月十三日,是朕生日,宜令海内为武元皇帝、元明皇后断屠。"②到了六月,他又专门为服丧一事下诏,实行重丧制度。儒家学说已被他完全割裂,只剩下一根孝骨,硕大无朋,用以支撑流光闪烁的神像。到底是神的威力不足而需要世俗专制的支持,还是皇帝的神性不够而需要将专制主义神化,反证没有人清楚,也没有人想去弄明白。

仁寿四年(604),文帝感到从未有过的疲倦。晚年与亲子大臣没完没了的斗争,耗尽了他的全部心血。尽管如此,他还是眷恋这个世界,还想通过佛事来挽住生命的流逝,为自己营造更多的福田。他再次下诏:"朕已分布远近,皆起灵塔,其间诸州犹有未遍。今更请大德,奉送舍利,各往诸州,依前造塔……三十余州,一时同

---

① 颁建舍利塔之州数,各书记载略有不同。《广弘明集》卷十七记为"五十一州",但列出五十二州之名。《集神州三宝感通录》卷上记载:"分布舍利五十三州",多出一州(沈州),却将时间误记为仁寿三年。《法苑珠林》卷四十亦载为五十三州,或是。

② 《隋书》卷二,《高祖下》。

送。"①根据诏令,全国再度掀起建寺起塔的狂潮,迎送使者,报告神迹……那个单调的旋律不知道还要重复多少次。

从改元仁寿以来,文帝动员全国,投入巨大的人力物力,进行大规模的崇佛运动,短短的三年左右时间,全国指定修建的寺塔达一百一十余处,而未加载明者也不在少数。无论从经济还是精神层面,如此广泛地动员民众,实为隋朝开国以来所未曾有过。显然,开皇后期以来屡兴大狱的强烈政治震撼,使得文帝痛切感到必须粉饰太平以制造繁荣和谐的表象,而对儒学的失望又驱使他改弦更张,企图用宗教的狂热与迷信来大规模贯彻君主专制的意识形态,作为重新凝聚社会的精神力量,再造社会。

这一切,并不表明文帝的统治将趋于和缓。相反,激起宗教精神的亢奋是为了加强政治的统制,就在殷勤礼佛的仁寿二年(602),又爆发了蜀王秀事件,权力斗争与宗教崇拜双重变奏,交相升调,越发昂扬激进。由此造成强烈的兴奋作用,对已成孤家寡人的文帝是莫大的精神慰藉,与人的对话已是曲高和寡,那就只能转向与神灵对话,这大概是众多独裁者内心孤独的悲哀。

当然,文帝最大限度集权的目的并一定都是自私自利的,客观地说,文帝始终保持着强国的梦想和对社会的关怀,他要按照自己的意志去塑造社会。然而,此时他胸中的蓝图是在晚年偏执与脱离社会的状态下构想出来的,主观想象与客观现实的巨大隔膜,使得改造社会的努力反而对社会产生负面作用。这些,文帝也许不知道,也不想真正知道。他衷心祈愿也真诚相信轰轰烈烈的崇佛运动会给他以及他所领导的国家带来"仁寿"好运。

---

① 《续高僧传》卷二十一,《洪遵传》。

第二节　大鹏折翼

劳民伤财的颁赐舍利似乎并没有给文帝带来预期的安定祥和,反而因为加重了百姓的负担,而使得承受能力本已不高的社会绷得更紧。在统治力相对薄弱的地区,民众的反叛再度揭竿而起。

仁寿元年(601),资州(今四川省资中县北)山僚起来造反,朝廷急调卫尉少卿卫玄出任资州刺史,负责镇压。卫玄赶到任上,正逢僚人围攻大牢镇,他单骑闯入僚人大营,大声喊话招抚道:"我是刺史,衔天子诏,安养汝等,勿惊惧也!"①僚人一时被他的勇敢行动惊呆了。卫玄抓住稍纵即逝的时机,说以利害,渠帅深受感动,解围而去。在卫玄妥善招抚下,僚人前后有十余万人前来归附。在专制高压的时代,卫玄的作法引人注目,文帝闻报大喜,赐卫玄缣二千匹,升任遂州(今四川省遂宁市)总管。看来,治理国家还是要多问苍生,少问鬼神。

与资州相邻的嘉州(今四川省乐山市)也爆发夷、僚的反抗,其规模还不小,故朝廷派遣著名老将元褒率步骑二万前往镇压②。

然而,西南地区少数民族的反抗斗争还在进一步蔓延,史称仁寿初,西南夷、僚多叛③,波及面颇广,以致文帝专门将其心腹将领郭荣调来,领八州诸军事行军总管,率兵征讨。郭荣用一年多时间,费了好大气力才勉强平定。

一波未平,一波又起。岭南潮(今广东省潮安县)、成(今广东省封开县东南贺江口)等五州僚人也起来造反,高州酋长冯盎驰

---

① 《隋书》卷六十三,《卫玄传》。
② 《隋书》卷五十,《元孝矩附元褒传》。
③ 《隋书》卷五十,《郭荣传》。

入京师告变,请发兵讨之。文帝让杨素与冯盎讨论岭南形势,冯盎比画指陈,深合兵机,杨素感叹道:"不意蛮夷中有如是人!"①于是,朝廷决定发江南、岭表之兵,由冯盎讨平之。

翌年,南方的形势似乎更加不稳,一批能员大吏被派往南方,如邢州刺史侯莫陈颖调任桂州总管,宗正卿杨文纪出任荆州总管,齐州刺史张衡也调任潭州总管等。

到了年底,交州(今越南河内市)俚帅李佛子还是掀起了一场规模不小的反叛,占据骆越王故城,并遣其侄子大权据龙编城、别帅李普鼎据乌延城。朝廷商讨对策,杨素推荐瓜州刺史刘方有将帅之略,于是被任命为交州道行军总管,率二十七营军众前往镇压。刘方于都隆岭击破李部一股,进逼李佛子大营,遣使诏谕,李佛子畏惧出降,被送往京城。刘方担心其余头目日后再起,斩其桀黠者以徇众。

刘方平定交州的消息传入京城,朝中一些人趁机向文帝进言,称林邑国(今越南南部)多产奇珍异宝,鼓动文帝乘胜取之。林邑自隋平陈后入朝以来,中断朝贡已有多年,文帝正感不悦,被臣下一说,顿时动心,遂任命刘方为骥州道行军总管,尚书右丞李纲为司马,率钦州(今广西钦州市东北钦江西北岸)刺史宁长真、骥州(今越南义安省荣市)刺史李晕和开府秦雄等步骑万余,并罪犯从军者数千人经略林邑。刘方分兵两路,水陆并进,从仁寿末年一直转战到隋炀帝大业元年(605),才攻破林邑都城,获其庙主金人十八枚,刻石纪功而还。为了满足文帝晚年的成就感,将近半数的远征将士葬身丛林,连统帅刘方也在归途上染疾而逝。

地方上的民变固然反映出社会关系的紧张,但还不足以构成

---

① 《资治通鉴》卷一百七十九"隋文帝仁寿元年(601)十一月"条。

国家的心头大患。更堪忧虑的是高度集权加剧了官吏的腐败,逾制违法行为日趋普遍,文帝发明的杖打下级的作法,使得权力更加恐怖可憎,也使得上级官僚越发横行傲慢。

在中央,如杨素一族"并为尚书、列卿,诸子无汗马之劳,位至柱国、刺史;广营资产,自京师及诸方都会处,邸店、碾硙、便利田宅,不可胜数;家僮千数,后庭妓妾曳绮罗者以千数;第宅华侈,制拟宫禁;亲故吏布列清显。既废一太子及一王,威权愈盛。朝臣有违忤者,或至诛夷;有附会及亲戚,虽无才用,必加进擢;朝廷靡然,莫不畏附"①。

文帝晚年伴随身边执掌机要的女婿柳述"虽职务修理,为当时所称,然不达大体,暴于驭下,又怙宠骄豪,无所降屈"②。有一次,文帝问符玺直长韦云起:"外间有不便事,汝可言之。"韦云起望着立于帝侧的柳述,应声奏道:"柳述骄豪,未尝经事,兵机要重,非其所堪,徒以公主之婿,遂居要职。臣恐物议以陛下官不择贤,滥以天秩加于私爱,斯亦不便之大者。"③此二例可以说是文帝晚年重用的大臣的代表,足见其时朝政之一斑。

上行下效,地方吏治亦足堪忧。仁寿三年(603)八月,文帝将幽州总管燕荣赐死。前面曾经介绍过,燕荣是隋朝有名的酷吏,本来就以打人为乐趣,自从文帝授权上级可以杖打部下后,他越发凶狠,看左右不顺眼,抓来便打。外出巡视时,专门察看道旁荆棘,发现枝条粗实者,立刻取来作成刑具,在部下身上试用。元弘嗣同样是有名的酷吏,文帝不知突发什么奇想,任命元弘嗣为燕荣的副手,让他俩凑在一块。这玩笑开得元弘嗣浑身哆嗦,文帝却安慰他

---

① 《资治通鉴》卷一百七十九"隋文帝仁寿二年(602)十二月"条。
② 《隋书》卷四十七,《柳机附柳述传》。
③ 《旧唐书》卷七十五,《韦云起传》。

大胆赴任,并敕令燕荣凡杖打元弘嗣超过十下,必须奏闻。燕荣接旨大怒,以为被元弘嗣捉弄,决意报复。所以,他有意让元弘嗣看管仓库,只要在仓粟中发现一糠一秕,便笞杖一通,每次虽然不满十下,可一天要打好几次,整整折磨了几年。燕荣玩够了,干脆把元弘嗣关进监狱,不给他送饭,打算将他饿死了事。元弘嗣的妻子看大事不妙,赶紧到京城叩阙称冤。文帝派人调查,燕荣果然不遵圣旨,而且贪赃狼藉,因此被赐死。

元弘嗣从大牢放出来后,独当一面,其苛酷更甚于燕荣,笞杖犹嫌不足,更发明鼻孔灌醋等,花样百出,号称"能吏"。

集权专制迅速滋长着腐败,对此,文帝似乎有点力不从心了,或许他也不想多管。在集权与腐败问题上,他恐怕是矛盾的,既然要集权,便只好把腐败作为必要的代价;但他也不愿意看到腐败不受制约,所以有时也会处理个别典型案件。从根本上说,他更不能容许的是至高无上的皇权受到侵害。

据说,当时河、汾名儒王通(文中子)曾拜谒文帝,谈论治国之道,并将潜心研究的《太平十二策》进呈,文帝虽然夸奖了几句,但毫无采纳之意,王通扫兴而归。

据唐人杜淹所撰《文中子世家》称,王通在河东聚徒讲学,门人包括房元龄、李靖、魏征、温大雅、杜淹、窦威、薛收、陈叔达等,为唐初一代将相俊杰,足可惊人。

《太平十二策》失传,据杜淹介绍,内容包括"推帝皇之道,杂王霸之略,稽之于今,验之于古,恢恢乎若运天下于掌上矣"[1]。王通自己也曾对门人董常说过:"有天道焉,有地道焉,有人道焉,此其禀也"[2]。

---

[1] 杜淹:《文中子世家》,见《全唐文》卷一百三十五,中华书局1983年影印版。
[2] 《文中子中说》卷七《述史篇》,见《百子全书》。

对薛收讲道："故十二策何先？必先正始者也"①。似乎内容颇杂，天文、地理、人事无所不包，这种著作恐怕不是不甚悦学又耽迷于佛教的文帝所喜闻乐见的。王通曾对弟子说："无赦之国，其刑必平；重敛之国，其财必削"；"闻谤而怒者，谗之囮也；见誉而喜者，佞之媒也。绝囮去媒，谗佞远矣"②。其见解与文帝的思想乃至时政之格格不入，显而易见。文帝拒绝王通轻徭薄赋、清明政治的主张，表明他坚持专制独裁的立场。

居功自傲和集权政治确已把文帝腐蚀得面目全非了，人们已经很难希望他能再度振作起来。而且，岁月的流逝和身体的衰老，无论在生理或者心理上，也都在使他越发僵化。所以，仁寿年间，从表面上看是佛教活动好不热闹，可内里却是腐蚀的加速、帝国的停滞和精神的颓靡。

文帝已是疲倦思归了。此时，疾病和死亡的问题突然如此清晰而无情地显现在他面前。在他励精图治的时候，这些问题仿佛不曾存在，而当他停顿下来打算好好享受的时候，死亡的阴影却不知从何处蓦然闪现，尤其是在他害怕眼前的利益受到损害乃至丧失的时候。为私利而进行的权力斗争不仅是最无情、最没有是非原则，而且也是最疯狂、最残忍也最伤身体的，就算取得胜利也是暗伤累累。当尘埃落定时，首先要面对的也许就是疾病与死亡，新的打击接踵而至。

从开皇后期以来，文帝夫妇已经很难离得开舒适的仁寿宫了，也许他们自己未曾注意到，几乎每年开春，他们总要到仁寿宫来。我们随便从开皇十七年（597）起略作回顾，是年正月一过，他们就

---

① 《文中子中说》卷十《关朗篇》，见《百子全书》。
② 《资治通鉴》卷一百七十九"隋文帝仁寿三年（603）九月"条。

动身前往仁寿宫,一直住到秋高气爽的九月才回到京城;翌年同样也是从二月住到九月;而开皇十九年(599)二月到仁寿宫后,干脆一直居住到翌年九月;只有仁寿元年(601)未见前往仁寿宫的记载。可是,仁寿二年(602)三月,文帝夫妇又动身到仁寿宫去了。

从仁寿宫遥控朝政固然是后期政治紊乱的一个表现,但同时也暗示着文帝夫妇精神体力的衰老。从文帝在仁寿宫发生粉红色事件之后,独孤皇后内心受到强烈的打击,不仅有对亲人背叛的愤怒,更有年老色衰的刻骨悲伤。由愤怒激起的报复心理虽然支撑她继续斗争了几年,然而,当敌人被打倒之后,孤寂失落的感觉便经常萦绕心头。当一个女人觉得自己年老而失去爱情的时候,属于她的那一片天也就随之坍塌。虽然文帝经常陪伴在身旁,但宫女们还是明显地感觉到独孤皇后"自此意颇衰折"[①]。

仁寿二年,来到仁寿宫后,独孤皇后就感到身体不适。精神失落引起的身体萎靡,让太医们束手无策。独孤皇后一天天衰弱下去,到八月,病情陡然加重,史官记录下十九日"月晕四重",二十四日"太白犯轩辕",太医回天无术才会干望星空,由此得到天意的解释。这天夜里,独孤皇后走完了五十九年的人生历程。

独孤皇后逝世对文帝是莫大的打击,晚年失去一道生活了四十余年的生活伴侣,政治上失去了风雨同舟的战友,尤其是在文帝疏远了所有的朝臣而家庭又惨剧迭生的时候,上天又夺去他唯一能够信赖的对话者,难道真的要把他变成彻底的孤家寡人?满腹心思,一腔哀愁,何处话凄凉!

只有王劭最善解人意,他赶出一篇奏文,婉转开导文帝说:"佛说人应生天上,及上品上生无量寿国之时,天佛放大光明,以

---

① 《隋书》卷三十六,《后妃·文献独孤皇后传》。

香花妓乐来迎之。如来以明星出时入涅槃。伏惟大行皇后圣德仁慈,福善祯符,备诸秘记,皆云是妙善菩萨。臣谨案:八月二十二日,仁寿宫内再雨金银之花。二十三日,大宝殿后夜有神光。二十四日卯时,永安宫北有自然种种音乐,震满虚空。至夜五更中,奄然如寐,便即升遐,与经文所说,事皆符验。臣又以愚意思之,皇后迁化,不在仁寿、大兴宫者,盖避至尊常居正处也。在永安宫者,象京师之永安门,平生所出入也。后升遐后二日,苑内夜有钟声三百余处,此则生天之应显然也。"①王劭究竟是王劭,他总能感应到凡人无从听闻的神迹,把独孤皇后去世的情景说得活灵活现,简直就与释迦涅槃没有分别,与佛经描绘的往生佛国完全吻合。转眼之间,就把丧事说成喜事,证明了文帝夫妇的神性。

王劭的一通说辞,果然让文帝破涕转喜,赶忙召杨素依礼厚葬独孤皇后。

然而,开皇年间修订的礼典没有丧礼的仪注,如何筹办丧事,杨素心中无数,据实禀报。文帝早就想补充修订《开皇礼》,便于闰十月十日命杨素与诸术士刊定阴阳舛谬。五天后,又诏令尚书左仆射杨素、尚书右仆射苏威、吏部尚书牛弘、内史侍郎薛道衡、秘书丞许善心、内史舍人虞世基、著作郎王劭七人负责修订五礼。这样,修订《开皇礼》便不是个别规定的补充,而是比较全面的修订,且由朝廷主要大臣领衔,使之更具权威。修订的指导思想,文帝在诏令中明确说道:"正父子君臣之序,明婚姻丧纪之节。故道德仁义,非礼不成,安上治人,莫善于礼"②。主要修订的范围是郊祭和五服方面的仪节。

---

① 《隋书》卷六十九,《王劭传》。
② 《隋书》卷二,《高祖下》。

杨素素来敬重牛弘,领命修礼后,便把重任交给牛弘,说道:"公旧学,时贤所仰,今日之事,决在于公"①。牛弘一诺无辞,他又找来刘焯、刘炫、李百药、崔子发等诸儒商讨②,很快就以《齐礼》为底本修订完成,杨素审阅后,感叹道:"衣冠礼乐尽在此矣,非吾所及也!"③

朝臣主持的修礼,仍是儒家"旧学",似乎没有吸收什么术士的东西,基本上延续开皇年间以北齐为主,兼采南北诸说的原则,这一点颇有意思。

仪注完成后,文帝又找来术士萧吉为独孤皇后卜择葬地。太子广闻讯,急忙派遣宇文述前去致意,请萧吉选一块能佑其早日登基的风水宝地,萧吉自然乐于效劳。大概所有的人心里都清楚,独孤皇后的死预示着一个时代的终结,文帝已是折翼的大鹏,野心家已经在悄悄地为他安排后事了。不过,从其晚年的所作所为来看,他的使命就剩给其时代落下帷幕罢了。

二十八日,独孤皇后安葬于太陵那块萧吉选定的墓地上。文帝不顾萧吉的反对,亲自出席葬礼,并坚持来到灵园。他心里空荡荡的,一直想找寻失落的东西,……

回来后,文帝下诏褒奖杨素道:"杨素经营葬事,勤求吉地,论素此心,事极诚孝,岂与夫平戎定寇比其功业!"④看来,文帝完全被人蒙在鼓里,他越自作聪明,越努力寻找,就越找不回心中的失落。

---

① 《隋书》卷四十九,《牛弘传》。
② 分别见《隋书》卷七十五《儒林·刘焯传》、《儒林·刘炫传》;《北史》卷三十八《裴佗附裴矩传》记载中尚有李百药,为《隋书》卷六十七《裴矩传》所未见。
③ 《隋书》卷四十九,《牛弘传》。
④ 《资治通鉴》卷一百七十九,"隋文帝仁寿二年(602)十月"条。

第三节　凄楚病逝

仁寿三年（603），这一年似乎过得相当平静，史书上也没有见到文帝前往仁寿宫的记载，夫妇双飞双栖的情景已成往事。

上半年，文帝似乎还没从独孤皇后逝世的阴影中挣脱出来，没有留下多少处理政务的记载。相反，他把更多的精力放在后宫生活上。

最近，文帝越来越喜爱宣华夫人陈氏和容华夫人蔡氏。

宣华夫人陈氏是陈宣帝的女儿，姿貌无双。陈朝灭亡后，配入掖庭，后来又被选入后宫为嫔。经过这样一段辛酸的经历，陈氏磨练得善解人意，十分讨人喜欢。所以，在独孤皇后严密控制后宫的时候，她能够得到独孤皇后的青睐，服侍文帝。后来，在晋王广谋篡太子时，她看风使舵，收取晋王广的珍宝贿赂，推波助澜，促成太子勇垮台，因此更加受宠。独孤皇后去世后，她进位为贵人，专擅房宠，主宰后宫。

容华夫人蔡氏也是江南人，生长在丹阳，陈朝灭亡后被选入后宫，充任世妇。她仪容婉丽，早就被文帝看中，只是碍于独孤皇后，故罕见宠幸。独孤皇后死后，文帝得到解放，压抑心头的欲火喷发出来，蔡氏颇为得宠，被封为贵人，协助宣华夫人处理宫掖事务。

有一段时间，文帝在两位如花似玉的贵人围绕下，心中的苦楚暂时得以宣泄，不由地沉浸在温柔乡中。可是，每当兴奋过后，他又重新感到空虚寂寥，苦苦追寻的东西，每每在仿佛找着的时候化为泡影。于是，他又再去追求，反复不已，精神的苦闷没能解脱，身体已是虚弱不堪。

其实，文帝在百花丛中寻寻觅觅的是独孤皇后的影子，可是，没有一个女人能够填补独孤皇后逝世留下的巨大空白。因此,也就没有一位女人能够满足文帝的需求。遗憾的是,文帝直到病入膏肓时才明白过来,不无悔恨地说道:"使皇后在,吾不及此"①。然而,一切都太晚了。

到了七月,文帝似乎想重新振作一番,二十七日,他颁布一道长长的诏令,讲述一通用人的道理之后,向全国求贤道:

> 其令州县搜扬贤哲,皆取明知今古,通识治乱,究政教之本,达礼乐之源。不限多少,不得不举。限以三旬,咸令进路。征召将送,必须以礼②。

经过几次牵涉颇广的政治清洗,而且,建国至今也已二十多年,当年任用的官吏也都进入老境,确实到了吐故纳新更替换代的时候了。看来,文帝的头脑依然清醒,还保持着政治家的敏锐。

可是,除此之外,就是设置常平官、赈恤河南水灾和人事变更等日常事务,再没有什么新的举措,这一年就这样送走了。

仁寿四年(604)正月,文帝宣布大赦。此后,他开始准备再度前往仁寿宫。术士章太翼闻讯,力加劝阻,至于再三,文帝坚持不纳,章太翼直言道:"臣愚岂敢饰词,但恐是行銮舆不反"③。文帝大怒,把章太翼抓进牢房,准备从仁寿宫回来,证明章太翼所言虚妄后,将他斩首示众。

二十七日,文帝动身来到仁寿宫。次日,他下诏将国家大小政务都交由皇太子处理。这种诏令,以前从未有过,仿佛透露着不祥的气氛。果然,到了四月,文帝病重的消息传了出来,尚书左仆射杨素、兵部尚书柳述和黄门侍郎元岩等人入阁侍疾,皇太子广入居

---

① 《隋书》卷三十六,《后妃·文献独孤皇后传》。
② 《隋书》卷二,《高祖下》。
③ 《隋书》卷七十八,《艺术·卢太翼传》。

大宝殿。

这期间,仁寿宫内发生了一系列事情,令后人议论纷纷。

据说,皇太子广和宣华夫人陈氏一起侍候文帝,天亮时,陈氏外出更衣,遭杨广非礼,力拒得免,回到文帝床前,文帝见其衣冠不整,神色有异,问其缘故,陈氏泣诉太子无礼,文帝怒不可遏,深责独孤皇后误事,骂道:"畜生何足付大事,独孤诚误我!"急令柳述和元岩道:"召我儿!"柳述和元岩以为要召杨广,文帝急忙纠正道:"勇也。"也就是说,文帝要废黜杨广,重立杨勇为太子。于是,柳述和元岩出阁起草敕令,让杨素过目。杨素火速将消息转告杨广,杨广立即派遣张衡入寝殿侍候文帝,同时,撤换宫中卫士,矫诏将柳述和元岩逮捕入狱,把宣华夫人及宫女一概逐出,俄顷,文帝驾崩。宣华夫人与宫人相顾失色,啜嚅道:"事变矣!"①

隋炀帝把好端端一个国家搞垮掉,故唐朝君臣以他为鉴,将他的劣迹披露得淋漓尽致,充分发挥历史为政治服务的功能。而文人墨客更是加油添醋,描绘得煞有介事,有如亲眼目睹一般。赵毅所著《大业略记》称:炀帝"召左仆射杨素、左庶子张衡进毒药。帝简骁健官奴三十人皆服妇人之服,衣下置杖,立于门巷之间,以为之卫。素等既入,而高祖暴崩"。马总的《通历》讲得更加确切,说杨素"乃屏左右,令张衡入拉帝,血溅屏风,冤痛之声闻于外,崩"②。

炀帝由于政治上的失误而导致隋朝灭亡,小说家却将此庸俗为好色巡游所致,对炀帝个人进行最大限度的丑化,并随时代的推移而愈演愈烈,以至影响到学术界,甚至采传闻入史,硬要将炀帝弑父考为史实。其实,这些"考证",宋代历史学家司马光已经作

---

① 引文均见《隋书》卷三十六,《后妃·宣华夫人陈氏传》。
② 见《资治通鉴》卷一百八十"隋文帝仁寿四年(604)七月"条《考异》引文。

过,他当时拥有的史料笔记,远比今日丰富,排比之后,他写下"今从《隋书》"寥寥数字①,作出最清楚的结论。

且看《隋书·高祖纪》对文帝逝世的记载。四月,文帝不幸在仁寿宫病倒。到了六月六日,朝廷宣布大赦天下。显然,文帝病重,故以大赦为他祈福。而且,当时记录下的天象称:"有星入月中,数日而退"。曲折地表明文帝病情严重。七月一日,"日青无光,八日乃复",说明文帝已经病笃无望了。果然,到十日,"上以疾甚,卧于仁寿宫,与百僚辞诀,并握手歔欷"。三天后,也就是十三日,文帝崩于大宝殿,时年六十四岁。

《隋书》的记载清楚无误,文帝自四月生病以来,病势日渐加重,以至从仁寿元年(601)以来每年文帝诞辰(六月十三日)都要进行的佛事活动也不得不停止。而自此至七月十三日逝世的数十天,御医显然尽了最大的努力才使得文帝的寿命得以延长。显然,从文帝病重到逝世这段时间里,太子广一直和宣华夫人一道服侍文帝,相安无事。如果曾经发生强暴未遂事件,则必定发生在文帝与百官辞别之后,也就是在七月十日以后,此时,文帝已在苟延残喘,而杨广强抑色欲数月,竟在最后一刻功亏一篑,如此迫不及待,真不知此前是如何熬过来的。

其实,宣华夫人早就与杨广关系紧密,甚至为他充当内应,构陷前太子杨勇。如果说他们两人有那么一手的话,也没有什么好奇怪的。在那个时代,胡俗中弟娶兄嫂、子承父妾是十分正常的事,隋唐两代起自塞上,祖上数代与胡人通婚,皇室内部婚姻关系甚乱,早就习以为常。将宣华夫人描绘得如何坚贞不屈,那是小说家的专长。实际上,文帝一死,另一位容华夫人就自告奋勇,请求

---

① 《资治通鉴》卷一百八十"隋文帝仁寿四年(604)七月"条《考异》。

面见炀帝,有事相告,于是,两人颇效鱼水之欢,胶漆相投。

如果说文帝临终前发现太子与宣华夫人有私,那倒是十分可能的。但要重新改立太子一事,又成了另一桩疑案。当年废黜杨勇,文帝费了九牛二虎之力,甚至对高颎等朝臣发动政治清洗,其负面影响一直无法消除。而此时,杨广与杨素已经控制朝政,羽翼丰满,这种局面不是躺在病床上进气少、出气多的文帝所能改变的,如后述,文帝至死都是清醒的,因此,他对眼前的丑事感到愤怒,自可理解。关键的是身边的柳述和元岩很可能利用此事大做文章。

柳述是文帝的女婿,十分得宠,晚年跟随文帝左右,成为沟通宫省之间的桥梁。但他没有什么功勋,又恃宠傲慢,欺凌朝臣,引来不少反感。重要的是,他看不惯杨素跋扈,每凌辱之,并在文帝前揭杨素之短,促使文帝对杨素颇起戒心。故柳述与杨素势同水火。在文帝发现太子的丑事时,在场的是柳述和元岩,他们正好是太子与杨素的对立派,趁势火上加油,力劝文帝废黜杨广,重立杨勇,试图夺取朝政。因此,所谓废立太子的斗争,实际上是杨广、杨素一方与文帝宠臣柳述一方的权力之争。

但是,双方的实力实在悬殊,柳述不过是狐假虎威,哪里是杨广的对手。杨广迅速调来东宫卫士,在宇文述和郭衍率领下,控制了仁寿宫,逮捕柳述和元岩,撤换所有禁卫。至此,杨广已经完全控制了局面,清除了对手,文帝的话连寝宫都传不出去。这下子他完全可以放心地服侍危在旦夕的父亲,为其尽孝,不至于蠢到冒天下之大不韪去杀害父亲。事实上,如上面所引,说炀帝杀害其父的诸说,有说是杨素进的毒,有说是张衡下的手,即使按其所说,无论是毒杀还是绞杀,都不至于"血溅屏风,冤痛之声闻于外"。也许过于离谱的描述反倒显得生动逼真。

实际上,就是以隋为鉴的唐太宗君臣,也没有一人指控炀帝弑父。当年,如火如荼的隋末大起义,成千上万的民众揭竿而起,不少隋朝官僚也趁势反叛,在全国上下一派声讨隋炀帝的声浪中,竟然没有一人揭露炀帝弑父这一富有鼓动力的罪行,可知当时并没有炀帝弑父之说。

而且,被后人指控为杀害文帝的凶手张衡,史书称他"幼怀志尚,有骨鲠之风",他为炀帝出谋划策,夺得太子之位。炀帝上台后,打算建造汾阳宫,他进谏道:"比年劳役繁多,百姓疲敝,伏愿留神,稍加折损"。结果招致炀帝疏忌,后因谤讪朝政而被赐死于家。唐高祖李渊"以死非其罪,赠大将军、南阳郡公,谥曰忠"[①]。如果张衡果真是弑君凶手,那么,唐高祖决不会为他平反,更不会给他"忠"的谥号,因为这是国家赖以维持的伦理道德问题,决不容有丝毫的含糊。

从其他记载来看,文帝病势加重后,太子广就开始进行防范万一的准备。这本来是正常而且应该的事情,但偏偏出了差错。太子广手书信函给杨素,征询他对文帝后事的意见,杨素将外间安排情况回禀,没想到宫人竟然误送给文帝,加上宣华夫人的事,这才激起文帝发怒,演出杨素调兵入宫的一幕。碰巧文帝在当天病逝,"由是颇有异论"[②],给后人留下广阔的想象余地。

发生这些事情,文帝当然满心凄楚,但他并没有糊涂。在病榻上,往事历历在脑海里浮现,他清楚地记得来仁寿宫前卢太翼的再三谏阻,后悔莫及,他甚至记得卢太翼本姓章仇,自己真不该将他抓进监狱。于是,他唤太子广到床前,交代说:"章仇翼,非常人也,前

---

① 引文均见《隋书》卷五十六,《张衡传》。
② 《隋书》卷四十八,《杨素传》。

后言事,未尝不中。吾来日道当不反,今果至此,尔宜释之"①。

文帝最怀念的还是独孤皇后,看来,相会的日子在即,他把当年建筑皇后山陵的何稠也叫到跟前,嘱托道:"汝既曾葬皇后,今我方死,宜好安置。属此何益,但不能忘怀耳。魂其有知,当相见于地下。"尔后,他搂着太子广的脖子叮嘱道:"何稠用心,我付以后事,动静当共平章。"②

作完一系列后事交代之后,文帝与世长辞,留下著名的遗诏:

> 嗟乎！自昔晋室播迁,天下丧乱,四海不一,以至周、齐,战争相寻,年将三百。故割疆土者非一所,称帝王者非一人,书轨不同,生人涂炭。上天降鉴,爰命于朕,用登大位,岂关人力！故得拨乱反正,偃武修文,天下大同,声教远被,此又是天意欲宁区夏。所以昧旦临朝,不敢逸豫,一日万机,留心亲览,晦明寒暑,不惮劬劳,匪曰朕躬,盖为百姓故也。王公卿士,每日阙庭,刺史以下,三时朝集,何尝不罄竭心府,诚敕殷勤。义乃君臣,情兼父子。庶藉百僚智力,万国欢心,欲令率土之人,永得安乐,不谓遘疾弥留,至于大渐。此乃人生常分,何足言及。但四海百姓,衣食不丰,教化政刑,犹未尽善,兴言念此,唯以留恨。朕今年逾六十,不复称夭,但筋力精神,一时劳竭。如此之事,本非为身,止欲安养百姓,所以致此。
>
> 人生子孙,谁不爱念,既为天下,事须割情。勇及秀等,并怀悖恶,既知无臣子之心,所以废黜。古人有言:"知臣莫若于君,知子莫若于父。"若令勇、秀得志,共治家国,必当戮辱遍于公卿,酷毒流于人庶。今恶子孙已为百姓黜屏,好子孙足

---

① 《隋书》卷七十八,《艺术·卢太翼传》。
② 《隋书》卷六十八,《何稠传》。

堪负荷大业。此虽朕家事,理不容隐,前对文武侍卫,具已论述。皇太子广,地居上嗣,仁孝著闻,以其行业,堪成朕志。但令内外群官,同心戮力,以此共治天下,朕虽瞑目,何所复恨。

但国家事大,不可限以常礼。既葬公除,行之自昔,今宜遵用,不劳改定。凶礼所须,才令周事。务从节俭,不得劳人。诸州总管、刺史已下,宜各率其职,不须奔赴。自古哲王,因人作法,前帝后帝,沿革随时。律令格式,或有不便于事者,宜依前敕修改,务当政要。呜呼,敬之哉! 无坠朕命!①

病中反思,文帝深以"四海百姓,衣食不丰,教化政刑,犹未尽善"为恨,一再交代后继者要安养百姓,"务从节俭,不得劳人"。或许,文帝已经意识到经过革新整顿,国家制度基本建立之后,当务之急是与民休息。遗憾的是这一思想来得太晚了,其后继者正跃跃欲试,力图再创更加宏伟的事业。

身后之事,不是文帝所能左右,或许也不是他所能料及的。

文帝死后,杨广秘不发丧。正好伊州刺史杨约到仁寿宫入朝,杨广急令他和郭衍赶回京城,撤换留守者,矫称文帝诏令,缢杀杨勇,控制住京城后,陈兵集众,发布文帝讣文。

二十一日,在仁寿宫为文帝发丧,杨广于灵前即位。

八月三日,炀帝扶文帝灵柩回到京城,十二日,在皇宫正殿大兴前殿为文帝举行隆重的殡仪,同时将柳述和元岩除名,发配边地。还命令兰陵公主与柳述离异,公主誓死不从,再不朝谒,夫妻双双幽愤而死。

骨肉相残的悲剧还要继续演出最后一幕。文帝晚年宠爱小儿子汉王谅,让他坐镇并州,统领山东五十二州,特许他可以不按律

---

① 《隋书》卷二,《高祖下》。

令,便宜从事。无原则的宠爱恰恰在无形中坑害了子女。汉王谅自以为居于天下精兵之处,野心陡长,杨勇和杨秀被废黜之后,他便阴蓄异图,召集亡命,豢养士卒。文帝死后,炀帝让车骑将军屈突通带着伪造的文帝玺书征召汉王谅入朝。汉王谅一看玺书上没有文帝与他秘密约定的暗号,知道发生变故,立即起兵造反。以个人私利挑起的内战,得不到民众的支持与响应,很快就被杨素统率的大军所镇压。汉王谅兵败被擒,除名绝籍,幽禁而死。文帝引以为豪的五个儿子,四个废黜于骨肉相残之中。

十月十六日,文帝被安葬于太陵。庙号高祖。根据他的遗愿,和独孤皇后合葬在一起,异穴同坟。

后来,炀帝还专门举办无遮大会,剃度善男信女一百二十人,"奉为文皇帝敬造金铜释迦坐像一躯,通光趺七尺二寸,未及庄严,而顶凝绀翠,体耀紫光,放大光明,照映堂宇,既感通于嘉瑞。敕诸郡各图写焉"①。

隋文帝的遗诏虽然没有得到炀帝的遵循,但他忧国忧民之情,溢于言表,广为传扬。日本史家将它略加删改,作为其古代伟人雄略天皇的遗诏记载于《日本书纪》,此例已经充分显示出隋文帝及其王朝在世界上的巨大影响。

隋文帝留下的政治遗产是巨大的,唐朝史臣评论他说:

> 自强不息,朝夕孜孜,人庶殷繁,帑藏充实,虽未能臻于至治,亦足称近代之良主。然天性沉猜,素无学术,好为小数,不达大体,故忠臣义士莫得尽心竭辞。其草创元勋及有功诸将,诛夷罪退,罕有存者。又不悦诗书,废除学校,唯妇言是用,废

---

① 《辩正论》卷三。

黜诸子。逮于暮年,持法尤峻,喜怒不常,过于杀戮①。

唐人的评价影响深远,后人所论,大同小异。清人王夫之从制度沿革考察隋文帝的贡献,指出:

隋一天下,蠲索虏鲜卑之虐,以启唐二百余年承平之运,非苟而已也;盖有人焉,足以与于先王之德政,而惜其不能大用也。

隋无德而有政,故不能守天下而固可一天下。以立法而施及唐、宋,盖隋亡而法不亡也②。

隋文帝统治的前后期反差实在是太大了。如果能够假设,那么,文帝若死于平陈之后不久,他将无比辉煌。然而,这种渴望完人的假设没有什么实际意义。相反,文帝前后期的反差,给我们更多的启迪。冲破功利主义与价值判断的局限,深入研究文帝的一生,必将多有收获。而隋文帝的历史意义及其在历史上的地位,也将显现得更加清晰完整。

---

① 《隋书》卷二,《高祖下》。
② 王夫之著,舒士彦点校:《读通鉴论》卷十九《隋文帝》,中华书局1975年版。

隋文帝年表

541 年　西魏文帝大统七年

六月十三日(公元 7 月 21 日),出生于华州(今陕西省大荔县)。

出生后,即由尼姑智仙抚养于般若寺中,至十三岁。

554 年　西魏恭帝元年　十四岁

被京兆尹薛善辟为功曹。

555 年　西魏恭帝二年　十五岁

因父亲杨忠的勋功而被授散骑常侍、车骑大将军、仪同三司,封成纪县公。

556 年　西魏恭帝三年　十六岁

升骠骑大将军,加开府;与北周柱国、大司马独孤信十四岁的女儿独孤伽罗结婚。十一月,宇文泰去世。

557 年　北周孝闵帝、明帝元年　十七岁

正月,北周立国,宇文觉(孝闵帝)即天王位,宇文护执掌朝政;九月,宇文护废孝闵帝,改立宇文毓(明帝)。杨坚任右小宫伯,进封大兴郡公。

560 年　北周明帝武成二年　二十岁

四月,宇文护毒死明帝,改立武帝宇文邕。杨坚迁左小宫伯。

561 年　北周武帝保定元年　二十一岁

长女杨丽华出生。

565～568 年　北周武帝保定五年至天和三年　二十五岁至二十八岁

出任随州(今湖北省随州市)刺史,进位大将军;后征还,侍奉母疾三年。天和三年,父亲杨忠去世,袭爵为隋国公。宇文护想加害于他,被大将军侯伏侯寿等人所劝阻。

572 年　北周武帝建德元年　三十二岁

周武帝诛杀宇文护,收回政权。

573 年　北周武帝建德二年　三十三岁

九月,周太子赟纳杨丽华为妃。

575 年　北周武帝建德四年　三十五岁

五月,周齐王宪怀疑杨坚,曾密劝武帝除之,未被接纳。七月,周武帝伐齐,杨坚任偏师水军统帅,得以领兵出征。九月,周军撤退,杨坚焚舟舰自陆路撤回关中。

576 年　北周武帝建德五年　三十六岁

周大臣王轨以太子赟非社稷之主而劝武帝除掉杨坚,以免后患,未被接纳。十月,周武帝再次率军伐齐,杨坚被委以主力部队右路第三军总管的重任,会同诸军,一举攻克北齐发祥地晋州(今山西省临汾市)。齐后主率主力来援,周以少量部队坚守晋州,全军退回关中,旋又出关,破齐主力于晋州城下。

577 年　北周武帝建德六年　三十七岁

北周灭齐。北齐任城王高湝据冀州抵抗。杨坚随北周齐王宪出征冀州,俘虏任城王高湝;二月十三日,因功封定州总管,进位柱国。十二月二十九日,调任南兖州总管。

578年　北周宣帝宣政元年　三十八岁

六月,武帝逝世,宣帝即位,立杨氏为皇后,杨坚因此进位上柱国,回京任大司马。

579年　北周宣帝大成元年、静帝大象元年　三十九岁

元旦,宣帝初置四辅官,杨坚成为四辅之一的大后丞;七月一日,跃升为大前疑,位居四辅官之首。

580年　北周静帝大象二年　四十岁

宣帝要处死杨皇后,杨坚妻独孤氏入宫苦求才获免。不久,宣帝召杨坚入宫,打算诛之,后来因为找不到口实而作罢。杨坚请求外任以避祸。

五月初四,杨坚被任命为扬州总管,但他借口足疾而没有赴任;十日,宣帝发病,杨坚入宫侍疾;二十四日,宣帝驾崩,郑译、刘昉等人矫诏杨坚辅政;次日,静帝入居天台,杨坚为假黄钺、左大丞相,总领百官;六月二十三日,因为尉迟迥、宇文冑等人起兵,静帝诏令杨坚都督内外诸军事;八月,平定尉迟迥,司马消难南奔陈朝;九月二十九日,周朝废除左右丞相之号,仅设大丞相一职,由杨坚担任;十月十日,杨坚加大冢宰职,总摄其他五府,集大权于一身;是月,平定王谦;十二月十三日,杨坚晋封为隋王,以十郡为国。

581年　隋文帝开皇元年　四十一岁

二月初九,杨坚任相国,总百揆,加封十郡,剑履上殿,入朝不趋,赞拜不名,被九锡之礼,建天子旌旗,出警入跸。十三日,即皇帝位于临光殿,国名为隋,年号开皇,实行三省六部制,封赏功臣,任命首批行政首长,确立恢复汉魏传统的国策,改变舆服制度,革除周末苛政。降周静帝为介国公,大杀北周宗室。

突厥与北齐营州刺史高宝宁合兵进犯,攻陷临渝镇。四月,诏修长城,停止北周以来向突厥输纳的"岁贡",确立积极防御的方针,委派大员出镇沿边要地,加强战备。

五月二十三日,派人害死北周末帝。

吐谷浑进攻弘州、凉州,八月,遣行军元帅元谐击破吐谷浑。

九月,反击陈朝的进攻,尽复江北之地。统一货币,行用五铢钱。

十月十二日,颁行《开皇律》;十六日起,巡视岐州一带,奖掖提拔有政绩的地方官,至十二月二十五日才返回长安。

是年,下诏听任境内百姓自由出家,令计口出钱,营造佛教经像。

582年　开皇二年　四十二岁

正月八日,幸上柱国王谊府第;十五日,幸安成长公主府第;十六日,分别置河北、河南、西南三道行台尚书省于并州、洛州和益州,以晋王广、秦王俊、蜀王秀为三道尚书令。二十九日,诏举贤良。

二月十五日,以"礼不伐丧",诏伐陈诸军班师。十七日,幸赵国公独孤陀第。

五月六日,因关中旱而亲审囚徒,其日大雨。

六月二十三日,下诏营建新都,十二月六日,命名新都为大兴城。

七月,颁行令、格、式。继续推行均田制。

四月起,突厥试探性攻击边塞,被击退。五月,突厥沙钵略可汗悉发五可汗骑兵,倾国来攻,高宝宁也从东北发起攻势,隋朝全线防御。六月,卫王爽率七万大军出平凉,李充于马邑打退突厥,贺娄子干破敌于可洛峐山。但西北一线要塞多处被突厥攻破,长安暴露于突厥兵锋之前。文帝过度操劳而病倒,令太子勇于十月二日出镇咸阳。十九日,文帝病愈,宴请百官于观德殿,赐钱帛,任由自取。十二月一日,于后园讲武。十五日,再派内史监虞庆则驰往弘化拒敌。突厥腹背受敌,大掠甘陕沿边州郡后退兵。

十六日,赐国子生经明者束帛。十七日,亲录囚徒。

是年,纳后梁明帝萧岿之女为晋王妃,罢江陵总管,后梁帝始得掌握国政。

583年 开皇三年 四十三岁

元旦,将入新都,大赦天下。禁大刀长稍。

三月十八日,服常服迁入新都。十九日,下诏购求图书。二十二日,大宴百官,班赐各有差。减丁役制,罢榷盐酒。

二月以来,突厥屡犯北边。至四月,突厥大军压境,吐谷浑也趁势入侵。文帝下诏大举讨伐突厥。卫王爽出朔州道,重创突厥,沙钵略负伤潜逃。幽州总管阴寿平定高宝宁。西北方向也取得重大胜利。突厥内讧。贺娄子干深入吐谷浑,大败之。

四月十六日,亲祀雨师于京城西南。十八日,诏令天下劝学行礼。二十五日,亲自祈雨。五月二十四日,有事于方泽。

六月二十八日,幸安成长公主第。八月二十二日,亲祀太社。九月十七日,至城东观稼谷。十八日,大赦天下。

十月九日废河南道行台省,秦王俊改任秦州总管,辖陇右诸州。

十一月十四日,诏举人才。河南道行台兵部尚书杨尚希上表请减省州郡,被文帝所采纳。十二月三十日,下诏撤销郡一级行政建制,改州郡县三级制为州县二级制。裁减下来的冗员成为不理时事的"乡官",实行地方官及其僚佐任期制,品官皆由吏部任命,每年考核政绩。

更定《开皇律》,凡十二卷,五百条。从卫汴至陕蒲,于黄河流经之十三州募丁运米,在卫、陕、华三州设置大型粮仓,转漕粟米供应京师。

584年　开皇四年　四十四岁

正月,六日,亲祭太庙。八日,有事于南郊。十一日,大射于北苑,十日而罢。张宾、刘晖等制成《甲子元历》,二十九日,诏颁新历。

二月十三日,在霸上为梁主饯行。十五日,突厥苏尼部男女万余人投降。十八日,出巡陇州(今陕西省陇县)。突厥可汗阿史那玷率其部来降。

四月十五日,在大兴殿接见并宴请突厥、高句丽和吐谷浑来使。

六月九日,亲审囚徒。二十一日,诏宇文恺主持开凿都城大兴城至潼关三百余里长的广通渠,以利漕运。

八月八日,以秦王俊纳妃,宴请百官,颁赐有差。十七日,宴请秦王府属官,颁赐有差。二十二日,宴陈使。

九月五日,幸襄国公主第。六日,到霸水视察漕运,赐督役者绢帛。十日,亲审囚徒。十五日,以关中饥荒,前往洛阳。

突厥沙钵略屡为阿波所败,请和亲,文帝准其所请,赐千金公主杨姓,改封为大义公主。遣长孙晟陪同尚书右仆射虞庆则赴突厥沙钵略牙帐,沙钵略称臣。

下诏改革文风。

585年　开皇五年　四十五岁

元月,礼部尚书牛弘等撰成五礼,十一日,诏行新礼。

四月十六日,大司徒王谊以谋反罪赐死于家。十九日,诏征山东马荣伯等六儒。二十二日,自洛阳返回京城。

五月十二日,在大兴殿接受契丹使者请降,至九月,契丹内附。二十九日,诏置义仓。后梁孝明帝萧岿逝世,太子萧琮即立。隋复置江陵总管以监视之。

七月,突厥沙钵略屡为西部阿波、达头联盟所败,寄居白道川内,得到隋军支援,勉强立足,沙钵略上表,诚心悦服。

八月二十五日,幸栗园。九月三日,自栗园回京。十二月二十五日,亲审囚徒。

诏令全国检括户口,计账进四十四万三千丁,新附一百六十四万一千五百口;高颎创制"输籍定样",完善征税制度。发丁修筑长城,东至河,西至绥州,凡七百里。

586年　开皇六年　四十六岁

正月十二日,党项羌内附。十八日,派遣使者颁历于突厥。

二月六日,发丁男十一万修筑长城。十九日,大赦天下。

三月八日,洛阳男子高德上书请文帝为太上皇,传位于皇太子,遭拒绝。

闰八月二十八日,上柱国、郕国公梁士彦,上柱国、杞国公宇文忻,柱国、舒国公刘昉,以谋反伏诛。上柱国、许国公宇文善坐事除名。九月四日,文帝素服来到射殿,令百官射梁士彦等三家财物以为奖赏。

十月,设立山南道和淮南道行台尚书省,分别以秦王俊和晋王广为尚书令;旋改晋王广为雍州牧。

587年　开皇七年　四十七岁

正月十七日,有事于太庙。突厥沙钵略遣子入贡。十九日,制诸州岁贡三人。

二月十二日,祀朝日于东郊。二十七日,幸醴泉宫。发丁男十余万修筑长城。

四月五日,幸晋王第。六日,下令于扬州开山阳渎,以通漕运。

突厥沙钵略可汗卒,其弟处罗侯继立。隋遣车骑将军长孙晟持节前往突厥,册立处罗侯为莫何可汗。莫何击破并生擒阿波。

七月十六日,卫王爽去世,文帝为之举丧于门下省。

八月,征梁主萧琮入朝。九月十三日,后梁安平王萧岩率众奔于陈。十九日,诏废梁国,封萧琮为柱国、莒国公。

十月十九日,出巡同州,瞻仰先父故居,赦囚徒。召卧病京城的李德林前来商讨伐陈大计。二十二日,东巡蒲州,二十五日,宴请当地父老,尽欢而罢。

十一月二十三日,回到冯翊,亲祠故社,召见父老,因其应答不合圣意,大怒,免其县官而去。二十七日,回到长安。

588年　开皇八年　四十八岁

三月九日,下诏伐陈。

莫何率军西征,中箭身亡,沙钵略之子雍虞闾继立,隋仍遣长孙晟持节至其牙帐,册立为都蓝可汗。

十月,复置淮南道行台尚书省于寿春,以晋王广任尚书令,为平陈军元帅。二十八日,因伐陈,祭祀太庙。十一月二日,举行出征仪式。十日,在定城陈师誓众,翌日,送远征大军至河东。十二月五日,从河东回到京师。

589 年　开皇九年　四十九岁

正月,隋军渡江,直下建康,陈亡,俘虏陈后主。二十九日,遣使持节巡抚江南。二月一日,废淮南道行台省。二日,诏设乡正。四月六日,到骊山慰劳凯旋之师,十二日,举行三军凯旋仪式,献俘于太庙,拜晋王广为太尉。十七日,文帝亲临广阳门,大宴将士,颁赏有差;陈朝旧境,给复十年,其余诸州,免当年租赋。翌日,大赦天下。二十九日,颁诏偃武修文。朝野请封禅,不许。

十二月五日,下诏修乐。

590 年　开皇十年　五十岁

二月二日,巡幸并州,四月四日回到京师。

五月九日,诏令军人垦田籍帐皆属州县管辖,同于百姓;罢山东、河南及北方缘边新置军府。

六月,规定五十岁免除庸役。

七月二十五日,亲审囚徒。平陈后,文帝致书高句丽王高阳,以兵威谕其臣服,二十六日,高阳忧惧而卒,其子高元继位。

十一月七日,亲临国学,颁赐有差。十七日,祭祀于南郊。

江南各地一时俱反,派遣内史令杨素前往镇压。

591 年　开皇十一年　五十一岁

正月十四日,以平陈所得古器多为妖变,命令尽加销毁。十八日,高句丽使者复来朝贡。二十三日,皇太子妃元氏病逝,文帝为之举哀于文思殿。

八月二十三日,巡幸栗园,焐死其弟滕王瓒,二十六日,回到京城。

592 年　开皇十二年　五十二岁

七月,因修乐意见不合,何妥上告苏威等共为朋党,一日,罢黜尚书右仆射苏威、礼部尚书卢恺等人。十八日,幸昆明池,当天还宫。二十五日,祭祀太庙。

八月一日,诏各州死罪不得执行,皆令大理寺复审。二日,幸龙首池。二十五日,亲审囚徒。

十月十日,祭祀太庙,在太祖神位前,悲不自胜。

十一月九日,祭祀于南郊。十日,宴请百官,赏赐有差。二十二日,与百官大射于武德殿。

十二月十四日,任命杨素为尚书右仆射。

因库藏皆满,增置左藏院以储藏租调,诏减河北、河东当年田租三分之一,兵士减半,且免调。遣使均田,狭乡农民每丁有田不过二十亩。

593年　开皇十三年　五十三岁

正月十一日,亲祀感帝。二十一日,行幸岐州。

二月六日,下诏营建仁寿宫。十七日,自岐州回京,翌日,宴请考使于嘉则殿。二十七日,制私家不得隐藏纬候图谶。

五月二十四日,更禁止民间私撰史书。

七月十九日,幸昆明池。九月十九日,亲审囚徒。

许嫁公主于突厥可汗,以离间其内部关系。

594年　开皇十四年　五十四岁

四月,牛弘等人所修雅乐成,下诏颁行,同时禁止与之不符的民间音乐。

六月四日,诏令中央及地方官府给公廨田,禁止以公廨钱放贷。

八月九日,因关中大旱,率百姓就食洛阳。

闰十月二十三日,诏令萧琮、高仁英、陈叔宝以时祭梁、齐、陈宗祀。陈叔宝因此上表,请封禅。晋王广亦率百官请封禅。

十一月二日,规定州县佐吏任期,不得连任。

十二月五日,东巡。

595 年　开皇十五年　五十五岁

正月三日,来到齐州,亲问民间疾苦。七日,至王符山。十一日,祠泰山,大赦天下。

二月二十七日,收缴天下兵器,禁止私造,关中及缘边地区除外。

三月一日,自东巡回京,望祭五岳海渎。二十九日,来到刚落成的仁寿宫。

四月一日,大赦天下。

六月一日,下诏开凿底柱。三日,下令将相州刺史豆卢通上贡的绫文布在朝堂焚毁。十四日,下诏规定:凡名山大川未在祀典者,皆祠之。

七月九日,晋王广献毛龟。二十二日,自仁寿宫回京。

十一月七日,幸温汤,十一日回京。

十二月四日,敕令盗边粮一升以上者皆斩,并籍没其家。罢州县乡官。规定文武官以四考更替。

596 年　开皇十六年　五十六岁

六月,规定工商不得进仕,官人九品以上妻、五品以上妾,夫亡不得改嫁。

八月六日,诏决死罪者,三奏而后行刑。

十月十日,到长春宫,至十一月三日回京城。

《续高僧传》卷十九《法藏传》记载:"十六年,隋祖幸齐州,失豫,王公已下奉造观音,并敕安济法供养。"

以光化公主妻吐谷浑伏可汗。

597 年　开皇十七年　五十七岁

二月十三日,前往仁寿宫。史万岁平西宁羌,王世积讨平桂州李光仕反叛。二十五日,以河南王昭纳妃,宴群臣,颁赐有差。

三月九日,诏令各级官府长官可于律外杖刑属官。十四日,亲审囚徒。十六日,诛上柱国、彭国公刘昶。

四月二日,颁行张胄玄所制新历。

五月,宴请百官于玉女泉,赏赐有差。

七月,虞庆则讨平桂州李世贤反叛。十三日,秦王俊坐事罢官,被召回京师,以王就第。嫁安义公主与突厥突利可汗,使其部落南徙,都蓝可汗怒,归附西部达头可汗,相率南侵。

九月十一日,自仁寿宫回京。

十月二十八日,京师大索。

十二月十日,诛杀上柱国、右武侯大将军虞庆则。

吐谷浑内讧,伏可汗被杀,其弟伏允继立,请依俗尚公主,许之。

598 年　开皇十八年　五十八岁

正月二十九日,诏令江南诸州民间三丈以上船只尽括入官。

二月三日,来到仁寿宫。翌日,因高句丽联合靺鞨入侵辽西,任命汉王谅为行军元帅,率水陆三十万伐高句丽。

五月,诏畜猫鬼、蛊毒、厌魅、野道之家,投于四裔。

六月二十七日,下诏废黜高句丽王高元官爵。

九月十六日,汉王谅所率大军遇疾疫,无功而返,死者大半,高句丽王旋遣使谢罪。翌日,规定旅舍收留没有官府证明的过客,连坐刺史、县令。二十三日,自仁寿宫回京。

十一月七日,亲审囚徒。十六日,祭祀于南郊。

十二月四日,诛杀上柱国、夏州总管、任城郡公王景。再度前往仁寿宫,置行宫十二所。

599年 开皇十九年 五十九岁

正月七日,大赦天下。十二日,大射于武德殿,宴赐百官。二月四日,晋王广入朝。十九日,幸仁寿宫。

四月,突厥突利可汗内附,达头可汗犯塞,遣行军总管史万岁击破之。

六月三日,以豫章王暕为内史令。

八月十日,罢免上柱国、尚书左仆射、齐国公高颎。

十月二日,册封突厥突利可汗为启民可汗,筑大利城安置其部落。

十二月,突厥都蓝可汗为部下所杀。

600年 开皇二十年 六十岁

三月,遣行军总管张衡讨平熙州李英林反叛。

四月,突厥犯塞,以晋王广为行军元帅,大破之。

六月三十日,秦王俊忧惧而死。

九月二十一日,自仁寿宫回京。

十月九日,废黜皇太子及其诸子为庶人,杀柱国、太平县公史万岁。十三日,杀左卫大将军、五原郡公元旻。

十一月三日,立晋王广为皇太子。十二月三日,诏令东宫官属不得向皇太子称臣。二十六日,下诏崇敬佛、道二教,于五岳四镇、江、河、淮、海建庙立祀,敢有毁坏偷盗佛及天尊像、岳镇海渎神形者,以不道论;沙门坏佛像,道士坏天尊者,以恶逆论。

601年　仁寿元年　六十一岁

元旦,大赦,改元。以尚书右仆射杨素为尚书左仆射,纳言苏威为尚书右仆射。

五月七日,突厥男女九万口来降。

六月十三日,下诏废除太学、四门及州县学府,国子学仅留学生七十二人。同日,宣布颁舍利于天下三十州,以庆祝生日。

十月十五日,各州举行安置舍利入塔仪式。

十一月九日,文帝把各地上报的符瑞用版文详加记述,祭于南郊,其礼犹如封禅,以敬谢上天。

十二月二日,在京城举办无遮大会。尔后,文帝下诏劝谕官民一体诚心向佛,宣布再颁舍利于五十三州。

602年　仁寿二年　六十二岁

正月二十三日,第二批颁舍利使出发,于四月八日各州举行安放舍利入塔仪式。

三月二十一日,来到仁寿宫。

七月十日,诏内外官各举所知。

八月二十四日,文献独孤皇后病逝。

九月十一日,自仁寿宫回京。

闰十月十日,令杨素与诸术士刊定阴阳舛谬。十五日,又令杨素等大臣负责修订五礼。二十八日,安葬独孤皇后。

十二月二十日,废黜上柱国、益州总管蜀王秀为庶人。派遣行军总管刘方讨平交州李佛子反叛。

603年　仁寿三年　六十三岁

五月二日,诏令全国于六月十三日文帝生日时,为其父母武元皇帝和元明皇后禁屠。

六月二十四日,专门为丧制下诏,强调孝义。

七月二十七日,诏令各地推举贤能。

突厥内乱,达头可汗奔吐谷浑,铁勒、仆骨等十余部皆降于启民可汗。

604年　仁寿四年　六十四岁

正月十九日,大赦。二十七日,幸仁寿宫,翌日,下诏将朝廷大小事务尽交皇太子处理。

四月,文帝病重。

六月六日,大赦天下。

七月十日,在仁寿宫与百官诀别。十三日,崩于大宝殿。二十一日,炀帝即位,在仁寿宫为文帝发丧,八月三日,扶灵柩回到京城,十二日在大兴殿举行殡仪。

十月十六日,安葬于太陵,庙号高祖,根据文帝生前遗愿,与独孤皇后合葬在一起。

※　本书年月日纪,均为农历。

引用地名一览表

古今行政区划不同,沿革变动也很大,本表仅列示书中提到的该时期区划地名及其治所,而与之对照的现今行政区划,则根据中华人民共和国民政部编《中华人民共和国行政区划简册(1995年版)》(中国地图出版社)为准,行政区划资料截至1994年底。

a

安定(今甘肃省泾川县北泾河北岸)

安州(今湖北省安陆市)

b

白道(今内蒙古呼和浩特市西北)

白道川(今内蒙古呼和浩特市西北)

白石洞(今广西省桂平市南)

北平郡(今河北省遵化县东)

北豫州(今河南省荥阳市西北汜水镇)

贝州(今河北省清河县西北)

汴州(今河南省开封市西北)

豳州(今陕西省彬县)

并州(今山西省太原市)

渤海郡(今河北省南皮县)

博陵郡(今河北省安平县)

亳州(今安徽省亳州市)

c

采石镇(今安徽省当涂县北采石)

苍梧郡(今广西省梧州市)

沧州(今河北省盐山县西南)

曹州(今山东省曹县西北)

昌黎(今辽宁义县)

常山郡(今河北省正定县南)

昌州(今湖北省枣阳市)

常州(今江苏省常州市)

长州(今内蒙古乌审旗西南城川古城)

潮州(今广东省潮安县)

陈郡(今河南省淮阳县)

成州(1)西魏废帝三年(554)以南秦州改名,治所在今甘肃省西和县西南。(2)南朝梁普通四年(523)置,治所在今广东省封开县东南贺江口。

d

大斤山(即秦山,今内蒙古黄河东北大青山)

大同城(今内蒙古乌拉特前旗东北)

代郡(1)北魏,治所在平城县(今山西省大同市东北古城)。(2)东魏,寄治肆州秀容郡城(今山西省忻州市西北)。(3)隋大业初改朔州置,治所在善阳县(今山西省朔州市)。

代州(今山西省代县)

丹州(今陕西省宜川县东北)

宕州(今甘肃省宕昌县东良恭镇)

道州(今河南省许昌市)

德州(今山东省陵县)

棣州(今山东省阳信县)

叠州(今甘肃省迭部县)

定州(今河北省定州市)

东楚州(今江苏省宿迁市东南)

东海(今江苏省连云港市东南)

东郡(今河南省滑县)

东莱(今山东省龙口市东)

东扬州(今浙江省绍兴市)

度斤山(都斤山,今蒙古国杭爱山)

杜陵(今陕西省长安县东北)

独洛水(今蒙古国土拉河)

敦煌郡(今甘肃省敦煌市)

e

鄂州(今湖北省武汉市武昌)

洱河(今云南西部洱海)

f

樊口(今湖北省鄂城市西)

番州(隋仁寿元年改广州置,今广东省广州市)

芳州(今甘肃省迭部县东南)

汾州(今山西省吉县)

丰利山(今青海省青海湖东)

丰州(今内蒙古杭锦后旗东北)

扶风(今陕西省凤翔县)

扶州(今四川省松潘县)

g

甘州(今甘肃省张掖市西北)

高州(今广东省阳江市西)

冈州(1)隋初置,在今广东省开平市西北。(2)隋开皇十一年以允州改名,在今广东省新会市北。

公安县(今湖北省公安县西北)

姑熟(今安徽省当涂县)

瓜州(今甘肃省敦煌市西)

广陵(今江苏省扬州市西北蜀冈上)

广州(今广东省广州市)

光州(今山东省莱州市)

桂州(今广西省桂林市)

郭默城(今安徽省寿县西)

虢州(今河南省卢氏县)

h

海州(今江苏省连云港市海州镇)

杭州(今浙江省杭州市)

河北山(今内蒙古狼山与阴山的合称)

河东(今山西一带)

河东郡(今山西省永济市西南蒲州镇)

河间郡(今河北省河间市)

河阳县(今河南省孟县南)

河阴(今河南省洛阳市东北)

河州(今甘肃省临夏县)

和州(今安徽省和县,北齐)

恒安(今山西省大同市东北)

衡阳(今湖南省衡阳市)

弘化(今甘肃省庆阳县)

弘州(今甘肃省临潭县西)

洪州(今江西省南昌市)

胡墅(在今江苏省南京市长江北岸)

湖州(今浙江省湖州市)

华阴(今陕西省华阴市)

华州(今陕西省大荔县)

淮阴(今江苏省淮阴县甘罗城)

怀州(今河南省沁阳市)

驩州(今越南义安省荣市)

黄龙城(今辽宁省朝阳市)

黄州(今湖北省新洲县)

j

鸡头山(又称笄头山、崆峒山、牵屯山、簿洛山,在今宁夏隆德县东)

济州(今山东省茌平县西南)

纪州(今甘肃省秦安东北)

冀州(今河北省冀州市)

嘉州(今四川省乐山市)

建康(今江苏省南京市)

江陵(今湖北省荆沙市)

江阳(今江苏省扬州市西北蜀冈上)

江州(今江西省九江市)

蒋州(今江苏省南京市)

胶州(今山东省胶州市)

交州(今越南河内市)

金城(今甘肃省兰州市)

晋陵郡(今江苏省常州市)

晋阳(今山西省太原市西南)

晋州(今山西省临汾市)

京口(今江苏省镇江市)

荆州(1)北魏置,在今河南省鲁山县东。(2)今湖北省荆沙市。

泾州(今甘肃省泾川县北泾河北岸)

莒州(今山东省沂水县)

k

康州(今甘肃省成县)

苦县(今河南省鹿邑东)

昆州(今云南省昆明市西郊马街附近)

廓州(今青海省贵德县)

括州(今浙江省丽水市东南)

l

兰陵(今山东省枣庄市东南峄城镇西)

兰州(今甘肃省兰州市)

黎州(今河南省浚县东北)

利州(今四川省广元市)

历阳(今安徽省和县)

梁化郡(今广西省鹿寨县)

凉州(今甘肃省武威市)

辽西(今辽宁省朝阳市)

临江郡(今安徽省和县乌江)

临洮(今甘肃省临潭县)

临渝镇(今河北省抚宁县东榆关镇)

临渝关(今河北省抚宁县东榆关镇)

灵武(今宁夏灵武县西南)

灵州(今宁夏灵武县西南)

六合(今江苏省六合县)

陇西郡(今甘肃省陇西县东南)

陇州(今陕西省陇县)

卢龙塞(今河北省喜峰口附近古塞)

庐江(今安徽省庐江县)

庐州(今安徽省合肥市西)

潞州(今山西省长治市北古驿)

洛州(1)今河南省洛阳市。(2)上洛之洛州(陕西省商州市),见谭其骧主编《中国历史地图集》第四册(地图出版社,1982年版)第67~68页;王仲荦《北周地理志》(下)"商州"条。(3)今河北省永年县东南。

罗州(今广东省化州市)

m

马邑(今山西省朔州市)

曼头(今青海省共和县西南)

毛州(今河北省馆陶县)

绵州(今四川省绵阳市东)

岷州(今甘肃省岷县)

洺州(今河北省永年县东南)

睦州(今湖北省长阳县)

n

南康郡(今江西省赣州市)

南宁州(今云南省曲靖市)

南兖州(1)今安徽省亳州市。(2)今江苏省扬州市西北蜀冈上。

南豫州(今安徽省当涂县,南陈)

宁州(今甘肃省宁县)

p

平阳(今山西省临汾市)

平城(今山西大同市)

平凉(今甘肃省平凉市)

平州(今河北省卢龙县北)

冯翊郡(今陕西省大荔县)

蒲州(今山西省永济市西南蒲州镇)

q

乞伏泊(今内蒙古察哈尔右翼前旗东北黄旗海)

齐州(今山东省济南市)
岐州(今陕西省凤翔县)
蕲春(今湖北省蕲春县北)
蕲州(今湖北省蕲春县北)
迁州(今四川省宣汉县西南)
秦山(今内蒙古黄河东北大青山)
秦州(今甘肃省天水市)
钦州(今广西钦州市东北钦江西北岸)
蜻蛉川(今云南省大姚、姚安县境龙川江支流苴宁河及其上源青蛉河)
青州(今山东省青州市)
庆州(今甘肃省庆阳县)
渠滥川城(今云南省下关市东)
泉州(今福建省福州市)

r

饶州(今江西省波阳县)
汝州(今河南省汝州市东)
鄀州(今湖北省荆门市西北)

s

山阳(今江苏省淮安市)
陕州(今河南省三门峡市西旧陕县)
鄯州(今青海省乐都县)
上党郡(今山西省长治市)
上郡(今陕西省富县)

邵州(今山西省垣曲县东南城关)

申州(河南省信阳市)

石州(今山西省离石县)

寿春(今安徽省寿县)

寿阳(今安徽省寿县)

寿州(今安徽省寿县)

树敦(今青海省共和县东南)

朔方郡(今陕西省靖边县东北白城子)

朔州(今山西省朔州市)

泗州(今江苏省宿迁市东南)

苏州(今江苏省苏州市)

随州(今湖北省随州市)

绥州(今陕西省绥德县)

遂州(今四川省遂宁市)

t

潭州(今湖南省长沙市)

藤州(今广西省藤县东北)

洮州(今甘肃省临潭县)

天水(今甘肃省天水市)

同州(今陕西省大荔县)

潼州(1)西魏置,治所在今四川省绵阳市。(2)南朝梁置,治所在今安徽省泗县。

w

渭州(今甘肃省陇西县东南)

卫州(今河南省淇县)

蔚州(今山西省灵丘县)

文州(今甘肃省文县西白龙江南岸)

汶州(今四川省茂县)

武川镇(今内蒙古武川县)

武德郡(今河南省沁阳市东南)

武功(今陕西省武功县武功镇)

吴郡(今江苏省苏州市)

武威(今甘肃省武威市)

吴兴郡(今浙江省湖州市)

武陟(今河南省武陟县南)

武州(1)今甘肃省武都县东南。(2)今湖南省常德市。

吴州(1)北周大象中置,治所在今江苏省扬州市西北蜀冈上。(2)南朝置,治所在今江苏省苏州市。

婺州(今浙江省金华市)

X

西洱河(今云南省西部洱海)

西汾州(今山西省隰县)

熙州(今安徽省潜山县)

隰州(今山西省隰县)

峡口(今湖北省宜昌市西长江西陵峡口)

硖州(今湖北省宜昌市西北)

夏州(今陕西省靖边县东北白城子)

湘州(今湖南省长沙市)

襄州(今湖北省襄樊市)

襄阳(今湖北省襄樊市)

相州(今河北省临漳县西南邺镇)

小平(今河南省孟津县西北)

协州(今云南省彝良县)

新丰县(今陕西省临潼县新丰镇)

信州(今四川省奉节县东)

兴宁陵(今江苏省镇江市)

荥阳(今河南省荥阳市西北)

荥州(今河南省荥阳市西北)

邢州(今河北省邢台市)

熊州(今河南省宜阳县西)

徐州(今江苏省徐州市)

许州(今河南省许昌市)

宣州(今安徽省宣州市)

y

延安(今陕西省延安市城东延河东岸)

雁门(今山西省代县)

延州(今陕西省延安市城东延河东岸)

兖州(今山东省兖州市)

盐州(今陕西省定边县)

燕州(今河北省涿鹿县)

杨氏壁(今陕西省韩城市境黄河西岸)

杨州(1)今安徽省寿县。(2)今江苏省江都市。

邺城(今河北省临漳县西南邺镇)

宜都郡(今湖北省枝城市)

乙弗泊(今青海省乐都县以西)

宜州(今陕西省耀县)

伊州(今河南省嵩县东北)

益州(今四川省成都市)

银州(今陕西省横山县东党盆)

尹州(今广西省贵港市东南郁江南岸)

瀛州(今河北省河间市)

营州(今辽宁省朝阳市)

应州(今湖北省广水市)

郢州(今湖北省武汉市武昌)

幽州(今北京)

永安(今四川省奉节县东白帝城)

雍州(今陕西省西安市)

庸州(今四川省黔江县)

豫州(今河南省汝南县)

原州(今宁夏固原县)

玉壁(今山西省稷山县西南)

豫章郡(今江西省南昌市)

越析州(今云南省宾川县北)

越州(今浙江省绍兴市)

云阳(今陕西省泾阳县西北)

云中郡(今内蒙古和林格尔县西北土城子)

云州(今甘肃省庆阳县西南)

溳口(今湖北省汉川县东北)

郧州(今湖北省安陆市)

Z

牂州（今贵州省黄平县西北）

泽州（今山西省晋城市）

甑山镇（今湖北省汉川县东南）

张白壁（今河南省宜阳县西北）

赵州（今河北省隆尧县东）

赵郡（今河北省赵县）

郑州（今河南省荥阳市西北汜水镇）

中山（今河北定州市）

沌阳（今湖北省汉阳县东临嶂山下）

涿郡（今河北省涿州市）

淄州（今山东省淄博市淄川）

资州（今四川省资中县北）

主要引用论著目录

《史记》,中华书局点校本,1959年版。
《汉书》,中华书局点校本,1962年版。
《后汉书》,中华书局点校本,1965年版。
《三国志》,中华书局点校本,1959年版。
《晋书》,中华书局点校本,1974年版。
《宋书》,中华书局点校本,1974年版。
《南齐书》,中华书局点校本,1972年版。
《梁书》,中华书局点校本,1973年版。
《陈书》,中华书局点校本,1972年版。
《南史》,中华书局点校本,1975年版。
《北史》,中华书局点校本,1974年版。
《魏书》,中华书局点校本,1974年版。
《北齐书》,中华书局点校本,1972年版。
《周书》,中华书局点校本,1971年版。
《隋书》,中华书局点校本,1973年版。
《旧唐书》,中华书局点校本,1975年版。
《新唐书》,中华书局点校本,1975年版。
《资治通鉴》,中华书局点校本,1956年版。

(唐)李林甫等撰,陈仲夫点校:《唐六典》,中华书局1992年版。

(唐)杜佑撰,王文锦、王永兴等点校:《通典》,中华书局1988年版。

(唐)长孙无忌等撰,刘俊文点校:《唐律疏议》,中华书局1983年版。

(唐)林宝撰,岑仲勉校记,郁贤皓、陶敏整理:《元和姓纂》,中华书局1994年版。

(唐)欧阳询著,汪绍楹校:《艺文类聚》,上海古籍出版社1982年新一版。

(唐)许敬宗等撰:《文馆词林》,丛书集成初编本,中华书局1985年影印版。

(宋)郑樵撰:《通志》,中华书局1987年影印版。

(宋)王钦若、杨亿等奉敕撰:《册府元龟》(明版),中华书局1960年影印版。

(宋)王钦若、杨亿等奉敕撰:《宋本册府元龟》,中华书局1989年影印版。

(宋)王溥撰:《唐会要》,上海古籍出版社1991年版。

(宋)王应麟撰:《玉海》,四库类书丛刊本,上海古籍出版社1992年版。

(清)董诰等编:《全唐文》,中华书局1983年影印版。

(宋)李昉等编:《文苑英华》,中华书局1966年影印版。

(宋)李昉等编:《太平广记》,中华书局1961年版。

(元)马端临:《文献通考》,中华书局1986年影印版。

(清)严可均辑:《全上古三代秦汉三国六朝文》,中华书局1958年影印版。

(清)阮元校刻:《十三经注疏》(上、下),中华书局1980年版。

《孝经》。
(清)黎庶昌辑:《古逸丛书》(上、中、下),江苏广陵古籍刻印社1994年第二版。
　　上册,《覆卷子本唐开元御注孝经》。
(宋)蔡沈:《书经集传》,中国书店标点本1994年版。
(清)王聘珍撰,王文锦点校:《大戴礼记解诂》,中华书局1983年版。
(宋)朱熹集注,陈戍国标点:《四书集注》,岳麓书社1987年版。

《百子全书》,浙江人民出版社影印本。
《商君书·韩非子》,岳麓书社1990年版。
《吕氏春秋·淮南子》,岳麓书社1989年版。
吉联抗译注:《乐记》,人民音乐出版社1958年版。
戴明扬校注:《嵇康集校注》,人民文学出版社1962年版。
吉联抗译注:《嵇康·声无哀乐论》,人民音乐出版社1964年版。
陈伯君校注:《阮籍集校注》,中华书局1987年版。
(北齐)颜之推著,王利器集解:《颜氏家训集解》,上海古籍出版社1980年版。
(南朝)刘义庆著,刘孝标注,余嘉锡笺疏:《世说新语笺疏》,上海古籍出版社1993年修订版。
(后魏)郦道元著,谭属春、陈爱平点校:《水经注》,岳麓书社1995年版。
(唐)吴兢著:《贞观政要》,上海古籍出版社1978年版。
(唐)刘𫗧、张鷟撰,程毅中、赵守俨点校:《隋唐嘉话·朝野佥载》,中华书局1979年版。
(唐)刘肃撰,许德楠、李鼎霞点校:《大唐新语》,中华书局1984

年版。

(唐)封演撰,赵贞信校注:《封氏闻见记校注》,中华书局1958年版。

(五代)王定保撰:《唐摭言》,上海古籍出版社1978年版。

《陆游集》(五册),中华书局1976年版。

《老学庵笔记》。

《二十五史补编》,中华书局1955年版。
  第四册,姚振宗:《隋书经籍志考证》。
      万斯同:《隋将相大臣年表》。
  第六册,沈炳震:《唐书宰相世系表订讹》。

王夫之著,舒士彦点校:《读通鉴论》,中华书局1975年版。

顾炎武著,黄汝成集释,秦克诚点校:《日知录集释》,岳麓书社1994年版。

王鸣盛:《十七史商榷》,中国书店1987年版。

赵翼著,王树民校证:《廿二史劄记校证》,中华书局1984年版。

岑仲勉:《隋书求是》,商务印书馆1958年版。

岑仲勉:《通鉴隋唐纪比事质疑》,中华书局1964年版。

王仲荦:《北周地理志》,中华书局1980年版。

王仲荦:《北周六典》,中华书局1979年版。

程树德:《九朝律考》,中华书局1963年新一版。

姚薇元:《北朝胡姓考》,科学出版社1958年版。

方诗铭、方小芬:《中国史历日和中西历日对照表》,上海辞书出版社1987年版。

史念海主编:《西安历史地图集》,西安地图出版社1996年版。

中华人民共和国民政部编:《中华人民共和国行政区划简册(1995

年版)》,中国地图出版社。

金富轼撰:《三国史记》,韩国景仁文化社 1988 年版。

清王昶:《金石萃编》,中国书店 1985 年版。
罗振玉编:《鸣沙石室佚书》,宸翰楼影本 1913 年版。
　敦煌石室本《晋纪》。
平冈武夫编:《唐代的长安与洛阳资料》,上海古籍出版社 1989 年 11 月版。
赵万里:《汉魏南北朝墓志集释》,科学出版社 1956 年版。
赵超:《汉魏南北朝墓志汇编》,天津古籍出版社 1992 年版。
河南省古代建筑保护研究所:《河南安阳灵泉寺石窟及小南海石窟》,《文物》1988 年第 4 期。
张郁:《内蒙古大青山后东汉北魏古城遗址调查记》,《考古通讯》1958 年第 3 期。
宿白:《盛乐、平城一带的拓跋鲜卑—北魏遗迹——鲜卑遗迹辑录之二》,《文物》1977 年第 11 期。
《宁夏固原北周李贤夫妇墓发掘简报》,《文物》1985 年第 11 期。
中国社会科学院考古研究所、河北省文物研究所邺城考古工作队:《河北临漳县邺南城朱明门遗址的发掘》,载《考古》1996 年第 1 期。
傅熹年:《隋唐长安洛阳城规划手法的探讨》,载《文物》1995 年第 3 期。
傅振伦:《燕下都发掘品的初步整理和研究》,《考古通讯》1955 年第 4 期。
紫溪:《古代量器小考》,《文物》1964 年第 7 期。

《洛阳隋唐含嘉仓的发掘》,《文物》1972年第3期。
《长沙两晋、南朝、隋墓发掘报告》,《考古学报》1959年第3期。

(隋)费长房:《历代三宝记》。
(隋)法经:《众经目录》。
(唐)道世:《法苑珠林》。
(唐)道宣:《集古今佛道论衡》。
(隋)王劭撰:《隋祖起居注》。
(唐)法琳:《辩正论》。
(唐)道宣:《广弘明集》。
(唐)道宣:《续高僧传》。
(南宋)志磐:《佛祖统纪》。
(南宋)本觉:《释氏通鉴》。
(元)觉岸:《释氏稽古略》。
(元)念常:《佛祖历代通载》。
吴汝钧:《佛教大辞典》,商务印书馆国际有限公司1992年版。
(唐)杜光庭:《历代崇道记》。
(元)赵道一:《历世真仙体道通鉴》。

岑仲勉:《府兵制度研究》,上海人民出版社1957年版。
岑仲勉:《隋唐史》,中华书局1982年新1版。
陈寅恪:《隋唐制度渊源略论稿》,商务印书馆1944年重庆初版。
陈寅恪:《唐代政治史述论稿》,商务印书馆1944年重庆初版。
万绳楠整理:《陈寅恪魏晋南北朝史讲演录》,黄山书社1987年版。
陈仲安、王素:《汉唐职官制度研究》,中华书局1993年版。
谷霁光:《府兵制度考释》,上海人民出版社1962年版。

郭正忠:《三至十四世纪中国的权衡度量》,中国社会科学出版社1993年版。

韩国磐:《隋唐五代史纲》,人民出版社1979年第2版。

韩国磐:《隋唐五代史论集》,生活·读书·新知三联书店1979年版。

韩国磐:《隋朝中央集权势力与地方世族势力的斗争》,《历史教学》1955年第2期。

韩昇:《日本古代的大陆移民研究》,台湾文津出版社1995年版。

韩昇:《隋与高句丽国际政治关系研究》,收于《堀敏一先生古稀纪念中国古代的国家与民众》,日本汲古书院1995年版。

韩昇:《四至六世纪百济在东亚国际关系中的地位和作用》,载第七届百济研究国际学术会议《百济社会的诸问题》,韩国忠南大学百济研究所1994年版。

韩昇:《"魏伐百济"与南北朝时期东亚国际关系》,载《历史研究》1995年第3期。

韩昇:《评堀敏一〈中国と古代東アシア世界——中華的世界と諸民族〉》,载《唐研究》第二卷,北京大学出版社1996年版。

韩昇:《桑田考释》,《平准学刊》第五辑上册,光明日报出版社1989年版。

韩昇:《北魏の桑田について》,《唐代史研究会会报》第5号,日本唐代史研究会1992年版。

韩昇:《论隋朝统治集团内部斗争对隋亡的影响》,《厦门大学学报(哲学社会科学版)》1987年第2期;转载于人民大学资料中心编:《魏晋南北朝隋唐史》1987年第7期。

冀朝鼎著,朱诗鳌译:《中国历史上的基本经济区与水利事业的发展》(*Key Economic Areas in Chinese History*, *As revealed in the de-*

velopment of public works for water-control, by Chao-Ting Chi, PH. D.),中国社会科学出版社1981年版。

金宝祥等著:《隋史新探》,兰州大学出版社1989年版。

吕思勉:《隋唐五代史》(上、下),上海古籍出版社1984年新1版。

马良怀:《崩溃与重建中的困惑》,中国社会科学出版社1993年版。

卿希泰主编:《中国道教史》第二卷,四川人民出版社1992年版。

唐长孺:《山居存稿》,中华书局1989年版。

《读隋书札记》。

唐耕耦:《西魏敦煌计帐文书以及若干有关问题》,《文史》第9辑,1980年版。

田余庆:《东晋门阀政治》,北京大学出版社1989年版。

王素:《三省制略论》,齐鲁书社1986年版。

王仲荦:《隋唐五代史》,上册(1988年),下册(1990年),上海人民出版社。

萧清:《中国古代货币史》,人民出版社1984年版。

薛宗正:《突厥史》,中国社会科学出版社1992年版。

张伟国:《关陇武将与周隋政权》,中山大学出版社1993年版。

赵文林、谢淑君:《中国人口史》,人民出版社1988年版。

郑佩欣:《租调征收方法和"输籍定样"——与李燕捷先生商榷》,《历史研究》1996年第1期。

周伟洲:《吐谷浑史》,宁夏人民出版社1985年版。

周一良:《魏晋南北朝史札记》,中华书局1985年版。

周一良:《隋唐时代之义仓》,《食货》第二卷第六期,1935年。

高明士:《唐代东亚教育圈的形成——东亚世界形成史的一侧

面——》,台湾"国立"编译馆中华丛书编审委员会 1984 年版。

高明士:《隋文帝"不悦学"、"不知乐"质疑——有关隋代立国政策的辨正》,台湾大学历史学系学报第十四期,1988 年 7 月。

高明士:《从律令制度论隋代的立国政策》,收于《唐代文化研讨会论文集》,台北文史哲出版社 1991 年版。

高明士:《隋代的教育与贡举》,收于《唐代研究论集》第四辑,台北新文丰出版公司,1992 年版。

高明士:《隋代的制礼作乐——隋代立国政策研究之二》,收于《隋唐史论集》,香港大学亚洲研究中心 1993 年版。

汤承业:《隋文帝政治事功之研究》,台湾中国学术著作奖助委员会 1967 年版。

严耕望:《中国地方行政制度史乙部 魏晋南北朝地方行政制度》,台湾"中央"研究院历史语言研究所 1990 年第 3 版。

杨联陞:《国史探微》,台湾联经出版事业公司 1984 年版。

张荣芳:《隋唐秀才科存废问题之检讨》,《食货》复刊 10 — 12,1971 年 3 月。

张世彬:《中国音乐史论述稿》,香港友联出版有限公司 1975 年版。

冯承钧译:《西域南海史地考证译丛》第一、二卷,商务印书馆 1962 年重印版。

烈维:《大藏方等部之西域佛教史料》(第二卷)。

黄约瑟译:《日本学者研究中国史论著选译》第一卷,中华书局 1992 年版。

桑原骘藏著、黄约瑟译:《历史上所见的南北中国》。

夏日新、韩昇、黄正建等译:《日本学者研究中国史论著选译》第四卷,中华书局 1992 年版。

〔日〕池田温:《律令官制的形成》,收于《岩波讲座 世界历史》古代5,岩波书店,1970年版。

〔日〕池田温:《中国古代籍帐研究 概观·录文》,东京大学出版会1979年版。

〔日〕欠端实:《论隋代的义仓》,《东方学》第五十二辑,1976年版。

〔日〕川胜义雄、砺波护编:《中国贵族制社会研究》,京都大学人文科学研究所1987年版。

渡边信一郎:《孝经国家论——孝经与汉王朝》。

〔日〕气贺泽保规:《对隋代乡里制度之一考察》,《史林》58—4,1975年7月。

〔日〕气贺泽保规:《论隋代江南的异动》,《鹰陵史学》第2号,1976年。

〔日〕气贺泽保规:《围绕苏威展开的隋朝政界》,《鹰陵史学》第3、4号(森鹿三博士颂寿纪念特集),1977年。

〔日〕志田不动磨:《北朝时代的乡党制》,《史潮》5—2,1935年。

〔日〕斯波义信:《宋代江南经济史研究》,东京大学东洋文化研究所报告,1988年版。

〔日〕曾我部静雄:《以律令为中心的日中关系史研究》,吉川弘文馆,1968年版。

《论我国大宝与养老令制所规定的义仓贮藏谷》。

〔日〕竹田龙儿:《关于门阀弘农杨氏之一考察》,《史学》第三十一卷第一—四号。

〔日〕谷川道雄:《武川镇军阀的形成》,载《名古屋大学东洋史研究报告》8,1982年。

〔日〕砺波护:《唐代政治社会史研究》,同朋社1986年版。

《隋代的貌阅与唐初食实封》。

〔日〕滨口重国:《秦汉隋唐史的研究》上、下卷,东京大学出版会 1966 年版。

 上册 《论正光四五年之交的后魏兵制》。

 下册 《所谓隋的废止乡官》。

〔日〕林谦三:《隋唐燕乐调研究》,郭沫若译,商务印书馆 1936 年版。

〔日〕堀敏一:《论魏晋南北朝时代的村》,收于《中国的都市与农村》,汲古书院 1992 年版。

〔日〕堀敏一:《中国与古代东亚世界——中华世界与诸民族——》,岩波书店 1993 年版。

〔日〕堀敏一:《均田制的研究——中国古代国家的土地政策和土地所有制——》(岩波书店 1975 年版),韩昇等译,福建人民出版社 1984 年版。

〔日〕宫川尚志:《六朝史研究 政治·社会篇》,日本学术振兴会 1956 年版。

《六朝时代的村》。

〔日〕宫崎市定:《九品官人法研究——科举前史》,东洋史研究会 1956 年版。

〔日〕宫崎市定:《隋炀帝》,人物往来社 1965 年版。

〔日〕宫崎市定:《中国古代史论》,平凡社 1988 年版。

〔日〕山崎宏:《支那中世佛教的展开》,清水书店 1942 年版。

〔日〕山崎宏:《隋朝官僚的性格》,《东京教育大学文学部纪要 史学研究》六,1956 年。

〔日〕山崎宏:《隋唐佛教史研究》,法藏馆 1967 年版。

〔韩〕金善昱:《隋唐时代中韩关系研究——以政治、军事诸问题为中心》,台湾大学历史研究所博士论文,未正式发表。

〔美〕Arthur Frederik Wright(芮沃寿), *The Sui Dynasty, The Unification of China*, A.D.581~617, New York Alfred A Knopf Co.1978. 书中在史料的引用和诠释等方面,存在着明显的错误,日本布目潮渢、中川努作了大量订正后,以《隋代史》为题,译成日文,由法律文化社于1982年出版。

〔英〕崔瑞德编:《剑桥中国隋唐史 589~906》(*The Cambridge History of China, Volume 3, Sui and T'ang China, 589~906, Part 1*, edited by Denis Twitchett.),中国社会科学出版社1990年版。

〔英〕Joseph Needham(李约瑟), *Science and Civilisation in China*(《中国科学技术史》)Volume Ⅳ, Cambridge University Press.

余　　言

　　我是有点不自量力,所以,当出版社询问我对撰写《隋文帝传》的意见时,我倒是勇于承担。任务接下来后,很快,我就发现我把自己置于十分尴尬的境地。

　　在我想来,隋文帝无疑是中国自五胡十六国南北大分裂走向统一富强的唐朝盛世过程中,最为重要的领袖人物。他的一番大刀阔斧的创规建制,奠定了隋唐帝国的制度与规模,规定了那个时代政治运作的模式,不少方面还对后世造成持久深远的影响。可是,如此重要的人物,千百年来,却没什么人愿意为他立传。单是这一点,就应该冷静下来,好好思索一通,可我竟然一诺无辞,现在回想起来,后背还会沁出冷汗。

　　一九九五年,在珞珈山下,我和马良怀先生徜徉于东湖之滨,闲聊起隋文帝来。恰巧他正在撰写曹操,我们很自然地把这两个人比较一番。哪怕我偏袒隋文帝,认为他的贡献殊伟,却不能不同意他缺乏魅力与风采的高见。隋文帝深沉、果断,严肃得令人生畏,既没有在月光闪烁的江船上横槊赋诗的动人一幕,也没有率百万雄师欲取江东二乔的风流韵致。在生活上,隋文帝简直就是一个模范生,他与独孤皇后厮守终生,却不能让人有霸王别姬般刻骨铭心的感动,更不像其子隋炀帝博采众芳那样让后人津津乐道。总之,他虽然做了一大堆让人感佩不已的事业,却缺乏人的乐趣与才情。这些当然不是他的过错,但却让作者大为苦恼,恨铁不成钢哪! 不知是恨隋文帝风流不足,还是恨自己无力刻画出栩栩如生的人物。

随着写作的进展,我觉得人们不愿意为隋文帝写传,恐怕还因为那段历史实在太复杂了。从建隋到平陈,短短九年,文帝就基本完成了全新的国家制度建设,他真的是废寝忘食焚膏继晷地工作,把一个杂乱无章的乱世治理得井井有条、秩序森严。而他做的每一件事,稍加深入探讨,就牵出一大堆难以理顺的头绪,犹如乱麻,把看似明确无疑的通论动摇成有待求证的课题,从其出生到病逝,没有一件不需要从头整理考索。譬如,隋的国名,宋人以为是隋文帝将"随"字去掉"辶"偏旁而来的,清代金石学家王昶曾加以批驳,我亦倾向于王说,但岑仲勉先生仍以宋人之论为是。现实的情况是当时两字并存,考古发现也是如此。因此,在目前可知的史料下,只能是两说并存,难以定论。我虽然写下不少考证文字,最后鉴于史料的现状,统统割舍不录。再如,隋文帝改州、郡、县三级制为州、县二级制,学者们颇加赞扬。然而,王鸣盛《十七史商榷》却认为隋州最繁。为了王老前辈的一句话,我查阅了隋朝数百个州、郡,千余个县的资料,历时数月,积稿盈尺,才算有点头绪,在书中留下数页论证。生命就这样一点一滴地流逝于笔尖,隋文帝啊隋文帝,难怪人家不喜欢给你写传。

而我也确实付出了无法弥补的代价。本书动笔以来,我天天坐在窗前望着春夏秋冬转来转去。在此期间,慈母刘慈萍永远地离开了我。从懂事以后,母亲就不断以她的学识和人生经验教育我,她以其热情、开朗、正直和求真的品格来塑造我。每周与她欢聚时,我总要把写成的部分讲给她听,听取她的意见,母子高谈阔论,忘却午休。虽然她很希望和我交谈,却每每叫我安心写书,不用回家。哪怕到了病重住院时,还一再叫我回去写书。我永远不会忘却她告别时无限留恋与深情的眼光。

这本书虽然耗去我很多心力,但我也从中感受到生活的美好和人间的温馨。日本堀敏一教授知道我在写《隋文帝传》,不顾高龄,亲自复印寄来一包包的研究文献,他总是以默默的行为为人铺路。池田温教授不时致函鼓励指教。谷川道雄、气贺泽保规、金子修一、妹尾达彦和福田启郎等教授从各地寄来论著;九十高寿的史学界老前辈李树桐先生也寄来他数十年的研究著作,令人感动不已。台湾大学的高明士先生经常与我通过书信商榷,受益良多。姜伯勤先生更是我的良师益友,平时的请教已难细数了,我曾拉住他坐在澳门市政广场上,也不知谈了多少小时,探讨了多少问题,从晒冬日取暖一直谈到竖起衣领挡风,踏夜而归。

如果说以上先生的帮助,使我找到了写作的思路,那么,把思路变成作品,就要深深地感谢人民出版社第四编辑室的张维训编审。一本著作的问世,其中不知包含着多少编辑的劳动与心血。且不去细说张先生是如何以其精湛的史学知识给我以指教,当我承接课题不久遇上困难时,我改变计划,决定对疑难问题先进行专题性研究。然而,在出书困难的时期,我确实担心出版社能否同意,会不会撤销选题。就在惶惶不安的时候,张先生迅速回信给予鼓励,那种如逢大赦般的心情,记忆犹新。以后,期限一展再展,编辑室的乔还田主任、诸晓军先生都曾南下探访,他们从不催促,而是各自以其专长给我启发。我确实从心底里感谢人民出版社,感谢他们,没有他们的支持,不会有本书问世。因此,书中论述如有可取之处,应归功于他们,是他们给我时间从容思索。

最后,我还要把本书的完善提高交给读者,没有广大读者的热心参与,作品就失去生命的活水;如果说读者是上帝,那么,谋事在人,成事在天。

一九九七年十二月十六日于厦门大学笃行斋

责任编辑：于宏雷

图书在版编目(CIP)数据

隋文帝传/韩昇 著.-2版.-北京：人民出版社，2015.2(2021.3重印)
(中国历代帝王传记)
ISBN 978-7-01-014447-4

Ⅰ.①隋… Ⅱ.①韩… Ⅲ.①杨坚(541~604)-传记
Ⅳ.①K827=41

中国版本图书馆CIP数据核字(2015)第018700号

隋文帝传
SUIWENDI ZHUAN

韩 昇 著

人民出版社 出版发行
(100706 北京市东城区隆福寺街99号)

北京新华印刷有限公司印刷 新华书店经销

2015年2月第2版 2021年3月北京第2次印刷
开本：850毫米×1168毫米 1/32 字数：417千字 印张：17.875 插页：1

ISBN 978-7-01-014447-4 定价：72.00元

邮购地址 100706 北京市东城区隆福寺街99号
人民东方图书销售中心 电话 (010)65250042 65289539

版权所有·侵权必究
凡购买本社图书，如有印制质量问题，我社负责调换。
服务电话：(010)65250042